Fischer TaschenBibliothek

1933 enden die »Goldenen Zwanziger« in Berlin mit einer Vollbremsung. An der Côte d'Azur aber rasen F. Scott und Zelda Fitzgerald weiter mit vollem Tempo auf den Abgrund ihrer Ehe zu. Walter Benjamin sucht auf Ibiza nach Liebe und findet nur Haschisch, Kurt Weill finanziert mit den Tantiemen der »Dreigroschenoper« seiner Gattin Lotte Lenya und ihrem Liebhaber die Casinorunden in Monte Carlo – und Erich Kästner erzählt seiner Mama von den neuesten Flirts in Berlins »Romanischem Café«.

Als wären Hingabe und Liebe vorläufig die einzig möglichen Antworten auf den von den Nationalsozialisten geschürten Hass, sind die dreißiger Jahre voll der kühnsten, schönsten, aussichtslosesten Affären und größten Romanzen. »Liebe in Zeiten des Hasses« erzählt packend und mitreißend die Geschichten eines radikalen Jahrzehnts, in dem eine maximale Libertinage auf eine singuläre politische Katastrophe trifft.

Mit Eleganz und Leichtigkeit verwandelt Florian Illies vergangene Epochen in lebendige Gegenwart. Er zieht überraschende Querverbindungen zwischen den Protagonisten und verknüpft Szenen und Momentaufnahmen zu mitreißenden Panoramen. Sein Welterfolg »1913. Der Sommer des Jahrhunderts«, mit dem Illies ein neues Genre begründete, führte monatelang die SPIEGEL-Bestsellerliste an. Illies, geboren 1971, studierte Kunstgeschichte in Bonn und Oxford. Er war Feuilletonchef der »Frankfurter Allgemeinen Sonntagszeitung« und der »ZEIT«, Verleger des Rowohlt Verlages, leitete das Auktionshaus Grisebach und war Mitbegründer der Kunstzeitschrift »Monopol«. Heute ist Florian Illies Mitherausgeber der »ZEIT« und freier Schriftsteller. Er lebt in Berlin.

Weitere Informationen finden Sie auf www.fischerverlage.de

FLORIAN ILLIES

Liebe in Zeiten des Hasses

Chronik eines Gefühls
1929–1939

FISCHER Taschenbibliothek

MIX
Papier | Fördert gute Waldnutzung
FSC® C083411
www.fsc.org

2. Auflage: September 2024

Erschienen bei FISCHER Taschenbuch
Frankfurt am Main, September 2023

Umschlaggestaltung: Hauptmann & Kompanie Werbeagentur, Zürich
Umschlagabbildung: mauritius images / United Archives
Satz: Dörlemann Satz, Lemförde
Druck und Bindung: CPI books GmbH, Leck
ISBN 978-3-596-52351-1

DAVOR

Als der junge Jean-Paul Sartre im Frühling 1929 in der École Normale in Paris erstmals Simone de Beauvoir in die Augen blickt, da verliert er das einzige Mal in seinem Leben den Verstand. Nachdem er es ein paar Wochen später, Anfang Juni, endlich geschafft hat, sich mit ihr allein zu verabreden, erscheint sie einfach nicht. Sartre sitzt in einer Teestube in der Rue de Médicis und wartet vergeblich. Es ist wonnig warm in Paris an diesem Tag, weiße Wolken balgen sich oben am tiefblauen Himmel, er hat extra keine Krawatte umgebunden, denn er will mit ihr nach dem Tee in den nahen Jardin du Luxembourg gehen und kleine Boote fahren lassen, er hat gelesen, dass man das so macht. Als er seinen Tee schon halb ausgetrunken, fünfzehnmal auf die Uhr geguckt und seine Pfeife langwierig gestopft und angezündet hat, kommt eine junge blonde Frau auf ihn zugestürmt. Sie sei die Schwester von Simone, sagt sie, Hélène de Beauvoir, ihre Schwester könne heute leider nicht kommen, sie bedaure. Da fragt Sartre: Aber wie haben Sie mich so schnell gefunden, inmitten all dieser Menschen hier? »Simone«, erklärt sie, »hat mir gesagt, Sie seien klein, trügen Brille und seien sehr hässlich.« So beginnt also eine der seltsamsten Liebesgeschichten des zwanzigsten Jahrhunderts.

*

Am späten Nachmittag, wenn die Sonne in Berlin doch noch einmal hervorlugt unter der Wolkendecke und ihre Strahlen flach hineinschießt in die Auguststraße, dann blinzelt Mascha Kaléko und bleibt kurz stehen, genießt die Wärme auf ihrer Haut.

Um Punkt sechzehn Uhr hat sie immer Feierabend, sie rennt die Treppe runter vom Büro des »Arbeiterfürsorgeamtes der Jüdischen Organisationen«, wo sie seit fünf Jahren arbeitet, und stößt die Tür auf. Mascha Kaléko steht einfach nur da. Lässt sich erwärmen, lässt die Gedanken kreisen, hört von fern das Quietschen der Trambahnen, die Fuhrwerke der Bierkutscher auf den Straßen, die Schreie der rennenden Kinder in den Hinterhöfen hier in dem jüdischen Viertel rund um den Alexanderplatz und die der Zeitungsjungen, die lauthals die Abendausgaben anpreisen. Doch dann schließt sie auch ihre Ohren und genießt nur die weiche Wärme des Lichts. Die Sonne versinkt hinter den hohen Gebäuden rund um die Friedrichstraße, ein paar letzte Strahlen fangen sich auf der goldenen Kuppel der Synagoge in der Oranienburgerstraße, schließlich kommt die Dämmerung. Die 22-jährige Mascha Kaléko zieht es aber noch nicht nach Hause, sondern in die Cafés des Westens, ins *Romanische Café* zumeist, dort sitzt sie und debattiert, mit ihrer hellen Stimme, die so wunderbar berlinern kann. Kurt Tucholsky, Joseph Roth, Ruth Landshoff, sie alle rücken ihre Stühle näher heran, wenn Mascha Kaléko kommt, sie lieben ihren braunen Wuschelkopf, ihr wissendes Lachen, ihren menschenfreundlichen Witz, der ihre braunen Augen leuchten lässt. Oft kommt später auch ihr Mann dazu ins *Romanische Café*, der stille Saul, Gelehrter durch und durch, Nickelbrille, schütteres Haar, ein spindeldürrer promovierter Journalist der *Jüdischen Rundschau*, Dozent für Hebräisch – und schwer verliebt. Er sieht die Blicke der anderen Männer auf seine ungestüme junge Frau, er sieht auch, wie seine wilde Mascha diese Blicke genießt, und dann wird der stille Saul von Minute zu Minute noch ein bisschen stiller, und er bestellt sich einen Tee, während die anderen mit der ersten Flasche Wein beginnen. Irgendwann entschuldigt er sich höflich, setzt seinen Hut auf, nimmt seine Aktentasche, empfiehlt sich und geht nach Hause. Als Mascha irgendwann spätabends ankommt in ihrer gemeinsamen Wohnung am Hohenzollernkorso in Tempelhof, schläft er schon. Sie schaut ihn an, seine feierlichen Züge, die sich im Rhythmus des Atmens sanft heben und senken. Sie geht an den Küchentisch, nimmt sich Papier und Bleistift – und dann schreibt

Mascha Kaléko ihm ein kleines Liebesgedicht, das zu den berührendsten gehört, die je geschrieben wurden: »Die anderen sind das weite Meer. Du aber bist der Hafen. So glaube mir: kannst ruhig schlafen, ich steure immer wieder her.« Sie schreibt noch dazu: »Für einen«, legt es ihm auf den Frühstücksteller und kuschelt sich zu ihm ins Bett. Sie wird morgen früh wieder um sechs Uhr lossegeln, um rechtzeitig im Büro zu sein am anderen Ende der großen Stadt. Als Saul sie hinter sich spürt, im sicheren Heimathafen, da wacht er kurz auf, seine Hand greift nach hinten und er streichelt Mascha, erleichtert.

*

Niemand hofft 1929 noch auf die Zukunft. Und niemand will an die Vergangenheit erinnert werden. Darum sind alle so hemmungslos der Gegenwart verfallen.

*

»Wer würde schon riskieren, einen Mann aus Liebe zu heiraten? Ich nicht.« Sagt Marlene Dietrich voller Überzeugung in jenem Frühjahr 1929 – und zwar auf der Bühne der Komödie am Kurfürstendamm in George Bernard Shaws Stück *Eltern und Kinder*. Sie zieht dazu genüsslich an ihrer Zigarette, lässt die Augenlider etwas hängen und zeigt, was das ist: träge Eleganz.

Danach fährt sie nach Hause zu dem Mann, den sie nicht aus Liebe geheiratet hat, zu Rudolf Sieber. Mit ihm führt sie täglich das Stück *Eltern und Kinder* zu Hause auf. Sie nennt ihn »Papi«, er sie »Mutti«. Ihre Tochter Maria ist vier. Das Kindermädchen Tamara schläft inzwischen im Ehebett neben Rudolf Sieber – und das erleichtert Marlene Dietrich sehr. Endlich kein schlechtes Gewissen mehr, wenn sie Nacht für Nacht um die Häuser zieht, durch die Bars und durch unbekanntes weibliches und männliches Gelände. Nach ihren Auftritten auf der Bühne oder nach den Dreharbeiten bei der UFA in Babelsberg kommt sie oft erst spätabends nach Hause, macht eine kurze Hafenrundfahrt, richtet im Entrée die Blumen in der Vase, küsst der schlafenden Maria die Stirn, zieht sich um, trinkt ein Glas Wasser, legt noch einen frischen Hauch Parfüm auf – und dann verlässt sie das Haus auf hohen Schuhen mit dem ersten warmen Wind der Nacht.

*

Klaus Mann treibt haltlos durch die zwanziger Jahre. Er ist, obwohl erst 22 Jahre alt, also ganz am Anfang, oft schon ganz am Ende. Er will geliebt werden. Doch sein Vater, der emotional hüftsteife Thomas Mann, der ihm nicht verzeihen kann, dass er seine Homosexualität so munter auslebt, während er selbst sie zeitlebens so kunstvoll unterdrücken muss, lässt seinen Sohn am ausgestreckten Arm verhungern. Einmal, 1920, da schrieb er noch, er sei »verliebt« in Klaus. Doch das lässt er diesen fortan nicht mehr merken, verordnet ihm stattdessen ein Leben im Schatten. In *Unordnung und frühes Leid* hat Thomas Mann seinen Sohn porträtiert, als »Söhnchen und Windbeutel«. Furchtbar. Manchmal ist das Leben eine reine Entziehungskur. Klaus schreibt danach einen Brief an den Vater, klagt über seine »Verwundung« angesichts des Spotts, aber ihm fehlt der Mut, den Brief abzusenden. Sein Vatermord geschieht nur literarisch: In seiner *Kindernovelle* schildert er unverkennbar das Leben der Familie Mann in Bad Tölz – all seine Geschwister kommen vor – nur der Vater, der ist in seinem Buch leider bereits frühzeitig verschieden. Aber literarischer Mord ist natürlich auch keine Lösung für vorenthaltene Liebe. In seiner Autobiographie schreibt Klaus über Thomas Mann: »Mir war natürlich am Beifall keines Menschen wie an seinem gelegen.« Doch Thomas Mann klatscht nicht, er räuspert sich nur.

*

Pablo Picasso malt seine junge Geliebte Marie-Thérèse Walter einmal liegend, einmal stehend und einmal sitzend. Und danach das Ganze noch mal von vorn. Er hat ihr extra in der Rue de Liège 11 eine kleine Wohnung gemietet, wo er sie heimlich malen und heimlich lieben kann. Er küsst sie und eilt dann heim zu Frau und Kind. Noch merkt niemand etwas. Erst seine Bilder werden ihn später verraten. Der Pinsel ist der einzig verbliebene Zauberstab einer entzauberten Zeit.

*

Die zwanziger Jahre waren ein schreckliches Jahrzehnt für ihn. Alles war zu laut in Berlin, zu schnell, zu vergnügungssüchtig für diesen Liebhaber des Halbschattens. Er ist in die lieblosen Räume seiner Praxis in der Belle-Alliance-Straße 12 gezogen, erster Stock rechts, sein »Altersheim«, wie er es nennt. Da ist Gottfried Benn gerade einmal 43 Jahre alt. Hier kümmert er sich von acht bis achtzehn Uhr um Haut- und Geschlechtskrankheiten, aber kaum eine Patientin verirrt sich noch zu ihm, »selten unterbricht die Klingel«, so schreibt er einer Geliebten, »meine sehr erwünschte Dämmerung«.

Abends trinkt er ein Bier und isst ein Kasseler im *Reichskanzler* um die Ecke und versucht manchmal, ein Gedicht zu schreiben. Aber so richtig gelingt es ihm nicht mehr, die Strophen haben zwar immer acht Zeilen, aber die Worte bleiben unerlöst, und kein Verlag will sie mehr drucken. Er stellt sich nachts ans

Schlafzimmerfenster, löscht das Licht und hofft auf die Rückkehr der Inspiration. Er lauscht den schnulzigen Melodien aus dem Musikcafé, das hinten im Hof Stühle hat, er hört Paare von unten zu laut und zu grundlos lachen, weil sie unbedingt wollen, dass dieser Abend nicht so trist endet wie der letzte. Benn versucht, Kaffee bis zum Koffeinrausch zu trinken, schläft zwei, drei Tage nicht, nimmt Kokain, alles nur, um wieder die Urkräfte der Poesie in sich zu wecken. Doch sie bleiben versteckt. Seine Frau ist gestorben, seine Tochter hat er zu einer kinderlosen Liebschaft nach Dänemark verfrachtet, seine riesige Wohnung in der Passauer Straße musste er aufgeben, sein Bruder wurde wegen Beteiligung an einem Fememord zum Tode verurteilt. Das waren seine »Goldenen« Zwanziger. Affären hatte er immer wieder, meist mit Schauspielerinnen oder Sängerinnen, gerne Witwen, aber seine stocksteife Haltung, seine Veilchensträuße, seine militärische Vornehmheit und seine fistelige Stimme waren nicht gerade das, was die modernen Frauen im *Romanischen Café* oder in den Bars in Schöneberg oder am Kurfürstendamm in Ohnmacht fallen ließ. Er machte Verbeugungen beim Hineingehen und beim Hinausgehen, er konnte nicht anders. Es waren immer eher Stürzende, Suchende, die sich von dem Dichter im Arztkittel und seiner unerschütterlichen Melancholie ein klein wenig Trost erhofften – in Form von körperlichen und chemischen Betäubungsmitteln – und eigentlich also nur Verständnis suchten für die schilfumstandenen Tümpel der eigenen Verlorenheit. Ja, er hat vor dem Krieg für Furore gesorgt mit seinen expressionistischen Gedichten aus der Pathologie und aus der »Krebsbaracke«, aber das ist fünfzehn Jahre her. Jetzt redet jeder auf der Straße so beiläufig über den Tod und den Sex wie er 1913. Im Jahre 1929 also ist Dr. med. Gottfried Benn nur noch ein Mann mit Vergangenheit und hängenden Augenlidern, ein »Vorgänger«.

Als am 1. Februar in seiner Praxis das Telefon klingelt, ist Lili Breda am Apparat, seine aktuelle Geliebte, eine arbeitslose Schauspielerin, eine Stürzende auch sie, 41 Jahre alt, sterbensmüde von all ihren unerfüllten Hoffnungen an Benn und an das Leben. Sie sagt ihm, dass sie sich jetzt umbringen werde, dann schluchzt sie, leise erst, dann immer lauter, von ganz tief. Sie legt auf. Benn rennt aus der Praxis, jagt mit einem Taxi zu ihrer Wohnung, doch als er ankommt, liegt Lili Breda schon zerschmettert auf der Straße. Sie ist aus dem Schlafzimmerfenster im fünften Stock gesprungen. Die Feuerwehr legt gerade gnädig eine Decke über ihren toten Leib, den Benn noch kurz zuvor liebkost hat. Benn setzt eine Anzeige in der *BZ* auf. Organisiert die Beerdigung. Keiner der zwanzig Trauergäste sagt etwas, als sie in Stahnsdorf bei Potsdam in die kalte Erde gesenkt wird. Es ist erst halb vier, aber es dämmert schon. Benn richtet ein tröstendes Wort an Elinor Büller, Lilis beste Freundin. Dann setzt er seinen dunklen Hut auf, schlägt den Mantelkragen hoch und geht mit bleischweren Schritten durch den leichten Schnee. Er ist viel zu früh am Bahnhof, erst in einer Stunde geht der nächste Zug. Abends, allein in der leeren Praxis in Berlin, in der es nach Formaldehyd riecht und nach Aussichtslosigkeit, merkt Benn, dass er vergessen hat, wie man weint. »Natürlich«, so schreibt er an seine Vertraute Sophia Wasmuth, »natürlich starb sie an oder durch mich, wie man sagt.« Das Schluchzen am Telefon war das Letzte, was er von ihr hörte.

Am nächsten Morgen aber, nach traumloser Nacht, greift Benn zum Hörer und ruft Elinor Büller an, Lilis Freundin, der er gestern am Grab kurz die Hand gedrückt hat. Sie telefonieren lange. Sie redet, er hört zu. Dann treffen sie sich, zwei Wochen später, sie gehen in die China-Ausstellung, sie trinken einen Wein im *Café Josty*. Und dann gehen sie zu Benn und werden ein Paar. Er könne, sagt er später, »ohne das« einfach nicht leben. »Die Krone der Schöpfung, das Schwein, der Mensch«, wie er einmal lakonisch gedichtet hat.

Bald überlegen sie zu heiraten, Elinor Büller zum vierten, Benn zum zweiten Mal. Sie lässt sich Visitenkarten drucken, »Elinor Benn, geborene Büller«. Sie wird sie nie benutzen dürfen. Aber immerhin bleibt sie für neun lange Jahre: Elinor Büller, Geliebte Benns.

»Kindchen, lass uns nicht heiraten«, so beruhigt er sie immer wieder, die Ehe sei doch nur »eine Institution zur Lähmung des Geschlechtstriebs«. Und das könne ja nun nicht ihr Ziel sein, oder?

*

»In nicht wenigen Gebilden der Viktorianischen Zeit, keineswegs bloß englischen«, so schreibt Theodor Adorno, »wird die Gewalt des Sexus und des ihm verwandten sensuellen Moments fühlbar erst durchs Verschweigen.« Es gäbe Stellen »von so überwältigender Zärtlichkeit, wie wohl nur der sie auszudrücken vermag, dem sie versagt blieb«. Theodor Adorno, diesem genussfreudigen Sohn eines Frankfurter Weinhändlers mit überwältigendem Zärtlichkeitsbedürfnis, blieb in jener Zeit wenig versagt. Er lebte in den zwanziger Jahren als Student in Frankfurt, Wien und Berlin sehr reichhaltig, sowohl in Bezug auf seine Studienfächer, Promotion und Habilitation wie in Bezug auf seine Frauen. Dazwischen komponierte er und schrieb Musikkritiken. Der promovierten Chemikerin und Unternehmertochter Margarete Karplus aus Berlin ist er besonders verfallen. Die beiden Väter hatten die Verbindung hergestellt, denn Adornos Vater lieferte aus seinem Weinbetrieb jene überflüssigen Tannine, die seinen Wein zu schwer machten, nach Berlin, um die Handschuhe, die Margarete Karplus'

Vater produzierte, geschmeidiger werden zu lassen. Ist das nicht eine schöne Symbolik? Ein Leben lang wird Margarete Karplus, die später zu Gretel Adorno geworden ist, die schweren Tannine in den Gedanken ihres Gatten ein wenig geschmeidiger machen, indem sie sie hinterfragt, verbessert und mit der Schreibmaschine ins Reine bringt.

1929 aber ist das alles längst nicht so klar, obwohl sie sich im Jahr zuvor mit Adorno verlobt hat. Die hochgewachsene, schöne Frau aus einer jüdisch assimilierten Familie hat einen sehr eigenen Kopf. Sie ist eng mit Bertolt Brecht befreundet, mit László Moholy-Nagy, mit Siegfried Kracauer, mit Kurt Weill und Lotte Lenya. Und sie ist in ihrem Herzen zwischen drei Genies hin und her gerissen. Da ist auf der einen Seite Adorno, ihr Verlobter, die feste Fernbeziehung in Frankfurt am Main, aber in Berlin sind da noch Ernst Bloch und Walter Benjamin. Mit Bloch hat sie auch eine körperliche, mit Benjamin eine geistige Beziehung, und wie so oft ist es eher die zweite, die in den Briefen fast nach Liebe klingt.

*

Am 27. März 1929 stellt Cole Porter erstmals die große Frage: »What is this thing called love?«

*

Dietrich Bonhoeffer liebt erst einmal nur Gott – und sich selbst. Als der junge, rastlose Theologiestudent aus gutem Grunewalder Hause seine erste Auslandsstelle in der evangelischen Gemeinde in Barcelona antreten soll, schreibt er vorher an den dortigen Pastor Fritz Olbricht, einen knorrigen Bayern, um zu fragen, wie er sich am besten vorbereiten könne. Und Bonhoeffer meint damit: seine Garderobe. Er habe gehört, dass das Wetter in Barcelona zwar heiß, aber wechselhaft sei. Deshalb frage er sich, welchen Anzugtyp Olbricht empfehle und welche Stoffart. Brauche er auch eine spezielle Sportkleidung für die Clubs? Und welche Anzüge und Krawatten trage man bei den abendlichen Dinners? Pastor Olbricht braucht vier Wochen, bis seine Wut über den eitlen jungen Theologen im fernen Berlin verraucht ist. Dann antwortet er Dietrich Bonhoeffer, er könne zu seinen Kleidungsproblemen leider nichts beitragen, aber es wäre auf jeden Fall hilfreich, wenn er als Pfarrer einen Talar in den Koffer packen würde.

*

Was für ein Frühjahr für Bertolt Brecht. Am Ostersamstag hat das Stück *Pioniere in Ingolstadt* seiner früheren Geliebten Marieluise Fleißer Premiere im Theater am Schiffbauerdamm. Ins Programm schreibt er: »Man kann an dem Stück gewisse atavistische und prähistorische Gefühlswelten studieren.« Zum Beispiel die prähistorischen Gefühlswelten des Bertolt Brecht. Im Stück nämlich erfährt das Dienstmädchen Berta, dass ihr Geliebter Korl nicht nur andere Frauen neben ihr hat, sondern darüber hinaus verheiratet ist und sogar Vater. Genau diesen Schock hat Marieluise Fleißer einst durch Brecht erfahren. Und so lässt sie ihre Berta klagen: »Wir haben was ausgelassen, was wichtig ist. Die Liebe haben wir ausgelassen.« Brecht jedoch schreitet kurz nach der Premiere zur nächsten Tat, da er außer der Liebe in seinem Leben eigentlich auch sonst nichts auslassen möchte. Er heiratet am 10. April 1929 Helene Weigel, mit der er bereits einen kleinen Sohn hat. Sie sei, so sagt er, »gutartig, schroff, mutig und unbeliebt«. Man könnte also sagen: in allem das genaue Gegenteil des Gatten. Denn was macht der unmittelbar nach dem Jawort auf dem Standesamt in Charlottenburg? Er fährt zum Bahnhof, um dort die Geliebte abzuholen. Dumm nur, dass Bertolt Brecht noch immer den Strauß von der Trauung in der Hand hat, müde Osterglocken. Als er Carola Neher am Gleis am Bahnhof Zoo gesteht, dass er vor einer halben Stunde Helene Weigel geheiratet habe, was »unvermeidlich«, aber eigentlich »unbedeutend« sei, da knallt sie ihm den welken Strauß vor die Füße und rauscht wütend ab. Sie war den ganzen weiten Weg aus Davos, wo sie ihren moribunden Mann, den Dichter Klabund, gepflegt hat, bis nach Berlin gefahren, nur um zu erfahren, dass Brecht wieder geheiratet hat und schon wieder nicht sie. Und noch größer der Schock bei Elisabeth Hauptmann, Brechts engster Mitarbeiterin und engster Geliebten jenes Frühjahrs 1929: Als sie die Nachricht von der überraschenden Hochzeit hört, versucht sie, sich in ihrer Wohnung das Leben zu nehmen. Aber keine Sorge. Kaum ist sie wieder bei Gesundheit und Verstand, beginnt sie sechs Tage später ein neues Theaterstück zu schreiben und nennt es, ohne Witz: *Happy End*.

Ob Brecht bitte die Songs dafür schreiben könne, fragt sie ihn, er bekomme auch ein Drittel der Honorare. Doch dafür braucht er Hilfe von Kurt Weill, er doktert lieber gleich am Stück selbst mit herum, zusammen mit Elisabeth Hauptmann im Arbeitsurlaub in Oberbayern. Als im Juli die Proben für *Happy End* beginnen, zeigt Brecht, was er persönlich unter einem glücklichen Ende versteht: Im Stück der einen Geliebten übernimmt die andere Geliebte, Carola Neher, die Hauptrolle, da sie ja ohnehin gerade in Berlin ist, und seine Ehefrau die Nebenrolle mit der bezeichnenden Charakterisierung »Die Graue Frau«. Die männliche Hauptrolle spielt Theo Lingen, der neue Partner von Brechts Ex-Frau Marianne Zoff und Stiefvater seiner Tochter Hanne (ja, es ist nicht immer einfach, hier den Überblick zu behalten). Brechts sadistische Lust, all seine Frauen gleichzeitig leiden zu sehen, ist bühnenreif. Was er über die Frage der Eifersucht denke, fragt ihn die Zeitschrift *Uhu* ausgerechnet in diesen

Tagen. Darauf Brecht breitbeinig: »Spießer sind heute die letzten Träger dieser einst tragischen Eigenschaft.« Schreibt es – und blickt selbstzufrieden auf den Gipsabguss des eigenen Gesichtes, den er auf seinem Schreibtisch postiert hat. Wer so um sich selbst kreist, dem droht eigentlich ein Schleudertrauma. Doch bei Brecht bedroht es nur all die anderen, die ihn beim beständigen Kreiseln zu stören wagen.

*

Die gemeinsamen Nächte mit Asja Lācis, der radikalen Kommunistin aus dem fernen Lettland, die er in Capri kennengelernt hat, enden für Walter Benjamin sehr unbefriedigend. Er will ihr, mit halb geöffneten Augen, noch halb im Schlummer, in der Morgendämmerung von seinen Träumen erzählen. Doch Asja Lācis »hörte sie ungern und unterbrach ihn, aber er erzählte sie doch«. Sie bittet ihn stattdessen, sich doch endlich scheiden zu lassen von Dora, seiner Frau. Das sei ihr einziger Traum. Dann gibt es Frühstück, die Stimmung ist wie eine müde Scheibe Roggenbrot.

*

Am 14. März besteigt Christopher Isherwood, dieser 24-jährige, frisch abgebrochene Mediziner und angebrochene Schriftsteller, den Nachmittagszug in

London Richtung Dover, draußen Regen, Donner, fliehende Wolken, er hat sich die Krawatte aus Cambridge umgebunden, sein Burberry-Mantel ist nass geworden, er hängt ihn zum Trocknen an den Haken. In Dover, im dunklen Nebel, nimmt er den Dampfer nach Ostende, in der Dritte-Klasse-Bar lauter laute Soldaten, die nach Wiesbaden abkommandiert worden sind. Zwei immerhin erkennen seine Krawatte und prosten ihm zu. In Ostende nimmt er den Zug nach Köln, dort trägt ein Beamter auf dem Gleis feierlich ein Holzschild und kündet bereits den Zug nach Berlin an wie eine Offenbarung, er steigt ein und dämmert vor sich hin, lässt die wintermüde Landschaft an sich vorbeiflitzen, denkt an nichts und ahnt doch, dass gerade seine Zukunft beginnt. Er reist mit leichtem Gepäck und schwerer Sehnsucht. Er denkt an Berlin, denn Berlin, so weiß er, »das bedeutet: Jungs«.

Isherwood wohnt gleich neben Magnus Hirschfelds Institut für Sexualwissenschaft. Fast täglich ist er dort, nachmittags um fünf trinkt er Tee mit Karl Giese, dem Lebensgefährten des Institutsgründers Hirschfeld, dem berühmten und berüchtigten »Einstein of Sex«. Wenn Giese von Hirschfeld spricht, diesem um Jahrzehnte älteren imposanten Gelehrten mit Rauschebart, dann nennt er ihn ehrfurchtsvoll »Papa«. Isherwood nennt Giese respektvoll einen »derben Bauernjungen mit dem Herzen eines Mädchens«.

Papa Hirschfeld hat in seinem Essay *Mein Verhältnis zur schönen Literatur* im Jahr 1928 erkannt, dass eigentlich die Poesie seine »erste Geliebte« gewesen ist, bevor er sich ganz der Sexualwissenschaft verschrieb. So sind es nicht ohne Grund Schiller und Goethe, auf die er sich in seinen Schriften über die Homosexualität immer wieder als Kronzeugen beruft. Und ein Nachbar wie der Literat Christopher Isherwood ist für Hirschfeld ein besonderes Glück. Oft führt Isherwood Freunde aus England durch das Museum des Instituts, das ein »Must see« für alle Freunde der Gleichgeschlechtlichkeit ist, weil Hirschfeld jahrzehntelang die schönsten Artefakte, Lustbeschleuniger und Absonderlichkeiten der sexuellen Zwischenzonen zusammengetragen hat. 1929 schreibt Hirschfeld gerade an seinem neuen Buch *Liebesmittel. Eine Darstellung der geschlechtlichen Reizmittel*, es wird vierhundert Seiten stark und enthält einhundert ausführliche Tafeln als Anschauungsunterricht. Im *Eldorado*, Berlins berühmtestem Tempel der Homosexualität, geht ein bewunderndes Raunen durch die Reihen, wenn der altersweise Hirschfeld nach getaner wissenschaftlicher Arbeit persönlich die Bar betritt, um sich nach der Theorie der Praxis zuzuwenden. Hier wird er nicht »Papa« genannt, sondern »Tante Magnesia«, wie wir von Christopher Isherwood wissen.

*

Selbst Albert Einstein, der Erfinder der Relativitätstheorie, weiß, dass in der Liebe Zeit und Raum doch eine sehr relevante Rolle spielen und nicht einfach so überwunden werden können. »Schreiben ist dumm«, telegraphiert er an seine Frau am sommerlichen See in Caputh, »am Sonntag küss ich dich mündlich.« Der Sonntag also ist: Kuss mal Zeit zum Quadrat.

*

Billy Wilder schreibt im Frühsommer 1929 sein Drehbuch für *Menschen am Sonntag,* einen der letzten Stummfilme und vor allem einen echten Berlinfilm – also arm, aber sexy –, geschrieben im *Romanischen Café* bei sehr vielen geschnorrten Tassen Kaffee und untergehender Sonne. Das Agfa-Filmmaterial ist Ausschussware aus den UFA-Studios, die Dreharbeiten, die am 12. Juli 1929 beginnen, müssen immer wieder unterbrochen werden, weil das Geld aus ist. Vier der fünf Hauptdarsteller haben noch nie vor einer Kamera gestanden, der Drehbuchautor ist ein Tänzer, Reporter und Schlawiner, die Assistenten flüchten, die Schauspieler sollen improvisieren. Gedreht wird erst am Bahnhof Zoo im ohrenbetäubenden Lärm der ankommenden Züge und dann draußen am Wannsee auf einer kleinen Lichtung, es gibt Würstchen mit Kartoffelsalat, Flirts unter hohen Kiefern, Sonne, die plötzlich auf leichte Sommerkleider fällt und von der

Kamera sekundenlang verfolgt wird. Und es gibt Männer, die an Zigaretten ziehen, wenn sie ihren Text vergessen haben. Das können die beiden Hauptdarsteller sehr gut, denn auch im Leben vergessen sie oft den Text, und Wilder und sein Kompagnon Curt Siodmak hatten ihnen ja gesagt, sie sollten einfach sich selbst spielen. Und so sind der Taxifahrer und der Weinvertreter, das Mannequin und die Schallplattenverkäuferin ganz sie selbst, ein Film so flüchtig und unlogisch wie das Leben, zumindest das Leben in Berlin.

Das schnell ausgelebte Begehren der *Menschen am Sonntag* im Schatten der hohen Baumwipfel erzeugt im Licht der Nachttischlampe bei den Menschen am Sonntagabend aber doch etwas Schmerz und ziemlich viel Melancholie. Von Liebe allerdings ist die ganze Zeit nicht die Rede, und das liegt nicht daran, dass es ein Stummfilm ist.

*

Wie zwei der Hauptdarsteller aus *Menschen am Sonntag* lümmeln sich in diesen Tagen auch Kurt Tucholsky und Lisa Matthias auf einer behaglichen Wiese an einem großen schwedischen See. Da sie in keinem Stummfilm sind, dürfen sie unaufhörlich miteinander quasseln. Und das tun Kurt Tucholsky und Lisa Matthias von der ersten Sekunde an, seit sie sich auf einem Kostümfest kennengelernt haben:

Tucholsky, der soeben aus Paris ohne seine Ehefrau nach Berlin zurückgekehrt ist, um als Nachfolger des verstorbenen Siegfried Jacobsohn die *Weltbühne* zu leiten, hat der erfahrungshungrigen Lisa gleich in den ersten weinseligen Stunden ausgiebig von seinen Eheproblemen erzählt, so »wie das von reifen Männern im Morgengrauen gerne geübt wird«, wie die offenbar branchenerfahrene Matthias später zu Protokoll gibt.

Lisa Matthias also, zweifach verheiratet, zweifache Mutter, ist mit ihrem Bubikopf, ihrem Cabrio, ihrem ausschweifenden Liebesleben und ihren launigen Texten über Hemingway und das Autofahren das perfekte *role model* der Berlinerin jener Zeit, nicht nur von Tucholsky, sondern auch von Peter Suhrkamp und Lion Feuchtwanger umworben.

Zunächst sehen die beiden sich nicht allzu häufig, meist nur für kurze Rendezvous in Tucholskys Berliner Pied-à-terre, aber »Lottchen«, wie er Lisa nennt, taucht ab sofort ständig auf in seinen Feuilletons als dauerquatschende Berliner Pflanze. Doch als Lisa Matthias in Tucholskys Zeitungstexten präsenter ist als in seinem Leben, wird sie langsam etwas schmallippig – wenn er sie sieht, dann nur, um rasch mit ihr ins Bett zu gehen. Sie klagt ihrer Freundin: »Es wird ein bisschen viel geliebt ohne wirkliche Liebe. Wir haben dazu beide keinen rechten Mumm.« Aber egal: »Interessant ist diese Liaison auf alle Fälle.« Für ihren Geist ist gesorgt. Und bei den Gefühlen darf man nicht allzu viel verlangen: »Liebe ist nicht ohne Bitter, sagt Daddy. Stimmt.«

Er ist ihr »Daddy«, und sie? »Ich war Tucholskys Lottchen«, so nennt sie auch gleich ihre gesamten Memoiren. Wodurch man weiß, dass ihr Sofa »Sündenwiese« heißt und Tucholsky so stark schnarcht, dass sie immer gegen zwei Uhr genervt ins Gästezimmer umzieht. Doch Lisa Matthias ist das alles zu wenig – sie will ihren Dichter ganz für sich allein haben, ohne Redaktionskollegen, ohne all die anderen Kaffeehausgäste, ohne dieses summende, schwirrende, nervende Berlin. Sie will mit ihm verreisen. Da weiß sie noch nicht, was Urlaubmachen mit Kurt Tucholsky für eine Frau bedeutet – nämlich Liebe als Materialbeschaffung für das nächste Buch. Als er einst mit seiner Geliebten Else Weil nach Rheinsberg in den Liebesurlaub gefahren ist, da wurde wenig später *Rheinsberg* daraus, das hinreißende »Bilderbuch für Verliebte«, als er mit Mary Gerold, seiner derzeitigen Frau, durch die Pyrenäen reiste, da war das der Kern von, genau: *Das Pyrenäenbuch*.

Und als er nun im April 1929 mit Lisa Matthias nach »Gripsholm« in Schweden fährt, da denkt er natürlich auch bereits die Anführungszeichen mit. Sie düsen gen Norden in Lisa Matthias' schickem Cabrio, einem Chevrolet mit dem Kennzeichen IA 47–407. Und als dann ein Jahr später Tucholsky ihr schwedisches Liebesabenteuer samt einiger skurrilen Ausschmückungen zu dem Buch *Schloß Gripsholm* umgeschnitzt hat, widmet er es im Vorwort tatsächlich »IA 47–407«. Das sagt zwar seiner Ehefrau Mary im fernen Paris nichts, aber die Gäste der Terrassen der Cafés auf dem Kurfürstendamm und in Schöneberg wissen Bescheid, denn dort parkt Lisa Matthias ihr riesiges Gefährt zu allen Tages- und Nachtzeiten unbekümmert auf dem Bürgersteig. Und Lisa Matthias erfüllt es mit leisem Stolz, nun so leicht dechiffrierbar die Partnerin des großen Tucholsky zu sein. Aber langsam. Erst einmal müssen sie ja losfahren nach Schweden! Dort liegen sie dann also nebeneinander auf einer recht grünen Wiese im schwedischen Läggesta, am Mälarsee, gegenüber dem mächtigen Schloss von Gripsholm am anderen Seeufer und blinzeln in die Kamera. Ihre Blicke sagen: Mal schauen, wo das hinführt. Aber es ist ein hübsches Foto, die Sonne scheint. Und sie finden auch sehr bald eine kleine Sommervilla aus schönstem roten Holz und versuchen sich als Liebespaar, auch wenn Lisa immer wieder zu Protokoll gibt, dass sie »erotisch nicht sonderlich interessiert ist«. Aber er sei eben so lustig, dieser Tucholsky, und so lässt sie sich doch immer wieder verführen. Und am nächsten Morgen, wenn draußen die Vögel zwitschern, die Sonne die Katzen wach gekitzelt hat und die Staubflocken durch die Räume schweben, wenn es in der Küche nach Kaffee riecht und nach guter Laune, dann halten sie sich mitunter sogar für glücklich. Dann gehen sie raus, zum See, baden, spritzen sich gegenseitig voll, lachen. Sie essen rote Grütze. Lisa steht in der Küche und macht dazu Vanillesoße für ihren »Daddy«. Sie sei für ihn »Mutter, Wiege, Kamerad«, sagt Tucholsky dann – und meint das romantisch. Wenn sie sich geliebt haben am Nachmittag und Lisa noch einmal zum Baden an den See geht, der jetzt schon diese nachmittägliche, herrliche Kühle hat, dann setzt Tucholsky sich an den improvisierten Schreibtisch und schreibt an seine Frau Mary nach Paris: »Sonst geht es so lala – ich lebe hier wie ein Eremit.« Na ja.

*

Manchmal muss Picasso noch Olga malen, seine Frau. Er hat sie in den Jahren zuvor fast ständig gemalt, ihren grazilen Ballerinakörper, doch nun ist Marie-Thérèse Walter zu seinem wichtigsten Modell geworden. Es sei schrecklich, dass eine Frau seinen Bildern genau ansehen könne, wenn sie ausgetauscht wurde, sagt Picasso. Und Olga macht dieses Gefühl, ausgetauscht worden zu sein, fast wahnsinnig. Sie schreit, sie tobt, sie wütet, bevor sie wieder für Wochen in Depressionen versinkt und sich selbst einliefert in Kliniken an fernen stillen Seen. Ihre Wut aber zündet in Picasso die kreativen Kräfte, die angetrieben werden von Schuld und Trotz.

So willigt Picasso am 5. Mai 1929 doch noch einmal ein, Olga zu malen. Und ist das Porträtsitzen früher ein Spiel zwischen beiden gewesen, ein Fingerhakeln, eine erotische Machtprobe, so ist es jetzt zu einem kalten Krieg geworden. Keiner sagt ein Wort. Picasso starrt sie an und malt. Sie fühlt sich nicht bewundert, sondern entblößt in ihrer Nacktheit, sie friert in ihrem Sessel. In ihr gären der Selbsthass und der Hass auf den Mann, den sie so geliebt hat und der sie nun betrügt. Stoisch malt Picasso weiter. Irgendwann bricht er ab und setzt seine Signatur unter das Bild, dessen Öl noch feucht ist. Als Olga sich einen Kimono umgelegt hat und hinter ihren Mann tritt, um das Bild anzuschauen, sacken ihr vor Schock die Beine weg. Das Bild zeigt keine Frau, sondern ein Monster, mit schreckverzerrtem Gesicht und verbogenen Gliedmaßen. Sie sagt kein Wort, zieht sich an und geht.

Picasso stellt sich ans Fenster und raucht und denkt an Marie-Thérèse, die später noch zu Besuch kommen will. Wenn Picasso im Jahre 1929 Olga malt, sind das keine Porträtsitzungen mehr, sondern Teufelsaustreibungen. Picasso will sie sich von der Seele malen. Was das für sie bedeutet, ist ihm egal. Er nennt das Bild *Großer Akt im roten Sessel.* Es ist ein erster Schlussakt eines langen Dramas.

*

Erich Mühsam vergisst oft, dass er verheiratet ist. Nicht, dass er seine Zenzl nicht liebt, nein, das nicht. Er liebt sie schon. Also: vor allem ihren Charakter.

Aber es gibt eben so viel anderes zu tun: Mühsam, der große, ewig rastlose Sozialrevolutionär mit mächtigem Bart, der kommunistische Warner und Propagandist der »Lebenswildheit« und eines humaneren Deutschland, ist auch nach fünf Jahren Festungshaft für seine Arbeit in der Münchner Räterepublik fast jeden Abend unterwegs, um junge Arbeiter für den Anarchismus zu gewinnen und für den Freiheitskampf. Er ist auch sehr oft im Theater, trinkt für sein Leben gern in den Bohemekneipen in Berlin und München, er spielt Schach, flirtet, schreibt für die KPD-Zeitung *Die rote Fahne*, reist durchs Land, hetzt von Vortrag zu Vortrag. Wenn er sich gerade wieder besonders begeistert hat für junge Revolutionärinnen und Revolutionäre, bringt er schon mal fünf, sechs von ihnen mit nach Hause nach Berlin-Britz in Bruno Tauts revolutionäre Hufeisensiedlung und erklärt der Zenzl, dass sie jetzt erst einmal alle bei ihnen einziehen. Anarchismus dürfe doch nicht an der Türschwelle enden, sagt er ihr. Und sie geht mürrisch an den Herd und kocht für sieben oder acht statt für zwei. Sie weiß, dass er in der Regel schon mit mindestens einer der jungen Revolutionärinnen im Bett war. Wenn sie darüber weint, dann schaut er sie ratlos an: Er habe ihr doch immer gesagt, dass er nur eine »freiheitliche Ehe« führen könne. Keiner dürfe dem anderen Vorhaltungen machen. Ob sie sich daran erinnere, dass sie dem zugestimmt habe? Ja, das habe sie, sagt Zenzl dann, aber sie stimme dem eben jetzt nicht mehr zu. Dann wird sie wütend, weint, schreit, und Erich Mühsam flieht, für ein paar Tage und manchmal auch für ein paar Wochen. Es ist kein Spaß, mit einem Anarchisten verheiratet zu sein. Am 1. Mai 1929, dem Tag der Arbeit, ist er unterwegs auf der Straße, ohne Zenzl, die ihn gewarnt hat. Er zieht mit den Kommunisten in Treptow durch die Häuserblocks, hält flammende Reden, es gibt erste kleine Scharmützel mit der Polizei, am nächsten Tag geht es weiter nach Neukölln, wo die Arbeiter Barrikaden errichtet haben und sich Straßenschlachten liefern mit der Polizei. Es ist ein Gemetzel am Schluss, der Berliner »Blutmai«, danach wird die Kampforganisation der KPD, der Rote Frontkämpferbund, verboten (Bertolt Brecht übrigens beobachtet die Straßenschlacht vom Fenster seines Freundes Fritz Sternberg, und wird dadurch wohl zu einem noch fanatischeren Kommunisten). Am 6. Mai aber, alle sind noch in Aufruhr über 33 Tote und 250 Verletzte, geht Erich Mühsam, dieser ewige Romantiker, zur »Anarchistischen Jugend« in der Weinmeisterstraße direkt am Alexanderplatz und hält einen Vortrag. Thema: »Über die Freiheit in der Liebe«. Ob er danach heim zu seiner Zenzl geht oder andernorts mühsam die freie Liebe pflegt, ist nicht überliefert.

*

Der einzige Brief, den Vladimir Nabokov, der später so große und damals noch unbekannte Schriftsteller, seiner Frau im Jahre 1929 schreibt, hat nur zwei Worte und ein Ausrufezeichen: »Thais gefangen!«. Vielleicht legt er ihn ihr aufs Bett, als sie noch schläft, in dem sonnendurchfluteten Zimmer in Le Boulou in den Pyrenäen, wo sie in einem kleinen Hotel ihren ersten richtigen Urlaub verbringen. Das, was er da gefangen hat, ist ein Schmetterling, ein seltenes spanisches Exemplar der Gattung der Ritterfalter, und Véra lächelt, als sie den Zettel sieht, denn sie weiß, dass ihr Mann nichts so liebt wie frühmorgens, wenn die Schuhe noch nass werden vom Tau der Nacht, durch die Wiesen zu streifen, um im weißen Netz Schmetterlinge zu fangen.

Véra selbst hatte Vladimir Nabokov ein paar Jahre zuvor mit Worten eingefangen, die er ihr über die russische Emigrantenzeitung *Rul* durch ein Gedicht zukommen ließ, das er »Die Begegnung. Im Banne dieser seltsamen Nähe« nannte. Darin die Verse, die nur sie zu deuten verstand: »Mein Herz muss noch wandern / Doch wenn du mein Schicksal bist …« Sehr kurz darauf war die Wanderung seines abenteuerlichen Herzens abgeschlossen, und er erkannte, dass Véra sein Schicksal war. Vladimir Nabokov also schrieb: »Eines muss ich dir sagen: Vielleicht habe ich es dir schon einmal gesagt, aber für alle Fälle sage ich es ein weiteres Mal, Kätzchen, es ist sehr wichtig – bitte pass auf: Es gibt viele wichtige Dinge im Leben, wie z. B. Tennis, die Sonne, Literatur – aber diese Sache ist mit alldem gar nicht zu vergleichen, sie ist so viel wichtiger, tiefer, breiter, erhabener. Diese Sache – übrigens bedarf es gar keiner so langen Vorrede; ich sage dir ganz einfach, worum es geht. Also: Ich liebe dich.«

Da wusste Véra, dieser wunderschön und nobel funkelnde Schmetterling, dass sie nicht mehr weiterflattern musste. Sie heirateten und schlugen sich durch im seltsamen Berlin der zwanziger Jahre. Die meisten Russen, die vor der Oktoberrevolution nach Deutschland geflüchtet waren, sind längst weitergezogen nach Paris. Aber Véra übersetzt und arbeitet in einer Anwaltskanzlei und Vladimir gibt Tennisunterricht, spielt als Komparse in UFA-Filmen mit, unterrichtet aufgeweckte Jungen aus dem Grunewald in Schach und ältere Damen in Russisch. Vor allem aber schreibt er natürlich. Und dass sie jetzt im Frühling des Jahres 1929 diesen herrlichen Urlaub im Süden machen können, das verdanken sie dem Ullstein Verlag, der doch tatsächlich sein neues Buch *Bube, Dame, König* vorabdruckt und später als Roman veröffentlicht und ihm die für ihn ungeheure Summe von 7500 Mark dafür zahlt. Nabokov hat sein Glück mit Véra in dieses Buch hineingeschmuggelt. Er lässt sie beide hineintanzen als ein Paar, das alle Blicke auf sich zieht: »Franz war dieses Paar schon lange aufgefallen. Manchmal trug der Mann ein Schmetterlingsnetz bei sich. Das Mädchen hatte einen zart geschminkten Mund und zärtliche graublaue Augen, und ihr Verlobter oder Gatte, schlank, elegant kahl werdend, voller Verachtung für alles auf der Welt außer ihr, blickte sie stolz an, und Franz beneidete dieses glückliche Paar.«

Véra und Vladimir Nabokov sind ein sehr ungewöhnliches Paar, denn sie sind glücklich miteinander und sie werden es bleiben.

*

Am 8. Juli 1929 trifft Jean-Paul Sartre die umschwärmte Simone de Beauvoir dann wirklich das erste Mal außerhalb der Mauern der Sorbonne. Diesmal gemeinsam mit seinem Studienkollegen René Maheu in seinem kleinen Zimmer im Studentenwohnheim. Nur 76 Studenten aus ganz Frankreich sind zur »Agrégation« der École Normale zugelassen worden, wer sie besteht, darf als Lehrer ein Leben lang Philosophie an einer französischen Schule unterrichten. Nach der schriftlichen lernen nun alle für die mündliche Prüfung, die als mörderisch schwierig gilt.

Der Druck ist enorm, die Kandidaten müssen sich quer durch die europäische Philosophiegeschichte lesen. Als Simone de Beauvoir Sartres Zimmer betritt, ist sie verstört von dem Dreck, Chaos und den Gerüchen, aber sie versucht, sich nicht ablenken zu lassen, und trägt, als alle sich gesetzt haben, vierzig Minuten lang ihre Interpretation zur Metaphysik von Leibniz vor. Sartre und Maheu haben wenig hinzuzufügen, sie haben sich das Treffen etwas entspannter vorgestellt, vor allem Maheu, der sich sehr zu Simone hingezogen fühlt, ist enttäuscht von dem förmlichen Besuch. Nur einmal ist sie kurz irritiert bei ihrem Vortrag, als sie bemerkt, dass der Schirm der Nachttischlampe aus roten Dessous genäht ist. Sie weiß nicht, dass Sartre ihn von Simone Jollivet geschenkt bekommen hat, seiner Geliebten aus Toulouse, einer literarisch ambitionierten Edelprostituierten, und das ist wohl auch besser so. Als Simone gegangen ist, überlegen sich die beiden Männer einen Spitznamen für sie. Sartre will sie gerne »Walküre« nennen, weil sie ihm wie eine jungfräuliche nordische Kriegsgöttin vorgekommen ist. Nein, sagt Maheu, sie sei wie ein Biber, der an den Bäumen der Erkenntnis nage und daraus neue Gebäude baue, darum: le Castor. Darauf einigen sie sich. Beim nächsten Treffen empfängt Simone de Beauvoir den Titel »Castor«. Und diesem Namen bleibt sie ein Leben lang treu. Als am 17. Juli die Ergebnisse der schriftlichen Prüfung bekannt gegeben werden, haben Sartre und de Beauvoir bestanden und sind zur mündlichen Prüfung zugelassen, René Maheu, der sie zusammengeführt hat, ist durchgefallen. Er reist sofort aus Paris ab. Jean-Paul Sartre aber lädt Simone de Beauvoir an diesem Abend zum ersten Mal zum Essen ein, bestellt guten Wein und spricht: »Von jetzt an werde ich mich um Sie kümmern, Castor.« Aber am nächsten Morgen müssen sie erst einmal weiter Philosophie lernen – und sie bleiben daraufhin gleich die nächsten vierzehn Tage zusammen. Sie beide, mit Kant, mit Rousseau, mit Leibniz, mit Platon. Dazwischen mal einen Kaffee und abends ein Glas Wein, danach ein Western im Kino. Am nächsten Tag beginnt sie um acht Uhr wieder mit dem Lernen. Von Zärtlichkeiten noch keine Spur. Aber immerhin: Ihre Gedanken halten sich bereits eng umschlungen. Am 30. Juli werden die Ergebnisse der mündlichen Prüfung bekannt gegeben. Den ersten Platz belegt Jean-Paul Sartre, den zweiten Simone de Beauvoir. Die glückliche Zweitplatzierte reist am Tag darauf mit ihrer Familie zur Tante aufs Land, für einen langen Sommer in den Feldern und den Hügeln des Limousin. Sie streift durch die Wiesen, denkt nach über Sartre, aber vor allem auch über dessen anziehenden Freund Maheu, und schreibt in ihr Tagebuch: »Ich brauche Sartre und liebe Maheu. Ich liebe Sartre für das, was er gibt, und Maheu für das, was er ist.« Doch dann lädt sie nicht Maheu, sondern Sartre ein, sie spontan auf dem Land zu besuchen, in Saint-Germain-les-Belles. Er steigt sofort in den Zug, zieht in ein kleines Hotel in der Nähe, und sie treffen sich jeden Tag, legen sich auf eine kleine Lichtung in einem nahen Kastanienwäldchen, trinken Cidre, essen Käse und Baguette und philosophieren. Es ist warm, es ist August, der Wind weht leicht von den Bergen her. Sie küssen sich zärtlich. Und sie träumen sich, wenn es dämmert, eine gemeinsame Zukunft herbei. Es sind die schönsten Tage ihres Lebens.

*

Als die Nackttänzerin Josephine Baker und der italienische Graf Giuseppe Pepito Abatino in Paris heiraten wollen, geben sie einfach eine Pressekonferenz im Hotel Ritz. Die ganze Welt schreibt darüber und sieht die Fotos des glücklichen, kichernden Paares, und fortan gelten sie als Mann und Frau. Es ist die Geschichte vom Aschenputtel, geboren in den Slums von St. Louis, das das Herz eines smarten europäischen Grafen erobert. Und das sollte reichen. Denn zum Standesamt will der Bräutigam lieber nicht gehen, dann wäre aufgeflogen, dass er kein italienischer Graf aus jahrhundertealter Linie ist und auch kein ruhmreicher Leutnant der Kavallerie, sondern ein sizilianischer Steinmetz.

Josephine Baker aber ist tatsächlich Josephine Baker, ein 21-jähriges ausgelassenes afroamerikanisches Mädchen, das zwar keine Schulbildung hat, keine falsche Scham und kein Zeitgefühl, aber ein untrügliches Gespür für Rhythmus und ein unnachahmliches Talent für Tanz. Erst der Steinmetz Pepito jedoch formt ihren Körper zur vollkommenen modernen Skulptur. Und bereits in den zwanziger Jahren heißt das: Er macht ihn zu einer Marke. Er zelebriert ihr Können, kultiviert ihre Marotten und filetiert ihre Gegner. Aus Josephine Baker wird »Josephine Baker« – sie kann sehr schnell nicht nur ihren Namen tanzen, sondern auch ihre Anführungszeichen, denn die wippen davor und dahinter so schön auf und ab wie ihr Markenzeichen, das Bananenröckchen.

Als noch Georges Simenon ihr Manager und Liebhaber gewesen ist, der große, ach was, der größte Krimi-Autor aller Zeiten, da ordnete er nur Josephines Papiere, sorgte dafür, dass alle paar Wochen die Rechnungen für die Seidenwäsche bezahlt wurden und dass sie wenigstens zweimal die Woche pünktlich in ihrer Revue ankam. Aber Pepito reicht das nicht, er will nicht Ordnung schaffen, sondern Vermögen. Und Josephine Baker lässt ihn gewähren. Dass das erste Mal ein weißer Mann mit ihr nicht nur ins Bett will, sondern sie sogar heiratet (also das zumindest behauptet), gibt ihr jenen emotionalen Halt, der ihr zuvor immer gefehlt hat. Und Pepito schenkt ihr nicht nur Stabilität, sondern entwirft auch einen

Karriereplan. Auf den Werbeplakaten, die zu Josephines Revue im *Folies Bergère* einladen, steht jetzt: »Mit Joséphine Baker, Gräfin Pepito Abatino«. Er verleiht ihr also nicht nur einen Titel, sondern auch noch einen Accent aigu.

Pepito hat dafür gesorgt, dass die Frauen für ihre Töchter kleine Josephine-Baker-Barbie-Puppen kaufen können und für sich selbst die Hautpflegeprodukte, die er »Bakerfix« genannt hat, Sonnenöl nämlich, eine Körperlotion und die berühmte Pomade, mit der sich die Namensgeberin und ihr Manager so gerne die Haare zurückgelen. Und die Männer? Die dürfen auch nach dem Besuch in der Revue noch von der Schönheit und Ungezwungenheit der schwarzen Tänzerin träumen. »Un vent de folie«, eine Brise Leichtsinn, nennt Pepito Josephine Bakers Show. Er weiß, wie man es macht, es ist genau die Brise, nach der sich ganz Paris sehnt in den späten zwanziger Jahren. Doch Pepito merkt, dass der Effekt langsam nachlässt. Als Erstes lässt er Josephine Baker deshalb mit Anfang zwanzig allen Ernstes ihre Autobiographie veröffentlichen, arglos, naiv, exzentrisch, es geht um Kosmetik und es geht um ihre Tiere, es geht um ihren rosa Morgenmantel und es geht um Paris. Dann planen sie, sich mitten in der Stadt ein Haus von Adolf Loos bauen zu lassen – dem großen Wiener Modernisten. Es wäre eine Sensation geworden, ein Symbolbau, draußen mit Streifen von schwarzem und weißem Marmor und innen eine einzige Bühne für Josephine Baker, den ersten afroamerikanischen Superstar Europas, im Zentrum des Hauses ein Pool, Josephine als schwimmende Venus. Leider kommt es nicht dazu, denn Josephines Stern in Paris beginnt zu sinken. Und so organisiert Pepito für sie eine großangelegte Europatournee. Sie wird zu einer merkwürdigen Reise zwischen Triumph und Rassismus.

Bevor Josephine Baker losfährt, muss sie sich von ihren Tieren verabschieden. Schweren Herzens lässt sie ihre Sittiche, ihre Kaninchen, ihre Katzen, ihr Ferkel zurück in Paris. Nur ihre beiden Pekinesen Fifi und Baby Girl dürfen mit in den Zug. Dazu kommen fünfzehn Schrankkoffer, gefüllt mit 196 Paar Schuhen, 137 Kostümen und Pelzen. Man versteht, warum Pepitos Mutter an ihre Freundin schreibt, dass ihr Josephine ruhig mal ein paar mehr Kleider und Schuhe überlassen könne. Was die Ausfuhrliste außerdem vermerkt, sind 64 Kilogramm Gesichtspuder. Auf die Vermarktung dieses Puders hat ihr geschickter Manager Pepito in weiser Voraussicht verzichtet – denn hätte alle Welt gewusst, dass sich Josephine Baker vor ihren Bühnenauftritten im Gesicht pudert, um weißer zu erscheinen, wäre sie wohl bei allen Schwarzen unten durch gewesen. Bei den Weißen des östlicheren Europas ist es jedoch so, dass die 64 Kilogramm Puder nicht ausreichen. Während sie in Wien und in Budapest in den Nächten auf der Bühne gefeiert wird als die große Tanzsensation aus Paris, wird tagsüber schweres Geschütz gegen sie aufgefahren. Überall formieren sich die konservativen und kirchlichen Kreise. Als sie in Wien mit dem Zug einfährt und am Gleis von einer begeisterten Menge empfangen wird, läuten gleichzeitig – zur Anprangerung von so viel Fleischeslust und getanzter Sünde – die Glocken der Paulanerkirche, um vor dem »schwarzen Teufel« zu warnen. Die Priester sonntagmorgens im Gottesdienst weisen so eindringlich und bilderreich auf die Gefahren der verwerflichen Tänze hin, die Baker am Abend aufführen wird, dass sich viele Besucher direkt nach dem Vaterunser eine Karte besorgen. Josephine Baker wird für Wochen im Johann-Strauß-Theater vor ausverkauftem Haus auftreten.

Und so geht es dann weiter durch Europa mit den fünfzehn Schrankkoffern, den beiden Hunden und dem einen Ehemann. Nach Budapest, nach Prag, nach Zagreb, nach Amsterdam. Sogar in Basel darf sie auftreten, nur in München nicht, der Freistaat ist schon 1929 kein Ort für die Freikörperkultur gewesen. Am heftigsten jedoch werden die Proteste in Berlin – in jenem Berlin, wo sie noch 1926 die größten Triumphe erlebt hat, verführt von Ruth Landshoff, verehrt von Harry Graf Kessler, der ein Ballett für sie geschrieben hat … Eigentlich war sie gekommen, um mindestens ein halbes Jahr zu bleiben, vielleicht sogar, um hier einen Ableger ihres französischen Clubs *Chez*

Joséphine zu gründen, so gut hat sie die Stadt in Erinnerung, das Flirren, die Rasanz, die Toleranz. Aber die Brise Leichtsinn ist verflogen. Als sie mit einer blonden deutschen Tänzerin auftritt, empört sich ein Kritiker am nächsten Tag: »Wie können sie es wagen, unsere wunderschöne blonde Lea Seidl mit einer Negerin auftreten zu lassen?« Der *Völkische Beobachter* nennt sie einen »Halbaffen«. Und die Zeitungen, die nicht rassistisch schreiben, schreiben antisemitisch. Denn die Organisatoren der Tanzrevue sind Juden, und die Kombination aus schwarzer nackter Tänzerin und jüdischen Veranstaltern – das ist zu viel für die nationalsozialistische Presse. Als ein Störtrupp der SA bei einer Aufführung Stinkbomben wirft, packt Josephine Baker mitten im Programm ihre Siebensachen und verschwindet. Die Show muss abgesetzt werden, Josephine Baker und Pepito kehren im Frühsommer 1929 Hals über Kopf nach Paris zurück.

*

Als Anaïs Nin und ihr Mann Hugo Guiler in den zwanziger Jahren nach Paris in die Rue Schoelcher 11 ziehen, direkt neben den Friedhof von Montparnasse, da ist weder zu ahnen, dass dies ein zentrales Ereignis für die Geschichte der Stadt der Liebe sein könnte, noch dass dreißig Jahre später ausgerechnet Simone de Beauvoir in genau diese Wohnung einziehen sollte.

Anaïs Nin jedenfalls notiert in ihr Tagebuch, ernüchtert von der jungen Ehe und von Paris: »Ich wünschte, ich wäre nie gekommen. Man muss Paris romantisch sehen können, sonst ist es ein totaler Reinfall.« Ihr Mann, der Bankier Hugo, schenkt ihr immer neue Ausgaben des Kamasutra, die er an den Buchläden der Quays kauft, doch Anaïs schreibt in ihr Tagebuch: »Ich liebe die Reinheit.« Ansonsten liebt sie nur ihre Tagebücher, ja, sie sind ihr eigentliches Lebenselixier. Sie versieht sie jeweils mit einem kleinen Schloss und trägt den Schlüssel an einer Goldkette um den Hals. Sie nimmt den Schlüssel nur kurz ab, wenn sie Bauchtanz lernt, aber die Lehrerin hält sie für zu unbegabt. Sie muss sich was Neues überlegen. Anaïs Nin verlässt oft tagelang ihr Bett nicht, schreibt Tagebuch über ihren Dämmerzustand, weiß nicht so recht, wie man liebt und verschlingt deshalb D. H. Lawrence' Roman *Liebende Frauen*. Sie ist hingerissen von der Art, wie sich Lawrence ins Chaos stürzt, so schreibt sie in ihr Tagebuch, »da die Vertiefung ins Chaos ein Kennzeichen unserer Epoche ist«. Sie wurde bald auch ein Kennzeichen ihres Lebens.

*

Gleichzeitig liegt Henry Miller in New York auf seinem Bett in der kleinen Wohnung in der Clinton Avenue in Brooklyn und liest ebenso D. H. Lawrence'

Liebende Frauen. Er fühlt sich von diesem Teil der Menschheit aber gerade in hohem Maße ungeliebt. Henry Miller kann nicht verwinden, dass seine Frau June ihre Geliebte Mara Andrews einfach in die eheliche Wohnung eingeladen hat – und er, der Ehemann, seine Kissen zusammenpacken und aufs Sofa ziehen musste. Nacht für Nacht ziehen die beiden Frauen trinkend durch die Bars, eines Abends hängt Miller in seiner Verzweiflung die Heiratsurkunde an den Flurspiegel, damit sie das Erste ist, was die beiden sehen, wenn sie torkelnd und kichernd die Treppe hinaufgefallen sind. Aber sie laufen daran vorbei und gehen ins Ehebett.

*

Ruth Landshoff küsst nur mit offenen Augen. Sie weiß gerne, wem sie da gerade an den Lippen hängt. Wie ein aufgeregter Vogel fliegt sie in diesen späten zwanziger Jahren in Berlin umher, immer zwitschernd, herumhüpfend zwischen Josephine Baker und Mopsa Sternheim und Klaus Mann und Karl Vollmoeller, zwischen Cafés und Salons und Varietés, zwischen *high and low* und zwischen den Geschlechtern, man erschrickt fast, wenn sie einmal ruhig dasitzt oder gar schweigt. Sobald sie lächelt, fließt das Gold. Wenn sie nicht lächelt, wirkt es, als weine sie.

Heute holt sie Charlie Chaplin vom Flughafen ab.

Sie soll ihm Berlin zeigen. Aber sie wird ihm vor allem sich selbst zeigen.

*

Die fünfzigjährige Alma Mahler heiratet am 6. Juli 1929 endlich den elf Jahre jüngeren Schriftsteller Franz Werfel, ihr »Mannkind«, und wird zu Alma Mahler-Werfel. Sie haben da bereits zehn Jahre in wilder Ehe zusammengelebt, und Werfel ist sehr dankbar, sich schon unmittelbar nach der Heirat wieder in Almas Haus in Breitenstein am Semmering zurückziehen zu dürfen. Sie heiraten also an dem Punkt, an dem sie eigentlich kurz vor der Trennung stehen. Alma will, dass Werfel »Weltliteratur« produziert – und er ist froh, so oft wie möglich seine Ruhe zu haben. Denn Alma will eigentlich immer nur über Sex tratschen, also wer mit wem gerade ein Verhältnis hat. Wenn sie so in Wallung kommt und dazu noch ein Glas ihres Lieblingslikörs Benediktiner nach dem anderen gierig herunterkippt, sehnsüchtig nach der »starken Empfindung«, packt der geschwächte Franz seine Koffer und seinen Hut und zieht rasch hinauf in die Ruhe der Berge. Der jüdische Werfel hat inzwischen regelrecht Angst vor den antisemitischen Wutattacken seiner Frau. So ist er sehr froh, dass sie meist auf Reisen ist. Kaum ist sie nach der Hochzeit nach Venedig abgerauscht, tritt Werfel heimlich wieder dem Judentum bei – für die Hochzeit hat Alma vier Wochen zuvor seinen Austritt verlangt (und seine jüdischen Eltern wollte sie auf der Hochzeitsfeier auch partout nicht sehen). Sie schreibt benebelt in ihr Tagebuch: »Ich trinke, um glücklich sein zu können.« Und er schreibt ein Buch nach dem anderen, um nicht unglücklich zu werden.

*

Er war schon vollkommen erschöpft, als er 1874 auf die Welt kam. »Ganz vergessener Völker Müdigkeiten / kann ich nicht abtun von meinen Lidern«, so dichtete Hugo von Hofmannsthal als achtzehnjähriges Wunderkind. Da wurde Wien aber überhaupt erst wach, und der Weltgeist weckte die wilden kreativen Energien bei Egon Schiele und Georg Trakl, bei Ludwig Wittgenstein und Sigmund Freud, bei Arthur Schnitzler und Karl Kraus und all den anderen. Hugo von Hofmannsthal stand da nur daneben, hilflos den Modernisierungsschüben um sich ausgeliefert, er ist mit 25 Jahren bereits eine Legende gewesen und jetzt, mit 55, ein gutgekleidetes Fossil, ein Aristokrat des Geistes, ein unerträglicher Snob und ein gelegentlicher Libretto-Lieferant für Richard Strauss. Und zwischendurch etwas Prosa, so fein gezwirbelt wie die Enden seines Schnurrbartes. Er hatte verkündet, dass die »konservative Revolution« die große Vision der zwanziger Jahre sein müsse. Und dazu gehört für ihn eine permanente Verteidigung der Ehe. Ja, all seine Lustspiele und Libretti sind in Wahrheit dröhnende Verherrlichungen der Ehe, alles, so schreibt er an seinen Freund Carl Burckhardt, was er darüber denke, sei in seinen Stücken versteckt. So gut versteckt offenbar, dass seine eigene Frau Gerty sehr lange danach suchen muss. Denn der große Theoretiker der Ehe ist als Praktiker nicht sonderlich aktiv. Seine Haupttugend als Ehemann scheint Verständnis zu sein. So findet er es völlig richtig, dass sich seine Frau nicht für die Themen interessiert, die er mit seinen Freunden bespricht. Und dass sie aus dem Zimmer geht, wenn er etwas vorlesen möchte: »Eine Ehe«, so sagt er, »besteht nicht darin, dass man alles teilt.«

In seinen Büchern drückt er es etwas komplizierter aus. Die Ehe, so schreibt er in *Ad me ipsum*, löse die »zwei Antinomien des Daseins, die der vergehenden Zeit und Dauer – und die der Einsamkeit und der Gemeinschaft«. Leben ohne Bindung führe deshalb zu einem Leben ohne Bestimmung, wer nicht heirate, vegetiere vor sich hin in einer Art »Präexistenz«. Es ist relativ naheliegend, dass sich Hugo von Hofmannsthal mit diesen Theorien in den Goldenen Zwanzigern in Berlin und Paris eher nicht durchsetzen kann. In Rodaun aber, dem vornehmen Vorort Wiens, in den er sich zurückgezogen hat, und in Salzburg, bei den Festspielen, da nehmen die Ehepaare seine gesungenen Thesen mit einem dankbaren Lächeln auf und halten sich ein paar Sekunden fest an der Hand.

Und wie oft hält wohl Hugo von Hofmannsthal selbst seine Gerty an der Hand? Das ist sehr schwer zu sagen. In seiner gesamten Prosa und seinen Briefen kommen zwei Personen eigentlich überhaupt nicht vor: Gerty und er selbst, ja sogar seinen Freunden gilt er als der größte Ich-Verschweiger, sowohl was sein Innenleben als auch was seine jüdische Herkunft betrifft. Und das soll auch so bleiben, schon in den zwanziger Jahren warnt er alle panisch davor, über ihn eine Biographie schreiben zu wollen, das sei »läppisch«, er werde Weisungen hinterlassen, um »dieses verwässernde Geschwätz zu unterdrücken«.

Seine innersten, gefährdetsten Zonen verschließt er also fest, das Körperliche, das Erotische hat seine übersensible Seele unter einen Bann gestellt. Ehe ist für ihn eine Sache des Kopfes – einfach, so kann man sagen, ein vollkommen überzeugendes Konzept. Ob er selbst merkt, dass es bei diesem wie bei so vielen guten Konzepten ein Umsetzungsproblem gibt? Drei Kinder bekommt seine Frau Gerty von ihm, 1902 Christiane, 1903 Franz und 1906 Raimund, aber Hugo von Hofmannsthal richtet es so ein, dass er zu den jeweiligen Geburtsterminen gerade auf ausgedehnten Vortragsreisen im Ausland unterwegs ist. Und er hat es auch nicht eilig zurückzukommen. Ja, er ist lebenslang ein Virtuose in der Kunst, sich zu entziehen. Freunden,

Pflichten, Kindern, der Arbeit. Und den Frauen? Wir wissen es nicht. Stefan George hat er als junger Mann zwar abgewiesen, aber er pflegt enge Freundschaften mit vielen Homosexuellen, mit Leopold von Andrian, mit Rudolf Alexander Schröder, mit Harry Graf Kessler. Und dieser Graf Kessler notiert in seiner Hellsicht früh: Wenn Hofmannsthal mit Frauen rede, habe das »etwas von einem Diplomaten, von einem Achtzigjährigen«. Da ist Hofmannsthal gerade dreißig.

Als er Gerty Schlesinger, seine künftige Frau, kennengelernt hat, schreibt er ihrem Bruder, warum er sie zur Gattin erwählt: »Dem Leben steht sie mit Vertrauen und ganz ohne Sehnsucht gegenüber.« Das scheint ihn zu entspannen. Gerty habe »einen glücklichen Mangel an Schwere«. Oder anders und sehr viel unschöner gesagt: Sie habe eine wunderbare Art, »alles, was ihr geistig nicht gemäß ist, einfach damit abzuwehren, dass sie eine gewisse Beschränktheit ihres Verstandes mit freundlichem Gleichmut als ein Gegebenes ansieht«. Damit sei sie völlig zufrieden, so dass es keinen Sinn habe, »sie durch Bücher oder Gespräche über irgend etwas aufzuklären«. So also stellt sich Hugo von Hofmannsthal eine ideale Ehefrau vor.

Ja, wenn Hofmannsthal davon spricht, dass er »das Leben nicht ohne Ehe denken kann«, dann hat das in seiner Lautstärke und Bestimmtheit immer auch einen Hauch von Abwehrzauber. Ehe in seinem Fall also eher als ein Modell formvollendeter Einsamkeit. Ein lebenslanger Versuch, die eigenen homophilen Neigungen wortreich zu untergraben. Als habe der Verfasser des Librettos für den *Rosenkavalier* in der Öffentlichkeit ein besonders leuchtendes Bild der Gattung »Ehemann« erschaffen wollen, um sich so vor sich selbst zu schützen. Es scheint fast, als habe er seine wahren Neigungen durch permanente Verschönerung der Fassade und die lyrischen Panzer der Kunst auch vor sich selbst perfekt versteckt. Es gibt keinen Gustav von Aschenbach in seinem Werk, der jungen Männern am Lido sehnsuchtsvoll nachblickt, keinen adretten Kellner, der durch die Tagebücher stolziert wie bei Thomas Mann. Es ist mit der Ehe bei Hugo von Hofmannsthal ein wenig so wie mit dem Heldenmut: Während des Ersten Weltkrieges rühmt er allüberall den kühnen Siegeswillen und die männliche Opferbereitschaft der Soldaten, er selbst aber setzt Himmel und Hölle in Bewegung, um von der lebensgefährlichen Front schnellstmöglich in die warme Schreibstube versetzt zu werden.

Seiner schlimmsten Schlacht jedoch kann er nicht entfliehen. Im Sommer 1929 wird aus dem Waffenstillstand zwischen ihm und seinem Sohn Franz ein zermürbender Stellungskrieg. Der vom Leben gezeichnete Sohn zieht mit 26 Jahren zurück zu den Eltern ins Haus nach Rodaun. Franz kämpft darum, aus dem Schatten des mächtigen Vaters treten zu dürfen, dichtet, verliebt sich unglücklich, wettert gegen den Übervater, der seine Schwester bevorzugt. Aber immer wieder stockt ihm die Stimme, schweigt er in seiner Wut, als könne er nicht wirklich sagen, was seine Seele martert. Dann plötzlich, eines Nachts, am 13. Juli ein Schuss im Zimmer des Sohnes. Hugo von Hofmannsthal und seine Frau Gerty schrecken in ihren jeweiligen Schlafzimmern auf. Franz hat sich erschossen. Hugo von Hofmannsthal sitzt nur noch apathisch im Sessel. Als er sich am 15. Juli daraus erheben will, um zur Beerdigung seines Sohnes aufzubrechen, stirbt er an einem Schlaganfall. Nein: an gebrochenem Herzen. »Wer den Sohn hat, der hat das Leben, wer den Sohn nicht hat, der hat das Leben nicht.« (1. Johannes, 5,12) Hugo von Hofmannsthal wird zwei Tage später auf dem Kalksburger Friedhof neben dem frischen Grab Franz von Hofmannsthals beigesetzt. Da er sich dem Orden der Franziskaner eng verbunden fühlte, wird er seinem letzten Willen gemäß im Gewand eines Franziskaners beerdigt. So endet das Leben dieses großen Theoretikers der Ehe als keuscher Mönch.

*

Es gibt einen Sohn, der diesen verzweifelten Sohn versteht: Klaus Mann. Er schreibt einen Nachruf auf Hugo von Hofmannsthal, der eigentlich mehr ein Nachruf auf Franz von Hofmannsthal ist. Voller Verständnis dafür, dass man aus dem Leben scheiden muss, wenn man nicht genug geliebt wird. Wenn man erdrückt wird vom Ruhm des Vaters: »Er starb als einer von uns, als unser Bruder. Wo er scheiterte, hätten auch wir scheitern können, sicher waren wir kaum stärker als er. Da wir weiterleben, werden wir für seinen Tod mitverantwortlich; also auch für den des Vaters, der folgte.« Was für ungeheuerliche Worte sendet da der eine Sohn dem anderen – inklusive seiner Selbstentblößung, dass er längst weiß, wie sehr er mit seiner offensiven Homosexualität seinen Vater Thomas Mann tagtäglich in die Bredouille bringt. Es gibt kaum Fotos von Thomas und Klaus Mann zusammen – und auf den paar, die es gibt, ist Klaus, der sonst die dandyhaften Posen liebt, eine einzige Verkrampfung, unsicher lächelnd. Und bald schon in diesem Jahr 1929 wird es für Klaus Mann noch bedrückender – sein Vater bekommt den Nobelpreis für Literatur zugesprochen. Es ist in den Tagen nach der Verkündigung, dass Klaus Mann damit beginnt, neben Kokain auch Morphium zu nehmen, um sich zu betäuben. Er fährt nicht zur Verleihung des Nobelpreises nach Stockholm. Sein Vater hat ihn nicht eingeladen.

*

Es gibt einen unglaublichen Kult um das Kühle, das Coole, man will den anderen, wenn ihm die Tränen kommen, immerzu glauben machen, das Herz sei nur ein Muskel. Und Romantik eine Stilrichtung des neunzehnten Jahrhunderts. »Wir waren alle recht normale Kinder des Kalten Friedens, wir waren alle kaltschnäuzig kalt, die meisten wussten, dass es irgendwie bald wieder schief gehen würde«, so sagt es Lisa Matthias, Kurt Tucholskys leidgeprüftes »Lottchen«. Die Traumata des Krieges, die Schrecken des Eises und der Finsternis, sorgen dafür, dass sich vor allem die Männer panzern gegen Gefühlsaufwallungen jeglicher Art. Walter Gropius in seinen steifen Anzügen und mit seinem starren Blick im Bauhaus in Weimar und Dessau, Max Beckmann im *Selbstbildnis im Smoking*, das Autorenporträt mit Pelzkragen von Ernst Jünger in den *Stahlgewittern*. Ein kalter Snobismus, sich selbst und allen anderen gegenüber, von den Künstlern der Neuen Sachlichkeit auf die Spitze getrieben. Gegen das vergangene expressionistische Ideal der »Authentizität« stellt man nun das Gebot der Künstlichkeit, die Maler schauen auf ihre Modelle wie ein Arzt: Machen Sie sich bitte frei, aber gewähren Sie mir keine Einblicke.

Der Nietzsche-Leser Otto Dix porträtiert sich als *Nordpolfahrer*, und George Grosz rühmt sich seines »Packeis-Charakters«. Bertolt Brecht erteilt in steifer Lederjacke Versteinerungsansagen in seinem *Lesebuch für Städtebewohner:* »Lobet die Kälte!«, Ernst Jünger fordert eine »Literatur unter null«. Und wie geht das am besten? Curt Moreck rät in seinem *Führer durch das lasterhafte Berlin* zu den neuen Bars am Kurfürstendamm: »Inmitten der blitzenden Sauberkeit aus Glas und Nickel kann man sich in fabelhaft gemischten amerikanischen Eisdrinks das Innere auskühlen.«

*

Ist das Abkühlen eine Männerangelegenheit? Natürlich nicht. Tamara de Lempicka übt es ein Leben lang, malt und malt, experimentiert mit den Materialien und der Wirkung, bis sie ihren Stil gefunden hat. Kalte Haut, glatt wie Emaille, an die Überwältigungssprache der Werbeplakate erinnernd, die langen Körper verdreht wie bei den italienischen Manieristen. Später, als man sieht, wie haargenau sie zu der edlen Eleganz der französischen Möbel jener Jahre passen, wird man es Art déco nennen, was Tamara de Lempicka da malt, noch später, als Andy Warhol sie zu verehren beginnt, merkt man, dass Pop Art déco noch präziser wäre. Aber erst einmal, also 1929, ist es pure Gegenwart. Und jeder, der von ihr porträtiert wird, hat das Gefühl, eine Ikone zu werden. Tamara de Lempicka, aus Polen nach Paris gekommen, trägt ihren Kopf stolz wie eine Trophäe und ihren Körper so geschmeidig wie ein Negligé, sie ist der weibliche Dandy, der die neue Zeit verkörpert, und dafür sind die Porträtierten bereit, ein horrendes Honorar zu zahlen, auch weil das Malen oft nicht der einzige Akt der Zusammenarbeit bleibt. »Zu meiner Inspiration brauche ich Liebhaber«, sagt Tamara de Lempicka. Und Männer inspirieren sie genauso wie Frauen.

Nur der italienische Dichter und Erotomane Gabriele D'Annunzio beißt sich an ihr die Zähne aus. Er hat Tamara de Lempicka auf seinen Landsitz bestellt, um sich malen zu lassen. Doch zuvor will er mit ihr ins Bett. Gleich am ersten Abend kommt der 63-Jährige zu ihr ins Zimmer und zieht sich aus (mit weiteren Details möchte ich Sie verschonen). Sie bittet ihn, sich wieder anzuziehen. Er hat nicht verstanden, dass für sie erst die Arbeit kommt und dann das Vergnügen. Und sie hat nicht verstanden, dass er sich nur von jemandem porträtieren lassen kann, dessen vorbehaltlose Bewunderung ihm sicher ist. Als er aus dem Zimmer geworfen wird, vergnügt er sich wenig später vor der Tür mit dem Hausmädchen, das sich für solche Zwecke bereitzuhalten hat. Am nächsten Tag reist Tamara de Lempicka ab. Und malt sich lieber selbst: *Tamara im grünen Bugatti* ist eine Auftragsarbeit für die Berliner Zeitschrift *Die Dame*, im Original so klein wie das Magazincover, 35 mal 27 Zentimeter, und doch ein großes Bild der Epoche. Die Dame hält mit hellbraunem Handschuh das schwarze Lenkrad. Der Fuß steht spürbar auf dem Gaspedal. Rote Lippen, Lidstrich, ein Blick so neu wie unaufhaltsam, denn »der Blick nach vorn verrät uns nichts« (William Boyd).

Tamara de Lempicka selbst besitzt damals nur einen Renault, aber sie weiß, dass es um Inszenierung geht, darum malt sie auf der Straße vor dem *Café de Flore* einen besonders schönen Bugatti und setzt sich dann im Atelier auf der Leinwand dort hinein. Als sie das Gemälde das erste Mal auf dem Cover der *Dame* sehen, da glauben Ruth Landshoff, Annemarie Schwarzenbach, Erika Mann, Maud Thyssen und Clärenore Stinnes, sie blicken in ihr Spiegelbild. Der Sitz neben Tamara de Lempicka auf diesem Bild ist übrigens leer. Die neue Frau braucht keine Beifahrer mehr.

Sie weiß selbst, wo es langgeht. Und wie man bremst. Als der steinreiche Baron Raoul Kuffner im Jahre 1929 in ihr Atelier kommt, seines Zeichens der Besitzer des größten zusammenhängenden Grundbesitzes der gesamten einstigen K.-u.-k.-Monarchie und Liebhaber der andalusischen Tänzerin Nana de Herrera, willigt sie ein, seine Pariser Mätresse zu malen. Tamara de Lempicka ist entsetzt, wie hässlich diese gekleidet ist, deshalb bittet sie sie, sich auszuziehen. Dann ist sie entsetzt, wie gering ihre erotische Ausstrahlung ist. Und zum ersten Mal malt Tamara de Lempicka ihr Gegenüber genauso, wie es ihr erscheint, kein bisschen größer, überhöhter oder geglätteter. Mit fast teuflischer Lust malt sie für unerhört viel Geld dem Milliardär ein Bild, auf dem seine Geliebte hässlich aussieht, verklemmt und viel älter als sie ist. Als der Baron in ihr Atelier kommt und sieht, wie wenig anziehend seine Mätresse darauf ist und wie viel anziehender deren Porträtistin, beginnt er eine Affäre mit Tamara de Lempicka. Die nutzt also die Auftragsarbeit als Auftragsmord. Sie weiß fortan, dass man mit Bildern alles erreichen – und alles zerstören kann. Auch die Liebe.

*

Im Jahre 1929 wird die Ehe von Gustaf Gründgens und Erika Mann geschieden. Nach Sichtung der Akten- und Gefühlslage scheint das eine vernünftigere Entscheidung zu sein als die Heirat ein paar Jahre zuvor.

Und die kam so: Die offenkundig lesbische Tochter von Thomas Mann, die Autorin und Schauspielerin Erika Mann, hat den homosexuellen Schauspieler Gustaf Gründgens im Zuge der Proben für das Vierpersonenstück *Anja und Esther* in Hamburg kennengelernt. Die beiden anderen Darsteller sind Klaus Mann und Pamela Wedekind. Anfänglich weiß Gründgens offenbar genauso wenig wie Erika Mann, ob sie sich nicht doch lieber jeweils für Pamela entscheiden sollen, aber dann kommen sie doch zusammen, und wenig später verloben sich dann, aus Frust, aus Langeweile oder aus Übermut, auch Klaus und Pamela.

Eigentlich lebt Gründgens zu jener Zeit recht glücklich mit dem Maler Jan Kurzke zusammen: »Jan ist nun mal mein alter Ego«, schreibt Gründgens kurz vor der Hochzeit an die besorgten Eltern, »mit ihm muss ich in Harmonie leben, um schaffen zu können.« Aber dann begrüßt er Klaus Mann mit diesen fulminanten Zeilen auf der Hamburger Bühne: »Die jüngere Generation hat in Klaus Mann ihren Dichter gefunden … Mit unerbittlicher Liebe zeigt er seine Generation in all ihrer wissenden Unwissenheit, ihrer gehemmten Hemmungslosigkeit, ihrer reinen Verworfenheit. Man muss sie lieben, diese Menschen, die so viel Liebe in sich haben und mit wissender Schmerzlichkeit ihre Irrwege. Lieben muss man vor allem den Dichter dieser Menschen.« Aber warum auch immer: Gründgens hält sich nicht an sein eigenes Gebot und liebt statt des Dichters dessen Schwester. Die Hochzeit im Hause Thomas Mann entbehrt nicht einer gewissen Pikanterie – denn der Trauzeuge ist Klaus Pringsheim, der Bruder von Katia Mann, und der flirtet beim Hochzeitsessen relativ hemmungslos mit dem Bräutigam. Die Braut wiederum, also Erika, schlägt für die Flitterwochen jenes Zimmer im Kurgartenhotel in Friedrichshafen vor, in welchem sie selbst noch vier Wochen zuvor mit Pamela Wedekind gewesen ist, und sie schreibt von dort auch sofort einen sehnsuchtsvollen Brief an die »geliebte Pamela, die ich über die Maßen liebe«. So kommen dann zur

Rettung des Paares, das mit sich nichts Rechtes anzufangen weiß, bald Klaus Mann und Pamela Wedekind ins Hotel. Außerdem bitten sie noch einen gut aussehenden Leichtathleten dazu, der vor dem Hotel seine einsamen Runden zieht, Hermann Kleinhuber mit Namen. Noch 1930 wird Gründgens dann mit dieser vorbeijoggenden Zufallsbekanntschaft allein die Ferien am Lago Maggiore verbringen (Pamela wird dann schon mit Carl Sternheim zusammen sein und Klaus und Erika nur noch mit sich).

Katia Manns Mutter Hedwig Pringsheim fasst die Lage in ihrer stoischen Weisheit präzise zusammen: »Es ist eine komische moderne Ehe, dass sich schon geradezu der Heilige Geist bemühen müsste, um mir Urgroßmutterfreuden zu verschaffen.« Nach dem Wiedersehen des Quartetts in Friedrichshafen ziehen Erika Mann und Gründgens in Hamburg in eine Wohnung in der Oberstraße 125 – und damit sie die beiden anderen nicht vergessen, nennen sie ihre Katzen wie im Theaterstück »Anja« und »Esther«.

Passenderweise zieht dann auch bald Klaus Mann dazu, um in der neuen Wohnung des Paares das Stück *Revue zu Vieren* zu schreiben. Der Trauzeuge Klaus Pringsheim darf dafür die Bühnenmusik komponieren und die Freundin Mopsa Sternheim macht die Ausstattung. Und die Hauptrollen übernehmen allen Ernstes wieder: Gründgens, Erika Mann, Klaus Mann, Pamela Wedekind. »Wiederholungszwang«

hätte Sigmund Freud das genannt. Das Stück wird der absolute Reinfall. Gründgens lässt sich schon bald nach der Premiere von einem anderen Schauspieler ersetzen, die geplante Tournee durch Deutschland wird ein Desaster, und das Ende der gemeinsamen Bühnenkarriere ist eigentlich auch das Ende des Theaterstücks *Ehe*, das Erika Mann und Gründgens aufführen wollten.

Gründgens wechselt als Schauspieler nach Berlin, wohnt erst in der Atelierwohnung seines Hamburger Freundes Jan Kurzke, um dann in die Arme von Francesco von Mendelssohn zu fallen – dem wahrscheinlich schrillsten Paradiesvogel des in den späten zwanziger Jahren an schrillen Paradiesvögeln nicht armen Menschenzoos Berlin. Mendelssohn, Nachfahre des großen Philosophen und Sohn des reichen Bankiers, ist ein Cellist von Gnaden und ein Exzentriker vor dem Herrn. Die Sitze seines Cabrios sind mit Hermelin bezogen, und auf den Bällen der feinen Gesellschaft lässt er gerne den Pelzmantel fallen, um der begeisterten Menge seinen nackten Körper darunter zu präsentieren. Mit ihm zieht Gründgens Abend für Abend durch Schönebergs Bars, süchtig nach dem nächsten Kick. Davor steht er auf der Bühne, umjubelt. Immer öfter spielt er die Rollen der seelenlosen Intriganten mit eleganter Verworfenheit. Das kann er besonders gut.

Nachdem er sich im Theater frisch gemacht hat,

tauchen Gründgens und Francesco von Mendelssohn ein in die homosexuelle Berliner Subkultur – und Gründgens lebt erstmals seinen Narzissmus und seine Lust in vollen Zügen aus. Es gibt, wie auch Christopher Isherwood rühmt, um 1929 in Berlin für jede Geschmacksrichtung den richtigen Ort: Die zentrale Adresse bleibt das *Eldorado* mit seinen muskulösen Schamgürteltänzern, wo sich auch die heterosexuelle Berliner Boheme gerne trifft zu einem ersten oder letzten Cocktail, ebenso gibt es den *Schnurrbarttempel* für die Familienväter und die permanenten Matrosenbälle im *Florida*, im *Mikado* schließlich tanzen Travestiekünstler zu Tangomusik. Seit Friedrich dem Großen ist eben das moralische Prinzip Preußens: Jeder soll nach seiner Façon selig werden. Gründgens und Mendelssohn gehen am liebsten in die schon damals legendäre *Jockey-Bar* in der Lutherstraße und in die *Silhouette* in der Geisbergstraße, ein enges, qualmiges Tanzlokal, wo an der Bar die Jünglinge in Frauenkleidern sitzen, in deren flachen Dekolletés falsche Perlenketten baumeln.

Je größer Gründgens' Erfolge auf der Bühne werden, um so exzentrischer lebt er: Beim Modehaus Hermann Hoffmann kauft er ein Reitsakko, einen Burberry-Mantel und einen Smoking, beim Wiener Schneider Knize einen Frack, einen Seidenanzug und einen Morgenrock und beim Autohaus Dello & Co (was für ein schöner Name für ein Autohaus) einen unverdellten brandneuen Opel, ein Cabrio, in kreischendem Rot lackiert und mit Extra-Polsterung aus rotem Leder. Da er das Bestellte zwar abholt, aber meist nicht bezahlt, klagen die Verkäufer regelmäßig, und so landen all die Rechnungen vor Gericht und damit zu unserer Freude auch in den Geschichtsbüchern.

1929 also wird die Ehe von Erika Mann und dem Fahrer des einzigen roten Opels in Berlin, Gustaf Gründgens, aus recht guten Gründen geschieden. Und weil das Leben selbst ohnehin die besten Pointen schreibt, bekommt Gustaf Gründgens in diesem Frühjahr seinen ersten Filmvertrag bei der UFA, er spielt die Hauptrolle in dem Sängerfilm *Ich glaub nie mehr an eine Frau.* Als kurz nach der Filmpremiere endlich die Scheidungsunterlagen vom Amtsgericht eintreffen, öffnen Gustaf Gründgens und sein Freund Francesco von Mendelssohn eine Flasche Champagner und machen sich fein für den Abend in den Travestiebars in Schöneberg.

*

Der Mutterschoß ist eigentlich eine Einbahnstraße. Aber Erich Kästner fährt gegen die vorgeschriebene Fahrtrichtung zeitlebens zurück. Die Frauen in seinem Bett wechseln zwar häufig, doch seine Mutter Ida Kästner in Dresden, genannt »liebes Muttchen«, ist immer die Erste, die davon erfährt. Und als Zweites seine Leser. Gerne reist er mit Ida auch in den Urlaub, an den Lago Maggiore oder an die Ostsee, um sich von Berlin zu erholen, dann und wann. Aber eigentlich genießt er es sehr, dort ein Bohemien zu sein. Er sitzt im *Café Josty* in Schöneberg, kaut auf seinen Bleistiften herum und trinkt eine Melange nach der anderen. Eines Tages radelt eine junge Frau vorbei mit sehr auffallendem Hut. Am nächsten Tag, wieder *Café Josty*, wieder bei der dritten Melange: Die Frau mit Hut auf ihrem Rad. Da greift er zum Bleistift und legt los. Noch bevor er sie kennengelernt hat, macht er sie in seinem Notizbuch schon zu einer literarischen Figur, zu »Pony Hütchen«, jener legendären Cousine seines legendären Helden in *Emil und die Detektive* (aber Erich Kästner, der gute Sohn, vergisst auch in diesem Buch die Frau Mama nicht und verewigt sie in der Figur der sich aufopfernden Frau Tischbein).

Irgendwann spricht Kästner die Radfahrerin an, als sie am *Café Josty* vorbeigeradelt kommt, sie heißt Margot Schönlank und ist, wenn er ihr zuzwinkert, auf dem Weg zur Werbefachschule. Kurz darauf meldet er der Mutter in einem seiner »Muttchenbriefe« nach Dresden bereits Vollzug: »Die neue kleine Freundin ist ein furchtbar lieber Kerl. Bloß schon wieder zu sehr verliebt. Hat ja alles keinen Sinn auf die Dauer.« Denn auf Dauer ist natürlich Mutti die Beste. Aber, so klagt Kästner ihr sein Leid, er komme sich ohnehin bei den modernen Berliner Frauen ein wenig überflüssig vor: Sie seien vor lauter Büroarbeit und Selbstbefriedigung und Selbständigkeit so unabhängig geworden, »dass sie Männer einfach nicht mehr brauchen können«.

*

Die Frauen brauchen die Männer nicht mehr. Das ist die für die Männer verstörende Botschaft der späten zwanziger Jahre. Sie brauchen sie nicht mehr, um ihr Leben zu finanzieren – denn das machen sie inzwischen selbst, zumindest in Berlin und den anderen Großstädten, sie arbeiten in den Büros. »Zwischen neun und fünf heißen sie Fräulein. Nach Feierabend gibt es auch einen Vornamen«, wie Mascha Kaléko schreibt. Sie brauchen die Männer auch nicht mehr, um von A nach B zu kommen, denn sie fahren ihre Autos selbst und posieren auf den Kühlerhauben und genießen den Fahrtwind besonders, wenn nur ein kleines Hündchen neben ihnen sitzt. Und die Frauen brauchen die Männer nicht mehr für Sex, denn Erfüllung finden sie auch bei ihren Freundinnen (oder sich selbst). Aber wenn sie sich doch mit einem Mann einlassen, dann weiß der, dass ihn die Frau genauso erwählt hat wie er sie – und dass sie es genauso schnell beenden kann wie er. »Mit ihm schlafen, ja, aber keine Intimitäten«, wie Kurt Tucholsky, der Kenner dieser

Frauen, es zusammenfasst. Seinen Geliebten gibt er meist männliche Kosenamen, bei Erich Maria Remarque dasselbe, auch Erich Kästner macht es so, die Männer versuchen also, das Spiel um die Verwirrung der Geschlechter mitzuspielen, aber sie haben natürlich keine Chance. Die weiblichen Dandys sitzen in den Bars am Berliner Kurfürstendamm, bei *Schwannecke* und bei *Schlichter*, sie rauchen, sie gehen tanzen, sie tragen sehr gerne Herrenanzug und Krawatte wie Marlene Dietrich und: sie schreiben. Artikel und kleine Feuilletons, federleicht und bissig, für den *Uhu*, für die *Dame*, für den *Querschnitt* und all die anderen großen Zeitungen der Weimarer Republik. Vor allem aber schreiben die Frauen der neuen Generation auch Bücher, die ungreifbar flirren, es geht nicht mehr um Moral oder um Utopien, sondern um Erfahrungshunger – der Mann ist für die weiblichen Heldinnen der weiblichen Autorinnen meist nicht mehr als eine Sättigungsbeilage. Charlotte Wolff erzählt, wie sie mit Dora Benjamin, Walter Benjamins erster Frau, in die *Verona Diele* in Schöneberg ging: »Es war üblich, dass die Männer die lesbischen Frauen zu ihrem Tummelplatz begleiteten. Doch kaum waren sie im Innern des Clubs, wurden sie zu Schattenfiguren, zu Mauerblümchen, die an kleinen Tischen sitzend das Geschehen verfolgen.« Ja, von kleinen Tischen aus das Geschehen verfolgen – das war die neue ungewohnte Nebenrolle für den modernen Mann.

Dasselbe in der Literatur. Eine neue Generation von Autorinnen schafft eine neue Generation von Heldinnen: Egal ob in Irmgard Keuns *Das kunstseidene Mädchen,* Mascha Kalékos *Lyrisches Stenogrammheft,* Vicki Baums *Menschen im Hotel,* Ruth Landshoffs *Die Vielen und der Eine* oder Gabriele Tergits *Käsebier erobert den Kurfürstendamm*. Das Gleiche geschieht in den Fotoateliers rund um den Kurfürstendamm, eine neue Bildsprache etabliert sich: Frauen, dem Zugriff des männlichen Begehrens entzogen, wie man sie auf den Schwarz-Weiß-Fotografien von Marianne Breslauer findet, auf denen von Annemarie Schwarzenbach, Frieda Riess und Lotte Jacobi. Und auf den Gemälden einer Lotte Laserstein, die den Körper ihrer Freundin Traute Rose aus immer neuen Winkeln und mit immer neuem, unbefangenen Blick erforscht und erwandert. Frauen, beschrieben und gesehen von Frauen. Eine ästhetische Revolution, getragen von Kühnheit und Weiblichkeit. Alles Überflüssige wird zur Marscherleichterung abgeworfen, so wie sich Ruth Landshoff des nicht notwendigen Buchstabens »h« entledigt und sich als Buchautorin zur Rut verschlankt. Zu Symbolfiguren dieses neuen Denkens werden Marlene Dietrich und Margo Lion, die das Rettende der Frauenliebe besingen in der Revue *Es liegt in der Luft*. Darin kaufen die beiden Frauen gemeinsam Dessous und singen: »Wenn die beste Freundin mit der besten Freundin.« Wenn die beste

Freundin mit der besten Freundin, dann brauchen sie die Männer nicht mehr.

*

Das geht ja gut los: Als die junge Lee Miller in New York über die Straße geht, wird sie fast von einem Lastwagen überfahren, doch ein adretter Mann reißt sie im letzten Moment auf den Bürgersteig. Der Mann heißt Condé Montrose Nast, er ist der Herausgeber der *VOGUE* und der mächtigste Mann der Modewelt. Ein paar Wochen später ist Lee Miller seine Geliebte. Ein paar Monate später ist sie auf dem Cover der *VOGUE* zu sehen, fotografiert vom großen Edward Steichen. Aber sie möchte nicht den ganzen Tag fotografiert werden. Das hat schon ihr Vater getan, seit sie auf der Welt war, meist nackt, und er hat damit nicht aufgehört, als sie ein Mädchen wurde, und auch nicht, als sie zur Frau geworden war. Jetzt, in diesem warmen New Yorker Sommer des Jahres 1929, will Lee Miller nicht länger nur Objekt sein, sie will Subjekt werden, also: Fotografin. Edward Steichen gibt ihr ein Empfehlungsschreiben für den Starfotografen Man Ray in Paris. Zwei Tage später besteigt sie das Schiff.

Als sie in Paris ankommt, mit dem Zug aus Le Havre, da lässt sie sich sofort nach Montparnasse fahren und klingelt an der Tür von Man Rays Atelier in der Rue Campagne-Première 31. Doch die Concierge sagt ihr, da könne sie lange klingeln, Man Ray sei für den Sommer verreist. Deprimiert nimmt Lee Miller ihre Koffer und läuft über den Boulevard Raspail, die Sonne drückt, sie geht in ein kleines Café gegenüber. Unten ist es ihr zu laut und voll, sie steigt die kleinen Stufen nach oben, bestellt sich einen Kaffee und blickt ernüchtert auf das sommerliche Treiben auf der Straße. Da kommt plötzlich Man Ray die Treppe herauf und setzt sich an einen anderen Tisch. Lee Miller traut ihren Augen kaum. Auch er hat seine Koffer dabei, offenbar nimmt er einen letzten Café vor der Fahrt in den Sommerurlaub. Da tritt Lee Miller an seinen Tisch. »Ich bin Ihre neue Schülerin«, sagt sie zu ihm. Er blickt irritiert unter seinen mächtigen Augenbrauen hinauf zu der kühnen, großen Schönheit, die da vor ihm steht. Er starrt auf ihre Lippen, die wie mit einem feinen Pinsel in Hellrot gemalt zu sein scheinen. Als er sich wieder berappelt hat, sagt er: »Nein, das ist nicht möglich, ich habe keine Schüler. Außerdem bin ich im Begriff, in den Sommerurlaub nach Biarritz zu fahren.« Darauf Lee Miller, ohne mit der Wimper zu zucken: »Ja, ich weiß. Und ich fahre mit Ihnen.«

Als sie am Gare de l'Ouest in den Zug steigen, ist sie seine Schülerin, als sie im Abteil sitzen, wird sie sein Modell, als sie in Biarritz ankommen, seine Geliebte.

*

Nur einer der großen deutschen Expressionisten hat den Krieg überlebt. Franz Marc und August Macke sind gefallen, Ernst Ludwig Kirchner aber überlebte, wenn auch für den Rest seines Lebens gezeichnet, fernab der Moritzburger Seen und fernab des Potsdamer Platzes, wo er seine berühmten Frauenfiguren gemalt hatte. Kirchner verkriecht sich in den Schweizer Alpen, gemeinsam mit Erna Schilling, seiner Berliner Gefährtin aus der expressionistischen Höhlenwohnung in Wilmersdorf. Nach all den Granateinschüssen in den Schützengräben kann er keinen Lärm mehr ertragen, höchstens Kuhglocken, den Bergwind, der unruhig ums Haus streicht, und das ferne Rufen der Adler, die um die Gipfel kreisen. Hier, etwas unterhalb der Stafelalp, oberhalb von Davos, hat er ein karges Bauernhaus bezogen, schwere Balken umhüllen die dunklen Räume, hier malt er ganz anders als früher, elegischer in der Form und merkwürdiger in den Farben, Frauen und Ziegen in verbotenem Rosa, in jähem Grün, in schrillem Lila. Das Tagewerk der Bauern um ihn herum beruhigt ihn, das Mähen, das Hämmern, das Muhen der Kühe. Manchmal fährt er mit dem Bus runter nach Davos, setzt sich ins Café wie einst in Berlin, aber es ist nicht mehr wie früher, er trinkt seinen Kaffee, schaut einmal in die Zeitung und fährt schnell wieder zurück auf seine Alp. Er ist ein Überlebender. Er ist aus der Zeit gefallen. Das Werkverzeichnis seiner Druckgraphik entsteht, große

Ausstellungen zeigen seine expressionistischen Bilder. Für seine neuen Werke interessiert sich niemand, nur Erna, seine treue Gefährtin. Manchmal, wenn sie unterwegs sind, trägt er sie als »Frau Kirchner« ein, da lächelt sie still. Sie ist viel krank, leidet, die Ärzte versuchen vergeblich, ihr zu helfen, sie geht auf Kur und kommt zurück, kein bisschen gesünder.

Ernst Ludwig Kirchner muss in jeder Phase seines Lebens malen, was er um sich hat. Und so malt er jetzt eben die Berge, die Bauern, überall Tannen, manchmal malt er auch Erna und sich, eng umschlungen, wie Yin und Yang. Seine Weltflucht hat ihn in die Resignation getrieben. Oder umgekehrt. Er hat ein eher traditionelles Bild von Mann und Frau: »Das Weib«, so sagt er, werde »seelisch von jedem Mann geformt, der es sexuell besaß, jeder hinterlässt seinen Schatten auf ihr.« Von Licht ist nicht die Rede.

Erna, im Wesentlichen also geformt durch den langen Schatten, den Kirchner auf sie wirft, nennt er seine »treue Kameradin«. Er findet ihre Form des Zusammenlebens erfasst in dem Buch *Kameradschaftsehe* des Amerikaners Ben B. Lindsey, das 1929 in Deutschland erscheint: ein Plädoyer für die Ehe ohne Kinder, für ein einvernehmliches Zusammensein ohne zu viele Ansprüche, aber mit Verantwortung füreinander. Das ist so ziemlich das, was auch Ernst Ludwig Kirchner noch möglich erscheint, hier oben auf der Alp, innerlich zerschossen vom Krieg, die

Seele gemartert von zu vielen Jahren im Morphiumrausch. Zwei Sätze in dem Buch von Lindsey hat er fett unterstrichen: »In Wirklichkeit ist die Phantasie in Verbindung mit dem Geschlechtstrieb einer der großen Hebel gewesen, die das Menschengeschlecht über die Tiere hinausgehoben haben. Solch schöpferische Künste wie Musik, Malerei, Poesie, Tanz, Liebe und sogar Religion sind aus dieser Vereinigung von Geschlechtstrieb und Phantasie entstanden.« Als er das Buch ausgelesen hat, schenkt Kirchner es weiter an ein junges Ehepaar aus Davos.

*

Der Kölner Fotograf August Sander, der mit Akribie und kaltem Blick die späten zwanziger Jahre schwarz auf weiß zu dem stilisiert hat, was in unserem Bildgedächtnis abgespeichert ist, möchte im Herbst 1929 den Dadaisten Raoul Hausmann in seinen realen Liebesumständen fotografieren. Also: Mit Frau und mit Geliebter. Und so zieht Hausmann sein Hemd aus und seine Schuhe, er zeigt stolz seinen braun gebrannten Oberkörper und legt den rechten Arm um seine glattgebügelte Gattin Hedwig im knielangen Rock. Sie schaut in die Kamera, als sei sie froh, der ehelichen Pflichten ledig zu sein. Den linken Arm legt ihr Gatte Hausmann genüsslich um Vera Broido, seine Geliebte, ihr Rock ist die entscheidenden zehn

Zentimeter kürzer. Ihr Blick die entscheidenden zehn Prozent entspannter. August Sander drückt auf den Auslöser. Er nennt seine Fotografie *Die Künstlerehe*. Die Trios scheinen in jenen Jahren eine längere Halbwertszeit zu haben als die klassischen Duette. Dieses hier überlebt immerhin bis 1934.

*

Franz Hessel, der als Lektor und Übersetzer für den Rowohlt Verlag in Berlin arbeitet, Casanova und Balzac übersetzt hat und gemeinsam mit Walter Benjamin Prousts *Suche nach der verlorenen Zeit*, dieser Franz Hessel hat eine Frau gefunden, die genauso transitorisch ist wie seine Gedanken: Doris von Schönthan, ein flackerndes Zentralgestirn der Berliner Boheme, in den Bars und Cafés des Westens nur »Dorinde« genannt, aber eigentlich, man glaubt es nicht, eine geborene Frau Ehemann. Wahrscheinlich kann sie allein deshalb nie heiraten. Auch das entspannt Franz, denn er ist bereits Helen Hessels Ehemann. »Dorinde« ist Journalistin, sie führt in der *Dame* die neueste Hutmode vor, sie fotografiert, sie flattert durchs Leben. Hessel fliegt ihr hinterher, seinen ersten Text über sie nennt er »Leichtes Berliner Frühlingsfieber«. Schon der nächste Text heißt: »Doris im Regen«. Hessel schreibt über Doris in ihrem Zimmer, Doris am Seeufer, Doris auf der Straße. Es sind vielleicht seine größten Texte. Durch die angebetete Gestalt wird Berlin plötzlich erfahrbar, Doris wird zu einer magischen Rückenfigur, die seit Caspar David Friedrich die deutschen romantischen Phantasien beflügelt, er sieht meist nur ihren Rücken, so schreibt er, so schnell spaziert sie, und unser Flaneur Franz Hessel nimmt Tempo auf. Solchermaßen angetrieben entsteht sein wichtigstes Buch: *Spazieren in Berlin*.

*

Am 2. August annonciert *Le Journal de Dinard*, dass das Ehepaar Picasso wieder Quartier in der Bretagne genommen hat. Erst im *Hôtel le Gallic* und dann in der hochherrschaftlichen Villa *Bel-Event*. Dass Picasso wieder seine Geliebte Marie-Thérèse Walter mitgebracht hat, die in der kleinen Pension *Albion* wohnt, wird nicht gemeldet.

Picasso wechselt nachmittags immer vom Strandkorb, in dem Olga und sein Sohn Paolo sitzen, zum Handtuch von Marie-Thérèse. Olga verbirgt sich unter einem Schirm, um ihre vornehme Blässe zu kultivieren. Marie-Thérèse brät den ganzen Tag in der Sonne, sie weiß, dass Picasso ihre gebräunte Haut liebt und ihr blondes Haar, das mit dem Salz und Licht immer goldener wird. Picasso und Marie-Thérèse genießen ihre Heimlichtuerei und ihr Versteckspiel. Sie will nie Madame Picasso werden. Sie will seine Muse bleiben.

*

Im August 1929 macht Erich Kästner Urlaub mit seiner Mutter an der Ostsee. Danach bittet er seine Freundin Margot, also Pony Hütchen aus *Emil und die Detektive*, ihm eine neue Wohnung zu suchen – seinem »lieben Muttchen« schreibt er: »Pony wird ein bisschen zu rennen haben, aber die tut es ja gerne, der kleine Matz.« Sie findet eine hübsche Dreizimmerwohnung in der Berliner Roscherstraße 16, vierter Stock, Gartenhaus mit Blick auf eine Kastanie, in der die dicken Früchte ihre grellgrünen Stacheln in den Himmel recken. Die Mutter kommt zum Einzug am 1. Oktober von Dresden nach Berlin gefahren und bringt dem Sohnemann Kissen und Löffel mit. Pony besorgt ihm danach noch Dinge aus ihrer elterlichen Wohnung, dazu Mülleimer und Servierbrett. Kästner an seine Mutter: »Sie kam sich nützlich vor und freute sich.« Sie macht ihm auch immer wieder das Abendbrot und bewirtet seine ersten Gäste. Manchmal darf sie sogar bei Kästner übernachten. Einmal erzählt sie ihm morgens, noch schlaftrunken, ihren Traum. Sie findet ihn schon ein paar Tage später in der *Weltbühne* wieder in dem Gedicht »Ein gutes Mädchen träumt«. Kästner verwertet die Frauen. Er liebt sie nicht. Er dichtet: »Sie lief wie durch eine Ewigkeit. Sie weinte. Und er lachte.« Der in puncto Verwertung und Gefühl durchaus ähnlich gelagerte Kurt Tucholsky wird »Ein gutes Mädchen träumt« zu seinen Lieblingsgedichten zählen. Aber er erkennt auch genau, was dahintersteckt: »Sehr bezeichnend für Kästner, dass mit keiner Silbe etwas für jenes träumende Mädchen gesagt wird. Ich glaube: Kästner hat Angst vor dem Gefühl. Er ist nicht gefühllos, er hat Angst vor dem Gefühl, weil er es so oft in der Form der schmierigsten Sentimentalität gesehen hat.«

*

Wir müssen jetzt einmal kurz Luft holen. Denn nun reisen wir ans Mittelmeer, nach Spanien, und dort wird es gleich sehr unübersichtlich und, logisch, sehr heiß. Es bläst zwar der Tramuntana in schmetternden Stößen vom Gebirge her, aber er bringt keine Abkühlung, sondern nur ein noch größeres Durcheinander in den Köpfen und Herzen. Und zwar in denen von Paul Éluard, seiner Frau Gala, von René Magritte, seiner Frau Georgette, von Luis Buñuel und natürlich von Salvador Dalí.

Éluard hätte nun wirklich gewarnt sein müssen, dass es seiner Ehe nicht förderlich sei, wenn er gemeinsam mit seiner Frau aufstrebende Surrealisten im Ausland besucht. Denn nachdem sie Anfang der zwanziger Jahre Max Ernst in Köln kennengelernt hatten, malte Ernst Gala schon wenig später mit entblößten Brüsten, und eine offene Dreiecksbeziehung begann, die zunächst die eher kleinmütige Ehefrau von Max Ernst zermürbte und dann auch den eher großmütigen Éluard. Der floh nach Asien, doch dahin reisten ihm Max Ernst und Gala gemeinsam nach, inzwischen erschöpft vom mehrjährigen Liebesrausch, und holten ihn zurück in heimatliche Gefilde und in die Ehe. Im Kreis der Surrealisten in Paris ist Gala eine dauernde Provokation – André Breton spricht von Gala nur als der Frau, »auf deren Brüsten der Hagel eines gewissen Traumes von Verdammung schmilzt«. Immer wieder preist Éluard gegenüber den surrealistischen Künstlern die erotischen Vorzüge seiner Frau und macht sie zu einem exzentrischen Kultobjekt, doch nachdem er ein Jahr in Arosa war, um ein Lungenleiden zu kurieren, genießen sowohl er wie sie so viele Affären, dass sich das Ganze etwas abgeschliffen hat. Aber Gala gegenüber bleibt er dennoch der Troubadour: »Es gibt kein Leben, es gibt nur Liebe. Ohne Liebe ist alles für immer verloren, verloren, verloren.«

Es gibt übrigens eine gemeinsame Tochter Cécile, aber die ist von Gala früh bei den Großeltern deponiert worden, für sie sei Kindererziehung nichts, erklärt sie dem verblüfften Gatten und der akzeptiert es. Nun also, im Sommer 1929, nach Paul Éluards Gesundung, wollen sie es noch einmal versuchen, Éluard kauft sogar eine neue Wohnung für sie beide in Paris und richtet sie ein mit teuren Möbeln und Teppichen. Dann reisen sie einen Tag lang mit zahllosen Koffern und guten Mutes ins gottverlassene Cadaqués, wo der Sage nach der kauzige Salvador Dalí sein malerisches Unwesen treibt. Er hat mit Luis Buñuel *Ein andalusischer Hund* gedreht und das Selbstporträt *Der Große Masturbator* gezeigt, nun wollen ihn alle kennenlernen und der Galerist Goemans will mit ihm über eine große Ausstellung reden, im Herbst, in Paris. Doch noch ist Sommer. Die Sonne brennt vom Himmel, der Wind treibt die Wellen krachend an die Ufer, meterhoch fliegt die Gischt. Irritiert schauen die Fischer im Ort auf die mondäne Reisegruppe aus Paris und flicken weiter ihre Netze. Sie hören nichts und sehen nichts, wunderbare Unwissenheit, wie dunkler Seetang im tiefen Meer.

Schon beim ersten gemeinsamen Essen am Abend bricht Dalí immer wieder in hysterische Lachanfälle aus, unkontrolliert, laut, schrill, er steht stolpernd auf, geht vor die Tür und kommt nach ein paar Minuten wieder, als sei nichts gewesen. Er hat sich die Achseln rasiert und eine Geranie ins Haar gesteckt. Die Surrealisten aus Paris und Dalís eventueller künftiger Galerist, eigentlich durchaus den Absonderlichkeiten der Spezies Mensch zugetan, konzentrieren sich lieber ganz auf das Zerlegen der köstlichen Hummer und schauen einander verstohlen an. Ob der junge Maler da am Kopfende eventuell nicht ganz dicht ist?

Allein Gala ist anderer Meinung. Auf der Stelle verfällt sie diesem sonderbaren Mann mit dem braun gebrannten Oberkörper und dem schwarzen Flaum über den Lippen. Sie erkennt ihn in seinem Wesen auf den ersten Blick. Sie erkennt seine Obsessionen, sie spürt seine Angst vor der Sexualität, die ihn wie ein Monstrum beherrscht. Und nimmt ihn einfach an die Hand. Es gibt ein Foto von diesen Tagen, leicht unscharf, Dalí und Gala liegen nebeneinander am steinigen Strand, ihre Hände auf seiner Brust eng ineinander verschränkt, beide haben die Augen geschlossen, ihr Gesicht trägt ein Lächeln voller Seligkeit. Der Mann, der sie fotografiert, ist Paul Éluard, Galas Ehemann. Als er dieses Lächeln sieht, drückt er erst ab und packt dann seine Koffer.

Auch Luis Buñuel spürt diese neue Energie. Bis gestern hat er mit Dalí noch seinen neuen Film *L'age d'or* gedreht, doch plötzlich ist der Maler nicht mehr erreichbar, sitzt still neben Gala und hält ergriffen ihre Hand. Da dreht Buñuel irgendwann durch, wirft sich auf Gala, würgt sie, bis Dalí ihn anfleht abzulassen. Am nächsten Tag verlässt auch Luis Buñuel Cadaqués.

Es bleiben nur: Gala und Dalí. »Gala wurde das Salz meines Lebens, das Härtebad meiner Persönlichkeit, mein Leuchtfeuer, meine Doppelgängerin – ICH«, frohlockt Dalí. Nur einmal werden sie miteinander schlafen, denn eigentlich hat er panische Angst vor dem weiblichen Geschlecht, als Gala ihn kennenlernt, ist er mit 25 Jahren noch Jungfrau. Nur dem Gesäß kann er sich gefahrlos zuwenden, hier ist er der Betrachter und muss keinen Anblick fürchten, der das Monstrum der Sexualität in ihm geweckt hätte. Gala versteht das alles und streicht ihm verständnisvoll über seine schwarzen Haare. Seit er seinen Wahn in ihren Händen weiß, muss er nicht mehr hysterisch und grundlos lachen. Sie ziehen, nachdem die anderen samt Galas Mann nach Paris zurückgefahren sind, schnell in eine winzige Hütte direkt am Wasser, in der nächsten Bucht, fernab von allem, nur ein paar Fischer sind in der Nähe, mit den hübschesten fährt sie manchmal raus aufs Meer, wenn ihre sexuellen Bedürfnisse zu groß werden. Dalí ist immer sehr erleichtert, wenn sie mit einem Fischer in See sticht, er will, dass es ihr gut geht, und er setzt sich an seine Staffelei, um seine Phantasie zu betreten und um ihren Hintern zu malen. Hoch steht die Sonne, die Zeit zerfließt. Wenn Gala zurückkommt, gibt es fangfrischen Hummer. Und Dalí sagt: »Die Schönheit wird essbar sein oder es wird keine Schönheit sein.« Guten Appetit.

*

Das Bauhaus will einen neuen Menschen mit idealisiertem Körper und Geist erschaffen. Nur an einem Punkt bleibt man sehr traditionell: Die »Meister«, die tatsächlich so heißen, das sind Männer, also Wassily Kandinsky, Marcel Breuer, Lyonel Feininger, Oskar Schlemmer und Josef Albers. Und über ihnen thront als Patriarch Walter Gropius. Die Frauen sind nur als Studentinnen vorgesehen – allein Gunta Stölzl macht eine Ausnahme. Sieben Jahre, nachdem sie in Weimar als Schülerin begonnen hat, darf sie sich in Dessau »Meisterin« nennen, in der Webwerkstatt, aber im Grunde ist das keine echte Veränderung, denn die männlichen Meister haben das Gefühl, dass das Weben zu den klassischen weiblichen Haushaltstätigkeiten gehört.

Gunta Stölzl ist von der ersten Sekunde dabei, erst im Banne des Farbenzauberers Johannes Itten, dann in dem Paul Klees, schließlich Meisterschülerin Oskar Schlemmers. Auf dessen berühmtestem Gemälde, der *Bauhaustreppe*, heute im New Yorker MoMA, läuft sie als abstrakte Figur mit ihren Schülerinnen die Stufen hinauf. Doch dieser Weg ist steinig. Alles, was sie von den großen Malern gelernt hat, fließt ein in ihre Webarbeiten, abstrakte Kunstwerke von einer so weichen wie fließenden Poesie. Aber auch das wäre für Gunta Stölzl ein Gedanke gewesen, der noch zu sehr in Klischees über weibliche Ästhetik verhaftet ist. Nein, was ihr gelingt, ist viel kühner: Unter ihrer Leitung wird die Textilabteilung des Bauhauses in Dessau zu einem Entwicklungslabor für professionelles Industriedesign, sie webt mit Cellophan und sie entwickelt den Eisengarnstoff der Stahlrohrmöbel in ihrer Weberei. Sie sieht ihre Werkstatt als einen Thinktank: »weben ist aufbauen. Konstruieren von geordneten gebilden aus ungeordneten fäden.« Und Gunta Stölzl findet, dass dies auch für die Liebe gilt. Sie konstruiert ein geordnetes Gebilde aus ihren ungeordneten Lebensfäden und heiratet 1929 den Architekturstudenten Arieh Sharon aus Palästina – kurz vor der Geburt der gemeinsamen Tochter Yael am 8. Oktober. Sie hat ihren Bruder Erwin noch gefragt, ob er juristische Bedenken habe gegen die palästinensische Staatsangehörigkeit, die sie sich durch die Heirat erwerbe, aber er sagte, das sei doch kein Problem.

Doch plötzlich lernt Gunta Stölzl – als neue Mutter und neue Palästinenserin – die Grenzen des fortschrittlichen Bauhauses kennen. Es ist ein Ort der freien Liebe. Aber für Kinder ist eigentlich kein Platz. Als sie mit wunderbarem Trotz versucht, ihre Führungsrolle in der Weberei mit ihrer Mutterschaft in Einklang zu bringen, und ihr Baby im Bauhaus stillt, wird irritiert getuschelt, von den Männern wie den Frauen. Muss das sein? Das fordert sie zunächst nur heraus, weiter ihren Weg zu gehen. Auch ihr Mann Arieh Sharon, ein Zionist der ersten Stunde, der von seinem Kibbuz aufs Bauhaus geschickt worden ist, bestärkt sie in ihrem Wunsch, auch die Rolle der berufstätigen Mutter am Bauhaus neu zu prägen. Für Sharon jedoch werden die Zeiten selbst zusehends ungemütlicher. Er hat die Bauleitung der großen Gewerkschaftsschule in Bernau übernommen und erlebt dort, wie in Dessau, immer wieder irritierte Nachfragen zu seiner Staatsangehörigkeit.

*

Alle glücklichen Paare ähneln einander. Aber alle unglücklichen sind auf ganz eigene Weise unglücklich.

*

Im Jahre 1929 geht es mit den zwanziger Jahren unweigerlich zu Ende – und mit der Ehe der Fitzgeralds auch. Als sie 1921 mit dem Schiff *Aquitania* aus Amerika nach Europa gekommen waren, verkörperten die beiden Fitzgeralds noch das neue Flair Amerikas, das flirrende Jazz-Age, die Gier nach Leben, nicht nach Sinn, die Welteroberung in Sommeranzug und Cocktailkleid, die hinreißend wilde Südstaatenschönheit Zelda genauso wie ihr Mann, der blonde, höfliche Untergangsprophet Scott, der Liebesgeschichten voll zeitloser Wehmut und stilistischer Eleganz entwirft, die man so noch nie gelesen hatte. Erst *Die Schönen und die Verdammten* und dann *Der große*

Gatsby, das waren Grimms Märchen der zwanziger Jahre, in ihrer Wahrheit so melancholisch wie brutal. Es war einmal in Amerika. Die Fitzgeralds waren schnell ein flackernder Fixstern geworden im angelsächsischen Firmament von Paris rund um die Planeten Gertrude Stein und James Joyce, um Sylvia Beach und ihre Buchhandlung Shakespeare & Company, um Cole Porter und Josephine Baker, um John Dos Passos und um Hemingway natürlich. Eine scheinbar ewige *Midnight in Paris*, mit abnehmendem Mond allerdings. Denn von Jahr zu Jahr wird es komplizierter mit den Fitzgeralds, Zelda kichert immer öfter minutenlang vor sich hin und Scott wird ausfällig, wenn er zu viel getrunken hat, und eigentlich hat er immer zu viel getrunken.

Im Frühjahr 1929, als sie aus Amerika nach Paris zurückgekehrt sind, um noch einmal die Hoffnung und den Glamour der frühen Tage zu suchen, da verlieren sie sich. Wie zwei Trapezkünstler, weit oben, immer ganz weit oben, angespannt, der eine am anderen hängend, der eine vom anderen gehalten, aber in der Tiefe: der Abgrund. In ihrem ersten Liebesbrief hat Zelda einst an Scott geschrieben, sie werde nie ohne ihn leben können, werde ihn immer lieben – auch wenn er irgendwann damit anfangen werde, sie zu hassen. In diesem Frühjahr, das sich so wärmend über Paris legt wie eine dunkelblaue Wolldecke, ist es das erste Mal so weit. Zelda nimmt Ballettunterricht, Scott Untergangsunterricht. Sie tanzt den ganzen Tag. Er trinkt die ganze Nacht. Als ihn der *New Yorker* um einen kurzen autobiographischen Text bittet, da schickt er die Liste aller alkoholischen Getränke der letzten Jahre. Er trinkt, um seine Verkommenheit zu spüren, um so unwürdig zu sein, wie er sich fühlt, wenn er nüchtern ist. Frühmorgens, wenn ihn die Taxifahrer zurückbringen von seinen Kneipentouren durch die heruntergekommenen Bars auf der Rive Gauche und er das Treppenhaus hochstolpert, da steht Zelda gerade auf, um sich zu dehnen und zu strecken für ihren Ballettunterricht. Sie hat endlich einen Platz bei der berühmten Madame Egorova bekommen, die noch im *Ballets Russes* mit Nijinsky getanzt hat und nun die beste Ballettschule von Paris führt in der *Mansarde de Olympia* am Boulevard des Capucines. Zelda verehrt die russische Madame, bringt ihr täglich weiße Gardenien, jede Woche ein neues Parfüm, und wenn sie sie am Knöchel berührt, um ihre Beinstellung zu korrigieren, dann bekommt sie Gänsehaut am ganzen Körper. Sie hält es für Liebe, aber es ist wohl bloß Besessenheit. Sie will nur noch Madame Egorova gefallen, trainiert weiter, sobald sie zu Hause ist, trinkt ausschließlich Wasser, bindet sich nachts die Füße an den Bettpfosten fest und schläft mit nach außen gebogenen Zehen, damit sie elastischer werden. Doch ihre Zehen sind schon 29 Jahre alt, sie lassen sich nicht mehr biegen wie junges Weidenholz. Selbst wenn sie mit Scott zu streiten versucht in den kurzen Momenten, in denen er nüchtern ist und sie beide zu Hause, biegt sie die Füße nach außen und lächelt wie eine Ballerina. Die beiden zerfleischen sich, quälen sich nach allen Regeln der Kunst. Eine Ehe als Insolvenzverschleppung. Zelda schreibt jetzt auch Kurzgeschichten wie Scott, doch die Zeitschrift *College Humor* setzt als Autorennamen »Von F. Scott und Zelda Fitzgerald« darunter, damit es sich besser verkauft. Sie rastet aus. Auch er, durch Zelda herausgefordert, schreibt plötzlich wieder für ein paar hundert Dollar neue Storys, das einzige Thema in ihren wie seinen Geschichten: die Sprachlosigkeit in der Ehe. Am liebsten bricht Scott in diesem Sommer mit Hemingway aus, mit dem sich so herrlich saufen lässt und beim tiefen Blick ins Glas übers Leben sinnieren. An einem Abend im Juni 1929 erzählt Scott im *Michaud's* mit erstickender Stimme, dass Zelda ihm gesagt habe, sein Penis sei zu klein, kleiner als der von allen anderen Männern. Hemingway bittet ihn sofort, mit auf die Toiletten zu kommen – er will das genauer in Augenschein nehmen. Und das Urteil des Sachverständigen Ernest Hemingway ergibt: alles normal. Doch dann merkt Hemingway, dass Fitzgerald gar nicht glücklich ist über dieses Vermessungsergebnis: »Er hatte sich aber an dieser Ausrede für seine Niederlage festgeklammert und wollte sich nicht trösten lassen.« Hemingway bietet dem Untröstlichen an, mit ihm am nächsten Morgen in den Louvre zu gehen, damit er sich mit dem Unterbau der antiken Skulpturen vergleichen könne, doch Fitzgerald lehnt ab, suhlt sich in seiner vermeintlichen Kleinheit. Zelda hat es gesagt und damit ist es für ihn wahr. Ein neuer Grund, sich groß zu trinken.

Die Ballettschule macht Sommerferien, alle machen Sommerferien, die Fitzgeralds merken, dass sie offenbar auch Sommerferien machen müssen, um sich nicht zu zerfleischen in ihrer Wohnung in der Rue Palatin. Sie fahren an die Riviera, zwei Ertrinkende am Meer, mieten von Scotts Kurzgeschichtenhonoraren die Villa *Fleur de Bois*, sie wollen »schwimmen und braun und jung werden«, wie Scott schreibt. Vor allem wollen sie sich ablenken lassen von sich selbst. Dabei helfen auch diesmal Sara und Gerald Murphy, das sagenhaft reiche amerikanische Salonlöwenpärchen mit seiner Villa *America* in Antibes, in der man so gut die Welt um sich herum vergessen kann wie nirgendwo sonst. Die Cocktailpartys unter den schweren Blättern der Palmen und auf sattem, kurzgeschorenem Gras, all die schönen braun gebrannten und weiß gekleideten Menschen aus New York und Paris, der kühle Champagner, der leise Jazz, unten das glitzernde Mittelmeer und die untergehende Sonne wärmend im Rücken – aber diesmal hilft es nicht mehr. Das Leben ist kein Sundowner. Zelda lächelt ganze Abende sinnlos vor sich hin, als tanze sie an der Ballettstange in

Paris und nicht am Zaun hoch über der Brandung. »Neuerdings«, so schreibt Scott an Hemingway von der Riviera, »neige ich dazu, gegen elf Uhr zu kollabieren, wobei mir Tränen aus den Augen strömen oder mir der Gin bis zu den Lidern hochsteigt und überläuft.«

»Nur einmal in diesem Sommer kamst du in mein Bett«, wird sie später sagen. »Ich kann mich in diesem Sommer nicht an dich erinnern«, wird er später antworten.

Am Tag, als der Sommer endet, es ist sehr spät im September, fahren sie zurück nach Paris, zurück in ihr Unglück, um ein paar Wunden reicher. Als Scott den Wagen über die Corniche lenkt, hoch über dem rauschenden Meer, die gleißende Sonne von rechts, da greift Zelda aus heiterem Himmel plötzlich ins Steuer, lacht wahnsinnig auf und dreht es mit aller Gewalt Richtung Abgrund, sie will, dass sie mit dem Wagen herabstürzen in die tröstende Gischt. Doch Scott kann das Lenkrad noch ein letztes Mal in die andere Richtung reißen. Nur ein paar Steine am Straßenrand poltern laut krachend hinunter ins Meer.

*

Ruth Landshoff rast durch die zwanziger Jahre wie in einem Rausch, mit wechselnden Bekanntschaften, wechselnden Automobilen, wechselnden Schoßhunden – aber mit gleichbleibendem Charme. Als Nichte des großen Verlegers Samuel Fischer übt sie Krocket mit Thomas Mann, als Schülerin spielt sie mit in Murnaus *Nosferatu* und als Erwachsene dann also mit Charlie Chaplin und Arturo Toscanini, mit Oskar Kokoschka und Greta Garbo, mit Josephine Baker und Mopsa Sternheim. Tja, und mit Marlene Dietrich hat sie vor kurzem neue Bademoden vorgeführt, weshalb sie an diesem schönen Sommertag des Jahres 1929 im Palazzo Vendramine zu Venedig, mit dem kalten Martini in der Hand und dem Canal Grande vor den Augen, zu Karl Vollmoeller, ihrem schillernden Lebensabschnittsgefährten, sagt: »Nimm die Dietrich, sie hat Beine, an denen möchte man immerzu mit den Fingern entlangfahren.«

Vollmoeller sitzt seit Tagen mit Carl Zuckmayer und Ruth in seinem Palazzo und grübelt über dem Drehbuch und der Besetzungsliste für den *Blauen Engel*. Es hat Jahre gedauert, bis er Heinrich Mann dazu gebracht hat, die Filmrechte an seinem Roman *Professor Unrat* zu verkaufen. Und nun braucht es eine Hauptdarstellerin, nein: die Hauptdarstellerin, den *Blauen Engel*, die Lola Lola. »Die Dietrich?«, fragt Vollmoeller entgeistert. Wie könnte er Josef von Sternberg, den Regisseur, und Emil Jannings, den Hauptdarsteller, davon überzeugen, dass eine unbekannte Varietétänzerin die Hauptrolle in diesem sündhaft teuren UFA-Film spielen sollte? »Das kriegen wir schon hin«, sagt Ruth Landshoff und lacht. Und sie kriegten es natürlich hin.

*

Als Konrad Adenauer im September 1929 nach vier Wochen Sommerurlaub mit der Familie am Thunersee beim Blick auf die Abschlussrechnung ganz kurz zuckt, da spürt seine Frau Gussie, dass etwas nicht stimmt. Später im Zugabteil, als die Kinder nach elf mühseligen Runden *Mensch ärgere Dich nicht* endlich schlafen, erzählt Adenauer ihr von seinen Sorgen. Ein wenig zumindest. Konrad Adenauer, der Kölner Oberbürgermeister, war von Hause aus ein sehr vermögender Mann. Doch die Betonung liegt auf »war«. Er hat sich im letzten Jahr anstecken lassen von dem Aktienfieber in Amerika, hat alle seine grundsoliden deutschen Aktien verkauft, Maschinen- und Kranbau, Elberfelder Farben, Rheinische Gaswerke, und sein gesamtes Geld stattdessen in undurchschaubare amerikanische Firmen mit klangvollen Namen und rosigen Zukunftsaussichten gesteckt, in die Bemberg-Shares und die American Shares. Und weil es so verlockend war, kaufte er weiter, diesmal auf Kredit. Doch beide Firmen waren plötzlich bankrott. Und Konrad Adenauer steht deshalb bei der Deutschen Bank im Sommer 1929 mit der unglaublichen Summe von einer Million Mark in der Kreide. Er hat Sorge, dass das nun ausgerechnet bei dem Schweizer Hotelier auffliegen wird. Das sagt er seiner Frau Gussie so genau nicht. Er spricht nur von kurzfristigen Geldproblemen. Sie glaubt ihm kein Wort.

*

Am 14. Oktober 1929 verbringen Jean-Paul Sartre und Simone de Beauvoir das erste Mal eine Nacht miteinander – in ihrer neuen Pariser Wohnung in der Avenue Denfert-Rochereau 91, fünfter Stock rechts. Die Tapete hat ein unerhörtes Orange. Vor allem das werden sie nie vergessen.

*

Als das Ehepaar Fitzgerald im September in Paris ankommt, stürzen statt ihrer die Börsen ab. Sie bröckeln erst, versuchen sich vergeblich festzuklammern, um dann am 25. Oktober 1929, dem Schwarzen Freitag, ins Bodenlose zu sinken.

*

Sie raucht Kette, das stört ihn ein wenig, es sind bis zu drei Päckchen am Tag. Aber ansonsten ist nichts auszusetzen an Nina Freifrau von Lerchenfeld. »Ich möchte«, sagt Claus Schenk Graf von Stauffenberg im Oktober 1929 auf einem fränkischen Adelsball und blickt der neunzehnjährigen Freifrau tief in die Augen, »ich möchte, dass Sie die Mutter meiner Kinder werden.« Sie atmet kurz durch. Sie ahnt, dass das wohl die innigste Liebeserklärung ist, zu der er je in der Lage sein wird.

*

Und so endet eine der irritierendsten Liebesgeschichten des zwanzigsten Jahrhunderts: »Vergiss mich nicht, und vergiss nicht, wie sehr und tief ich weiß, dass unsere Liebe der Segen meines Lebens geworden ist. Dies Wissen ist nicht zu erschüttern, auch nicht heute« – heute, das ist der vierzigste Geburtstag von Martin Heidegger am 26. September des Jahres 1929. An genau diesem Tag heiratet seine jüdische Geliebte Hannah Arendt, von der diese Zeilen stammen, ihren Studienkollegen Günther Stern. Sie hofft, sich durch die Heirat und die Wahl des Hochzeitsdatums von den Gedanken an Heidegger losreißen zu können. Natürlich gelingt ihr das nicht.

*

Es war eine behütete, unbeschwerte Kindheit auf dem Rücken der Pferde und in den Zimmerfluchten der adligen Trutzburgen, inmitten der saftigen Wiesen jenes grünen, verwunschenen Teils von Niedersachsen, der sich bei Hildesheim hinein in die dunklen Wälder zieht. In den Dorfteichen gibt es Krebse, in den Garagen Automobile, auf den Terrassen Erdbeerbowle, und auf den Feldern steht das Korn. Der jungen, wilden Baroness Lisa von Dobeneck, geboren im Januar 1912, liegen alle zu Füßen, schon mit fünfzehn Jahren sah man sie auf dem Titel der *Eleganten Welt*, mit siebzehn dann, im Sommer 1929, spielt sie mit dem jungen Gottfried von Cramm Tennis auf dessen Plätzen – und spielt sich mit ihrer Vorhand in sein Herz. Als er ihr, zwischen zwei Tennisturnieren, brieflich seine Liebe schwört, da antwortet sie im Oktober 1929: »Über deine Liebe freue ich mich, und es scheint mir beinah so, als ob ich sie erwiderte.«

*

Als der Sängerin und Kabarettistin Trude Hesterberg klarwird, dass nicht sie die Hauptrolle im *Blauen Engel*, der Verfilmung von *Professor Unrat*, dem Roman ihres kurzfristigen Lebensgefährten Heinrich Mann bekommen wird, sondern die verdammte Marlene Dietrich, da verlässt sie ihn.

*

Es gibt manchmal diesen Moment, in dem ein Leben kippt. All die Jahrzehnte danach läuft man weiter auf dieser schiefen Ebene, versucht hochzuklettern und rutscht doch wieder ab. Alfred Döblins Leben kippte, als sein Vater Max die Familie verließ und ihn mit vier Geschwistern und der Mutter in tiefster Armut allein-ließ. Vater und Geliebte flohen von Bremerhaven aus nach Amerika. Alfred Döblin war zehn Jahre alt, noch am Tag vor seinem Verschwinden ließ sich der Senior von ihm die Schnürsenkel zubinden, weil er nicht so weit runterkam mit seinem mächtigen Bauch. Und sein ganzes Leben wird Döblin versuchen, nicht in die Fußstapfen seines Vaters zu treten.

Immer wieder will er seine Frau Erna verlassen, die ihn mit ihrer Eifersucht tyrannisiert, tagelang anschweigt, doch am Ende bleibt er doch oder kehrt zurück, weil gerade eines der vier Kinder zehn Jahre alt geworden ist – und er ihm ersparen will, was er selbst erlebt hat mit zehn (die Söhne werden dann später einmal sagen, das Schlimmste für sie sei gewesen, dass sich ihr Vater nie von ihrer Mutter getrennt habe). Der Nervenarzt Dr. med. Alfred Döblin, der 1913, vor dem Kriege schon, mit Ernst Ludwig Kirchner verkehrte, mit dem *Sturm*-Kreis um Herwarth Walden und dem ganzen expressionistischen Berlin, hat sich nun in den zwanziger Jahren im Osten niedergelassen, in der Frankfurter Allee 340. Dort, im dunklen Parterre, hat er seine Praxis für Kassenpatienten, Sprechzeiten nachmittags von vier bis sechs Uhr, und dort lebt er auch mit seiner Familie, dort steht die alte Schreibmaschine, mit der seine Frau Erna abends fein säuberlich abtippt, was ihr Gemahl tagsüber mit seiner für alle anderen unleserlichen Handschrift für seinen Roman *Berlin Alexanderplatz* aufgeschrieben hat. Fast jeden Tag spaziert er von der Wohnung zu dem Platz, der ihn magisch anzieht, und vertieft sich in die Straßen und Schicksale um ihn herum, will, wie er sagt, »die Peripherie dieses mächtigen Wesens abtasten«. Und fast jeden Tag liest er dann in der Konditorei *Unter den Linden* der zwanzig Jahre jüngeren Fotografin Yolla Niclas vor, was er abgetastet hat. Charlotte Niclas heißt sie eigentlich, jüdisch wie er, aber er hat sie sogleich umgetauft, als sie sich auf einem Ball kennenlernten und er in der ersten Sekunde wusste, dass er auf sie gewartet hat. Sie nahm den Namen so ergeben an, wie sie alles annimmt, was von Döblin kommt. Schon am ersten Abend ist ihr, als hätte ein Engel ihre Hand genommen. Sie fliegt mit ihm durch die zwanziger Jahre, versteckt auf seinem Rücken. Wenn er ihr vorliest aus *Berlin Alexanderplatz*, kommen ihr jedes Mal die Tränen. Dann steigt sie wieder in die Trambahn 78 und fährt eine Stunde zurück in die Schlüterstraße in Charlottenburg, wo sie noch bei ihren Eltern wohnt. Bald wird sie sogar regelmäßiger Gast bei den Döblins zu Hause, sie wird den Söhnen als »Tante Yolla« vorgestellt, aber von der Hausherrin Erna argwöhnisch beäugt. Und sie fängt an, den Schriftsteller, der immer berühmter wird, zu fotografieren, allein, schelmisch hinter seinen dicken Brillengläsern hervorlugend oder im Spiel mit seinen Söhnen. Die Berliner Zeitschriften drucken das begierig, und so prägt die Geliebte mit ihren Fotografien in der *Frankfurter Zeitung*, im *Querschnitt*, in der *Dame*, im *Magazin* und im *Uhu* Döblins Bild in der Öffentlichkeit.

Er ist Yolla Niclas natürlich genau in dem Alter begegnet, in welchem einst sein Vater seine Geliebte kennengelernt hatte. Und immer wieder versucht er, mit ihr den Ausbruch aus der Ehehölle zu wagen. Er rasiert sich erst einmal seinen Spitzbart ab, wie sich das für eine normale Midlife-Crisis gehört, er zieht sogar vorübergehend in eine Pension in Zehlendorf. Doch seine Frau schreibt ihm dorthin, dass sie sich umbringt, wenn er nicht zurückkommt. Wenn er Yolla Niclas trifft, die all das Sanfte, Elegische, Romantische hat, was er so liebt, nimmt er als Erstes seine Brille ab. Seine Frau, die all das Harte, Praktische, das Pragmatische hat, was er so hasst, sagte einmal bei einer Tischgesellschaft, sie habe ihren Mann noch nie ohne Brille gesehen, was die Anwesenden dann doch etwas verwunderte. Yolla ist für Alfred Döblin vom ersten Moment an das spirituelle Naturwesen, der Körper und die Seele, nach der er sich gesehnt hat. Aber er schafft es dennoch nicht, für sie alles stehen und liegen zu lassen. Nein, er bittet sie, ihn zu zwingen, sich zwischen seiner Frau und ihr zu entscheiden. Er selbst könne das leider nicht tun. Doch das überfordert die junge Yolla, sie will den Angebeteten nicht erpressen, sie liebt ihn dafür zu sehr. »Wir gehen den Weg, den uns der Himmel bestimmt hat, geliebte Seele.« Und er? Er geht den Weg, den Erna ihm bestimmt hat. Er zieht aus dem Pensionszimmer wieder aus, kauft seiner Ehefrau Blumen, um seine Reue zu unterstreichen, und zieht wieder zu Hause ein. Eine Woche muss er auf die Couch, dann darf er zurück ins Ehebett. Und dann tippt Erna abends, wenn die Söhne schlafen, wieder all jene Seiten über Franz Biberkopf, den Helden aus *Berlin Alexanderplatz,* ins Reine, die ihr Mann morgens seiner Geliebten vorgelesen hat und die von den Zerrissenheiten zwischen Bleiben und Gehen handeln, vom Verlassen und vom Opfern und von der Ermattung, die einen befällt angesichts zu viel ertrunkener Hoffnung.

Alfred Döblin nennt die Geliebte in den Briefen nun immer öfter »Schwesterlein«, sie revanchiert sich mit »Brüderlein«, sie fliehen aus der Realität in die erlaubte Trutzburg des Geschwisterlichen. Und Erna? Erna fängt an, manisch Kakteen zu sammeln. Am Ende stehen alle Fensterbretter voll damit, und wenn ihn Yolla während seiner Sprechstunden besucht, kommt Erna ins Zimmer, um die Kakteen zu gießen.

1929 erscheint *Berlin Alexanderplatz*. Alfred Döblin wird weltberühmt. Und bleibt todunglücklich. Er schreibt wenig später ein neues Stück und nennt es: *Die Ehe*. Er kennt sich darin erwiesenermaßen so gut aus wie auf dem Alexanderplatz. Zur Premiere nach Leipzig fährt er im Schnellzug gemeinsam mit seiner Ehefrau Erna und seiner Geliebten Yolla. Als seine Frau kurz auf die Toilette muss, sagt er Yolla, wie enttäuscht er sei, dass sie ihn nie aus seiner Ehe befreit habe.

*

Hundertmal, tausendmal ist Alfred Döblin in den zwanziger Jahren von der Frankfurter Allee zum Alexanderplatz gelaufen. Doch an diesem Frühjahrstag läuft nun in umgekehrter Richtung Wolfgang Koeppen vom Alexanderplatz zur Frankfurter Allee. Er ist fasziniert von Döblins Roman, kann nicht glauben, dass der Autor wirklich als Arzt arbeitet, und glaubt es erst, als er vor dem Schild steht: »Dr. med. Alfred Döblin, Sprechzeiten 4–6 Uhr.« Er wollte ihm sagen, dass er ihn bewundere. Aber als Bewunderer hat er keinen Mut. Darum überlegt er, als Patient zu ihm zu gehen. Doch auch als Patient hat er keinen Mut. Lange steht er vor dem Haus, bis die letzten Patienten gegangen sind. Dann geht auch er langsamen Schrittes zurück zum Alexanderplatz, bewundernd, zaudernd.

Schließlich zieht es ihn zurück in den Westen, nach Charlottenburg, sie sehen sich nie, Koeppen und Döblin, schade, im Grunde. Indes passt es zu diesem Mann, dessen Leben und Schaffen fast eine einzige Ankündigung bleiben sollten.

*

In der Düsseldorfer Straße 43 in Berlin spielt sich im Herbst 1929 ein Liebesdrama besonderen Ausmaßes ab. Thea Sternheim hat hier zwei Wohnungen gemietet. In der einen wohnt sie mit ihrer so schönen wie unbezähmbaren Tochter, der Windsbraut Mopsa – die hoffnungslos abhängig ist von dem Schmerzmittel Eukodal, das sie nach einem Motorradunfall auf der Avus bekommen hat, und von Kokain, das sie durch Klaus Mann und durch ihre Geliebte Annemarie Schwarzenbach kennengelernt hat. Dazwischen gab es auch Männer, erst im Sommer hatte sie eine mühsame Abtreibung hinter sich gebracht, vermutlich war René Crevel der Vater, der homosexuelle Dichter, in den Klaus Mann so hoffnungslos verliebt war und der in Mopsa eine Seelenverwandte entdeckte. Dass Mopsa davor zweimal mit Gottfried Benn im Bett gewesen ist – das verzeiht Thea Sternheim im Grunde weder der Tochter noch Benn, denn eigentlich fühlt sie sich ihm so eng verbunden wie niemandem sonst, seit er im Windschatten des Ersten Weltkrieges das Sternheim'sche Haus in Brüssel mit seinen Verbeugungen und Versen aufleuchten ließ. Nun aber versucht die Mutter die Tochter zu retten, indem sie sie bei sich aufnimmt und sich dafür ununterbrochen von ihr beschimpfen lässt. In der zweiten Wohnung, direkt nebenan, versucht sie ihren Ex-Mann zu retten. Sie hat ihn aus der Nervenklinik in Kreuzlingen nach Berlin geholt, er leidet an Syphilis im Tertiärstadium mit Gehirnparalyse, er randaliert, er phantasiert, er ist von Sinnen. Ungeachtet dessen zieht plötzlich seine Verlobte Pamela Wedekind, die ehemalige Freundin von Erika Mann und ehemalige Verlobte von Klaus Mann, zu Carl Sternheim in die Wohnung, in der er mit seinem Krankenpfleger Oskar wohnt. Thea Sternheim, nunmehr permanent beschimpft von ihrer Tochter, ihrem einstigen Mann und dessen Braut, deren Wohnungen sie bezahlt, lässt sich von Carls Pfleger Opiate spritzen, um den Wahnsinn auszuhalten. Vollkommen den Verstand verliert Carl Sternheim, als ihm ein Friseur versehentlich den Schnurrbart abrasiert.

Als die Dichterin Annette Kolb Thea Sternheim zum Trost besuchen will, klingelt sie erst an der falschen der beiden Wohnungen, auf deren Klingelschild »Sternheim« steht – und Pamela Wedekind öffnet ihr verschreckt. Von hinten brüllt der bartlose Carl Sternheim Verwünschungen aus seiner Matratzengruft. Annette Kolb entschuldigt sich rasch und geht zu ihrer Freundin gegenüber. Verstört setzen sie sich an den Kaffeetisch. Annette Kolb kann das alles nicht glauben, darauf Thea Sternheim: »Tja, meine Liebe, das ist die neue Sachlichkeit.«

Als die beiden Damen am frühen Abend das Haus verlassen, um einen Spaziergang zu machen, fern von allen Töchtern und Bräuten und Ex-Männern, da treffen sie im Treppenhaus auf: Dr. med. Gottfried Benn. Er verbeugt sich, lüftet den Hut und sagt »Meine Verehrung«. Carl Sternheim hat ihn telefonisch gerufen, weil er vom Facharzt für Geschlechtskrankheiten Hilfe aus seinem Wahn erhofft. Sie grüßen kurz und höflich zurück, es ist dunkel und kalt im Treppenhaus, und Thea bittet ihn, nicht an der falschen Tür zu klingeln, um nicht bei ihrer Tochter Mopsa den alten Liebeswahn neu anzustacheln. Er lächelt sie kurz und mit tiefem Verständnis an. Doch Mopsa ist gerade neu entzündet – und man weiß nicht, ob dieser Brandbeschleuniger die bessere Lösung ist. Sie hat kurz zuvor Rudolph von Ripper kennengelernt, einen merkwürdigen österreichischen Dichter mit verstörendem Gebiss und verschobenen Gesichtszügen, von allen nur »Jack the Ripper« genannt. Er hat nach Klaus Mann nun in kurzer Zeit auch Mopsa zur Morphinistin gemacht. Und weil sie so schön zusammen Drogen nehmen, beschließen sie, auch zu heiraten.

Thea Sternheim ist konsterniert, als ihre Tochter die bevorstehende Hochzeit verkündet. Dann quittiert noch Oskar den Dienst, der bärenstarke Pfleger. Er könne nicht mehr, gesteht er ihr, ihn habe die Schwermut ihres Gatten zu sehr »bekrochen«, wie er sagt. Sie schluckt kurz und lässt ihn seiner Wege gehen. Als Pamela einmal nicht da ist, versucht Thea nun, ihren Ex-Mann zu missionieren, sie faltet ihm die Hände, spricht von der Liebe Jesu. Daraufhin bekommt der einen Tobsuchtsanfall, springt vom Balkon und bricht sich eine Rippe. Diesmal ist es Thea Sternheim, die nach dem Arzt ruft.

Am nächsten Tag bringt sie alle Aktien und Hypothekenbriefe von Mopsa einem Anwalt zur treuhänderischen Verwaltung, damit sie nicht in Drogen umgesetzt werden können. Als Thea Sternheim vom Anwalt nach Hause kommt, durch einen wilden Herbststurm hindurch, der die rostbraunen Blätter von den großen Eichen herunterreißen will, da klingelt ihr Nachbar und Ex-Mann. Er werde, erklärt der wahnsinnig gewordene Carl Sternheim feierlich, Pamela Wedekind heiraten. Als er gegangen ist, braucht Thea Sternheim nicht nur Beruhigungsmittel, sondern auch einen Schnaps. Das Berliner Acht-Uhr-Abendblatt kommentiert die Nachricht sachkundig so: »Nun wird Mopsa Sternheim also zu ihrer Freundin Pamela ›Mama‹ sagen.« Das ist das recht humorvolle Fazit eines menschlichen Dramas von heiligem Ernst.

*

Lisa Matthias weiß, dass es für Tucholsky neben der Ehefrau Mary in Paris, von der er sich gar nicht mehr scheiden lassen will, auch ein paar weitere Damen gibt in Berlin, Witwen oft oder alte Schulfreundinnen. Nachdem Tucholsky nach der Rückkehr von *Schloß Gripsholm* im Oktober des Jahres 1929 bei ihr eingezogen ist, versucht sie einfach, sich so breitzumachen in seinem Leben, dass für andere in seinem Bett kein Platz mehr bleibt. Tucholsky sagt ihr ständig, er habe »wichtige Besprechungen«. Dummerweise lässt er eines Tages sein Notizbuch offen liegen, und so weiß Lisa Matthias, dass die »wichtige Besprechung« am 6. November Musch hieß, am 7. November Hedi, am 8. November Grete, am 10. November Emmy, am 11. November wieder Musch und am 12. November Charlottchen.

Als sie ihn und seine beachtliche Betrugsfrequenz entlarvt hat, bittet er auf Knien um Verzeihung und schenkt ihr einhundert rote Rosen. Lisa Matthias schreibt einer Freundin über Tucholsky, »den armen Irren, dessen Sexualität anfängt, Erotomanie zu werden«. Sie merkt, dass es keinen Sinn hat, sich eine Ehe mit diesem Mann zu erträumen. Seiner Frau schreibt Tucholsky daraufhin, Matthias ist schlafen gegangen, einfühlsam nach Paris und legt einen üppigen Scheck bei. Und dann setzt er sich an die Schreibmaschine und dichtet sein »Ideal und Wirklichkeit«, das am 19. November, also direkt nach den polyamoren Tagen und tränenreicher Versöhnung, in der *Weltbühne* erscheint:

In stiller Nacht und monogamen Betten
denkst du dir aus, was dir am Leben fehlt.
Die Nerven knistern. Wenn wir das doch hätten,
was uns, weil es nicht da ist, leise quält.

*

Nachdem die Tour durch Europa für Josephine Baker zu einem Spießrutenlauf geworden ist, will es Pepito, ihr Manager und Mann, in Südamerika versuchen. Doch auch hier machen die katholischen Kräfte mobil und wettern gegen die Verrohung der Sitten. Die rassistischen Anfeindungen lassen in Josephine Baker all die Demütigungen ihrer Kindheit aufsteigen, aber sie geht weiter Abend für Abend auf die Bühne, tanzt für eine bessere Welt, tanzt, um die Welt um sich herum zu vergessen. Mit Pepito gelingt ihr das immer weniger. Je mehr er als Manager heißläuft, desto mehr kühlt sich ihr Liebesverhältnis ab. Aber sie hat in Rio de Janeiro den französischen Architekten Le Corbusier kennengelernt, der sie in seinen Bann schlägt mit seinem rationalen Missionsdrang. Ihn verführt sie mit ihrer tänzerischen Leichtigkeit, mit der sie sich die Räume genauso kraftvoll eröffnet wie er es als Architekt tun möchte. Sie beschließen denselben Dampfer, die *Lutetia*, zurück nach Europa zu nehmen. Tagsüber machen sie lange Runden übers Deck, Pepito mag nicht mitkommen, ihm ist meist übel.

Als das Schiff am 9. Dezember 1929 auf seiner Reise über den Atlantik den Äquator überquert, da wird diese Grenzüberschreitung abends im Ballsaal gefeiert, Josephine Baker hat sich dafür als Le Corbusier verkleidet und Le Corbusier als Josephine Baker. Als sie unter dem klaren Sternenhimmel auf die nördliche Erdhalbkugel gleiten, ist es ihnen beiden ganz kurz, als stürzten sie hinab, ohne Halt. Die Bordkapelle macht gerade Pause, es ist ganz still an ihrem Tisch. Sie schauen sich kurz an, dann beginnt der Trompeter erneut, ein Charleston, sie gehen tanzen, etwas unsicher in ihren vertauschten Rollen, doch Lachen hilft. Pepito, ihr Mann, verabschiedet sich auf die Kabine, ihm sei nicht wohl. Josephine Baker und Le Corbusier tanzen einfach weiter und weiter, bis sich vor ihren Augen alles dreht. Nachher duschen sie gemeinsam, und lustvoll wäscht Josephine Baker dem großen Architekten die schwarze Farbe von seiner weißen Haut. Alles hat wieder seine Ordnung. Dann zeichnet er sie nackt. Sie posiert auf dem Bett in ihrer Kabine. Nur etwas mehr anhimmeln könnte sie mich, denkt sich Le Corbusier. Dann nimmt sie ihre Gitarre und singt für ihn, mit ihrer wundervoll kindlichen Stimme: »I am a little blackbird looking for a white bird …«

*

Einen Vers schreibt Gottfried Benn in diesen zwanziger Jahren, der ihn und das Jahrzehnt überdauern wird: »Leben ist Brückenschlagen über Ströme, die vergehn.« Vielleicht hat er diese Worte am 17. Dezember 1929 das erste Mal auf einen Bierdeckel geschrieben. An diesem Tag nämlich heiratet Mopsa Sternheim den verwirrten Morphinisten Rudolph von Ripper. Anwesend auf dem Standesamt sind die Eltern, also der in seiner Syphilis um sich schlagende Carl Sternheim sowie Thea Sternheim – und Gottfried Benn. Benn, in den Mopsa eigentlich immer noch bis zum Wahnsinn verliebt ist und der ihr drei Jahre zuvor – nachdem er sie verlassen hatte – nach ihrem Selbstmordversuch mit Veronal den Magen ausgepumpt hat, dieser Benn ist nun tatsächlich ihr Trauzeuge. Als Mopsa auf dem Standesamt, von Drogen vollkommen benebelt, »Ja« sagt zu Rudolph von Ripper, zuckt er kurz. Thea Sternheim, ihrer Mutter, stehen die Tränen in den Augen. Schon zehn Tage später wird Mopsa, vollkommen derangiert, in eine Entzugsklinik eingeliefert. Was die Menschen der zwanziger Jahre dringend gebraucht hätten, war Liebe (oder wenigstens Therapeuten). Was sie bekamen, waren Aufputschmittel.

*

Es gibt Ehen, so sagt Thomas Mann, deren Entstehung sich auch die belletristisch geübteste Phantasie nicht vorstellen kann.

*

Ernst Jünger sitzt in seiner Wohnung in der Stralauer Allee 36 im rauen Berliner Osten, wo fast jeden Abend mit den nationalrevolutionären Freunden räsoniert wird und Jünger im kalten Winter auch schon mal das Mobiliar zerhackt und verheizt. Er schreibt sein irrlichterndes, fast surrealistisches Buch *Das abenteuerliche Herz* und erzählt darin von einem Traum, in dem ihm der Gemüsehändler zu violetten Endivien gut abgehangenes Menschenfleisch empfiehlt. Sein eigenes Herz hält Jünger kühl, knapp über null Grad. Seine Frau Gretha kann ein Lied davon singen. Er wird ihr lebenslang die Untreue halten. Und erhofft sich dann, wenn er abends von seinen Affären erzählt, von ihr Verständnis dafür, dass er als schöpferischer Mann einfach nicht anders könne, als sich von Zeit zu Zeit aushäusig zu berauschen. Wenn Gretha ihm nicht genug Wohlwollen entgegenbringt, dann zieht sich Jünger mit Carl Schmitt zurück, dem schillernden Berliner Professor für öffentliches Recht, der inzwischen in zweiter Ehe mit Duška verheiratet ist, einer serbischen »Dulderin«, mit der er eine strenge Trennung zwischen Eheleben und Erotik praktiziert.

Duška muss ihn trösten, wenn er von seinen sexuellen Eskapaden mit Studentinnen oder Prostituierten melancholisch zurückkehrt. Und im Gegensatz zu Gretha Jünger macht sie es auch. Schmitt sucht wie der gleichfalls vom Krieg geprägte Ernst Jünger auch auf dem Schlachtfeld der Liebe den permanenten »Ausnahmezustand«, in panischer Angst vor der Windstille des trauten Heims. Ja, Schmitt setzt Sex als körperliches Aufputschmittel ein und sucht vor öffentlichen Auftritten oder wichtigen Aufsätzen gezielt danach, er braucht, wie er seiner Frau sagt, »das Kraftgefühl nach der sexuellen Orgie«. Und sie möge bitte Verständnis dafür haben, dass er das nicht im Ehebett finden könne mit all den Medikamenten am Nachttisch, den Pantoffeln vor dem Bett und den Sorgen des Alltags. Die Ehefrau hat für Carl Schmitt vor allem die Aufgabe, ihn vor und nach seinen außerehelichen Ausflügen zu stabilisieren. Ihre Tränen vergießt sie nicht bei ihm, sondern bei Gretha Jünger, mit der sie oft beisammensitzt an dunklen Berliner Abenden, wenn die Gatten wieder unterwegs sind auf der Pirsch nach ihren herzlosen Abenteuern.

*

Während der Dreharbeiten für den *Blauen Engel* in den UFA-Studios in Babelsberg komponiert Friedrich Hollaender für Marlene Dietrich den Song *Ich bin von*

Kopf bis Fuß auf Liebe eingestellt. Mit der Zeile »Ich kann halt Liebe nur und sonst gar nichts« hat er die zutreffendste Stellenbeschreibung für die »Lola Lola« des Films geliefert. Komponiert hat Hollaender es in F-Dur, aber wegen Dietrichs tiefer Stimme spielt er es im Film in D-Dur. Für Marlene Dietrich sind die Männer zeitlebens bereit, ihre Ideale und Tonlagen der Wirklichkeit anzupassen.

*

Die Verlobung zwischen Lisa und Gottfried von Cramm wird am Heiligabend 1929 auf Schloss Burgdorf in Anwesenheit beider Familien verkündet. Lisa ist siebzehn und hat die Augen und die Haare eines jungen Raubtiers, Gottfried ist zwanzig und hat bereits die elegante Ausstrahlung eines zeitlosen Gentlemans. Sein Aufstieg zu einem der besten Tennisspieler aller Zeiten steht unmittelbar bevor. Die frühe Verlobung der beiden löst weniger bei ihren Familien einen Schock aus als bei denen, die selbst auf die Herzen der beiden spekuliert haben. Ziemlich verliebt in Lisa ist Bernhard zur Lippe-Biesterfeld, der dann später stattdessen die niederländische Kronprinzessin Juliana heiraten wird. Erst einmal ist er konsterniert, aber er scheint Fassung zu bewahren: »Von Bernilo hatte ich einen sehr vernünftigen Brief, in dem er schreibt, dass er sich bestimmt nichts antun würde und wir Freunde bleiben wollten usw.« So berichtet Lisa ihrem Verlobten von der Reaktion des Nebenbuhlers. Um Gottfried trauert wohl vor allem ein Mann, nämlich Jürgen Ernst von Wedel, dessen Bruder Lisas Schwester geheiratet hat und der zum engsten Kreis des jungen Paares gehört. Lisa berichtet Gottfried, der wieder auf einem Tennisturnier in Venedig ist: »J E W ist nicht mehr böse auf dich. Er hat mir auch in einem schwachen Moment eingestanden, dass er dich noch sehr, sehr gerne mag. Über dein Bild vom Lido hat er beinah einen Schlaganfall bekommen. Er ist heute Abend extra noch mal hier reingekommen, um es zu besehen.« So betrachten also die Braut und der engste Freund ihres Bräutigams in Schloss Burgdorf noch einmal gemeinsam andächtig das Foto des blendend aussehenden Gottfried von Cramm, gebräunt, die dunklen Haare zurückgekämmt, der Körper in hellem Leinen.

*

Das war so nicht vorgesehen. Walter Gropius, der ehemalige Direktor des Bauhauses in Dessau, bestimmt eigentlich immer selbst das Geschehen – und die Liebschaften. Nach seiner Ehe mit Alma Mahler, die er Oskar Kokoschka ausgespannt hatte, ging es ihm mit seiner zweiten Frau Ise ziemlich gut, sie half ihm, das Bauhaus zu organisieren und sein Leben. Als sie in Köln Konrad Adenauer fast davon überzeugt hatte, das Bauhaus ins Rheinland zu holen, da schrieb ihr Gropius mit geschwellter Brust: »Meine süße Frau Bauhaus, du bist ein Tausendsassa und kannst dich vor Stolz blähen. Wir sind alle hier voll tiefem Respekt vor deinen Leistungen. Ich bin tief gerührt von dir, du mein guter Stern, und ich liebe dich immer mehr.«

Doch dann, ein paar Jahre und ein paar Bauhausquerelen später, begibt sich der gute Stern plötzlich auf eine andere Umlaufbahn. Dabei haben sie es so gut in der neu gebauten Direktorenvilla in Dessau – es gibt einen Toaster, ein Bügeleisen, einen Haartrockner, einen Staubsauger und einen elektrischen Gänserupfer, das Programm der Moderne also.

Doch Walter Gropius hat genug. Er verlässt das Bauhaus. Man kann das Midlife-Crisis nennen. Oder Selbstverwirklichung. Er will einfach wieder Architekt sein. Und so beziehen Ise und Walter Gropius eine große Wohnung in der Potsdamer Straße 121a in Berlin. Ise Gropius wird porträtiert unter der Überschrift »Künstlerehen unserer Architekten« in der Zeitschrift *Sie und er*, Ise sei, so heißt es, »der Typus der neuen sportlichen Frau mit selbstbewusster Jugendlichkeit«. Graf Kessler nennt sie eine »sehr hübsche junge Frau«. Im Juni 1930 fährt sie mit Gropius nach Ascona in den Urlaub, im Schatten des Monte Verità. Sie mieten die *Casa Hauser*, gemeinsam mit den alten Bauhaus-Gefährten Marcel Breuer und Herbert Bayer, sie sitzen stundenlang auf der Terrasse in der Sonne, sie spielen Boccia, Gropius im steifen Anzug und Bayer mit braun gebranntem Oberkörper und weißer Leinenhose.

Als Gropius frühzeitig nach Berlin zurückmuss, beginnt im Juli die Affäre von Frau Bauhaus und dem Bauhausmeister Herbert Bayer. Man kann auch das Midlife-Crisis nennen. Oder Selbstverwirklichung. Ise Gropius will einfach wieder Frau sein. Gropius schreibt ihr aus Berlin an den Lago Maggiore, weil er spürt, dass seine Frau auf Distanz geht: »Liebe mich, auch wenn ich jetzt so grau gefärbt und abgerissen bin«. Da haben wir September. Sie antwortet nicht. Er schreibt, er wolle sich künftig wieder viel mehr um sie kümmern, er habe sie vernachlässigt. Doch Ise Gropius antwortet nicht. Er ruft an und schreibt erneut: »Was ist los mit dir? Du benahmst dich so kalt und steif am Telefon? Warum ist deine Stimmung so umnebelt?« Da haben wir schon Oktober. Ise genießt den Liebesrausch in Ascona, verlängert den Mietvertrag für das Haus immer wieder. Sie ahnt, auch ihr Geliebter wird bald von den Wolken des Alltags eingeholt werden, manchmal wandern sie schon über seine Stirn, schließlich ist auch er verheiratet. Ehrlicherweise, so sagt er ihr einmal, falle es ihm schwer, dass er ausgerechnet die Frau seines Mentors und väterlichen Freundes lieben müsse.

*

Als Leni Riefenstahl im Berlin der zwanziger Jahre als Tänzerin auftrat, da schrieb Fred Hildenbrandt im *Berliner Tageblatt*, dass ihr leider die zentrale Fähigkeit einer Tänzerin fehle: »Gefühle auszudrücken.« Sie sei nur eine »Attrappe, in deren Armen kein Blut fließt«. Nein, da fließt nur Adrenalin. Und leider ziemlich viel Morphium, immer wieder bricht sie zusammen und muss in Entzugskliniken. Sie sei, so sagt ihr Geliebter und Verlobter, der Regisseur Harry R. Sokal, süchtig nach »Erfolgsberauschtheit«. Und offenbar auch nach der Kraft der Fiktion – bis heute ist unklar, welche Geschichten ihrer Memoiren wahr sind und welche erfunden. Auf jeden Fall gab es viele Männer.

Ihre große Liebe hat sie verloren: Hans Schneeberger, er war ein idealer Partner, er liebte die Kameratechnik, er liebte die Berge und er liebte das Skilaufen. Doch als er sie wegen einer anderen verlässt, dreht sie durch. Sie stößt in ihrem Zimmer einen minutenlangen Schrei aus, sie läuft weinend durch ihre Wohnung und setzt sich mit dem Brieföffner überall Stiche in ihren Körper. Sie muss ihre Liebe regelrecht abtöten. Dann beginnt sie ein neues Leben. Es zieht sie vom Tanz in die Traumfabrik des Films. Sokal macht sie mit Luis Trenker bekannt, der wiederum mit dem Regisseur Arnold Fanck. Als Sokal merkt, dass Riefenstahl, um an die lukrative Filmrolle in *Der heilige Berg* zu kommen, sowohl ein Verhältnis mit Trenker als auch mit Fanck hat, löst er die Verlobung. Später werden vor allem die Kameramänner ihre Geliebten, Hans Ertl etwa, der *S. O. S. Eisberg* mit ihr dreht, und Walter Riml, der schon *Das blaue Licht* als Kameramann begleitet hat. Doch Riml warnt Ertl: »Lass dich von diesem Vamp nicht einwickeln, sonst geht's dir so wie mir. Ich möchte dich vor dieser Frau warnen, für die wir nur Konfekt bedeuten, von dem man nascht, solange es Spaß macht.« Sokal, der Regisseur, ehemalige Geliebte und in der Hindenburgstraße 97 in Wilmersdorf ihr neuer Nachbar, hat es einmal so ausgedrückt: »Ihre Partner waren stets die Besten in ihrem Fach, ihre Nymphomanie hatte elitäre Züge.« Einen dieser Männer verehrt Leni Riefenstahl rein platonisch. Sie hat in ihrer Wohnung einen kleinen Altar für Adolf Hitler errichtet, mit zahllosen Fotografien in Goldrahmen. Und als sie ihn das erste Mal trifft, an einem versteckten Ort an der Nordsee, da bemüht sie ein orgiastisches Bild aus der Natur: »Mir war, als ob sich die Erdoberfläche vor mir ausbreitete, wie eine Halbkugel, die sich plötzlich in der Mitte spaltet und aus der ein ungeheurer Wasserstrahl herausgeschleudert wurde, so gewaltig, dass er den Himmel berührte und die Erde erschütterte.«

*

Einsam geht er seiner Wege, läuft leicht gebückt über den Kies im kleinen Park vom Haus Doorn. Vor den

Buchsbaumhecken hat seine Frau letztes Jahr eine Marmorbüste errichten lassen, sie hatte es nett gemeint, schon klar. Aber er kann den Anblick kaum ertragen. Denn die Büste zeigt ihn selbst – in Amt und Würden, stolz, die Schnurrbartspitzen hochgezwirbelt, behängt mit Orden. Die Büste ist eine tägliche Demütigung für ihn. Denn jetzt trägt Kaiser Wilhelm II. zivil, im hellen Sommeranzug macht er seinen Nachmittagsspaziergang, von Ferne hört er eine Sirene, ein Fuhrwerk, ein paar Autos, dann Stille. Ein Monarch im Ruhestand. Gut, dass wenigstens der Kies etwas knirscht, denkt er, als er weiter seine Bahnen zieht durch den Park in seinem niederländischen Exil. Und so wie jeden Nachmittag fragt er sich auch heute, ob es richtig war, sich damals, im trüben November 1918, einfach so aus dem Staub zu machen. Er wurde ja gar nicht gestürzt. Und so fehlt bis heute nicht nur seinen politischen Gegnern das Erlebnis eines aktiven Umsturzes, einer Revolution. Sondern auch ihm selbst. Es fühlt sich immer an, als sei er nur auf Reisen. Als warte in Berlin noch der Thron auf ihn. So hackt er nun unermüdlich Holz mit seinem gesunden rechten Arm, den linken verstaut er wie immer in einer Jackentasche. Das Holzhacken hilft ihm, sich ein wenig männlich zu fühlen, er genießt es, wenn die Scheite, vom Beil getroffen, auseinanderbersten. Zack. Und zack. Und zack. Irgendwann ist dann endlich Zeit für den Tee.

Er hat sich einen Bart stehen lassen, gleich am ersten Tag, als er nach Holland kam, Stoppeln erst, doch schon Weihnachten 1918 war es ein ausgewachsener weißer Spitzbart. Den trägt er nun trotzig vor sich her, die legendären Schnurrbartspitzen schlohweiß, auch sie hängen müde herab an diesem niederländischen Spätsommertag. Er sieht nicht, wie im ersten Stock im Haus Doorn, im Damenzimmer mit all den Möbeln aus dem Berliner Stadtschloss, der umgenähte Vorhang aus dem Schloss Bellevue leicht zur Seite geschoben wird und Hermine, seine zweite Frau, zu ihm herüberblickt auf seinem einsamen Spaziergang. Sie, gebürtig aus dem Hause Reuß, ältere Linie, träumt inmitten des Hausrats aus den aufgegebenen preußischen Schlössern noch immer von seiner triumphalen Rückkehr zu den Linientreuen nach Berlin. Sie hatte schon ein großes Foto von ihm auf ihrem Klavier stehen, als sie noch verheiratet war mit dem Prinzen von Schoenaich-Carolath. Und nach dessen Tod wurden es immer mehr, die ganze Wohnung stellte sie damit voll in glühender Verehrung. Dann, als auch die Kaiserin Auguste Viktoria in Doorn gestorben war, schrieb sie ihrem Idol einen so herzzerreißenden Beileidsbrief, dass er irgendwie nicht anders konnte, als sich mit ihr, der dreißig Jahre Jüngeren, zu verloben. Hermine sorgte vom ersten Tag an dafür, dass die Hausangestellten ihren Gatten wieder mit »Ihre Majestät« anredeten – genau wie sie. Sie reist immer wieder nach Deutschland, um Bündnisse zu schmieden, damit sie vielleicht doch noch irgendwie Kaiserin werden kann, sie fragt Göring und sie fragt Papen und sie fragt Hitler. Wilhelm lässt sie gewähren, genießt die Huldigung durchaus, auch wenn sie ihn manchmal doch erschöpft, wenn sie zum Beispiel mal wieder eine Gruppenreise aus Berlin organisiert und ihm hundert fremde Touristen im Park bewundernd »Majestät« zurufen. Wilhelm weiß, dass er nicht mehr Kaiser ist, er hackt stundenlang Holz, geht spazieren, raucht Zigaretten, ein Lockdown in Unendlichkeit. Laut des Abkommens mit der holländischen Regierung darf sich Wilhelm II. nur in einem Radius von fünfzehn Kilometern rund um sein Haus Doorn bewegen. Man versucht also die Monarchie ähnlich zu bekämpfen wie später einmal die Corona-Pandemie.

*

Annemarie Schwarzenbach verliebt sich Hals über Kopf in Erika Mann. Aber Erika Mann will sie nur in den Arm nehmen. Sie bezaubert das zarte Gemüt der androgynen Schweizer Seidenfabrikantentochter, doch sieht sie die Abgründe hinter den dunklen Augen, das elementare Verlorensein, sie kennt es von ihrem Bruder Klaus – und wie bei ihm legt sie ihre muskulösen Arme um sie, ermutigt sie, schützt sie ein wenig vor der Unbill der Welt. Und wenn Annemarie in Erika schon nicht die Geliebte findet, die sie sich ersehnt hat (denn deren Herz gehört Therese Giehse), dann immerhin eine Mutter. »Dein Kind A.«, so unterschreibt Annemarie ihre schwärmerischen Briefe an die gleichaltrige Erika, oder »Dein Brüderlein«. Äußerlich wirken sie wirklich wie Geschwister, ebenmäßiges Gesicht, knabenhafte Figur, Bubikopf, in der Kleidung mit den sexuellen Identitäten spielend, die eine schreibend, die andere fotografierend und beflügelt von der Unabhängigkeit, die ihnen ihr eigenes Auto verleiht. Sie lieben es, hintereinander und nebeneinander mit rasendem Tempo durch Schwabing zu fahren oder über den Kurfürstendamm und dann auszusteigen, draußen in einer Bar einen Absinth zu bestellen, sich dann die ledernen Cabrio-Handschuhe abzustreifen und im Augenwinkel die Blicke von den hinteren Tischen zu spüren.

*

Ganz Europa wird von der Weltwirtschaftskrise erschüttert. Ganz Europa? Nein! Auf das Konto von Erich Maria Remarque wandern Tag für Tag Tausende neuer Reichsmark. Sein Antikriegsroman *Im Westen nichts Neues* wird zu dem großen Bucherfolg der späten Weimarer Republik, schon im Juni 1930 sind eine Million Exemplare verkauft. Remarque hat ein Jahrzehnt gebraucht, um seine Leiden am Ersten

Weltkrieg in Worte zu fassen – und genau damit, also dem langen Schweigen, dem Suchen nach der Darstellbarkeit, den nicht verheilenden seelischen und körperlichen Wunden, einer ganzen Generation aus dem Herzen gesprochen. Er hat keine schöne Kindheit gehabt im schönen Osnabrück: zwölf Umzüge, der ältere Bruder stirbt, die Mutter verliert er quälend langsam an den Krebs, zu Hause gibt es nur Angst und Trauer, nie duftet die elterliche Küche nach Kaffee und guter Laune. Und dann kommt pünktlich zum achtzehnten Geburtstag, im Juni 1916, der Einberufungsbefehl. Zwei Jahre Krieg, Verletzungen, Todesangst, Verzweiflung. Er braucht zehn Jahre, um das zu verdauen, wird Redakteur bei der Firmenzeitschrift des Reifenherstellers Continental, dann Journalist bei *Sport im Bild* in Berlin. Und erst hier, in dieser vorwärtsstürmenden, rasenden Stadt, zwischen den Sechstagerennen, den Tennisturnieren, den Boxkämpfen, den Autorennen auf der Avus, erst im Windschatten dieses Hochgeschwindigkeitszuges, der Leben heißt, kann Remarque endlich schreiben über die lähmenden Schwerkräfte des Krieges: »Wir sind überflüssig für uns selbst.« Damit beschreibt er, was eine ganze Generation nicht zu fühlen imstande ist. Dass er, geboren als Erich Remark, sich mit zweitem Namen »Maria« nennt, ist der präziseste Hinweis auf seine Verehrung für den 1926 verstorbenen Rainer Maria Rilke, dem Helden all jener, die das Schweigen angesichts der Schwere der eigenen Erfahrung für die einzig angemessene Kommunikationsform mit dem Rest der Welt halten.

*

Und gibt es auch bei den Malern einen Kriegsgewinnler? Nein. Der vergeistigte Franz Marc ist ausgerechnet auf dem Rücken eines jener Pferde erschossen worden, die er in seiner Malerei in eine höhere Geistigkeit emporgehoben hat. Und auch August Macke, dieser fröhlichste der deutschen Expressionisten, ist auf den unendlichen Schlachtfeldern Flanderns einen grausamen Tod gestorben. Ernst Ludwig Kirchner hat zwar überlebt, ist aber schwer traumatisiert in die Berge gezogen, abhängig vom Morphium und jeden Tag voller Schrecken, dass wieder eine Bombe neben ihm niedergeht. Allein Otto Dix schafft es, sich die Grauen des Krieges in Bildern von der Seele zu malen, die an die Qualität seiner Vorkriegskunst heranreichen. Mit den gleichen weit aufgerissenen Augen, mit denen er die zerfetzten Leiber sah, schaut er nun auf die Schlachtfelder des Sexus in Berlin, auf die Huren und die Bonzen, die leeren Posen und die toten Körper, die noch weiterzutanzen versuchen und auf deren Zügen sich doch schon das Lächeln der Totenmasken zeigt wie auf seinem Triptychon *Die Großstadt*. Die Unterschiede zwischen schön und hässlich sind auch in der Malerei nur noch eine theoretische Frage. Als Professor an der Akademie in Dresden lehrt er stattdessen die Praxis – den schonungslosen Blick auf das Tatsächliche, eine permanente Vermischung von Gewalt, Tod und Eros. Das ist seine neue Unsachlichkeit. »Man muss«, sagt er, »den Menschen in diesem entfesselten Zustand des Krieges gesehen haben, um etwas über den Menschen zu wissen.« Jeder Krieg, so sagt Dix, würde im Grunde nur wegen einer Vulva geführt. Und genauso kalt schaut er auf die Körper, als der Krieg vorüber ist, ein Kopfjäger mehr als ein Porträtist. Nicht nur auf die Tänzerin Anita Berber in ihrem roten Kleid richtet er seine großen, stierenden Augen, die Königin des Berliner Nachtlebens, die er als todessüchtige Ikone der zwanziger Jahre gemalt und dann 1928 gemeinsam mit seiner Ehefrau Martha tatsächlich zu Grabe getragen hat. Sondern auch auf all die anderen Menschen, die er porträtiert, als müsse er einen Steckbrief anfertigen. Und so unerbittlich schaut er eben, besonders verstörend, auch auf seine eigenen Kinder – er hat Ursus und Nelly als Neugeborene gemalt, wie noch nie Kinder gemalt worden sind, voller Falten und Schrumpeln, zerknautscht vom Geburtsvorgang, die Augen geweitet vor Schreck darüber, in die Welt geworfen zu sein.

*

Während der Dreharbeiten für *Der blaue Engel* kann sich Josef von Sternberg noch nicht entscheiden. Er dreht tagsüber mit Marlene Dietrich und verfällt ihrer leichten Schwere, ihrer ordinären Noblesse, ihrem sinnlichen Phlegma. Dann zeigt er der eiskalten und geheimnisvollen Leni Riefenstahl die Filmaufnahmen, aber sie verzeiht ihm nicht, dass er nicht sie, sondern die Dietrich zur »Lola Lola« gemacht hat. Dietrich wiederum kann Riefenstahl nicht ausstehen, faucht wie eine Katze, wenn sie in den UFA-Studios in Babelsberg am Set erscheint. Sternberg verliebt sich von Drehtag zu Drehtag mehr in seine Hauptdarstellerin. Ihre Verführungskünste gelten längst nicht mehr dem pompösen Emil Jannings, der den Professor Unrat spielt. Sondern dem Regisseur hinter der Kamera. Und Dietrich spürt die »göttliche und dämonische Macht« dieses strengen Mannes, der so qualitätsversessen und phantasiebegabt ist, dass sie beginnt, unter seinem Schutz jene Frau zu werden, die sie sein will. Ja, sie wird später sagen, dass er sie mit seiner Kamera überhaupt erst erschaffen habe, »es ist eine Mischung aus technischen und psychologischen Kenntnissen und aus reiner Liebe«.

Sternberg besucht Dietrich in ihrer Berliner Wohnung in der Kaiserallee. Dort kocht sie für den berühmten Regisseur Tee, unter den Augen der neugierigen Tochter Maria und denen des Ehemannes. Sie wissen nicht, dass Leni Riefenstahl von ihrer

Dachterrasse aus in die Fenster der hinteren Räume von Marlene Dietrichs Wohnung schauen kann. Und wir wissen nicht, ob es stimmt, dass im Januar 1930, wie Riefenstahl schreibt, es »noch nicht sicher war, ob Marlene oder ich Sternberg nach Hollywood folgen würden«.

*

Erika Mann verliebt sich in Therese Giehse. Und diese Liebe hat eine besonders schöne Grundlage: das gemeinsame Lachen. Sie lernen sich bei Karl Valentin und Liesl Karlstadt im Kabarett in München kennen, sitzen glucksend nebeneinander und berauschen sich aneinander und am gemeinsamen Humor. Doch anders als die Ehe mit Gründgens ist diese Beziehung kein Witz. Nein, es ist nach Pamela Wedekind Erikas zweite große Liebe – diesmal indes treffen sich die zwei Frauen nicht als Selbsthilfegruppe, also nicht als leidende Töchter übergroßer Väter, sondern als zwei junge, kantige Solitäre, die sich gegenseitig bewundern – für ihr Anderssein. Auf der einen Seite Therese, in sich gekehrt, ernst, die Worte aus der Stille herausmeißelnd, nur auf der Bühne des Theaters aus sich herausgehend und noch immer bei Mutter und Schwester wohnend. Und auf der anderen Seite Erika Mann: fidel, beweglich, halb Europa mit ihrem Automobil bereisend, immer putzmunter und schlagfertig, egal ob am heimischen Hofe Thomas Manns I. oder in den Künstlerlokalen in Berlin, München, Paris und New York. Aber genau dieses Ungleichgewicht der Kräfte erweist sich als sehr stabilisierend, auch weil sie sich gemeinsam lustig machen können über die Sperenzchen der jeweils anderen.

*

Nachdem Margarete Karplus in Berlin erfolgreich in Chemie promoviert hat, geht sie 1930 für eine letzte Ausbildungsphase zur IG Farben nach Frankfurt, bevor sie im Jahr darauf den hälftigen Anteil an der Lederwarenfabrik Karplus & Herzberger ihres Vaters übernimmt. In Frankfurt lebt sie mit ihrem Verlobten Theodor Wiesengrund Adorno zusammen. Sie merken, dass es zwischen ihnen eventuell doch die große Liebe ist. Sie reduziert Walter Benjamin auf eine sehr enge und innige Brieffreundschaft, mit gelegentlichen Schecks zur Unterstützung. Das kommt im Grunde auch Benjamin entgegen: Er liebt die Rolle des mittelalterlichen Minnesängers, der sich am liebsten in einer Sehnsucht ergeht, die fast in Nostalgie umschlägt. Und Adorno lässt einstweilen die ständigen Amouren bleiben. Die Liebe ist manchmal wie ein guter Tee, man muss sie etwas ziehen lassen.

*

Josef von Sternberg verlässt für Marlene Dietrich seine Frau Riza. Ende Januar 1930 ist *Der blaue Engel* abgedreht. Mitte Februar fährt Sternberg allein mit dem Schiff zurück nach Hollywood. In seiner Kabine an Bord der *Bremen* findet Sternberg einen Proviantkorb von Marlene Dietrich. Zwei Tage nach Sternbergs Abreise melden die Berliner Zeitungen, dass Marlene Dietrich ihm wohl bald nach Hollywood folgen wird.

*

Es waren keine goldenen Zeiten für die große Liebe. Es waren die Zeiten für eine »Sachliche Romanze«, wie Erich Kästner sein Gedicht der Epoche nannte, erst teilen sie das Bett miteinander, »dann kam ihnen die Liebe abhanden, wie anderen ein Stock oder Hut«. Im Laufe des Winters ist ihm die Liebe zu Margot Schönlank alias Pony Hütchen abhandengekommen. Sie weint bitterlich, und er tröstet sie. So sei er eben, da könne man nichts machen. Er zieht weiter zu einer neuen Geliebten, »Moritz« nennt er sie in den Briefen, bis heute weiß man nicht, wer sie war. Er reist mit ihr an den geliebten Lago Maggiore, aber, gesteht er seiner Mutter: »Moritz wollte erst nicht mitfahren, weil sie mich liebt und ich sie nicht liebe.« Dann kommt sie aber doch mit, und er schreibt ans »liebe Muttchen« am 10. März 1930: »Man sollte sich eben doch alles abhacken, was mit Mann zu tun hat. Sonst hört dieses Schlamassel ja doch nicht auf.« Die Selbstkastration als Utopie im Brief an die Mutter – was für ein Fest für jeden Freudianer. Aber natürlich lässt Kästner das mit dem Abhacken bleiben. Und stürzt weiter die Frauen ins Unglück, während er selbst immer kälter wird (und um ihn herum fröstelt es erst recht). Er schreibt sein Gedicht »Ein Mann gibt Auskunft« und bekennt verstörend ehrlich:

> Ich riet dir manchmal, dich von mir zu trennen,
> und danke dir, dass du bis heute bliebst.
> Du kanntest mich und lerntest mich nicht kennen.
> Ich hatte Angst vor dir, weil du mich liebst.

So viel also zur Lage der Liebe um 1930.

*

Die amerikanische Botschaft in Paris lädt am 7. März 1930 zum nachmittäglichen Empfang, es gibt freundliche, sehr leise Musik, die Sonne steht tief und schaut aufmunternd durch die Fenster, die Gläser klirren, es ist ungemein zivilisiert. Der große Fotograf Jacques-Henri Lartigue jedoch langweilt sich, er hat hier ein paar Worte in gebrochenem Englisch mit einer blondierten Amerikanerin gewechselt, dort ewig an der Bar auf seinen nächsten Drink gewartet, als ihn auf dem Weg zur Garderobe, es dämmert schon, plötzlich der Blitz trifft. Er kommt aus zwei verhangenen braunen Augen voll endloser Sehnsucht. »Bonsoir, madame«, stammelt er. Sie will offenbar gerade auf die Tanzfläche, also ändert Lartigue sofort seine Richtung und bittet sie erst um ihren Namen und dann um einen Tanz. Renée Perle sei ihr Name, so sagt sie, sie stamme aus altem rumänischem Adelsgeschlecht. Für Lartigue klingt das alles wie ein Gedicht. Als er dann beim langsamen Tanz ihren Mund fast an seinem spürt, seine Hand ganz sanft hinten in ihren Rückenausschnitt legt und sie sich nicht wehrt, da ist er ihr verfallen. Sie verlassen nach dem Tanz den Empfang und verbringen die nächsten zwei Jahre fast ununterbrochen zusammen.

Es gibt viele ungekrönte Königinnen der Jahre um 1930, Filmschauspielerinnen meist, aber wenn es eine Frau gibt, deren Aura uns bis heute aus jeder der Fotografien von Lartigue mit sinnlicher Schläfrigkeit anspringt, dann ist es Renée Perle. Renée in Biarritz, in Juan-les-Pins, Cap d'Antibes, Saint-Tropez. Weiße, weite Hosen, olivfarbene Haut, leichte helle Tops, eine goldene Kette oder ein dezenter Armreif, pure Eleganz voll stiller Noblesse und brodelnder Leidenschaft. Dazu immer dieser nun wirklich unglaubliche Mund, dieses kurze, leicht ondulierte Haar und natürlich: diese dunklen Augen voll abgrundtiefer osteuropäischer Melancholie. Nur wenn sie auf den Fotografien doch einmal den Mund öffnet, die kleinen Zähne sichtbar werden, dann wird sie mit einem Mal von der Ikone zum Menschen. Aber Lartigue will sie als Ikone. Er bittet sie deshalb, höchstens andeutungsweise zu lächeln, er will ihre geschlossenen, geschminkten Lippen fotografieren. Ihren weiblichen Körper in den hellen Sommerkleidern ablichten vor dem Meer, den Palmen, den Verheißungen des Paradieses. Sie gehen ab diesem 7. März 1930 eine Symbiose ein für zwei Jahre, sie verbringen jeden Tag miteinander und es vergeht kein einziger, an dem Lartigue sie nicht fotografiert. Sie sind besessen voneinander. Nie sehen die frühen dreißiger Jahre sinnlicher und nobler aus als auf diesen Schwarz-Weiß-Fotografien. Es sind die Bilder einer Vergötterung.

Wenig später beginnt Renée Perle, sich selbst anzubeten. Sie mietet sich in Paris ein Atelier – und malt sich selbst. Jeden Tag. Es sind Gemälde von fürchterlichem Kitsch. Immer dieselben geschlossenen Lippen, die auf ihrem hellen Gesicht liegen wie zwei schmale Kähne auf einem mondbeschienenen See. Dann kommt Lartigue dazu und fotografiert Renée Perle, die Porträts von Renée Perle malt, in ihrem Atelier. Erst kreiste nur er, inzwischen kreist auch sie nur noch um sich selbst. Das kann natürlich nicht gut gehen.

*

Heinrich Mann ist klar, dass seine Affäre mit Trude Hesterberg eher etwas Verzweifeltes hat. Er will sich wohl irgendwie befreien aus der zermürbenden Ehe mit seiner Frau Mimi. Die kämpft in den späten zwanziger Jahren für diese Ehe – und auf Kuren in Marienbad und Franzensbad gegen ihr Körpergewicht. Harry Graf Kessler sieht das mit den Augen der Kunst viel wohlwollender: Mimi Mann sei »recht appetitlich, ein etwas üppiger Renoir«. Aber die Affäre mit Trude Hesterberg gibt der Ehe von Mimi und Heinrich Mann den Rest, sie wird im Frühling 1930 gerichtlich geschieden. Wie so häufig ist da der offizielle Scheidungsgrund, also Trude Hesterberg, ebenfalls bereits überwunden. Heinrich Mann zieht nach Berlin, Mimi Mann bleibt mit der Tochter Leonie in München und schreibt ihrem Ex-Mann, nachdem die Rauchwolken des Scheidungskriegs verzogen sind: »Für mich bist du der Einzige, um den es sich zu leiden lohnt.« Doch da tröstet sich der 59-jährige Heinrich Mann bereits in Nizza mit Nelly Kröger, einer 32-jährigen Animierdame aus der Bar *Bajadere* in der Berliner Kleiststraße, mit der er im Frühjahr 1930 kurzerhand nach Südfrankreich gefahren ist (er fährt seit 1913 eigentlich immer mit seinen jeweiligen Frauen im Frühjahr nach Nizza, immer ins *Hôtel de Nice*, dasselbe Zimmer, ein Wiederholungszwang).

Heinrich Mann hat seit jeher einen fast sentimentalen Hang zum horizontalen Gewerbe, stets argwöhnisch kommentiert vom sittenstrengen Bruder Thomas. Er hatte Nelly Kröger im Trennungswirrwarr des Winters an einem Abend, als er besonders traurig war und die Enden seines dunkelblonden Spitzbartes besonders müde nach unten hingen, in der *Bajadere* kennengelernt. Und als sich die beiden anderen Damen aus seinem Leben verabschiedet hatten, da hat er ebendieses Verhältnis, wie er es nannte, »intensiviert«. In seinem Fall heißt das: Er kauft ihr Dessous, er zeichnet sie nackt, das liebt er schon immer. Aber irgendetwas ist diesmal anders. Nelly Kröger ist die erste Lebedame, mit der er wirklich leben will.

Mit Nelly Kröger also sieht er sich am 23. März 1930 in einem Kino an der Promenade des Anglais den *Blauen Engel* an. Eine Woche vor der offiziellen Premiere, der UFA-Produzent Erich Pommer war extra zum berühmten Autor gefahren, um ihm eine Spezialvorführung unter Palmen zu kredenzen. Heinrich Mann genießt den Aufwand, der seinetwegen betrieben wird. Heinrich Mann genießt auch die Brillanz des Films, denn auch er hat jetzt seine anrüchige »Lola Lola« gefunden – aber eben eine, die ihn nicht in den Wahnsinn treibt, sondern ihm die Hand hält und ihn bewundert. Es tut ihm so gut.

*

Am Abend des 31. März 1930 feiert *Der blaue Engel* im Gloria-Filmpalast in Berlin Premiere. Er zeigt den Triumph der Dekadenz über die letzten Reste der männlichen Würde. Marlene Dietrich zerstört als laszive Lola den redlichen Mann. Das Publikum tobt vor Begeisterung. Es ist also auch ein Triumph der Dietrich über die letzten Reste des Stummfilms. Die Zukunft beginnt und sie hat sie als Erste besungen. Noch in derselben Nacht besteigt Marlene Dietrich kaum zweihundert Meter weiter im Bahnhof Zoo den Nachtzug zur Küste. Sie wird sich in Bremerhaven nach Amerika einschiffen, sie will nach Hollywood. Nur ihr ausrangierter Geliebter Willi Forst bringt sie zur Bahn. Ihr redlicher Mann ist beruflich in München. Und er hat ihre Tochter und deren Kindermädchen mitgenommen. Zum Abschied ruft sie ihn noch einmal an, aus dem Bahnhofsrestaurant, sie versteht ihn kaum, so laut quietschen die einfahrenden Züge. Sie haucht noch »Adieu«, dann eilt sie zu ihrem Zug. Willi Forst trägt ihre Koffer, sie trägt das Lächeln einer Frau, die gewonnen hat. Am Bahnsteig erwartet sie ihre Berliner Haushälterin, die mit auf die lange Reise geht. Als Marlene Dietrich zaghaft aus dem Zugfenster winkt, hält sie noch die Rosen in der Hand, die sie gerade auf der Bühne des Gloria-Palastes überreicht bekommen hat. Auf die Passagierliste in Bremerhaven wird sie sich am nächsten Morgen so eintragen: »Marie (Marlene) Sieber-Dietrich, verheiratet, Schauspielerin aus Berlin«. Wenn sie in ihrer Kabine die Augen schließt und die Wellen gegen den Bug schlagen, dann hört sie in ihrem Innern die tosende Begeisterung der Menschen, die den *Blauen Engel* feiern. Im Traum fliegt sie los – zu Josef von Sternberg.

*

Als Victor Klemperer den *Blauen Engel* im Kino sieht, ist er hingerissen. »Dass der Inhalt ein melodramatischer Kitsch ist – claro. Aber Wirkung hat er. Marlene Dietrich fast noch besser als Jannings. Diese selbstverständliche Tönung, nicht gemein, nicht schlecht, nicht sentimental – unbewusst menschlich und verkommen: ›Es is lange her, dass man sich um mich jeprüjelt hat‹ – dieser eine Satz, ganz unpathetisch und doch ein bisschen dankbar. Darüber könnte ich Seiten schreiben.« Klemperer scheint zu ahnen, dass Dietrich mit diesem Satz im Film etwas ausspricht, was für ihr gesamtes weiteres Leben gelten wird: dass sich die Männer um sie prügeln. Für Klemperer selbst hingegen ist der Gang ins Kino mit seiner Frau Eva seltene Ausflucht und einziger Schutzraum. Von außen bedrohen sie die ersten antisemitischen Agitationen, von innen Evas Depressionen. »Die Tage schleppen sich hin, bisweilen ganz traurig, immer gedrückt. Ich habe Angst.« Nicht nur dokumentiert Klemperer in seinen Tagebüchern auf einzigartige Weise sein

Leben als jüdischer Protestant, der als Romanist an der Dresdner Universität deshalb immer stärker unter Druck gerät. Er erzählt darin auch, Tag für Tag, Woche für Woche, von seiner großen Liebe zu Eva, seiner Frau, und den Dämonen, die sie beschleichen. Und von seiner Hilflosigkeit: »Das Schlimmste sind die kleinen Spaziergänge. Völlig verdüstert, jedes Gespräch stockt oder nimmt eine Wendung ins Trostlose. Ich komme nicht mehr an Eva heran. Und alles Tröstenwollen wird von ihr nur mit Bitterkeit aufgenommen und logisch zerpflückt.«

*

Der 23-jährige Jean-Paul Sartre verlangt von der 21-jährigen Simone de Beauvoir nach ihren ersten gemeinsamen Nächten eine vollkommen neue Form der Ehe. Die Grundlage müsse die Freiheit sein – für beide Seiten, ob sie damit einverstanden sei? Sonst müsse er leider gehen, bei aller Liebe. Simone schluckt etwas, ganz so schnell kann sie sich von ihren Mädchenträumen nicht verabschieden, vor zwei Monaten in den Wiesen von Limoges, da hat es nicht ganz so modern geklungen, aber gut. Sie liebt diesen Mann, und ihn gibt es offenbar nur zu diesen Bedingungen. Er sei nun mal, so sagt er ihr ruhig, ein Genie. Und um dies voll zur Entfaltung zu bringen, brauche er die Möglichkeit, eine freie Sexualität zu leben. Zur Stimulierung seiner Kreativität. Er wolle mit 23 Jahren nicht für den Rest seines Lebens auf Affären verzichten. Während Sartre seine Freiheit verteidigt, weiß de Beauvoir so kurz nach ihrer ersten echten Liebesnacht noch gar nicht, wie ihre Freiheit aussehen könnte. Aber Sartre sagt: »Ich schenke Ihnen lebenslange Freiheit, Simone, das ist das schönste Geschenk, das ich Ihnen machen kann.« Offenbar befindet die solchermaßen Geehrte, dass man einem geschenkten Gaul nicht ins Maul schauen sollte. Und so akzeptiert sie daraufhin auch Sartres weitere Bedingungen: völlige Transparenz, offener Austausch über alles, Gefühle, Affären, Sehnsüchte. Keine Kinder, denn die lenken nur ab und kosten Aufmerksamkeit und Zeit. Aber ansonsten müsse sich Simone keine Sorgen machen. Natürlich werde er immer nur sie lieben, ihre Liebe sei »erstrangig«. Sie sei die Basis ihres Paktes. Aber ob sie bitte akzeptieren würde, dass er sich nicht entschuldigen wolle, wenn er eine Affäre habe, eine »kontingente« Liebschaft? Ja? Simone de Beauvoir nickt kurz. Dann eilt Jean-Paul Sartre los, er muss den Zug erreichen, er leistet seinen zweijährigen Militärdienst in der Wetterstation der Kaserne in Saint-Cyr-sur-Mer. Er ist noch ganz verwirrt, dass de Beauvoir seine Bedingungen akzeptiert hat, und er versinkt darüber, wie er später gesteht, »in eine gewisse Melancholie«.

*

Walter Benjamin treibt die Scheidung von seiner Frau Dora voran, um seine Freundin Asja Lācis zu heiraten. Nie hat er, so gesteht er seinem Freund Gershom Scholem, die verwandelnde Kraft der Liebe so gespürt wie bei ihr, »so dass ich vieles in mir erstmals entdeckte«. Als die Ehe mit Dora am 27. März 1930 nach einem quälenden Rosenkrieg tatsächlich offiziell geschieden wird, muss Benjamin leider realisieren, dass Asja Lācis bereits nach Moskau zurückgekehrt ist. Sie hat es wohl nicht ganz so ernst gemeint. Und trennt sich von dem Mann, der nach der Scheidung gar kein Vermögen mehr hat, weil alles, was seine Frau eingebracht hatte, auch an sie zurückgeht. So muss also Walter Benjamin erneut einen neuen Mann in sich entdecken: den Verlassenen.

*

Im Frühjahr 1930 bricht Zelda Fitzgerald vollends zusammen. Nachdem F. Scott Fitzgerald sie am Morgen des 23. April in die Pariser Nervenklinik mit dem traurigen Namen *Malmaison* gebracht und den Doktoren dort ein schreiendes, um sich schlagendes Nervenbündel übergeben hat, das sagt, es könne nicht in die Klinik, weil es sonst die Ballettstunden verpasse, fährt er mit dem Wagen zurück, verstört und erleichtert. Als er wieder in der Wohnung in der Rue Pergoles 10 ankommt, liest er weiter im zweiten Band von Oswald

Spenglers *Untergang des Abendlandes*. Er schreibt an Hemingway: »Nichts ist annähernd so gut wie dieses Buch.« Dann sucht er die Küche ab nach einer Flasche Gin. Sein Gesicht verändert sich mit jedem Drink, die Haut spannt, ab dem zweiten Glas gleicht es einer Totenmaske. Nach der zweiten Flasche einer Mumie.

*

Noch einmal fährt Lisa Matthias mit Kurt Tucholsky nach Schweden. Doch diesmal ist aller Zauber verflogen, der sie vor einem Jahr in den Norden trieb. Sie ist ernüchtert von seinen ständigen Affären, erschöpft von seiner nicht enden wollenden Ehe mit Mary in Paris. Doch sie hat versprochen, ihm noch einmal ein Haus einzurichten. Sie finden eines zur Miete in Hindås, es ist blau, es ist schön, und neun Kiefern stehen traut um es herum und scheinen es zu behüten. Sie kaufen Möbel in Göteborg, sie richtet es ihm ein wenig ein, aber sie denkt nicht daran, es ihm so heimelig zu machen, wie sie es könnte. Die Atmosphäre zwischen beiden ist so kühl wie der schwedische März. Nur sehr gelegentliche Aufheiterungen. Da legt ihr Kurt Tucholsky ein neues Gedicht von Erich Kästner auf den neuen Tisch aus Göteborg, es heißt »Familiäre Stanzen«, es ist ganz frisch:

Wenn sich Leute, die sich lieben, hassen,
tun sie das auf unerhörte Art.
Noch in allem, was sie unterlassen,
bleibt ihr Hass aufs sorglichste gewahrt.
…

Und sie mustern sich wie bei Duellen.
Beide kennen die Anatomie
ihrer Herzen und die schwachen Stellen.
…

Aber plötzlich ist ihr Hass verschwunden.
Krank und müde blicken sie sich an.
…

Und sie spielen wieder Frau und Mann.
Denn die Liebe wird nach solchen Stunden
endlich wieder angenehm empfunden.

Lisa Matthias aber lässt sich nicht noch einmal erweichen, die Liebe nach solchen Stunden als angenehm zu empfinden. Sie fährt zurück – in den Süden, in ihr geliebtes Lugano, und schreibt an ihre Freundin Käthe: »Mit Tucho sieht die Sache dünn aus. Ich halte nicht durch. Seemannsweib geht mit mir nicht.« Als sie gefahren ist, beginnt Tucholsky, Schwedisch zu lernen mit Gertrude Meyer, der Tochter einer Schwedin aus dem nächsten Dorf. Schon im Mai fährt er mit ihr und nicht mit Lisa Matthias nach England in den Urlaub.

*

Sehr kompliziert ist für Ludwig Wittgenstein eigentlich nur die Liebe. Alles andere versteht er. Aber Marguerite Respinger, eine junge, lebensfrohe Studentin der Wiener Kunstakademie und Freundin seiner Schwester Margarethe, bringt ihn um den Verstand. Er ist verliebt, will sie küssen, aber hat panische Angst davor, sich durch seine aufkommende Erregung innerlich zu verschmutzen. Er modelliert eine Büste von ihr und schenkt sie seinen Eltern. Fast täglich schreibt er ihr. Nachdem er zum Geburtstag Taschentücher von ihr bekommen hat, schreibt Wittgenstein am 26. April 1930 in sein Tagebuch in Cambridge: »Von allen Menschen, die jetzt leben, würde mich ihr Verlust am schwersten treffen, das will ich nicht frivol sagen, denn ich liebe sie oder hoffe, dass ich sie liebe.« Leider ist Wittgenstein besessen davon, ein Ideal der Reinheit zu erhalten. Die Ehe, die er sich vorstellt, solle ohne Sexualität sein, erklärt er ihr, auf jeden Fall ohne Kinder, denn sie sei ein Heiligtum. Marguerite schaut ihn ratlos an. Und auch er selbst hadert mit seinem großen Ideal. So notiert er am 2. Mai: »Wäre ich anständiger, so wäre auch meine Liebe zu ihr anständiger.« Am 9. Mai schreibt er auf, dass er ganz offenbar verliebt sei, wenngleich die Lage leider »hoffnungslos sei«. Er ist hin und her gerissen zwischen der Sehnsucht nach ihren Küssen und der Angst vor der ihn bedrohenden geschlechtlichen Sinnlichkeit, die dann jedes Mal in ihm aufsteigt, ohne dass er es verhindern kann. Er überlegt, wie man eine Ehe leben könnte, die das Gebot der Keuschheit befolgt. Aber das bleibt ein logisches Problem, das selbst Wittgenstein nicht lösen kann.

*

Die Liebe wird, wie jede Utopie, immer größer, je länger man auf sie wartet.

*

Ninon Dolbin, geborene Ausländer, genannt »die Ausländerin«, wartet weiter auf die Einreisegenehmigung ins Herz Hermann Hesses. Es gibt da zwei Probleme. Erstens versteht sie sich weiter sehr gut mit ihrem Ex-Mann, dem Bühnenbildner und Zeichner Alfred Dolbin, von dem sie streng genommen noch gar nicht geschieden ist und mit dem sie ziemlich gerne ihre Zeit verbringt in Berlin und in Südfrankreich (auch um sich von Hesses Launen und Lamentos zu erholen). Und zweitens will Hermann Hesse sie nicht so richtig an sich ranlassen. Ninon, die sehnsüchtige Jüdin aus Czernowitz, aus dem letzten Zipfel des Habsburgerreiches, verehrt ihn seit über zwanzig Jahren und schreibt ihm seit 1914, da war sie gerade vierzehn Jahre alt, also im besten Hesse-Lesealter. Sie betet ihn an, er ist für sie wahlweise Zeus oder der Heilige Franziskus, auf jeden Fall ihr Herr und Gebieter. Nach der ersten Liebesnacht erklärt sie feierlich: »Ich kann dich nicht beim Namen nennen, wie die Juden das Wort Jehova nicht sagen dürfen.« Und nach der zweiten: »Als dein Kopf in meinem Schoß lag, war mir, als hielte ich den Gekreuzigten.« Darunter macht sie es nicht.

Hesse ist diese Vergötterung ein bisschen viel. Auch wenn er es mag, dass sie ihn in seinem Leiden so bergend in den Arm nimmt. Seine Liebe zu Ninon ist genauso verwirrend wie die Sätze seines Buches *Narziß und Goldmund* – da gibt es meist diese ein bisschen zu feierliche und zu betuliche Prosa –, doch dann, wenn Narziß von der Liebe redet, gelingen Hesse Sätze über Empfindungen, die so pur sind in ihrer Uneindeutigkeit, dass sie einem plötzlich direkt ins Herz gehen. Aus so einer ehrlichen Unklarheit heraus lässt Hermann Hesse dann offenbar auch Ninon am Ende einziehen in sein Steinhaus in Montagnola im Tessin – aber nur unten in die dunkle Parterrewohnung in der *Casa Camuzzi*, an deren Wänden der Schimmel sprießt. Er wohnt oben im sonnendurchfluteten rechten Flügel mit dem weiten,

weiten Blick über den Luganer See und auf die Berge, in der ständigen Hoffnung auf den kalten Rausch losbrechender Kreativität. Gerade hat er den *Steppenwolf* veröffentlicht, dieses unbarmherzige und seelenaufwühlende Bekenntnisbuch. Es hat ihn selbst und seinen Körper so aufgewühlt, dass er ständig krank ist, wehleidig, erstmals sein Alter spürt und sich ganz in sein Montagnola zurückgezogen hat – und der armen Ninon aus dem klammen Untergeschoss nur gelegentlich Zugang gewährt. Wenn er etwas von ihr will (und er will ziemlich viel), dann platziert er auf dem kleinen Tisch zwischen beiden Stockwerken einen »Hausbrief«. Meist sind es schnöde Anweisungen, Wünsche um Abstand, Essensbestellungen. Wenn sie seiner Meinung nach zu übergriffig gewesen ist, dann erfährt sie brieflich, dass sie nur den Status eines »Gastes« habe und nicht mehr. Man kommuniziert also in diesem Haushalt wie in einem Trappistenkloster. Ja, dieser scheinbar so friedliebende, sanftmütige Autor mit Strohhut und sonnengegerbter Haut ist tatsächlich ein ziemlicher Neurotiker, wenn er sich bedrängt fühlt (und das fühlt er sich eigentlich immer). Selten, wenn er gute Laune hat (und die hat er eigentlich nie), dann malt er auf die Hausbriefe sogar ein Vögelchen drauf oder aquarelliert einen Baum in seinem warmen Kinderbuchstil. Noch seltener indes lädt Hesse die schöne, sanfte Ninon in sein Schlafgemach ein. Denn er hat panische Angst, noch einmal ein Kind zu zeugen. Er weiß, wie sehr Ninon sich danach sehnt. Darum hat er sich, bevor sie bei ihm eingezogen ist, in Berlin sterilisieren lassen, ihr aber nichts davon erzählt. Auch nicht von seiner zweiten Vorsichtsmaßnahme: Er bittet seinen besten Freund, den Psychoanalytiker Josef Lang, ein Horoskop von Ninon zu erstellen.

*

Am 11. Mai 1930 darf Zelda Fitzgerald die Nervenklinik *Malmaison* verlassen, weil sie den Ärzten glaubhaft machen kann, dass ihre Ballettlehrerin sie so sehr vermisst und nicht ohne sie leben kann. Sie fährt tatsächlich direkt zu ihr, redet aber so wirres Zeug und umarmt sie vor allen anderen Tänzerinnen, dass Madame Egorova sie umgehend nach Hause schickt. Völlig aufgelöst versucht sie das erste Mal sich umzubringen. Scott Fitzgerald sucht panisch nach einer Lösung für seine Frau, die vollkommen von Sinnen ist. Er findet sie in der französischen Schweiz, in der Klinik *Les Rives de Prangins* in Nyon bei Genf, einer Nobelklinik, deren Buchsbäume so geschnitten sind wie die im Park von Versailles. Als Zelda ihr Zimmer bezieht, stellt sie auf den Nachttisch kein Foto ihres Gatten oder ihrer Tochter, sondern eines ihrer Tanzlehrerin. Der behandelnde Arzt Oscar Forel diagnostiziert sehr schnell: Schizophrenie.

Das werde dauern, sagt Doktor Forel zu Fitzgerald, ob er in der Zeit nicht vielleicht gleich eine Entziehungskur machen wolle, um vom Alkohol loszukommen? Ich weiß nicht, wovon Sie reden, sagt da F. Scott Fitzgerald entrüstet, geht auf sein Hotelzimmer und trinkt einen doppelten Whiskey.

Fitzgerald darf seine Frau am Anfang nur alle vierzehn Tage sehen, deshalb zieht er durch die Luxushotels von Glion, Vevey, Caux, Lausanne und Genf. Sie schreibt ihm vom Krankenbett: »Unsere Divergenzen sind, das wirst du einsehen, zu groß. Es hat nicht den geringsten Zweck mit uns. Du kannst also unverzüglich tun, was man eben tut, um die Scheidung einzureichen.« Da ist es noch Frühling. Dann wird es Sommer, und die Schwalben fliegen tief, und es wird Herbst, und die Platanen werfen ihre gelben Blätter ab, und es wird Winter, und der Wind kommt von den Bergen her. Scott Fitzgerald reicht keine Scheidung ein, sondern schickt seiner Gattin aus dem Hotel alle zwei Tage einen Rosenstrauß. Hier, in diesem unheilvollen Zustand, in bräsigen Hotels mit Teppichböden, die die Schritte und die Tränen verschlucken, hier, mit sehr teurem und schlechtem Gin, finanziell am Ende wegen der Kosten für die Zimmer und für die Klinik, körperlich am Ende wegen der ungeheuren Mengen an Alkohol, die er ab dreizehn Uhr zu sich nimmt, hier also, versunken in Angst, gefangen an den Gestaden des Genfer Sees, schreibt Scott

Fitzgerald im Sommer und Herbst 1930 einige seiner größten Erzählungen: *Wie Du mir*, *Stürmische Überfahrt* und *Wiedersehen mit Babylon*. Genau hier findet er diesen einmaligen Ton seiner dreißiger Jahre, so schmerzhaft wie süß. Zelda bekommt in der Klinik alles, was damals an Medikamenten denkbar war – also Morphium, Belladonna, Barbiturate, gegen ihr Ekzem wird sie eingewickelt, sie lässt alles geschehen und lächelt wie von einem anderen Stern. Wenn sie sich doch einmal wehrt und durchdreht, dann wird sie tagelang mit Spritzen ruhiggestellt.

Zelda schreibt ihrem Mann: »Ich habe große Angst, dass du entsetzt sein wirst, wenn du kommst und merkst, dass nichts mehr übrig geblieben ist außer Unordnung und Leere.« Da weiß sie noch nicht, dass Fitzgerald diese Unordnung und diese Leere bald in Weltliteratur verwandeln wird.

*

Und wie reagiert Paul Éluard, der gehörnte Ehemann Galas, auf ihre Obsession mit Salvador Dalí? Durchaus ungewöhnlich. Er lässt seine Gattin und ihren Gefährten sogar in der Wohnung in Montmartre leben, die er eigentlich für sich und Gala eingerichtet und gekauft hat. Und manchmal geht Gala auch noch mit Paul Éluard ins Bett, um nicht ganz an der verqueren Sexualität Dalís zu verhungern. Éluard schreibt ihr nach Cadaqués in ihr kleines Steinhaus am Wasser: »Liebe mich, wenn du Lust darauf hast, nutze deine Freiheit aus.« Und als er nach und nach merkt, dass er seine Angebetete tatsächlich an Dalí verloren hat, da schreibt er ihr, dass er sich nachts, wenn er einsam sei, mit großer Lust ihre Aktfotos anschaue. Er müsse ja nun wohl, so sagt er, das »Leben eines Besiegten« führen.

*

Am 17. April heiratet Pamela Wedekind also Carl Sternheim. Der ist guter Dinge, denn sein Schnurrbart ist wieder komplett nachgewachsen und erstrahlt noch in dunkelbrauner Pracht, der Blick ist ein wenig irr, aber er kann im richtigen Moment »ja« sagen. Die Trauung muss unbedingt im Standesamt in Berlin-Moabit stattfinden, das war Pamelas Wunsch, schließlich hatten genau hier im Jahre 1906 ihr geliebter Vater Frank und ihre Mutter geheiratet. Nach der Trauung trifft man sich im Restaurant des Hotels *Eden* – also dort, wo Billy Wilder als Eintänzer aktiv war, auf der Dachterrasse Marlene Dietrich Golf spielt und an der Bar Josephine Baker vor ihren Auftritten Kartoffelsalat isst. Es ist eine kleine Runde, die sich zu dieser seltsamen Hochzeitsfeier eines geistig verwirrten Dramatikers (was für ein passender Beruf!) und seiner jungen Frau versammelt hat. Gottfried Benn hat unterdessen sein Amt als behandelnder Arzt von Carl niedergelegt, weder er noch Pamela Wedekind seien »noch ganz zurechnungsfähig. Man kann nichts anderes tun, als die beiden ihrem Schicksal zu überlassen.« So in etwa denkt auch Klaus Mann, Pamelas früherer Verlobter. Er kommt nicht zur Heirat – und schickt stattdessen via *Literarische Welt* seine »Nicht gehaltene Rede beim Hochzeitsessen einer Freundin«. Noch immer hat er nicht verwunden, dass sie ihn verschmäht hat. Seine ungehaltene Rede ist ein ganz besonderer Versuch, die Lage der Liebe um 1930 in Worte zu fassen: »Dieses Heiraten ist ja wie eine Epidemie unter uns. Die Ehe ist unser pathetischer Versuch, eine Einsamkeit zu überwinden, von der wir wissen, dass sie endgültig ist. All diese Ehen haben weder mit dem Geld noch mit dem Sexus zu tun. Ich muss aussprechen, dass es Liebesehen sind. Liebe ist der Versuch des Menschen, seine unüberwindliche Einsamkeit zu überwinden. Der Versuch, auf den du dich einlässt, ist ernst und schön – einen besseren Glückwunsch finde ich nicht. Ich mag dir nicht prophezeien, dass er gut ausgehen wird. Ich könnte auf deiner nächsten Hochzeit keine anderen Worte finden als heute – sogar dann nicht, wenn es unsere Hochzeit sein sollte.« Klaus Mann und Pamela Wedekind werden nicht nur nie heiraten, nein, sie werden sich auch niemals wiedersehen nach diesem Gruß.

Tilly Wedekind, die Brautmutter, hat während ihres Leidens an den Heiratsplänen ihrer Tochter mit Gottfried Benn zu telefonieren begonnen, weil sie wusste, dass er ihren künftigen Schwiegersohn ärztlich behandelt hat. Und schon beim ersten Mal hat sie, als sie seine Stimme hört, das Gefühl, sie würde »gestreichelt und hypnotisiert«. Wenige Tage nach der Hochzeit soll das in die Tat umgesetzt werden. Wedekind und Benn, beide geboren im warmen Frühling des Jahres 1886, treffen sich also das erste Mal allein. Tilly Wedekind zieht ein schwarzes Nachmittagskleid mit Mantel an – dass das Modell »Lustige Witwe« heißt, amüsiert sie sehr. Um Punkt acht Uhr hört sie das Klingeln und das Rascheln des Blumenpapiers, das Benn umständlich zusammenknüllt. Dann steht er in der Tür, den Nelkenstrauß in der Hand. Die medizinische Betreuung des Schwiegersohnes hat er niedergelegt. Nun will er sich um das körperliche Befinden der Brautmutter kümmern.

Sie öffnet die Tür und sieht: »Ein fast weicher Mund und traurige Augen. Er hat einen seltsamen Blick, so weit weg, so tief, so traurig.« Sie lässt ihn ein, und die beiden setzen sich. Benn erzählt von Lili Breda, seiner Freundin, die sich umgebracht hat – was für ein geschmackvolles Entrée für den ersten Abend mit der Frau, die einen begehrt. Abwehrzauber. Doch Tilly Wedekind kannte Lili Breda tatsächlich, und zwar en detail – sie war es, die bei der Münchner Uraufführung des Stückes *Franziska* ihres Gatten Frank

Wedekind einst nackt aus einem Brunnen gestiegen war. So also schließt sich nun der Kreis. Da ruft Pamela an und fragt ihre Mutter, ob sie heute Abend bei ihr übernachten dürfe, Carl sei etwas außer sich. »Gerne, mein Kind«, sagt Tilly, und Gottfried Benn packt schnell seine Sachen und geht.

Aber Benn lädt Tilly Wedekind dann am 24. April 1930 ins Theater und anschließend zu sich nach Hause ein, in die Praxiswohnung in der Belle-Alliance-Straße. Und statt sich auszuziehen, zieht er sich an: Sie habe, so sagt Benn, doch sicher nichts dagegen, wenn er den Arztkittel überziehe, das sei er so gewöhnt und er fühle sich darin wohler. Darauf Tilly Wedekind: »Ich dachte mir, so, nun wird er mich schlachten.« Er hat seine pathologischen Erfahrungen ja genüsslich besungen in seinen Gedichten der *Morgue,* und sie hat es mit wohligem Schauer gelesen, damals, vor dem großen Krieg. Aber diesmal hat er Appetit auf lebendiges Fleisch. Dr. med. Gottfried Benn fragt, in die Sicherheit des Arztkittels gehüllt und während er einen Teller mit belegten Brötchen und zwei Gläser Sekt hineinträgt, ob ihre Haare im Nacken rasiert seien – dann fährt er sanft mit seiner Hand darüber.

Damit ist das Personal beisammen für Benns seltsamstes Theaterstück. Der Regisseur Benn inszeniert eine robuste Ménage-à-trois – denn parallel zu Tilly Wedekind pflegt er weiterhin eine ausgiebige Beziehung zu Elinor Büller, der engsten Freundin seiner ehemaligen Geliebten Lili Breda. Es beginnt ein neunjähriges Doppelleben, ohne dass die beiden Frauen je voneinander erfahren. Sie sind seine »himmlische« (Elinor) und seine »irdische Liebe« (Tilly), zwei ehemalige Schauspielerinnen, fast gleich alt, immer korrekt gekleidet, die Seele stets entflammbar durch neue zarte Verse von seiner Hand. Und falls ihn einmal doch beide Frauen gleichzeitig besuchen wollen, dann kann er immer der einen der beiden sagen, dass er als Dichter einfach manchmal dringend seine Einsamkeit brauche, sonst versiege seine schöpferische Kraft. Das würde sie doch sicherlich verstehen.

*

»Die Sexualität«, so schreibt der alte Freud in diesen Tagen, »gehört zu den gefährlichsten Betätigungen des Individuums.«

*

Henry Miller ist inzwischen in Paris angekommen aus New York, ohne seine Frau June, die dort geblieben ist, er ist völlig verarmt, er versucht tagsüber ein paar Francs zu verdienen, aber nachts muss er sich einen Schlafplatz erschnorren und morgens einen Kaffee. Er hat beschlossen, hier, genau an diesem Ort, ein berühmter Schriftsteller zu werden, er hackt und hackt immer neue Buchstaben in seine Maschine, aber es wird einfach kein Text daraus, der ihn befriedigt. Noch sitzt der Schmerz zu tief, als dass sein Buch über den Schriftsteller, dessen Frau ihn mit einer anderen Frau betrügt, wirklich Literatur werden könnte, noch ist es nur Traumabewältigung. Er merkt, dass ihn alles erdrückt, die Stadt, die Hitze, seine eigenen Erwartungen: »Montparnasse«, so schreibt er, »ist ein trauriger Ort. Trotz der Geilheit und der Trunkenheit sind diese Menschen in Wahrheit unglücklich.« Er treibt umher, bringt jeden Franc, den er ergattern kann, direkt zu den Huren, hängt im *Le Select* herum, in der *Rotonde*, immer auf einen amerikanischen Bekannten wartend, der ihm die Drinks bezahlen kann. Er nimmt jede Frau, jede Flasche, jedes Bett, das er bekommt. Henry Miller ist vierzig Jahre alt und eigentlich am Ende. Irgendwann hat er auch seinen Roman fertig, am 24. August 1931. Als seine Frau June, die aus New York angereist ist, das Manuskript liest, ist sie entsetzt: »Du siehst die Dinge nur auf deine enge männliche Art, du machst aus allem eine Frage des Sex. Und darum geht es überhaupt nicht, es geht um etwas Seltenes und Schönes.«

Auch der Autor selbst erscheint June unschön nach seinen Monaten der Verwahrlosung. Abgemagert, fast kahl, ohne jedes Feuer. Sie hätte ihn gerne, so sagt sie, »spritziger, jünger, romantischer«.

Am 25. August 1931 beginnt Henry Miller daraufhin ein neues spritziges, junges, romantisches Buch. Er spannt das erste Blatt Papier ein, zieht an seiner Zigarette und tippt: »Wendekreis des Krebses. Von Henry Miller«. Was das nun wieder sein soll, so fragt ihn June. Darauf Henry Miller: »Das Buch über Paris: in der ersten Person, unzensiert, formlos – zum Teufel mit allem!«

*

Unten der weiche Sand, oben die hohen Kronen der Kiefern, in der Nase der reife Geruch der Blaubeeren und im Ohr die Wellen, die an den Strand schlagen, wieder und wieder, wieder und wieder. Der warme Wind kommt von Westen. Später einmal werden alle in dieser so großen wie merkwürdigen Familie Mann sagen, dass sie glücklich waren in diesem Sommer des Jahres 1930 ganz oben am nordöstlichsten Zipfel des Memellandes, in Nidden, an der Kurischen Nehrung, wo sich der Schriftsteller mit dem Geld des frischen Nobelpreises ein Haus in den hellen Sand gebaut hat. Es thront auf einer hohen Düne zwischen dem preußischblauen Wasser des Haffs und dem klirrenden Grün der Ostsee, darüber spannen sich ungeheure Himmel mit Wolkengebirgen, das Licht tobt sich hier aus, an dieser fließenden Passage zwischen Festland und Brandung, zwischen Zivilisation und Natur.

Abends geht die ganze Familie hinauf auf den

höchsten Punkt der Düne, um der Sonne beim Untergehen zuzuschauen. »Da kann man ja eigentlich nur Hosianna rufen«, bemerkt dann Katia Mann, auch sie hat, als ordentliches Mitglied der Familie Mann, gelernt, ihre Gefühle hinter Ironie zu verstecken.

Und auch »Urlaub« wird in Anführungszeichen gesetzt. Thomas Mann hat seiner Frau früh erklärt, dass er sich auf »beschäftigungslose Erholung nicht verstehe«. Und das hat sie akzeptiert. Im Freien kann er nicht arbeiten, sagt er, er brauche ein Dach über dem Kopf, »damit der Gedanke nicht träumerisch evaporiert«. Ja, so redet Thomas Mann wirklich. Selbst bei dreißig Grad im Schatten. Er sagt also zur Wahl Niddens: Dort sollen künftig die »Sommerferien unserer Schulpflichtigen« verbracht werden, als »Gegengewicht gleichsam zu unserer süddeutschen Ansässigkeit«. Süddeutsche Ansässigkeit! Noch nicht einmal der stürmische Wind kann Thomas Mann also die Nominalkonstruktionen aus dem Kopf blasen.

Die Manns sind im vorigen Jahr zum ersten Mal hier oben im Urlaub gewesen und haben dieses Grundstück gefunden auf der Anhöhe mit Blick auf das Haff und unter den hohen Kiefern des Nordens. Ein Jahr Bauzeit, dann stand es empfangsbereit da, jenes »Sommerhaus Thomas Mann«, wie es auf den Plänen heißt. Nidden war natürlich nicht praktisch bei süddeutscher Ansässigkeit, eintausend Kilometer und zwei Tagesreisen entfernt, erst ewig mit dem

Nachtzug nach Berlin, in der nächsten Nacht dann weiter nach Königsberg, dann Umsteigen in die Eisenbahn, schließlich mit dem Dampfer nach Nidden übers Haff. Ein irrsinniger Trip mit all den Kindern und all den Koffern. Am 16. Juli kommen sie an, sie sind direkt nach Ferienbeginn der beiden Jüngsten, der zwölfjährigen Elisabeth und dem elfjährigen Michael, zum Bahnhof gegangen. Das ganze Dorf steht am Anleger des Dampfers, um die prominenten neuen Bewohner zu begrüßen. Thomas Mann im hellen beigen Mantel über dem Dreiteiler findet das etwas anstrengend, Katia, seine Frau, hingegen durchaus angemessen. Das Ehebett der Manns ist außerhalb der Zeugungen der sechs Kinder eine verkehrsberuhigte Zone, deshalb freut sie sich über aushäusige Aufmerksamkeiten umso mehr. Und seien es winkende Niddener Fischersfrauen. Aber auch Katia Mann zeigt kaum eine Regung, als sie an Land gehen. Alle waren sich in der Familie Mann, ohne es je auszusprechen, darüber einig, dass der kleinste Gefühlsausdruck stets der beste sei.

*

Als Erich Maria Remarque einst die blendend schöne Ilse Jutta Zambona heiratete, musste er erst einmal nachrechnen. Ergebnis: Sie ist ein Viertel deutsch, ein Viertel italienisch, ein Viertel exzentrisch und ein

Viertel melancholisch. Sie hat sich für ihn von einem Tabakfabrikanten scheiden lassen, und nun beziehen die beiden eine gemeinsame Wohnung auf dem Hohenzollerndamm in Berlin. Von Liebe spricht er nicht, als er seiner Schwester von seiner Heirat berichtet. Sondern: »Ich will einen Menschen glücklich zu machen versuchen – einen andern, da ich es selbst nicht werden kann.« Wir Heutigen, psychologisch geschult, würden spätestens hier wissen, dass das Ganze nichts werden kann. Das Paar will keine Kinder, nur Hunde. Sie kaufen sich Billy, einen Irish Setter. Der taugt allerdings weder als Wachhund noch um die Schäfchen zusammenzuhalten, denn bald schon ziehen Erich Maria Remarque und Jutta Zambona getrennt durch die Cafés und Nachtclubs der Stadt auf der Suche nach neuen Eroberungen. Er mit Hut und elegantem Spazierstock, sie in Kostüm und hochhackigen Schuhen, der Kleidung einer Sphinx. Jutta beginnt eine Affäre mit dem Drehbuchautor Franz Schulz, der gerade an *Die Drei von der Tankstelle* schreibt. Diese Ménage-à-trois ist allerdings wesentlich erfolgreicher als die zwischen Jutta Zambona, Remarque und Franz Schulz. Durchs geöffnete Schlafzimmerfenster überfällt Remarque Jutta und Franz einmal nachts in dessen Wohnung und verprügelt den Nebenbuhler so fürchterlich, dass der eine Woche mit blauem Auge und ausgekugelter Schulter zur UFA fahren muss – Billy Wilder hat es uns detailgenau überliefert.

Aber Remarque selbst beginnt daraufhin, gedemütigt durch Juttas Amouren und nach dem unbeschreiblichen Erfolg von *Im Westen nichts Neues* eher öffentlichkeitsscheu geworden, eine Affäre mit seiner Agentin und Managerin Brigitte Neuner. Die regelt den Zugang der Öffentlichkeit zu ihrem Mandanten – und ihren eigenen zu seinem Schlafgemach. Sie ist selbst in den letzten Zügen einer Ehe, und dank dieses Gleichgewichts der Kräfte funktioniert das zwischen den beiden als gelegentliche Liebschaft hervorragend, also kreislaufbelebend, magenschonend und diskret. Am 4. Januar 1930 dann wird die Ehe zwischen Erich Maria Remarque und Jutta Zambona im gegenseitigen Einverständnis wieder geschieden. Aber eigentlich geht es danach recht fröhlich weiter. Nach der offiziellen Scheidung fahren die beiden erst mal zusammen nach Davos zum Skifahren. Remarque reist anschließend allein weiter durch Europa, auf der Flucht vor dem Ruhm und vor sich selbst. Immer weiter an seinem Manuskript schreibend, das ja passenderweise den Titel *Der Weg zurück* tragen soll. Bald meldet er aus dem Seebad Heringsdorf an seine Agentin Brigitte, dass achtzig Seiten des neuen Buches fertig seien und: »Du fehlst mir – komisch, was? Ziemlich sehr sogar.« So unvertraut ist er mit seinen Gefühlen, so misstraut er der Sehnsucht, dass er sie nur formulieren kann, wenn er von der Komik erzählt, die sie in ihm hervorruft. Brigitte Neuner findet das schon bald weniger komisch. Denn sie wird abgelöst als erste Kurtisane am Hofe Erich Maria Remarques. Er hat nach der Rückkehr von seiner Reise im Salon von Betty Stern eine neue Herzensdame kennengelernt, Ruth Albu. Und die nunmehr geschiedene Gattin Jutta will von Remarque auch immer noch nicht lassen. Sie hofft: Es gibt immer einen Weg zurück. Ja, seit sie von Erich Maria Remarque geschieden ist, beginnt Jutta Zambona eigentlich erst so richtig, ihn zu lieben.

*

Kaum in Hollywood angekommen, dreht Marlene Dietrich gleich ihren ersten Film für die Paramount. Josef von Sternberg, der sie in Berlin zum *Blauen Engel* gemacht hat, ist längst bis über beide Ohren in sie verliebt. Er schreibt ihr das Drehbuch von *Marokko* auf den Leib und wacht zugleich eifersüchtig über ihr Triebleben. Sie sind glücklich miteinander, aber Marlene Dietrich vermisst Berlin und ihre Tochter. Sie reist zurück nach Europa. Frischt ihre alte Liebschaft mit Willi Forst auf. Geht mit ihrem Gatten und dem Kindermädchen und Maria in den Zoo. Spaziert mit Krawatte und Anzug abends in die Lesbenbars. Und ins *Romanische Café*. Nostalgietourismus also. Sie badet ein bisschen in Boheme, Buletten und Berliner Dialekt. Sie lernt Franz Hessel kennen, der sie für eine große Zeitung porträtieren will, sie singt Lieder ein, und als sie wieder genug Berlin in sich aufgesogen hat, wächst die Sehnsucht nach Hollywood und nach Josef von Sternberg – und sie steigt wieder in den Zug und aufs Schiff und fährt zurück nach Amerika. The show must go on.

*

Das schöne Grünheide in der Mark Brandenburg war, schon lange bevor sich hier Tesla niederließ, ein bevorzugter Ort der abgasfreien Fortbewegung. Gerhart Hauptmann hat hier seinen *Bahnwärter Thiel* angesiedelt. Ernst Rowohlt ist mit dem Rad um den See gefahren, wenn es ihm mit seinen Autoren wieder zu bunt wurde. Und der große Komponist Kurt Weill und die große Sängerin und Schauspielerin Lotte Lenya haben sich hier auf einem kleinen Ruderboot kennengelernt. Lenya ist nach reichlich verworrener Jugend in Wien vor den Alkoholattacken und Missbräuchen ihres Vaters über Zürich nach Berlin geflohen und hat Unterschlupf beim Dramatiker Georg Kaiser und seiner Familie gefunden. Der bittet sie nun eines schönen Tages, den Komponisten Kurt Weill vom Bahnhof abzuholen – und weil die Sonne so knallig scheint und sie darauf hofft, dass er zurückrudern würde, nimmt sie das Boot, um über den Peetzsee zur winzigen Station Fangschleuse zu fahren.

Sie erkennt ihn sofort – er sieht wie ein Professor aus, Nickelbrille, leicht zerzaustes, dünnes Haar, Bauchansatz, sehr freundlich und etwas orientierungslos. Die patente Lotte Lenya packt ihn ins Ruderboot – und merkt schnell, dass sie selbst rudern muss, falls sie vor Einbruch der Dämmerung am anderen Ende sein wollen. Denn Kurt Weill hört einfach nicht auf zu reden, von seinen Kompositionen, der Schönheit der Natur, dem Reiz der Stille. Lotte Lenya schaut ihn die ganze Zeit an – und als sie am anderen Ufer ankommen, ist es um beide geschehen. Es ist eigentlich schon am Bahnsteig klar gewesen, bei diesem allerersten Blick, der die eine Hundertstelsekunde zu lange in der Luft hängt – und die Augen verbindet wie ein kurzer, glühender Strahl. Dass man sich in sie verlieben muss, ist kein Wunder – dieses herrliche Gebiss mit der vorwitzigen Zahnlücke, diese pure Sinnlichkeit und vor allem: diese unerhörte Stimme, eine Oktave unter der Kehlkopfentzündung, die den Komponisten Kurt Weill sofort dahinschmelzen lässt. »Wenn ich mich nach dir sehne«, so schreibt er ihr schon bald, »so denke ich am meisten an den Klang deiner Stimme, den ich wie eine Naturkraft liebe.« Er fängt sofort an, Lieder für Lotte Lenya zu komponieren und wenig später ziehen sie in Berlin zusammen, heiraten, triumphieren dann gemeinsam in der *Dreigroschenoper*. Spätestens mit deren Verfilmung im Jahre 1930 wird auch Lotte Lenya ein umjubelter Star – bei der

Uraufführung im Theater hat man noch ihren Namen auf dem Ankündigungsplakat vergessen, sehr zum Ärger des Gatten. Doch schon bald wird die *Dreigroschenoper* unauflöslich verbunden mit ihr, Lotte Lenya, der »Seeräuber-Jenny«. Abends auf der Bühne singt sie ihre verruchten Lieder, danach kuschelt sie sich eng an ihren Komponisten in der neuen gemeinsamen Wohnung in der Bayernallee und schnurrt wie ein Kätzchen, das endlich seinen Platz am Ofen gefunden hat. Aber bald zieht sie auch schon wieder los, lässt sich durch die Nächte treiben, früh merkt Weill, dass er sie laufen lassen muss, damit sie wieder zu ihm zurückkommen kann.

*

Benn geht schweren Schrittes durch die Straßen. Obwohl für ihn die größten Katastrophen erst bevorstehen, läuft er schon jetzt, als trage er sie auf seinen Schultern, »trauerüberladen, untergangssicher«, so nennt er es selbst. Benn sagt von Rilke, den er den »unerreichbaren deutschen Meister« nennt, er habe den Vers geschrieben, den seine Generation nie vergessen wird: »Wer spricht von Siegen – Überstehn ist alles.«

*

Anfang Oktober 1930 treffen sich Ludwig Wittgenstein und Marguerite Respinger in der Schweiz. Sie sprechen über eine Heirat und küssen sich – aber dann weicht sie ihm aus und blickt finster zur Seite. Später wiederum weint sie und sagt ihm, wie er in seinem Tagebuch notiert, dass »sie überhaupt ihr Verhältnis zu mir nicht begreife«. Sie rudern in der Nähe von Basel über den Rhein, lassen sich zu einer schilfumrandeten Insel treiben und dort im Boot reden sie weiter. Eigentlich eine Idylle. Aber nach ein, zwei längeren Küssen schreckt Wittgenstein auf. Ihm bricht der Schweiß aus, wenn seine Hormone in Gang kommen. Sie rudern nach Basel zurück und er hält ihre Hand, sie ist verstockt und will ihm nicht noch einmal in die Augen sehen. Ludwig Wittgenstein, einer der klügsten Männer der Welt, versteht die selbige nicht mehr.

*

Charlotte Wolff schwamm früh in der Liebe. Der kleine Fluss vor den Mauern des Städtchens Riesenburg mit dem poetischen Namen war kalt, die Badeanzüge unbequem, doch wann immer die Sonne schien in den kurzen Sommern hier am Rande des großen Reiches, stieg sie hinein mit ihren Freundinnen. Wenn in ihrer Kindzeit am Anfang des Jahrhunderts der Kaiser vorbeikam, um in der Nähe beim Grafen Finck von

Finckenstein zu jagen, dann fuhr die ganze Familie im Landauer hinüber durch die ewigen Wälder, sog ihren modrigen Geruch am nebligen Morgen ein, eingehüllt in warme Decken, um dann einen kurzen, kostbaren Blick zu werfen auf Wilhelm II. in vollem Ornat. Er hob die Hand und nahm die Neugier und die Rufe seiner Untertanen durch das Gitter am Jagdschloss huldvoll entgegen. Sein Schnurrbart war damals noch schwarz. In Danzig dann, mit dreizehn, verliebte Charlotte sich in Ida, eine geheimnisvolle sechzehnjährige russische Jüdin, sie fuhr mit deren Familie nach Zoppot, nachts, als die Eltern schliefen, liebten sie sich das erste Mal, die Füße noch voller Sand, durchs geöffnete Fenster hörten sie das Rauschen des Meers. Beide hatten noch nie von Homosexualität gehört, sie hatten keine Vorbilder, sie fingen einfach an. Und die Eltern sagten nichts, lächelten morgens beim Kaffee, vielleicht aus Weisheit, vielleicht aus Naivität. Dann zeigte ihr Ida eines Tages ein Foto ihrer besten Freundin aus Odessa, Lisa, die jetzt in Berlin lebe, und Charlotte verliebte sich in das Foto, weil sie glaubte, Lisa sei die leibhaftige Verkörperung von Dostojewskis Nastassia Filippowna. Jeden Nachmittag, nach den Hausaufgaben, träumte sie sich aus ihrem Danziger Mädchenzimmer hinein in das Herz der unbekannten Lisa in Berlin. Irgendwann besuchte sie sie tatsächlich, mitten im tobenden Ersten Weltkrieg, eine elend lange Zugfahrt, unter dem Vorwand eines

Arztbesuches. In einer Pension in Charlottenburg verliebten sie sich ineinander, die Gedanken hatten eine Wirklichkeit erschaffen. Ein paar Jahre später dann, Charlotte war längst Studentin in Berlin, nach ihren Jahren bei Heidegger in Freiburg, besuchte wiederum die geheimnisvolle Lisa, längst in der Weite Russlands unglücklich verheiratet, Charlotte in Charlottenburg. Die Rollen haben sich gewandelt, die Liebe aber, die ist geblieben. Charlotte hält Lisas Hand. Ein wenig Glück. Viele Tränen. Dostojewski.

Doch: Es gibt ein Leben nach Dostojewski. Und eines nach Lisa. Nach ihrem Medizinstudium wird Charlotte Wolff Ärztin bei der Allgemeinen Krankenkasse und kümmert sich um Frauen in den armen Vierteln des Berliner Nordens, also Schwangerschaftsbetreuung, Fragen der Verhütung, bald schon: vor allem seelische Betreuung. Sie lebt mit Katherine zusammen, einer großen, schönen blonden Physiotherapeutin, in einer behaglichen bürgerlichen Wohnung in einem Neubau am Südwestkorso in Wilmersdorf. Nachmittags, nach Dienstschluss, schreibt Charlotte Wolff dort Gedichte voll subversiver Tiefe, die noch oft von ihrer Sehnsucht nach der mythischen Lisa handeln, Katherine steht im Nebenzimmer an der Staffelei und malt, wonach sich ihre Seele sehnt. Und abends, abends gehen sie dann gemeinsam aus. »Mich erregte Berlins erotisches Klima«, so schreibt Charlotte Wolff, »es gab mir das Gefühl, mit jeder

Faser meines Körpers zu leben.« Doch gerade die Sexualisierung des gesamten Lebens im Berlin um 1930 findet Charlotte Wolff eher verstörend. Sie liebt die Lesbenbars und sie liebt die Frauen, aber sie will der Körperlichkeit den »angemessenen Stellenwert innerhalb der Skala sinnlicher Gefühle« zurückgeben. Wenn man an die Gedichte von Bertolt Brecht oder Georg Trakl oder Alfred Lichtenstein denke, dann sehe man, »dass Sex an sich für Vorstellungskraft und Emotionen ein Todesurteil darstellt, während Erotik sie immer wieder neu entstehen lässt«. Ja, so sagt sie, es gehe darum, das Gehirn zu überschwemmen mit erotischen Bildern, das würde die Liebe anregen, das Verlangen und die Sehnsucht, die auch die wahren Substanzen der Poesie sind.

*

Noch ein Wort zu Charlotte Wolff, dieser jungen Ärztin und alten und weisen Seele. Sie hat etwas sehr Zartes und Wahres gesagt über die Liebe – und darüber, was mit Menschen geschieht, denen sie versagt bleibt. »Die Enttäuschung«, so schreibt sie, »bewirkt eine Verletzbarkeit, die sich auswirkt wie die Nacht auf bestimmte Pflanzen: Sie schließen ihre Blüten.«

*

Dietrich Bonhoeffer liebt Augustinus mehr als irgendeinen Menschen seiner Gegenwart. Der hat im vierten Jahrhundert in seinen *Bekenntnissen* geschrieben: »Unruhig ist unser Herz in uns, bis es Ruhe findet in Dir.« Bonhoeffer macht genau daraus eine Theorie der Gegenwart. »Unruhig, damit ist das Wort gefallen, auf das es ankommt«, ruft Bonhoeffer seiner Gemeinde in Barcelona zu. »Unruhe, das ist das Kennzeichen, das den Menschen vom Tiere unterscheidet. Unruhe – das ist die Kraft, die Geschichte und Kultur schafft, Unruhe ist die Wurzel allen Geistes.« Und zwar die Unruhe, die aus der Suche kommt, »in Richtung auf das Ewige«. Doch ein wenig, das spürt man, ist es auch die Unruhe in Richtung auf das Ledige. Bonhoeffer ist da 23 Jahre alt. Außer Gott hat er noch niemanden wirklich geliebt. Aber Hermann Thumm, der junge Lehrer an der Deutschen Schule in Barcelona, gefällt ihm schon sehr. Sie gehen zum Stierkampf und, wann immer es möglich ist, zusammen in die Oper, ziehen dann weiter in die Bars und sind erst gegen halb vier im Bett, wie er mit gewissem Bekenntnisdrang seinen Eltern aus dem heißen Barcelona in den schattigen Grunewald meldet. Doch nach Bonhoeffers Rückkehr nach Deutschland, wo er sich in Windeseile habilitiert, hat sich Hermann Thumm auffallend schnell verlobt. Im April 1930 kehrt Bonhoeffer zu dessen Hochzeit nach Barcelona zurück, in welcher Stimmung, das ist unbekannt. Aber er ist gleich wieder betäubt vom

Duft des Flieders in der Stadt, den frischen Erdbeeren an jeder Straßenecke, und er genießt es, seinen neuen Sommeranzug anzuziehen, den er sich in Berlin hat schneidern lassen. Als Hermann Thumm zu einer anderen »ja« sagt und die Hochzeitsfeier dann vorüber ist, flieht Bonhoeffer für eine Woche allein an die katalanische Küste nach Tossa de Mar. Er müsse sich, schreibt er seinen Eltern, von den »Ereignissen der Hochzeit« erholen. Mit Wehmut reist er erster Klasse an die Küste, badet, isst Austern, trinkt Wein, geht spazieren, auch wenn über ihm die Wolken toben, er wird immer brauner und immer unruhiger, in welche Richtung soll es gehen? Er weiß es noch nicht. Dietrich Bonhoeffer oder: der Mönch am Meer.

*

Die Berliner Jahre um 1930, so wird der legendäre Tennisspieler Gottfried von Cramm später sagen, sind die schönsten seines Lebens. Ende 1930 bezieht Cramm mit seiner jungen Braut Lisa die erste gemeinsame Wohnung in der Dernburgstraße 35 im Berliner Westen. Tagsüber trainiert Gottfried eisern auf den Tennisplätzen von Rot-Weiß, dann geht er mit Lisa baden in den Seen des Westens und danach versinken sie in den Bars von Schöneberg und Charlottenburg, lassen sich treiben durch die Nacht – aber stets mit größter Eleganz. Beide beginnen früh außereheliche Verhältnisse, Lisa mit Gustav Jaenecke, dem Doppel-Partner ihres Gatten, und Gottfried unter anderem mit Manasse Herbst – in Berlin kann der Tennisbaron seine Bisexualität sehr viel freier ausleben als auf dem niedersächsischen Stammsitz. Mit Manasse Herbst ist Cramm in den einschlägigen Lokalen unterwegs, in der *Silhouette* in der Geisbergstraße vor allem, wo es auch Christopher Isherwood und Magnus Hirschfeld hinzieht. Neben Manasse trifft sich Cramm auch mit seinem Jugendfreund Jürgen Ernst von Wedel, jenem Mann, der einst die Braut besucht hat, um mit ihr gemeinsam von den Fotos mit dem athletischen Körper Cramms zu schwärmen. Lisa von Cramm sieht dem Treiben ihres Gatten indes mit Liebe und Nachsicht zu, nimmt sich dieselben Freiheiten, nicht nur mit Männern, auch mit Frauen, Ruth von Morgen und Marianne Breslauer gehören zu ihrem Kreis. Aber wer Briefe des Paares liest aus jenen Jahren, der kann nicht anders, als die Ehe der Cramms als glücklich zu bezeichnen. Noch interessieren sich die Nationalsozialisten nicht für den Lebenswandel und das Liebesleben des eleganten deutschen Tennisbarons.

*

Simone de Beauvoir leidet an der ständigen Abwesenheit von Jean-Paul Sartre mehr als er. Ihm geht es gut, wenn er sich geliebt fühlt, dann erfüllt er tagsüber seinen monotonen Dienst in der Militärkaserne und freut sich darauf, danach seine Pfeife anzuzünden und über große philosophische Fragen nachzudenken. Abends trifft er sich oft mit Simone de Beauvoir, sie fahren beide zwischen Paris und Saint-Cyr-sur-Mer und später der Kaserne in Tours hin und her, aber es ist meist zeitlich knapp, sie sind ständig auf Bahnsteigen in jener Zeit, wo sie sich begrüßen oder verabschieden. Ein ewiges Transitorium. Sie essen oft zusammen, aber sie schlafen kaum miteinander, weil sie nicht mit in die Kaserne kann, aber zu feige ist, tagsüber mit ihm ein Hotelzimmer zu mieten. Und zu ihrer eigenen Überraschung merkt Simone de Beauvoir, dass sie genau darunter besonders leidet: »Ich war gezwungen, eine Wahrheit einzugestehen, die ich seit meiner Jungmädchenzeit zu verschleiern gesucht hatte: meine Begierden waren stärker als mein Wille.« Und eigentlich hat sie ja in ihrem Pakt Sartre geschworen, ihm alles zu sagen, was sie bedrückt. Doch sie verschweigt ihm die ungestillte Lust. Ihr wird langsam klar, dass es gefährlich wird, dass sie an nichts anderes mehr denkt als an ihn, dass er für sie die Welt bedeutet, dass sie nur lesen will, was er liest, das hassen, was er hasst, und das lieben, was er liebt. Sie spürt, dass sie darüber den Menschen zu verlieren beginnt, der ihr am wichtigsten sein sollte: sich selbst.

*

Alma Mahler-Werfel schreibt am 28. November 1930 nach siebzehn Monaten Ehe über ihren Gatten Franz: »Soll er seinen Dreck allein machen. Warum habe ich geheiratet? Wahnsinn.« Dann geht sie runter in die Küche in Wien und holt sich eine zweite Flasche Kräuterlikör, die erste ist längst leer. Sie blickt auf das schöne Bildnis von ihr, das Oskar Kokoschka einst gemalt hat, 1913, als er so wunderbar besessen von ihr war. Sie liebt es, wenn die Männer verrückt nach ihr sind, das ist ihre Droge. Kokoschka hat ihr doch tatsächlich eine Karte geschrieben vor kurzem. Ob sie ihn nicht wieder einmal treffen sollte?

Wie einst Kokoschka, so treibt sie nun Werfel an zur Produktion von »Meisterwerken«. Werfel müsse ihr auf ewig dankbar sein, schreibt sie in ihren Tagebüchern, die von Alkoholphantasien und Antisemitismus überzuquellen beginnen: »Und wieder bin ich ihm Ansporn zu seiner Arbeit – durch mein freches, gesundes Ariertum. Eine dunkle Jüdin hätte schon längst ein Abstraktum aus ihm gemacht. Er hat diese Gefahr in sich.« Es bleibt die Frage, ob es für Werfels Seele hilfreich war, dass sie solch ein Konkretum aus ihm machte.

*

Im Dezember 1930 besucht Lisa Matthias ein letztes Mal Kurt Tucholsky in seinem schwedischen Haus in

Hindås. Er hat die Zeit in Schweden genutzt, um den rauschhaften ersten Sommer mit seinem »Lottchen« zu Literatur zu machen. Am Anfang hat Tucholsky einen scherzhaften Briefwechsel mit seinem Verleger Ernst Rowohlt eingebaut – der Verleger regt bei Tucholsky wieder eine »kleine sommerliche Liebesgeschichte« an wie *Rheinsberg*, doch der Autor antwortet ihm: »In der heutigen Zeit Liebe? Lieben Sie? Wer liebt denn heute noch?«

Als Lisa Matthias das liest auf dem roten Sofa in dem blauen Haus in Hindås, in jenem Schweden, wo sie ein Jahr zuvor noch geglaubt hat, ihre große Liebe gefunden zu haben, da muss sie schwer schlucken. Matthias ist ohnehin in keiner guten Stimmung. Sie hat gerade ihre Verliebtheit in Peter Suhrkamp in Berlin begraben, der eine andere geheiratet hat. Und sie hat überall in Tucholskys Haus Haarnadeln von Gertrude Meyer, seiner Sprachlehrerin gefunden. Es fällt ihr also schwer, sich auf diesen Roman über sich selbst zu konzentrieren. Doch was sie zu lesen bekommt, entsetzt sie: »Das also war das Buch unserer Liebe – eine Eiseskälte wehte mir entgegen. Hier war kein Quäntchen wirkliches Gefühl, keine Spur von Zärtlichkeit, keine Liebe. Es war mir, als ob ich in einen Abgrund stürzte.« Sie reist zwei Tage später ab. Auch ihre Liebe hat also die Literarisierung nicht überlebt. »In der heutigen Zeit Liebe? Wer liebt denn heute noch?« – immer und immer wieder gehen ihr diese Worte Tucholskys aus dem Buch durch den Kopf auf der unendlich langen Autofahrt von Hindås heim nach Berlin, vorbei an Birken, an unendlichen Feldern, vorbei an Seen, an roten kleinen Häusern, vorbei am Meer, an Tannen, Lisa Matthias fährt und fährt, setzt dann über mit dem Schiff nach Travemünde, fährt weiter und weiter, durch die sanften Hügel Mecklenburgs zurück nach Berlin, leise weinend.

*

»Ein pervertierter Spießer«, notiert der hellwache Harry Graf Kessler in sein Tagebuch, als er das erste Mal Arnolt Bronnen trifft. Der ist in den späten zwanziger Jahren der meistgespielte Bühnenautor der Weimarer Republik, ein Mann voll unterdrückter Wut und mit krächzender Stimme, ein enger Freund von Bertolt Brecht und von Ernst Jünger, Dramaturg bei der Funk-Stunde, ein Dickschädel mit schütterem blonden Haar und ein großer Unsympath. Er lässt sich im Seidenpyjama und mit Dogge auf dem Parkplatz des Tennisclubs Blau-Weiß im Berliner Westen für die *Dame* fotografieren, danach stellt ihm am 1. Oktober auf der Clubterrasse Joseph Goebbels die 21-jährige Olga Schkarina Förster-Prowe vor. Eine dem permanenten Rausch verfallene Russin, die Sex offenbar so dringend braucht wie Aufruhr oder

Agitation. Ein Dreiecksverhältnis beginnt, der hinkende Fanatiker Goebbels, der schwerfällige Koloss Bronnen und die junge, manisch depressive Femme fatale sehen sich fast täglich zu dritt. Bronnen über Olga: »Über die Liebe konnte sie nur lachen. Es gab wohl gewisse körperliche Annehmlichkeiten, welche sie dazu reizten, das erotische Spiel möglichst oft und möglichst oberflächlich auszuprobieren. War für sie nicht riskant, da sie unfruchtbar war.«

Bronnen und Olga verloben sich. Sie habe vor ihm erst mit 28 Männern geschlafen, sagt sie ihm, er könne ihr vertrauen. Zur Feier ihrer eigenen Verlobung in Bronnens Wohnung, zu der auch Gretha und Ernst Jünger gekommen sind, erscheint die Braut selbst erst gegen Mitternacht, mit Joseph Goebbels an der Hand, sie habe »dem Doktor«, wie sie den promovierten Goebbels nennt, erst noch die Hosen bügeln müssen. Sie sagt es ohne jede Verlegenheit und mit viel guter Laune. Am 17. Oktober 1930 sprengen Olga und Arnolt dann gemeinsam mit Ernst und Friedrich Georg Jünger sowie dreißig SA-Leuten eine Rede von Thomas Mann in Berlin, in der er vor dem aufkommenden Nationalsozialismus warnt. Und am 1. Dezember lassen sie bei der Premiere des Antikriegsfilms *Im Westen nichts Neues* von Erich Maria Remarque im Nollendorftheater quietschende weiße Mäuse frei. Als die Polizei sie wieder aus der Untersuchungshaft entlassen hat, geht Olga nicht mit ihrem

Verlobten nach Hause, sondern mit Goebbels. Sie sagt ihm, dass es eine »Liebestat für ihn« gewesen sei. Am 17. Dezember wollen Olga und Arnolt Bronnen heiraten, der muss Goebbels nur vorab versprechen, dass die Heirat nichts an Olgas Arbeit für die NSDAP ändern wird, dann ist er einverstanden.

Die Hochzeitsfeier findet im Clubrestaurant von Blau-Weiß statt, wo die beiden einander zehn Wochen zuvor von Goebbels vorgestellt wurden. Zur Feier kommt dieser erst nach Mitternacht und schenkt Olga einen riesigen Strauß roter Rosen. Als sich das Brautpaar zur Hochzeitsnacht zurückziehen will, klingelt das Telefon. Goebbels bestellt mit klarer Stimme Olga sofort zu sich. Und Bronnen? Als Ehemann aussortiert, schlüpft er als verlorener Sohn in die Rolle des gestorbenen Vaters: »Ich widmete mich meiner armen alten Mutter, froh sie für mich allein zu haben.« Erst in der nächsten Nacht kommt Olga irgendwann zurück.

Bronnen hat sich derweil um seine Mutter gekümmert, weil er ihr in einem existenziellen Sinne dankbar sein muss. Zwei Tage vor der Hochzeit bezeugt sie vor Gericht, nicht ihr jüdischer Ehemann sei der Vater von Arnolt, sondern der Pastor, der sie getraut hätte. Sie schreibt an ihren Sohn: »Du hast allen Grund, dich als Christ zu fühlen, mein Sohn.« Bronnens berühmtestes Theaterstück heißt stimmigerweise *Vatermord*.

Weder Goebbels noch Bronnen wissen übrigens, dass Olga Förster unter dem Decknamen Agent 229 seit 1929 für den sowjetischen Geheimdienst arbeitet. Es gibt keine Wahrheit. Es gibt nur Versionen.

*

»Nackt will ich die Dinge sehen, klar«, sagt Otto Dix. Und sehr häufig sieht er tagsüber in seinem Dresdner Atelier sein Modell Käthe König nackt und beginnt eine Affäre mit ihr. Zu Hause in der wohlsituierten Wohnung in der Bayreuther Straße 32 in der Dresdner Südvorstadt bei seiner herben Ehefrau Martha gibt es Feinkost. In ihrem Elternhaus wurde Chopin gespielt. Doch Dix, der Proletariersohn mit den Händen eines Metzgers, liebt das Derbe genauso sehr. Er lässt sich von Martha nicht zum Gentleman umbauen, auch als ordentlicher Professor nicht. Und so beginnt er früh zwischen den beiden Sphären zu pendeln, zwischen dem heimischen, sexuell wohltemperierten Familienglück und der heißen Leidenschaft mit Käthe und ihrem breiten Sächsisch im Atelier. Fortsetzung folgt.

*

Als Simone de Beauvoir realisiert, dass Jean-Paul Sartre wieder Kontakt mit Simone Jollivet aufgenommen hat, jener Kurtisane, die ihm einst in Paris die Nachttischlampe aus roten Dessous geschenkt hatte, wird sie von heftiger Eifersucht gepackt. Doch Jean-Paul Sartre schreibt ihr lapidar zurück, sie hätten doch vereinbart, dass zwischen ihnen beiden jede Form von Eifersucht verboten sei. Er ist davon überzeugt, dass man mit Willenskraft alle Emotionen kontrollieren kann, niemand müsse sich »ein Stündchen Traurigkeit leisten«, das sei nur eine Frage der Trägheit des Kopfes.

*

Nach so manchem Stündchen Traurigkeit nimmt Walter Benjamin am 7. April 1931 abends um neun Uhr eine Kapsel Haschisch zu sich. Er bittet seinen Cousin, den Mediziner Egon Wissing, seine Halluzinationen zu dokumentieren. Daher wissen wir, was in ihm vorgeht, nachdem er die Droge genommen hat: »Ein Bild, das ohne kontrollierbaren Zusammenhang auftaucht: Fischnetze. Netze über die ganze Erde vor den Weltuntergang gespannt.« Als er wieder nüchtern ist, ein paar Wochen später, bilanziert er, den drohenden Weltuntergang vor Augen, sein Leben als Mann an der Seite von Jula Cohn, seiner Frau Dora und Asja La¯cis: »Im Ganzen aber bestimmen die drei großen Liebeserlebnisse meines Lebens dieses nicht nur nach der Seite des Ablaufs, seiner Periodisierung, sondern auch nach der Seite des Erlebenden. Ich habe drei verschiedene Frauen im Leben kennengelernt und drei verschiedene Männer in mir. Meine Lebensgeschichte schreiben, hieße Aufbau und Verfall dieser drei Männer darstellen.« Charlotte Wolff, seine Freundin, hat es einmal anders formuliert, durchaus liebevoll, aber auch sehr klar: »Walter erinnerte mich auch an Rainer Maria Rilke, für den die Sehnsucht nach der Geliebten erstrebenswerter war als ihre Anwesenheit.«

*

Elisabeth von Hennings trennt sich im Jahre 1931 endgültig von Bogislav von Schleicher, lässt sich am 4. Mai 1931 von ihm scheiden, um am 28. Juli 1931 seinen Vetter zu heiraten: Kurt von Schleicher. Diese Scheidung soll später eine fatale Folge haben. Lange traut Paul von Hindenburg den Ratschlägen Schleichers, der ihn täglich davor warnt, der NSDAP die Tür zur Macht zu öffnen. Doch dann brechen die Nazis in eine Anwaltskanzlei in Charlottenburg ein, entwenden alle Dokumente über die Scheidung von Schleichers Frau und spielen die pikanten Details Hindenburg zu. Der ist von der Heiligkeit der Ehe überzeugt – und die Zweifel an der Redlichkeit Elisabeth von Schleichers lassen auch ihren neuen Mann in einem ungünstigeren Licht erscheinen.

*

Im Frühjahr 1931 wartet Curzio Malaparte in Paris auf das Erscheinen seines Buches *Technik des Staatsstreichs*. Eigentlich ist er ein halber Deutscher und heißt Curt Erich Suckert, doch nachdem ihm das deutsche Giftgas im Ersten Weltkrieg die Lungen fast zerfressen hat, schlägt er sich auf die Seite seines italienischen Sehnsuchtslandes, in dem er 1898 geboren wurde, und ändert seinen Namen. Malaparte ist trotz der Urkatastrophe des Krieges ein Futurist geblieben, aber eben einer, der – im Gegensatz zu Napoleon, dem »Bonaparte« – immer an die schlechtere Möglichkeit glaubt: also ein »Malaparte«. So hielt er sich nicht lange auf seiner Position als Chefredakteur der Turiner Tageszeitung *La Stampa*, zu der ihm Giovanni Agnelli verholfen hatte. Er schrieb nächtelang an seiner *Technik des Staatstreichs*, doch das Manuskript trug er lieber nach Paris, er fürchtete die Wut Mussolinis und seiner Schergen.

Und so sitzt er also mit 31 Jahren arbeitslos und nahezu staatenlos in den Straßencafés im Quartier Latin, er sieht Josephine Baker tanzen, er sieht James Joyce schweigen und Picasso Hof halten und er sieht all die Deutschen kommen, die Schriftsteller, die Journalisten, die Flaneure, die Paris so sehr lieben, weil sie sich selbst viel lieber mögen, sobald sie in Paris das erste Glas Wein getrunken haben und an der Seine entlanggestromert sind im weichen Licht der tröstlichen Laternen. Malaparte studiert sie alle mit unbarmherziger Genauigkeit. Er ist ein großer Frauenheld, und zwar einer, der sehr viel Geduld hat. Er lauert stundenlang wie ein Löwe im Schatten vor der Fassade des *Le Select*, linke Seite, letzter Tisch ganz außen, direkt am Stamm der dicken Platane. Da kultiviert er seinen Status als undurchschaubarer italienischer Aristokrat, bestellt nur schwarzen Kaffee und Absinth und zieht mit seinen bohrenden Augen die Menschen auf der Terrasse aus und trinkt mit seinen Ohren ihre Gespräche. Hier, in Paris, in den frühen dreißiger Jahren, als die Stadt für einen kurzen Moment in der Weltgeschichte durchatmet und die Deutschen so magisch anzieht wie die Amerikaner, hier sitzt dieser elegante Deutschitaliener, um auf Caféterrassen und in Bibliotheken und bei der Zeitungslektüre den Faschismus zu verstehen. Und um über die Ästhetik des Staatsstreiches zu schreiben, als sei das eine Frage der Form. Im Frühjahr 1931 erscheint sein Buch, nur auf Französisch – und er prophezeit darin, dass Hitler eben nicht in Form eines Staatstreiches, sondern durch einen parlamentarischen Kompromiss an die Macht kommen würde, ein »Diktator aus Versehen«, wie er es nennt. Die Deutschen, mit denen er die These auf den warmen Caféterrassen von Paris diskutiert, halten ihn für verrückt. Sie verstehen nicht, dass es ein Buch über die Verteidigung der Freiheit ist. Und dass Malaparte durchschaut hat, dass es sich bei dem Verhältnis von Hitler zu den Deutschen um ein Problem der Geschlechterverwirrung handelt: »Hitler hat in Wirklichkeit einen sehr weiblichen Charakter: seine Intelligenz, seine Ambitionen, selbst sein Wille haben nichts Männliches an sich. Wie alle Diktatoren liebt Hitler nur die, die er verachten kann. Hitler ist der Diktator, die Frau, die Deutschland verdient.« Als sie das lesen in Paris, die Deutschen wie die Franzosen, schütteln sie nur die Köpfe. Sie alle haben das Gefühl, dass Deutschland eine andere Frau verdient hat, als es sich dieser sonderbare Italiener in seinen Albträumen ausmalt.

*

Zur Eröffnung der Herrenbar *Pan-Palais* am Schiffbauerdamm (»Fünfzig Tischtelefone und Tanzorchester und streng solide Preise«) erscheint Gustaf Gründgens mit seinem neuen Freund Carl Forcht, dem ehemaligen Geliebten von Klaus Mann. Gründgens kommt im Smoking an diesem Abend, Forcht im Abendkleid. Beide leben inzwischen zusammen in Gründgens' Wohnung in der Bredtschneiderstraße 12, gemeinsam mit Gründgens' Schäferhund und dem Diener Willi, der ihn geduldig Rollen abfragt, wenn Forcht in der Dusche ist oder bis in die Puppen schläft.

*

Nach der Eröffnung des *Pan-Palais* bricht Magnus Hirschfeld, Leiter des Berliner Instituts für Sexualwissenschaft, auf zu seiner Vortragsreise um die Welt, er will die Menschen aufklären über Homosexualität und »sexuelle Zwischenstufen«, wie er es nennt. Er spricht und forscht in Russland, in Amerika und in Asien. In Shanghai lernt er im Jahre 1931 den 23-jährigen Medizinstudenten Li Shiu Tong kennen – und verliebt sich in den blendend aussehenden Chinesen mit ausgezeichneten Manieren. Li Shiu Tong wird ab diesem Moment keinen Tag mehr von Hirschfelds Seite weichen. Hirschfeld selbst, schon seit den zwanziger Jahren ein Hassobjekt der Nationalsozialisten, wird von dieser Vortragsreise nie mehr nach Deutschland zurückkehren.

*

Erich Maria Remarque liebt 1931 vor allem Ruth Albu, eine Schauspielerin, bildschön, belesen, neunzehn Jahre jung und gerade noch die Ehefrau von Arthur Schnitzlers Sohn. Doch sie läuft mit fliegenden Fahnen zu Remarque über, er »war die Liebe meines Lebens«, wird sie später sagen, »ich glaubte, nie wieder jemand anderen lieben zu können.« Für Remarque hat diese Liebe sehr weitreichende Folgen – sie führt ihn zur Kunst. Und sie führt ihn nach Ascona. Also zu seinen beiden nächsten großen Leidenschaften. Ruth

Albu macht ihn mit dem Kunsthändler Walter Feilchenfeldt bekannt, über den er in kürzester Zeit eine bedeutende Sammlung französischer Kunst kauft: Gemälde von Degas, Cézanne, Toulouse-Lautrec und Renoir, Kunstwerke von den größten Künstlern des Erbfeindes, finanziert ausgerechnet mit den Erlösen des Romans, der die verheerenden Folgen des Krieges gegen die Franzosen beschreibt. Für Ruth Albu ist es zunächst nicht leicht gewesen, an Remarque heranzukommen, denn der gigantische Erfolg des Buches hat ihn zu einem scheuen Eremiten gemacht. Er ist nach der Scheidung von Jutta Zambona 1930 aus der gemeinsamen Wohnung ausgezogen und hat eine Suite im Hotel Majestic bezogen, hüllt sich aber, wie Albu schreibt, »in seine Einsamkeit wie in seine eleganten Kaschmirpullover«. Und leider hat er immer mehr getrunken, auch wenn er in seine Heimatstadt Osnabrück zum Schreiben fuhr, nur seinen Hund Billy an der Seite. Doch Ruth Albu gelingt es, Remarque aus seiner Depression und seinem Snobismus zu befreien. Durch ihre Unbekümmertheit. Und durch eine Reise ins Tessin im späten, warmen, leuchtenden August des Jahres 1931. Durch das Verbot von *Im Westen nichts Neues* und die Randale der SA in den Filmtheatern aufgeschreckt, sucht Remarque nach einer Möglichkeit, sich auf elegante Weise aus Deutschland zurückzuziehen. In Porto Ronco, nur wenige Kilometer entfernt von Ascona am Lago Maggiore im

Tessin, also im südlichsten Zipfel der Schweiz, finden Remarque und Albu auf Anhieb die Traumvilla *Casa Monte Tabor*. Sie sind mit dem Lancia an einem strahlenden Sommertag von der großen Autostraße, die nach Italien führt, hinunter zum See gefahren. Und dann haben sie zunächst den Monte Verità gesehen, diesen legendären Hügel des freien Tanzes und des freien Denkens, und dann dieses eine Haus, dessen Fenster verriegelt waren, verwunschen, direkt am See. Sie fragen an der Piazza, fragen den Barbier und dann wissen sie, wer es verkauft. Sie fahren hin – und am selben Abend schon geben sich Remarque und der Schweizer Makler die Hand. Himmlische Regie. Die Villa hat zuvor dem Maler Arnold Böcklin gehört – ihn hat der Blick von hier, hinunter zu den zwei Inseln, den Isole di Brissago, zu seinem legendären Gemälde *Die Toteninsel* inspiriert. Und genau hier also will Erich Maria Remarque für 80 000 Franken brutto ab sofort das Leben genießen. Er bittet seine beiden Frauen, seine geschiedene Ex-Frau Jutta Zambona und seine neue Geliebte Ruth Albu, das leere Haus schnell bezugsfähig zu machen, und sie kaufen Wäsche und Möbel, während Remarque nach Berlin fährt und zur Bank geht. Im Herbst 1931 kann man noch relativ problemlos sein gesamtes Vermögen von einem deutschen auf ein Schweizer Bankkonto transferieren – ihm hilft dabei die Dritte im Bunde, seine Managerin und ehemalige Geliebte Brigitte Neuner.

Erfreulich zu sehen, dass offenbar alle Frauen auf diesen Mann ziemlich lange gut zu sprechen waren.

*

Picasso kultiviert sein Doppelleben nunmehr auf höchstem Niveau. Weil er so viele Bilder verkauft hat und all sein Geld in Scheinen in einem hinteren Raum seiner Wohnung hortet, muss ihn der Börsencrash nicht weiter kümmern. Nein, er profitiert sogar davon, denn er kann ein herrlich weitläufiges Chateau in Boisgeloup in der Normandie kaufen, als der Besitzer pleitegeht, zwei Stockwerke, unendliche Zimmerfluchten, grüne Fensterläden. Dazu ein prächtiger Park, in dem er seine neue Lust auf Skulpturen ausleben kann. Und vor allem muss er nicht mehr, wie in all den Sommern zuvor, mühsam die reiche Ernte nach Paris transportieren, all die Leinwände, Farben, Zeichenblöcke. Nein, in diesem Schloss bleibt einfach alles da – und der Schlossherr fährt nur manchmal nach Paris zu Frau und Kind. Unter der Woche macht er seine Geliebte Marie-Thérèse Walter zum Burgfräulein. Nur wenn alle zwei Wochen Olga und Paolo zu Papa aufs Schloss kommen und man ein Familienwochenende mit Gästen und Bowle und Lagerfeuer plant, fährt seine Muse für ein paar Tage zu ihrer Mutter und ihren Schwestern nach Paris. Gute Regie ist besser als Treue. All die Plastiken und Skulpturen, die in Boisgeloup entstehen, sind im Grunde Figuren von Marie-Thérèse. Ihren schlanken, statuenhaften Körper, ihr römisches Profil verwandelt Picasso in eine Unzahl von abstrakten und konkreten Körpern, die er über den ganzen Park verteilt. Ja, ihr Schatten, den er einmal am Strand von Dinard sah, hat ihn überhaupt erst zu all diesen Skulpturen inspiriert. Picasso kann in diesen Jahren nicht ohne diesen Schatten leben. Auch nicht, als er mit Olga und Sohn 1930 und 1931 an die Riviera zum Sommerurlaub fährt, nach Juan-les-Pins. Da wohnt Marie-Thérèse wieder in einer Pension ein paar Straßen weiter und sonnt sich, bis ihr Herr und Meister sie ruft. Sie kann sehr gut warten. Sie weiß, dass ihre Zeit noch kommen wird. Gerade an diesem Morgen hat Picasso ihr geschrieben: »Ich sehe dich vor mir, meine schöne Landschaft, und werde nicht müde, dich zu betrachten, wie du auf dem Rücken ausgestreckt im Sand liegst, mein Liebling, ich liebe dich.«

*

Im Jahre 1931 schreibt Erich Kästner an seinem neuen Roman. Er soll den Titel *Der Gang vor die Hunde* tragen, ein Sittenbild Berlins also, aber der Verlag macht ihm Schwierigkeiten wegen des Titels und wegen manch geschildertem Sittenverfall. So erscheint er schließlich unter dem Namen *Fabian*. Mit dem Untertitel *Geschichte eines Moralisten.* Das ist in Wahrheit Kästners eigene Geschichte: Alles ist dabei – der Held, der die erste Liebe nicht verwunden hat und manisch an seiner Mutter hängt, den Vater vergisst und ziellos durch die Betten und das atemlose, anonyme, voranratternde Berlin, das moderne »Sodom und Gomorrha« streift. Eine von tiefer Verzweiflung und letztem Witz durchtränkte Bestandsaufnahme der Gefühle. Die Presse jubelt, es erscheinen Hymnen von den großen Rezensenten, von Hermann Kesten, Alfred Kantorowicz, von Hans Fallada und Hermann Hesse. (Es gibt übrigens kaum einen so präzisen Literaturkritiker in jenen Jahren wie Hesse, und, auch das noch in Klammer, man kann nur staunen über die Qualität dieser Kritiken – und darüber wie sich hier die Weimarer Republik anhand des *Fabian* so schmerzhaft ihrer eigenen Endlichkeit bewusst wird. Dies geschieht in stilistisch brillanten Artikeln ebenjener jüdischen Autoren, die ein paar Monate später für immer aus Deutschland vertrieben werden.) Aber Kästner kann den Erfolg seines Bestsellers nicht genießen. Denn er hat sich bei seinem ausschweifenden Liebesleben den Tripper zugezogen. Deshalb muss sein Sexualleben von Juli bis Dezember 1931 pausieren. Jede Woche geht er zu Ernst Cohn, seinem Arzt für Geschlechtskrankheiten. Der verwendet Silberpräparate und Sulfonamide, dann wird sogar mit elektrischem Strom experimentiert. Alles kein Spaß. »Ich könnte gleich die Kommode zerhacken«, schreibt er seiner Mutter. Sie ist die einzige Frau, der er von seiner Krankheit erzählt. Und er geht in seinen Briefen sehr ins anatomische Detail. Anderen gegenüber schweigt er. Es hätte nicht so recht zu den Wutausbrüchen seiner Figur, dem »Moralisten« Fabian gepasst, die so wortreich gegen den Sittenverfall in der Hauptstadt wettert, wenn bekannt geworden wäre, dass der Autor einen Tripper hat.

*

Im Jahre 1931 erscheint die Fortsetzung von *Im Westen nichts Neues* von Erich Maria Remarque. Er erzählt von den Bitternissen der Heimkehr nach dem Krieg – alles schien unzerstört in der deutschen Heimat, und doch war alles anders geworden. Remarque behauptet, dass nur die Frauen die psychische Gesundheit der Männer hätten wiederherstellen können – das aber nicht wollten. Weil sie spürten, dass die Geschichte noch andere Aufgaben für sie bereithielt. Und weil sie es satthatten, sich aufzuopfern oder die Männer als »Helden« zu verehren, obwohl sie die für Narzissten hielten oder für Schlappschwänze. Und weil sie merkten, dass sie auch alleine ganz gut zurechtkämen. In *Der Weg zurück* beschreibt Remarque also, dass es nach einem Ereignis wie diesem Krieg keinen Weg zurück mehr gibt.

Aus dieser Verstörung versuchten sich viele in die Heirat zu flüchten, der Ehering als Rettungsring. Margaret Goldsmith schreibt 1931 in ihrem Buch *Patience geht vorüber* über die vom Krieg innerlich zerstörten Männer, ausgehungert und übersättigt, die in den zwanziger Jahren in Berlin schon nach dem ersten Tanz, oben auf der Tanzfläche, während die Musik noch spielte, die Frauen fragten, ob sie sie heiraten wollen, obwohl sie sich gerade erst nach ihrem Namen erkundigt hatten. Die Verlorenheit erzeugte eine ungeheure Dringlichkeit, auch die Ahnung, dass der eine Krieg zwar vorbei ist, der nächste aber sofort kommen kann, gab allen das Gefühl, dass keine Zeit zu verlieren sei. Erich Maria Remarque beschreibt es in *Der Weg zurück*: »Und heiraten wollte er, weil er sich nach dem Kriege nicht wieder zurechtfand, weil er Angst vor sich selbst und seinen Erinnerungen bekam und einen Halt suchte.«

*

Ja, Erich Maria Remarque hätte wahrscheinlich schon damals perfekt zu Marlene Dietrich gepasst, aber die ist noch in Hollywood. Und hat mit ihren eigenen Verstrickungen zu kämpfen. Im Mai 1931 ist sie wieder in Amerika angekommen, diesmal mit Tochter Maria, es schert sie nicht, dass dies ihre Rolle als Femme fatale, als die sie die dortigen Filmstudios inszenieren wollen, etwas trübt. Bei dem Filmvertrag mit den Paramount Studios muss sie sogar unterschreiben, öffentlich nie als Mutter aufzutreten.

Vielleicht hofft Marlene Dietrich, dass ihre Rivalin Riza von Sternberg, die noch immer um die Liebe ihres Gatten kämpft, etwas Ruhe gibt, wenn die verruchte »Lola Lola« plötzlich mit Tochter durch die Studios spaziert. Josef von Sternberg empfängt seine Angebetete mit einer Überraschung: Er hat für sie ein perfektes Haus gefunden, in der besten Straße in Beverly Hills, North Roxbury Drive 882, mit Luxus innen und hohen Mauern draußen, die sie vor fremden Blicken schützen. Dort leben ab Mai 1931 Marlene Dietrich, ihre Haushälterin und die sechsjährige Maria. Und meist ist auch Josef von Sternberg dabei. Ihre beiden Rolls-Royce, seiner mitternachtsblau, ihrer grau, stehen nachts traut nebeneinander vor der Villa in der Auffahrt. Marlene Dietrich schenkt Sternberg in diesem Mai ein Foto von sich aus dem *Blauen Engel*. Hintendrauf schreibt sie mit grüner Tinte: »Meinem Schöpfer von seinem Geschöpf.« Er revanchiert sich mit einem Foto von sich, Kamelhaarmantel, Gamaschen, Spazierstock, gezwirbelter Schnurrbart, stechender Blick: »Für Marlene, was bin ich schon ohne dich?«

Der Mai und Juni des Jahres 1931 sind für beide die Wochen des puren Glücks. Tagsüber drehen sie zusammen, abends kochen sie zusammen, der Schöpfer, sein Geschöpf und dessen Tochter.

Deren Vater Rudi ist nach dem Wegzug der Mutter mit seiner Geliebten Tamara nach Paris gezogen, Sternberg hat ihm dort eine Stelle bei der europäischen Paramount organisiert. Rudi will sogar ihre geliebte Familienwohnung aufgeben in der Kaiserallee 54 (der heutigen Bundesallee), doch das missfällt Marlene Dietrich, sie mag es überhaupt nicht, wenn andere Schlüsse aus ihrem Lebenswandel ziehen – und nicht sie selbst. Und mehr noch: Sie braucht Rudi ganz dringend in Hollywood. Als Propagandamittel. Denn Riza von Sternberg duldet es nicht, dass ihr Mann ein eheähnliches Verhältnis mit Dietrich hat, und prozessiert gegen ihn – und gegen die Dietrich wegen Verleumdung. Die Paramount Studios sind alarmiert, sie können keine schlechte Presse gebrauchen, sie brauchen einen makellosen Star und einen Regisseur, der sich auf seine Arbeit konzentriert.

Panisch schickt Marlene Dietrich Telegramme nach Paris an ihren Gatten: »DA DEINE ANWESENHEIT HIER MIR SEHR HELFEN WÜRDE IN SACHEN PUBLICITY VERBUNDEN MIT PROZESS DER FRAU STERNBERG. KÜSSE MUTTI.« Rudi Sieber hat keine rechte Lust, in Amerika heile Familie zu spielen. Aber nach drei weiteren Telegrammen steigt er doch in Cherbourg aufs Schiff, fährt vier Tage über den Atlantik und von New York die schier unendlichen 2500 Meilen per Zug nach Hollywood.

Ermüdet von der Reise fällt Rudi Sieber am 19. Juli

1931 völlig verstört in das neue Leben seiner Frau: Eine prächtige Villa in Beverly Hills, ein strahlend blauer Himmel, Palmen, ein Chauffeur, der ihm die Tür eines Rolls-Royce aufhält, dazu seine Gattin, die ihn umgarnt wie einen Gockel, und seine Tochter, die nicht genug von ihm kriegen kann. Sobald er am nächsten Tag wiederhergestellt ist, macht sich die Familie ausgehfein: Marlene Dietrich trägt ihren typischen Anzug mit Krawatte, daneben im hellen Anzug ihr Mann, an ihren Händen die glückliche Tochter. Daneben, in gesittetem Abstand, Josef von Sternberg. So tritt die Familie vor die Tür und vor die Presse. Es entstehen Aberdutzende Aufnahmen für das verlogene Herz der amerikanischen Öffentlichkeit. Rudi Sieber sagt immer wieder diesen Satz in die Mikrophone der Reporter: »Marlene und ich sind beide gute und aufrichtige Freunde von Mr. von Sternberg und unterstützen ihn gegen diesen Angriff seiner ehemaligen Frau.«

Damit hat Rudi Sieber seine Schuldigkeit getan. Im August reist er wieder zurück nach Europa.

Josef von Sternberg kommt wegen der erwünschten Wirkung der Bilder einer heilen Familie der Dietrich beim Scheidungsprozess mit seiner Frau glimpflich davon. Die Klage gegen die Dietrich zieht seine Frau zurück. Das nennt man gelungene PR.

Und Rudi Sieber? Der ist in Paris und antwortet meist nicht mehr, auch nicht, wenn sie ihm neue Telegramme schickt mit »MILLIONEN KÜSSEN«. Anschließend schickt sie ihm neue Einkaufslisten nach Paris. Bilderbücher für die Tochter. Und neue Dessous für sich: »DU KENNST DOCH DIE WÄSCHE, DIE ICH IMMER KAUFTE, SCHÖN, ABER PRAKTISCH. TAUSEND KÜSSE MUTTI.« Der Ehemann ist also nicht nur für schöne PR-Fotos gut, sondern auch als altgedienter Kenner der genauen Körbchengröße. Und Rudi Sieber tut wie geheißen und packt in Paris Päckchen für Mutti in Hollywood. Er schreibt dazu: »Denkt an euren armen Papa, der so allein ist. Milliarden Küsse Papitsch.« Wenn aus Millionen Küssen in acht Wochen Milliarden Küsse werden, dann nennt man das wohl Inflation. Denn ihm geht immer mehr das Geld aus im alten Europa. Er schreibt: »PLEASE MUTTI SEND MONEY I NEED IT.«

*

Auch Kurt Wolff, der vor dem Ersten Weltkrieg der Verleger Kafkas und Trakls gewesen ist und der nun, 1931, noch immer davon zehrt, schätzt es, sich nicht festlegen zu müssen. Er ist mit den Jahren beruflich weniger ehrgeizig geworden, sein Verlag existiert fast nur noch auf dem Papier, sein aufwendiges Münchner Gesellschaftsleben finanziert er vor allem aus dem Erbe seiner Frau. Ein Bonvivant also, wie er im Buche steht. Aber eben auch einer, der etwas aus der Form geraten ist, die Anzüge klemmen, die Weste geht nicht mehr zu, er stürzt sich, seit die Autoren ihn nicht mehr suchen, in zu viel Betriebsamkeit und Alkohol. Doch als die temperamentvolle und aufmüpfige Helene Mosel, 1906 im Sternzeichen des Löwen in Skopje geboren, im Jahre 1929 als Praktikantin in seinen Verlag kommt, da bringt ihn das erheblich durcheinander. Sie liebt Bücher fast mehr als ihn – das provoziert ihn (aber genau das wird sie später zu einer genauso großen Verlegerin machen wie ihn). Helene, die in kärglichen Verhältnissen mit Mutter und Schwestern in einem kleinen Dachgeschoss in München zusammenlebt, hat etwas Stolzes, Edles, etwas, was sich nicht einfangen lässt, schon gar nicht mit Einladungen zum Champagner. Aber Kurt Wolff versucht es. Seit 1930 gibt es zwischen Helene und ihm ein ständiges Hin und Her zwischen Ja und Nein, zwischen Paris und München, wo Wolff langsam seine Verlagsgeschäfte auflöst – und seine Ehe. Seine Frau Elisabeth hat sich in ihren Gynäkologen verliebt, und nun bereitet man die einvernehmliche Scheidung vor. Die zwanzig Jahre jüngere Helene Mosel ist also privat zu einem günstigen Zeitpunkt in Kurt Wolffs Leben getreten, als Sekretärin und unermüdliche Übersetzerin zunächst, aber später dann auch als Mädchen für alles beim Verlag Pantheon in Paris, dem paneuropäischen Verlagsprojekt Wolffs. Wirtschaftlich freilich sind sie sich an heiklem Punkt begegnet, denn es geht mit dem Kurt Wolff Verlag dramatisch bergab, er hetzt durch die Tage nach dem Börsencrash, um irgendwelche Finanzierungen neuer Buchprojekte werbend. Er schreibt an Helene in Paris: »Ich weiß, du hast Geduld, verlier sie nicht.« Er wolle, so versprach er noch im April 1930, weniger trinken und weniger essen. Denn dann könne er sie vielleicht endlich »besser, stärker, richtiger lieben«. Wie oft hat man das schon gehört (und gesagt). Wie wenig glaubt man diesen Worten. Doch dann geschieht das Unglaubliche: Kurt Wolff reduziert sich wirklich von 83 Kilogramm, die er wog, als sie sich kennengelernt haben, wieder auf jene 68 Kilogramm, die er ab diesem Zeitpunkt bis zum Ende seines Lebens behalten sollte. Er trinkt weniger, er schreibt ihr immer zärtlichere Briefe. Das imponiert Helene, sie beginnt, sich seiner Liebe sicherer zu fühlen, sie sieht, dass er zu einer wirklichen Veränderung bereit ist. Sie schreibt beseelt an ihren Bruder Georg: »Man muss nicht das Geliebte besitzen wollen, man muss es richtig lieben, um einander wissen, unzerstörbar aus der Kraft des Gefühls verbunden sein.«

Doch als sie im April 1931 tatsächlich beschließt, die Unzerstörbarkeit des Gefühls zu testen und für zwei Monate zu Kurt an die Riviera zu ziehen, da erlebt sie eine bittere Enttäuschung. Kurt ist zwar schlank geworden und viel öfter nüchtern, aber leider ist er auch in ein anderes altes Muster gefallen: Er hat sich neben Helene noch eine zweite Geliebte zugelegt für den Sommer und die Empfänge zwischen Le Lavandou und Juan-les-Pins: die sehr große und sehr elegante und sehr blonde Manon Neven DuMont. Kurt bietet Helene an, doch für eine Weile mit Manon und ihm in einer Ménage-à-trois zusammenzuleben, sie wagt es nicht zu widersprechen, er findet schnell eine schöne Villa in St. Tropez am Strand für sie zu dritt. Und ja: Die Zikaden zirpen, das Meer rauscht, die Feigen werden langsam lila – Südfrankreich wie aus dem Bilderbuch, und doch ist es für sie die Hölle auf Erden. Helene weint viel, merkt, dass sie zwar für die Arbeit und auch für die Liebe, nicht aber für die Sitten der Boheme geschaffen ist, und beginnt ein trotziges Theaterstück zu schreiben. Helene Mosel nennt ihr Stück *Trio*, die Hauptfiguren sind ein 44-jähriger ER, eine 34-jährige SIE und ein 24-jähriges ES, eine »Garçonne«. Es ist also Realität und kein Theater. Helene Mosel hält beides nicht aus. Eines Tages, als Manon und Kurt unterwegs sind, schreibt sie ihm einen Zettel: »Geliebter, deine Welt ist nicht meine Welt« – und zieht aus. Verlässt Luxus und Bequemlichkeit und die schiefen Töne eines Trios, dessen Instrumente nicht zueinanderfinden. Der wilde Mistral zerrt an den flatternden Vorhängen und an ihren Nerven. Sie sucht sich eine eigene Hütte, ihr »cabanon« – bescheiden, karg, herrlich, ein paar hundert Meter entfernt, am Rande eines Weinberges, wo die Trauben Meerblick haben.

In dieser Hütte mit rotem, verwittertem Ziegeldach, kalkweißen Mauern voll Kletterrosen und grünen Fensterläden beginnt im Sommer 1931 ihr neues Leben, ihr erstes Einpersonenstück. Als sie einzieht, ist der Wind verstummt, wolkenloser Himmel, 24 Grad, reifende Zitronen an einem großen Baum vor dem Fenster, von der Ferne das leise Läuten der Kirche von St. Tropez, die Bergketten sind greifbar nah. Sie schreibt schnell ihr Theaterstück *Trio* zu Ende – und dann, durch die Niederschrift bereits halb therapiert, schickt sie ihrem Bruder Georg den wunderschönen Satz: »Ich liebe Kurt so, dass ich weggehen konnte.« Als Nächstes notiert sie sich eine Einkaufsliste für den Markt von St. Tropez. Helene hat den ganzen Winter gearbeitet, jede Nacht und jeden Sonntag übersetzt, sie hat Franc um Franc gespart für diesen Augenblick, für diese Einkaufsliste: Sie braucht dringend einen Liegestuhl mit Streifenmuster, sie braucht einen grünen Holztisch für den Garten und einen Spirituskocher, sie braucht Fayencen, sie braucht Vorhänge und sie braucht einfach alles, was man so benötigt, wenn man ein wenig normal leben will an einem der schönsten Flecken dieser Erde. Diese Einkaufsliste ist ihre Unabhängigkeitserklärung. Und abends bringen ihr die Vermieter, dieses alte, verhutzelte Weinbauernpaar, eine kleine Katze als Hausgenossin, ein warmes graues Knäuel, sie würde sie am liebsten direkt in ihre Bluse stecken, so hingerissen ist sie.

Ihrem Bruder schreibt sie ganz gelassen, er müsse sich keine Sorgen machen, sie wisse, dass Kurt bald zu ihr zurückkehre, die Beziehung zwischen ihm und der eleganten Manon werde an »gegenseitiger Erschöpfung« zugrunde gehen, denn: »Manon gehört zu den Frauen, die man heiratet, und Kurt zu den Männern, die man nicht heiratet, das hält Manon auf die Dauer nicht aus.« Ob sie sich wirklich so sicher ist? Auf jeden Fall wächst sie hinein in ihre Unabhängigkeit mit jedem Morgen, an dem sie voller Glück die Fensterläden öffnet in ihrem kleinen Haus und das Licht hineinströmt wie gestautes Wasser. Dann beginnt sie zu schreiben – und sie nennt ihr Buch *Hintergrund für Liebe*. Es wird einer der bezauberndsten Romane, der je über Südfrankreich geschrieben wurde. Und darüber, wie man sich einem Patriarchen entzieht. Und ihn wieder anlockt durch die eigene Unabhängigkeit.

Als sie sich auf dem Fischerball in St. Tropez wiedersehen, packt Kurt am nächsten Morgen seine Sachen, in dem Haus, das er für Manon und sich und Helene gemietet hat – und zieht ein in Helenes kleines Cabanon. Sie findet es zunächst fast ein bisschen anstrengend, wieder mit einem Mann das Bett teilen zu müssen. Mit einer Katze war es einfacher. Aber dann spürt sie: Sie selbst ist groß genug geworden, um teilen zu können, sie ist die Hälfte eines Paares geworden, genau die Hälfte. Deshalb passen Kurt Wolff und Helene Mosel im August des Jahres 1931 endlich zusammen.

Kurt Wolff selbst taucht vollkommen ein in dieses karge Leben, es wirkt im Nachhinein, als hätten sie hier unbewusst für ihre spätere leidvolle Emigration geprobt.

Abends, wenn Kurt und Helene allein auf ihrer Terrasse sitzen, die Beine auf den grünen Tisch legen und still werden mit der langsam verdämmernden Natur, da erklärt Helene ihm: Dies alles, also das ferne, glitzernde Meer, die Feigenbäume mit ihrem biblischen Duft, die Berge mit ihren kühlen Häuptern, die Zitronenbäume mit ihren blendenden Früchten, das Gras, das sich im sanften Abendwind biegt, dies alles, so erklärt sie Kurt, sei eigentlich nur der »Hintergrund«. Aber für was?, fragt Kurt. »Für Liebe«, antwortet Helene.

*

Am 19. September 1931 verlassen Zelda und F. Scott Fitzgerald das alte Europa. Sie besteigen in Southampton die *Aquitania* mit Kurs auf New York. Es ist genau dasselbe Schiff, mit dem sie 1921 das erste Mal nach Europa gekommen sind.

Auf ein Foto von Zelda aus diesen Septembertagen voller Hoffnung schreibt Fitzgerald stolz: »recovered«, also: genesen. Beide hatten Hoffnung, große sogar. Die Therapie in der Klinik in Nyon scheint zu wirken, Zelda hat ihr schizophrenes Lächeln verloren, aber ihren Lebensmut wiedergefunden und ihren eigenen Stil: »Ich liebe dich so sehr und du hast mich angerufen, ich bin zwei Stunden auf diesen Telefonleitungen balanciert, nachdem ich deine Liebe wie einen Sonnenschirm in die Hand genommen hatte, um mich im Gleichgewicht zu halten.« So balanciert sie langsam zurück ins Leben. Er schreibt in sein Tagebuch: »Ein Jahr Warten. Von der Dunkelheit zur Hoffnung.«

Sie fahren, kaum in New York angekommen, gleich weiter in Zeldas Heimatstadt, nach Montgomery. Sie mieten sich ein Haus und kaufen sich zwei Tiere, eine Perserkatze, die sie »Chopin« nennen, und einen Dackel. Ihn taufen sie allen Ernstes auf den Namen »Trouble«.

*

Im September 1931 ist Ludwig Wittgenstein auf eine einsame Hütte bei Skjolden in Norwegen geflohen, um herauszufinden, ob er Marguerite Respinger wirklich liebt. Er lädt sie ein – und sie kommt durch halb Europa zu ihm gefahren, und er lässt sie in einem Bauernhof in der Nähe unterbringen. Sie will mit Wittgenstein sprechen, doch der ist nicht auffindbar. Sie findet nur in ihrem Zimmer beim Bauern eine Bibel, die Wittgenstein dort für sie hingelegt hat. Im Hohelied der Liebe, bei

1\. Korinther 13, hat er einen Brief für sie hineingesteckt: »Die Liebe ist langmütig, die Liebe ist gütig. […] Sie erträgt alles, glaubt alles, hofft alles, hält allem stand.« Doch das ist für Marguerite zu viel Anspruch an eine Beziehung, die noch gar nicht begonnen hat. Und das mit einem Partner, der sich vor ihr versteckt. Sie legt die Bibel zur Seite und wandert und schwimmt im Fjord. In den langen hellen Nächten liegt sie wach auf dem Bett. Wartet, dass Wittgenstein von seiner Hütte zu ihr hinaufgestiegen käme. Aber er kommt nicht. Er hält sich bereits für »ein Schwein«, wie er in sein Tagebuch schreibt, weil er über ihren nackten Körper nur nachdenkt. Daraufhin reist sie unverrichteter Dinge ab. Auch eine Liebe kann verdorren.

*

Im Tessin ringt Ninon Dolbin derweil weiter um das Eheversprechen von Hermann Hesse. Sie wittert ihre Chance, denn Hesses Zürcher Mäzen H.C. Bodmer lässt ihm tatsächlich ein prachtvolles neues Haus am Luganer See errichten, inmitten wuchernder südlicher Pflanzen auf einem riesigen Grundstück voll Sonne und mit endlosem Blick Richtung Italien. Dieses neue Haus will sie nicht bloß als seine »Sekretärin« betreten (die sie de facto ist), sondern als seine Frau. Sie will ihn retten aus seiner Midlife-Crisis, aber sie merkt nicht, dass er sich gar nicht heraushelfen lassen will, weil aus dem Schmerz seine Schöpferkraft erwächst.

Ninon schreibt ihm in einem der »Hausbriefe« in der *Casa Camuzzi*, dass sie ihn nunmehr dringend um die Eheschließung bitte, aber: »Zwischen uns soll sie nichts bedeuten und nichts verändern. Es handelt sich um unsere Stellung gegenüber der Öffentlichkeit.« Hesse liest das, muss daraufhin seiner Lebenspartnerin jedoch erst einmal klarmachen, was es heißt, mit ihm, Hermann Hesse, zusammen sein zu wollen: »Ich brauche da in mir innen einen Raum, wo ich völlig allein bin, wo niemand und nichts hineindarf. Deine Fragen bedrohen diesen Raum. Du hast in letzter Zeit mehrmals das Tempo zerstört, in dem meine Seele lebt.«

Warum Hesse am Ende diese Zerstörerin seines Tempos und seines Friedens dennoch heiratet? Wir wissen es nicht. Und doch ist es eine Ehe voll geplanter Trennlinien: Ninon und Hesse besprechen mit dem Architekten, dass das neue Haus zwei Wohnbereiche haben muss – einen für Hesse, einen für Ninon. Es gibt zwei Eingänge, nur eine einzige Tür, oben zwischen den Badezimmern, verbindet die beiden Haushälften. Hesse bekommt eine Art Mönchszelle, mit Schlafraum und Arbeitszimmer und warmer Dusche. Diese Aussicht auf die Etablierung seiner Unabhängigkeit mag Hesse mürbe gemacht haben, vielleicht auch, dass ihn alle bedrängten zu heiraten, nicht nur

Ninon, sondern auch Bodmer, sein Hausbauer und freundlicher Mäzen, Katia Mann und nicht zuletzt sein Astrologe. Im Juni 1931 darf Ninon endlich ihren Mann Fred Dolbin um die Scheidung bitten, der erleichtert zustimmt (er wird im Jahr darauf selbst heiraten, seine langjährige Geliebte Ellen Herz).

Als die Scheidung vollzogen ist, bestellt Hermann Hesse das Aufgebot für den 14. November 1931 in Castagnola. Eine Hochzeit Mitte November also, bei zwei Grad plus, fiesem Wind aus Nordwest und leichtem Sprühregen. Da hängt der Himmel schon naturgemäß nicht voller Geigen. Am Tag vor der Hochzeit schreibt Hesse dementsprechend an seinen Freund Heinrich Wiegand: »Morgen Nachmittag gehe ich aufs Standesamt, um mir den Ring durch die Nase ziehen zu lassen. Es war Ninons Wunsch seit langem, und da sie jetzt das Haus so sehr hat bauen lassen etc. etc., kurz, es geschieht nun also.« Dann gehe »Ninon auf Hochzeitsreise«. Es geschieht also – wegen Ninons Unentbehrlichkeit und wegen »etc.«. Wer hätte Hesse, diesem Erfinder des traumverhangenen *Siddhartha*, diesem sonnengebräunten *Steppenwolf*, solch eine deprimierende Begründung für eine Heirat zugetraut? Am Abend vor ihrer Hochzeit darf Ninon für Hesse jedenfalls diesen Brief zur Post tragen. Es heißt, sie habe dabei geweint. Über die Trauung wissen wir nichts. Wir wissen nur, dass Hermann Hesse direkt danach, am 15. November, alleine zur Kur nach Baden fährt. Und dass Ninon Hesse, geborene Ausländer, geschiedene Dolbin, am 16. November tatsächlich alleine zu ihrer »Hochzeitsreise« aufbricht. Es geht per Schlafwagen nach Rom, zu den Göttern der Antike. Was für ein Trauerspiel.

*

Gunta Stölzl führt am Bauhaus in Dessau nicht nur die Werkstatt für Weberei, sondern in den Pausen auch einen Kinderwagen durch den kleinen Park davor. Ihr Mann Arieh Sharon ist weiterhin auf der Baustelle der neuen Gewerkschaftsschule in Bernau, und sie berichtet ihrem Bruder Erwin im Frühjahr 1930 von ersten Stimmungseintrübungen: »Sharon ist immer noch in Bernau, wir führen immer noch die weekend-ehe, das ist vielleicht für die Arbeit nicht schlecht, aber sonst so lala.« Das Klima in der Werkstatt wird unterdessen ungemütlicher, es wird eine Intrige gegen Gunta Stölzl gesponnen, sie soll aus ihrem Amt geekelt werden. Der neue Bauhausdirektor Mies van der Rohe steht unter Druck der rechtsgerichteten Dessauer Stadtregierung. Eine Studentin aus der Weberei, mit der Gunta Stölzl im Streit ist, beschwert sich bei der Stadt Dessau und greift sie »auf sexuellem Gebiet« an. Ob es sich um eine lesbische oder eine außereheliche Affäre handeln soll oder ob es um ihre Ehe mit einem Palästinenser geht, bleibt unklar, aber

Stölzl kündigt voller Wut und verlässt das Bauhaus. Allein ihre Tochter lenkt sie ab von ihren Ängsten und ihrem Zorn. Ihr Mann jedoch bricht nach Palästina auf, sein Pass ist abgelaufen, er hat kein neues Visum und er fährt los, um es dort erneuern zu lassen. Gunta Stölzl, die bayrische Katholikin, ist durch ihre Heirat mit Sharon auch keine deutsche Staatsangehörige mehr. Sie ahnt, dass das ein Problem werden könnte, der Dessauer Stadtrat wird zunehmend von der NSDAP dominiert, das Bauhaus ist ihnen ein Dorn im Auge. Im Sommer 1931 versucht Stölzl in Dessau ihre deutsche Staatsangehörigkeit zurückzugewinnen, aber es gelingt ihr nicht. Schon im November 1931 emigriert Gunta Stölzl mit ihrer zweijährigen Tochter in die Schweiz. Ihr Mann Arieh schreibt ihr in einem langen Brief, dass er auf der Reise nach Palästina jemanden kennengelernt habe. Er wisse noch nicht, wann er zurückkehren werde.

*

Lee Miller wird an der Hand von Man Ray in Paris zur Verkörperung der »Garçonne«. Ihre kurzen blonden Haare trägt sie unter einem Barett, dazu schlichte, eng anliegende Kleidung über einem muskulösen Körper, sie ist die moderne Frau, die nicht zufällig ihren berühmten Geliebten um zwei Köpfe überragt. Am Anfang ist sie wirklich seine gelehrige Schülerin, doch sehr bald beginnt sie selbst zu fotografieren und sich zu emanzipieren. Aus der Muse und dem Modell wird eine Künstlerin, die die Tricks des Meisters kennt, die weiß, wie er diese einmaligen Heiligenscheine in seine Fotografien schummelt und wie er mit dem Licht arbeitet, als sei es ein Pinsel. Ja, man kann bei manchen Fotografien der Jahre um 1930 nicht mehr sagen, wer da genau den Auslöser der Kamera betätigt hat, der Meister oder die Schülerin – und ob die nicht längst selbst zu einer Meisterin geworden ist. Aber eigentlich will Man Ray nur sie fotografieren, ihren Hals, ihren unendlichen Hals, ihre Augen, diese träge Eleganz ihrer Augenlider, ihre Brüste, klein, aber wie aus Marmor geformt, und dann immer und immer wieder: ihre Lippen. Diese Lippen machen ihn wahnsinnig. Schon wenn sie ungeschminkt sind. Aber wenn sie sie noch ein wenig roter malt, dann ist es nicht nur um ihn geschehen, sondern um alle, die ihr begegnen. Man Ray macht Lee Miller zur Ikone, so wie es ihm zuvor mit Kiki vom Montparnasse gelungen ist. Diesmal findet er auch den passenden Titel für sie: *La femme surréaliste*, wie er eine Fotografie von 1930 nennt, also »Die surrealistische Frau«.

Nachdem Man Ray und Lee Miller tagsüber gearbeitet haben, ziehen sie Abend für Abend durch die Straßen, sie gehen auf einen Drink in die *Jockey-Bar*, grüßen freundlich in Richtung James Joyce und Hemingway, ziehen weiter zu Jean Cocteaus Jazz-Club in der Nähe der Rue du Faubourg St. Honoré oder ins legendäre *Chez Bricktop*, den amerikanischen Nachtclub, wo sie beide zwischen zwei, drei Gläsern Rémy Martin zusammen zu Cole-Porter-Liedern tanzen. Wenn Man Ray Lee Miller im Arm hat und mit ihr, leicht betrunken, tanzt, dann kann er manchmal sein Glück kaum fassen. Sie hat ihm geholfen, Kiki völlig zu vergessen, seine erste große Muse.

Miller emanzipiert sich aber langsam von ihm. Es beginnt damit, dass ihr Vater Theodore sie in Paris besucht und Man Ray kopfschüttelnd mit ansehen muss, dass der Vater die Tochter tagelang nackt fotografieren darf, in den wildesten Posen. Nach dessen Rückreise nach Amerika fotografiert Miller dann Charlie Chaplin in ihrem Pariser Studio. Und beginnt eine Affäre mit ihm. Selten sei eine Frau so lustig gewesen wie sie, so hat Chaplin später gesagt, und das darf man ja wirklich als Kompliment auffassen. Chaplin nimmt sie im Dezember 1931 mit nach St. Moritz, wo sie die berühmte Nimet Eloui Bey fotografiert. Diese Dame wiederum genießt einen unwiderstehlichen Ruhm, da für sie Rainer Maria Rilke im Jahre 1926 im Garten von Duino angeblich jene Rose gepflückt hat, deren Dornen ihn so verletzten, dass er an der Blutvergiftung starb. In St. Moritz also posiert sie vor Lee Millers Kamera – und ahnt nicht, dass durch die Linse ihre größte Rivalin schaut. Denn ihr Gatte, der berühmte ägyptische Geschäftsmann

Aziz Eloui Bey, hat sich Hals über Kopf in Lee Miller verliebt. Und Lee Miller mit ihrem Vaterkomplex hat ein weites Herz für ältere Männer mit guten Manieren und dreiteiligen Anzügen.

*

Im Jahre 1931 wird nicht nur Erich Maria Remarques Antikriegsfilm *Im Westen nichts Neues* verboten, sondern auch Alfred Döblins Antiliebesstück *Die Ehe*. Dazu passt, dass auch Döblins Ehefrau seiner Geliebten Yolla verbietet, jemals in ihrem Leben die neue Wohnung der Döblins am Berliner Kaiserdamm zu besuchen. Alfred Döblin erleidet daraufhin einen Nervenzusammenbruch und fährt zur Kur.

*

Im Dezember bringt Richard Osborn zu einem Mittagessen bei Anaïs Nin einen Freund mit nach Louveciennes vor die Tore von Paris, er heißt Henry Miller. Osborn hat Nin zuvor ein paar Kapitel aus dem Manuskript von dessen Roman *Wendekreis des Krebses* geschickt, sie weiß also, wen ihr Anwalt da im Gepäck hat. Als beide gegangen sind, schreibt sie in ihr Tagebuch eine erste Vertraulichkeitserklärung: »Er ist ein Mann, der sich am Leben berauscht. Er ist wie ich.« Es ist der 42. Band ihres Tagebuch-Werkes, das ab diesem

Tag ganz diesem 41-jährigen Henry Miller gewidmet sein wird. Am 29. Dezember 1931 fährt er erneut nach Louveciennes hinaus zum Abendessen, doch diesmal hat er June dabei, seine Frau. Anaïs Nin steht oben am Fenster ihres Hauses, und als sie die junge Amerikanerin den Vorgarten betreten sieht, bleibt ihr die Spucke weg. Sie ist schockverliebt, kann es aber natürlich nicht zeigen, das übernimmt ihr Chow-Chow Ruby, der sich während des gesamten Abendessens balzend an Junes Beinen reibt.

Am 6. Januar 1932 trifft Anaïs Nin erstmals June Miller alleine. Sie ist wie von Sinnen, da sie durch Henry von Junes lesbischen Affären weiß. Sie trifft June erneut am 11., am 12., am 14. und am 18. Januar, sie kaufen Kleider in Paris, sie gehen in Cafés, sie küssen sich ein wenig, wenn niemand schaut. Anaïs bittet June, ihr zu erzählen, wie Frauen miteinander schlafen. Da June fast genauso pleite ist wie Henry, ist sie dankbar, dass ihre Verehrerin Anaïs anfängt, ihr Unterwäsche zu kaufen. Am 19. Januar verlässt June mit Koffern voll neuer Dessous Hals über Kopf Paris. Hugo Guiler, Anaïs' Mann, der schon glaubte, seine Frau an eine andere Frau verloren zu haben, ist kurzzeitig erleichtert – doch schon am 20. Januar bricht die Welt vollständig für ihn zusammen, denn Anaïs lädt Henry ein, über Nacht bei ihnen zu bleiben. Darauf schreibt Hugo abends in sein Tagebuch, das er überhaupt nur führt, weil Anaïs ihn dazu zwingt: »Dieses Leben scheint mir die Hölle zu sein.« Für seine Ehefrau hingegen geht der Himmel auf. Nach Junes Abreise konzentriert sie sich im Laufe des Frühjahrs ganz auf Henry – und er sich auf sie.

*

In Dresden wird Victor Klemperer, der konvertierte Jude, gemeinsam mit seiner Frau zunehmend aus dem Leben der Universität und dem der Gesellschaft ausgegrenzt. Er notiert am 5. April 1932: »Nur noch Angst um Eva und mich. Ich kann nicht mehr fühlen.« Er lebe, so sagt er, »mit ihr in Gefangenschaft«. Sie haben nur noch eine Hoffnung: Sie brauchen ein Haus. Auf ihren Spaziergängen finden sie ein Grundstück, an einem Hang über Dresden. Am Kirschberg 19. Als sie dort vorbeikommen, blühen tatsächlich die Kirschen. Hier könnte vielleicht alles besser werden.

*

Was für ein Frühlingstraum – oben die Kette der schneebedeckten Berge, unten der See mit seinem tiefen Blau, an den Promenaden die Palmen, deren Blätter im Wind das ewige Lied vom Süden singen. Im April 1932 ist Erich Maria Remarque endgültig in Porto Ronco eingezogen. Das Frühjahr beginnt früher hier und der Herbst endet später, alles ist eine Spur weicher als im fernen, nördlichen Berlin, auch die Luft. Und in den engen Straßen und auf der Piazza benehmen sich alle eine Spur eleganter. Erich Maria Remarque, dem Dandy unter den großen Schriftstellern der Weimarer Republik, gefällt es auch deshalb besonders gut hier, er liebt diese Grandezza, mit der man in Ascona an der Bar steht und die Wolken über den See fliegen. Hier will er bleiben. Hier fühlt er sich das erste Mal ein klein wenig behütet. Vom Schreibtisch aus blickt er hinunter auf den See, dessen Wasser in Sekundenschnelle von einem tiefen Türkis in ein jähes Blau wechseln kann, er sieht die Palmen, die üppigen Rhododendren, deren Wurzeln sich in den langen Regenwochen im Herbst voll Wasser saugen, um diese Kraft im nächsten Frühling in einem rosaroten Blütenmeer zu verschwenden. Zwei Spaziergänge macht Remarque jeden Tag, morgens, für den ersten Espresso einen zum *Café Verbano*, nachdem er sich beim Barbier hat rasieren lassen, den zweiten abends, für den letzten Drink in der Bar des Hotels *Schiff*. Er läuft dann nach Hause durch die Wärme, die sich zwischen den Bergen staut.

*

Die phänomenalen Erfolge der *Dreigroschenoper* und von *Aufstieg und Fall der Stadt Mahagonny* haben Kurt Weill reich gemacht, obwohl er noch viel reicher sein könnte, doch Bertolt Brecht, der glühende Antikapitalist und kühle Verhandler, hat sich den Löwenanteil gesichert. Der kleine Teil des Tantiemenregens der *Dreigroschenoper* reicht immerhin für ein schönes Haus in Kleinmachnow vor den Toren Berlins. Verheiratet ist er ja mit Lotte Lenya, dem schillernden Star seiner Lieder, mit ihrer heiseren Stimme und ihrer Frivolität, die nie ins Vulgäre kippt. Aber Weill weiß, dass seine Ehefrau nicht einzufangen ist, zwar kann er sich immer ihrer Bewunderung sicher sein, aber nie ihrer Treue.

Nichts ist so schwer wie das: die Liebe der eigenen Frau zu gewinnen.

Aber eigentlich ist es im Moment, wenn er ehrlich ist, viel weniger anstrengend und auch erfüllender, Zeit mit Erika Neher zu verbringen, der Frau des Bühnenbildners Caspar Neher, der sich endlich öffentlich als Homosexueller geoutet und seine Frau dadurch freigelassen hat. Die genießt das jetzt in vollen Zügen und auf Kurt Weills Kanapee. Lotte Lenya zieht deshalb erst gar nicht mit um nach Kleinmachnow, sie hat Besseres zu tun. Am wichtigsten ist Weill, dass Harras sich dort wohlfühlt, sein geliebter Schäferhund.

Im April 1932 fährt Lotte Lenya mit ihrem Gatten beruflich nach Wien – sie proben für die dortige Premiere des *Mahagonny*-Stückes. Als sie dabei das erste Mal den jungen Tenor Otto von Pasetti singen hört, ist es um sie geschehen. Sie vergisst völlig, dass unten vor dem Orchestergraben ihr Mann sitzt. Auf der Bühne trifft sie der Schlag der Liebe. Otto ist ein hochgewachsener Schönling, eitel, selbstgewiss und mondän. »Bis auf sein gutes Aussehen«, so bilanziert Hans Heinsheimer, der Wiener Regisseur des Stückes, »gibt es nur wenig Bemerkenswertes über ihn zu erzählen.« Doch Lotte Lenya sucht sehr eifrig danach – schon nach wenigen Tagen sind die beiden ein Paar, verbringen jede freie Minute zusammen, Kurt Weill reist leicht bedröppelt zurück nach Berlin. Und Pasetti trennt sich für die Seeräuber-Jenny, die da aus Berlin zu ihm hinübergesegelt kam, sofort von Frau und Kind. Schnell haben Lotte Lenya und Otto von Pasetti neben dem Sex auch ein zweites gemeinsames Hobby gefunden: das Glücksspiel. Nach sechs umjubelten Aufführungen der *Mahagonny*-Oper reist sie mit Pasetti an die Riviera, um in den dortigen Spielcasinos ihr Glück, so sagt man ja zu Recht, zu versuchen. In die Listen der Hotels von Monte Carlo trägt sich Lotte Lenya, verheiratete Weill, als Karoline Pasetti ein.

Der erfolgreichste deutsche Ratgeber des Jahres 1932 erscheint im Mosse Verlag und heißt *Muss man sich denn gleich scheiden lassen?*. Lotte Lenya liest ihn mit viel Vergnügen an der Riviera – und empfiehlt das Buch ihrem Gatten in Kleinmachnow zur Lektüre.

*

Das Zusammenleben zwischen Josef von Sternberg und Marlene Dietrich in Hollywood wird zunehmend schwierig, beide lernen sich langsam kennen, er findet sie zu kapriziös, sie ihn zu fordernd. Er muss sich in seine Phantasie zurückziehen, um sie tagsüber vor der Kamera wieder groß werden zu lassen, da er sie zu oft abends beim Zähneputzen gesehen hat. Er muss sich anstrengen, um sie zu dem zu machen, was der Titel ihres letzten Stummfilms verkündet hat: *Die Frau, nach der man sich sehnt.*

*

Auch das Jahr 1932 verbringen Simone de Beauvoir und Jean-Paul Sartre vor allem getrennt. Er hat eine Lehrerstelle in Le Havre bekommen, sie in Marseille, sie sind also achthundert Kilometer voneinander entfernt, Frankreich ist groß. Simone de Beauvoir verlebt sehr unglückliche Monate, sie versucht, sich den Frust mit ständigen Wanderungen durch die Berge an der Küste zu vertreiben. Sie weiß, dass sie mit Sartre einen Pakt geschlossen hat, der auf Aufrichtigkeit, nicht auf Leidenschaft beruht. Aber sie hat schwer daran zu knabbern. Selbst Sartre fängt an zu bemerken, dass nicht nur Simone ihn braucht, sondern auch er sie. Wenn er mittwochs Schulschluss hat, dann rennt er in die Garderobe, um Mantel und Tasche zu holen und den frühen Zug nach Marseille zu erwischen, Donnerstag war immer frei. Und wenn dann die Sonne scheint über dem Mittelmeer und sie einen Abend lang in einer Hafenkneipe sitzen und Wein trinken und Austern essen und philosophieren, dann haben beide das Gefühl, dass es vielleicht doch etwas werden könnte mit ihrem besonderen Pakt. Nur wenn Sartre anfangen will, von seinen aktuellen Affären zu erzählen, dann muss Simone de Beauvoir Haltung bewahren, vor allem auch, weil sie da bislang nichts Nennenswertes vorzuweisen hat.

*

Im neuen Heim des Ehepaares Lion und Marta Feuchtwanger in der Mahlerstraße im Berliner Westen tragen sich im Jahre 1932 ausschließlich Paare in problematischen ehelichen Umständen ins Gästebuch ein – als da wären: Franz und Helen Hessel, Bertolt Brecht und Helene Weigel, Walter und Ise Gropius, Alfred und Erna Döblin. Sie alle fühlen sich bei den Feuchtwangers gut aufgehoben, denn diese pflegen sehr leidenschaftlich das, was man eine »offene Ehe« nennt. Von Liebe ist bei den beiden eigentlich nie die Rede, von Trennung aber auch nicht. Sie haben zwei Schlafzimmer, und die nutzen sie auch.

*

Unsere Probleme reisen mit uns, auch wenn wir zurückkehren in die alte Heimat. In Montgomery, in der Nähe ihres Elternhauses, bricht bei Zelda Fitzgerald die Schizophrenie wieder auf, Scott, ihr Mann, ist inzwischen in Hollywood, wo er versucht, als Drehbuchschreiber Geld zu verdienen. Sie kommt erneut in eine Klinik, lächelt erneut ihr sinnloses Lächeln, schreit, tobt, versucht sich umzubringen – und schreibt dann ein Buch, um sich selbst zu beruhigen: *Schenk mir den Walzer,* so sein fast rührender Titel für die Schilderungen ihrer Leidenszeit in Paris und der Schweizer Klinik. Doch ihr Mann F. Scott Fitzgerald verliert die Fassung, als er das Buch liest. Er kann nicht glauben, dass Zelda es wagt, diese Erinnerungen zu literarisieren. Das sei allein seine Aufgabe, so schreibt er ihr, er sei »der professionelle Romancier«. Sie habe Unrecht getan, denn: »Du hast die Krümel aufgesammelt, die ich vom Mittagstisch habe fallen lassen und sie in Bücher gesteckt …« Aber: »Alles, was wir gemacht haben, gehört mir.« Es sind brutale Briefe, Tobsuchtsanfälle, Scott Fitzgerald verteidigt sein Revier und verletzt seine Frau dabei tödlich. Bestimmte Themen müssten für ihr Schreiben absolut tabu sein, nämlich: die Krankheit, die Sanatorien, die Côte d'Azur, die Schweiz, die Psychiatrie. Denn, so F. Scott Fitzgerald: »All dieses Material gehört mir. Nichts davon ist dein Material.« Unfassbar. Einer Kranken wird die Deutungshoheit über die eigene Krankheit entzogen. Und noch unfassbarer: Aus dieser entzogenen Deutungshoheit über die Krankheit, aus diesem »Material«, also den Sanatorien, der Côte d'Azur, der Schweiz und der Psychiatrie, wird F. Scott Fitzgerald mit *Zärtlich ist die Nacht* einen Jahrhundertroman zaubern.

*

Es geht aber auch anders: »Geliebt wirst du einzig, wo du schwach dich zeigen darfst, ohne Stärke zu provozieren.« Das erlebt Theodor Adorno. In der innigen Liebe von Gretel Karplus, dieser so schönen wie stolzen Frau. Da kann man nur sagen: Herzlichen Glückwunsch.

*

Anaïs Nin mietet für Henry Miller und seinen Freund Alfred Perlès im Sommer 1932 eine Wohnung im Arbeiterviertel von Clichy. Sie kauft ihm Teller, Besteck, Möbel und Schallplatten von Johann Sebastian Bach, weil er den so liebt. Für Miller beginnt eine Zeit »wie im Paradies«. Fast täglich kommt seine Eva zu ihm, reicht ihm den Apfel, und sie genießen die Sünde. *Stille Tage in Clichy* wird Miller das Buch über seine Zeit vor der Vertreibung aus dem Paradies später nennen.

*

Was ist der unwahrscheinlichste Ort, an dem man sich Walter Benjamin vorstellen kann, diesen städtischen Intellektuellen, diesen jüdischen Geistmenschen, Autor des Buches *Ursprung des deutschen Trauerspiels* und der avantgardistischen Großstadttexte der *Einbahnstraße*, dessen dunkle Augen hinter zentimeterdicken Brillengläser hervorblitzen? Und was ist zudem der Ort, an den man sich eher nicht begeben sollte, wenn man von seiner Drogensucht loskommen will und gerne vor dem kleinsten Sonnenstrahl in das schützende Kühl des Arbeitszimmers flüchtet? Richtig: Ibiza. Genau dorthin aber reist Walter Benjamin im April 1932. Es wird einerseits natürlich eine Fortsetzung seines deutschen Trauerspiels – und seiner Einbahnstraße. Aber andererseits ist das Leben, wie wir wissen, nicht unbedingt logisch. Und so beginnt Walter Benjamin, verarmt, verzweifelt und verloren, viele tausend Kilometer entfernt von seinem geliebten Berlin, genau dort, also inmitten der seinerzeit noch völlig vergessenen, primitiven, vor sich hin dämmernden Mittelmeerinsel, mit der Arbeit am Manuskript seines großen Buches *Berliner Kindheit um 1900*. Als ihm sein Berliner Freund Felix Noeggerath von seinem Haus auf der Insel erzählt, packt Benjamin seine Sachen, bittet Freunde um Reisegeld und fährt einfach los, wenig im Gepäck außer seinem Manuskript für die *Berliner Chronik* und einigen Krimis von Georges Simenon, die er auf Deck liest, nachdem er am 7. April in Hamburg den Frachter *Catania* Richtung Valencia bestiegen hat. Als er zwölf Tage später, am 19. April 1932, einem Dienstag voll hellster Sonne, im Hafen von Ibiza-Stadt an Land geht, hat er keine Ahnung, wohin er geflohen ist – er weiß nur, wovor. Vor den inneren Dämonen nämlich, die ihn zum Selbstmord verführen wollen, seinen unsicheren Berufsaussichten, seinem verpatzten Liebesleben, dem Antisemitismus, der wie die ersten Windböen kurz vor dem Sturm durch die Berliner Straßen zieht. Mit Hilfe der Noeggeraths findet er ein schlichtes Haus, *Ses Casetes*, in San Antonio, aus seinem Arbeitszimmer hat er einen herrlichen Blick auf das blau leuchtende Meer. Benjamin ist hingerissen von der archaischen Architektur, dem gemächlichen Gang des bäuerlichen Lebens, das seit Jahrhunderten unverändert scheint, er bewundert die Insel und ihre Bewohner für »ihre Gelassenheit und Schönheit«. Plötzlich steht Benjamin, der in Berlin und Paris wegen seiner Depressionen nie aus dem Bett gekommen ist, jeden Tag um sieben Uhr auf – und geht die paar Schritte hinunter zum Strand, um zu baden, dann lehnt er sich mit einem Buch in den Händen an eine Pinie am Strand. Wenn es am späten Vormittag zu warm wird, geht er ins Haus, liest und schreibt dort, wie er Margarete Karplus berichtet, seiner Herzensfreundin, die sich leider gerade entscheidet, seinen Freund Adorno zu heiraten. Es gibt auf Ibiza zwar kein elektrisches Licht und keine

Zeitungen, aber dafür plötzlich Zeit und Freiheit, und Benjamin versteht es zunächst, das zu genießen. Ganz erheblich trägt dazu eine junge Deutschrussin bei, Olga Parem, die in San Antonio eingetroffen ist und die er im Jahr zuvor bei seinem Freund Franz Hessel kennengelernt hat. Sie berichtet etwas, das man mit Benjamin nicht verbindet – was aber doch zeigt, was Liebe anrichten kann: Er lacht. Und er lacht die ganze Zeit, wenn sie zusammen sind. »Sein Lachen«, so erzählt Olga Parem, »war zauberhaft; wenn er lachte, ging eine ganze Welt auf.« Auch Benjamin muss von dem eigenen Lachen, diesem unverhofften Glück am Strand von Ibiza, so überwältigt gewesen sein, dass er sich heftig verliebt. Sie küssen sich, sie überreden einen Fischer, dass er sie mit seinem Boot mit hinausnimmt auf hohe See, allabendlich besteigen sie daraufhin den kleinen Segler und fahren an der Küste entlang, in den endlosen Sonnenuntergang hinein. Walter Benjamin glaubt, seine Rettung gefunden zu haben. Doch je mehr Olga bewusst wird, dass sie hier einen Stürzenden in Armen hält, umso mehr entzieht sie sich, und Benjamin vergeht bald das Lachen. In einem wahnwitzigen Versuch fragt er Olga Parem nach vier Wochen, ob sie ihn auf Ibiza heiraten wolle, doch sie lehnt ab. Erst halb, dann ganz.

Und je höher die Sonne steigt über der kleinen vergessenen Insel im Mittelmeer, umso dunkler wird es in Benjamins Seele. Immer panischer blickt er nach dem abgelehnten Heiratsantrag auf den herannahenden 15. Juli – seinen vierzigsten Geburtstag. Er hat große Angst, Bilanz zu ziehen – und so wenig auf der Habenseite verbuchen zu können. Er versucht noch einmal, Olga auf dem Segler von seiner ewigen Liebe zu überzeugen. Vergeblich. Benjamin stürzt in die Verzweiflung und schreibt an seinen Freund Gershom Scholem, er wolle seinen vierzigsten Geburtstag in Nizza feiern, und zwar mit einem »skurrilen Burschen«. Offenbar meint er damit den Gevatter Tod. Doch zu seinem Geburtstag will sie noch einmal kommen. Deshalb raucht er am 13., 14. und 15. Juli mit Jean Setz, den er flüchtig kennt, solche Mengen an Haschisch, dass er den Jubeltag im völlig vernebelten Zustand erlebt – und damit also auch überlebt. Am 17. Juli dann besteigt er um Mitternacht die Fähre nach Mallorca und fährt von dort nach Nizza. Die Nacht ist heiß, kein Hauch weht vom Meer heran, der Himmel wolkenverhangen, unbeweglich, aussichtslos. Walter Benjamin verlässt Ibiza in der Absicht, sein Leben zu beenden. In Nizza, im *Hôtel du Petit Parc*, macht er dann tatsächlich sein Testament. Er sitzt in seinem ärmlichen Pensionszimmer, die Hitze steht im Raum, er kann nicht schlafen, die Nacht leckt an den dreckigen Wänden. Wenn es dunkel wird, nimmt die Klugheit zu, das weiß er. Aber die Unklugheit auch. So bleibt sich alles gleich. Nur dunkler wird es. Benjamin setzt sich wieder an den Tisch und feilt an seinem

Testament. Er vermacht Elisabeth Hauptmann, der Mitarbeiterin und Geliebten Brechts, einen silbernen Dolch. Sonst hat er wenig zu vererben. Nur den *Angelus Novus*, das Aquarell von Paul Klee, das er später zum »Engel der Geschichte« umdeuten wird, den vermacht er seinem Freund Gershom Scholem. Dann schreibt er Abschiedsbriefe, darunter an seine erste große Liebe, Jula Cohn: »Du weißt, dass ich dich einmal sehr geliebt habe. Und selbst im Begriffe zu sterben verfügt das Leben nicht über größere Gaben, als die Augenblicke des Leidens um dich ihm verliehen haben.« Wir wissen nicht, wie es Walter Benjamin gelingt, nach dem Testament, nach den Abschiedsbriefen, nach diesen Augenblicken des Leidens in seinem trüben, heruntergekommenen Hotelzimmer am drückend schwülen und wolkenverhangenen 27. Juli 1932 in Nizza wieder neuen Lebensmut zu fassen. Aber er fasst ihn. Der *Angelus Novus*, sein Schutzengel, kann ihn noch einmal retten vor sich selbst.

*

Und was macht Hermann Hesse in diesen stürmischen, heißen Monaten des Sommers 1932? Er zieht seine Leinenhose an, sein leichtes Hemd, sieht aus wie einer der schwerelosen Bewohner des Monte Verità einen See weiter, und er jätet Unkraut, stundenlang. Ja, so schreibt er im Juli 1932, »dieses Unkrautjäten füllt meine Tage aus, dabei ist es vollkommen rein von materiellen Antrieben und Spekulationen, denn die ganze Gartenarbeit bringt im Ganzen kaum drei, vier Körbchen Gemüse. Dafür hat die Arbeit etwas Religiöses, man kniet am Boden und vollzieht das Rupfen, wie man einen Kult zelebriert, nur des Kultes wegen, der sich ewig erneuert, denn wenn drei, vier Beete sauber sind, ist das erste schon wieder grün.« So gibt sich Hesse, dieser Weltflüchtling, einfach dem Kreislauf der Jahreszeiten hin.

*

Im Sommer 1932 veröffentlicht Kurt Tucholsky in der *Weltbühne* das folgende Gedicht: »Lebst du mit ihr gemeinsam – dann fühlst du dich recht einsam. Bist du aber alleine – dann frieren dir die Beine.« Da ist er gerade wieder im Tessin, jenem so überaus behaglichen Ort am tiefblauen Lago Maggiore im Schatten der Alpen, den er durch sein »Lottchen« Lisa Matthias lieben gelernt hat. Die Dame aber ist, anders als der Landstrich, inzwischen Geschichte – in der Schweiz kümmert sich Hedwig Müller, eine Ärztin aus Zürich, hingebungsvoll um sein körperliches und seelisches Wohlbefinden, so sehr, dass er fast überlegt, ganz in die Schweiz überzusiedeln, weil er spürt, dass für ihn, den publizistisch renitenten jüdischen Autor, die Luft in Berlin immer dünner wird, seit die Nazi-Presse gegen ihn zu hetzen begonnen hat. Ihr Vorname »Hedwig« ist ihm ein wenig zu sperrig, drum nennt er sie »Nuuna«. Er muss den Damen, die er erwählt, immer Spitznamen geben, erst dann werden sie zu seinen eigenen Schöpfungen.

*

Für den Liebesfilm *Stürme der Leidenschaft*, der Anfang 1932 in die deutschen Kinos kommt, schreibt Friedrich Hollaender das Lied: »Ich weiß nicht, zu wem ich gehöre«. Die Menschen pfeifen es, wenn sie nach dem Film auf die Straße treten. Es ist die Hymne einer inneren Unentschiedenheit, dem immer größer werdenden äußeren Zwang zur Entschiedenheit zum Trotz. Hollaender selbst hat sich 1932 endlich entschieden: Er wählt Hedi Schoop, Sängerin und Tänzerin in seinem Berliner *Tingel-Tangel*-Theater zur Frau. Die zwei letzten Revuen, die Hollaender und Schoop im *Tingel-Tangel* auf die Bühne bringen, tragen die bezeichnenden Titel *Höchste Eisenbahn* und, kurz vor der Schließung, *Es war einmal*.

*

Charlie Chaplin beantwortet die Frage, zu wem er gehöre, im Juli des Jahres 1932 überraschend mit: Paulette Goddard. Nach einigen Ehen, einigen Kindern und zahllosen Affären in Hollywood und dem Rest der Welt lernt er die 22-jährige Schauspielerin auf der Yacht eines Freundes kennen. Sie lacht über seine Witze, das kennt er. Aber sie interessiert sich auch für sein Herz, das kennt er noch nicht. Ihn stören nur ihre Haare, er hasst das modische Platinblond, das zur Sehnsuchtsfarbe Hollywoods geworden ist. Als Paulette wieder eine Brünette ist, küsst er sie sogar öffentlich, am 19. September am Flughafen in Los Angeles, bevor er nach New York aufbricht. Das Foto ist am Tag darauf in allen Zeitungen der Welt. Irgendwann später wird Paulette Goddard dann Erich Maria Remarque heiraten. Aber so weit sind wir noch nicht.

*

Und Erich Maria Remarque ebenfalls nicht. Er erfährt in diesem Sommer 1932 erst einmal, dass seine großen inneren Zerwürfnisse, seine Schwebezustände leider mit in die Schweiz emigriert sind. Ja, auch an einem der schönsten Orte Europas, in der warmen Bucht von Ascona, im sonnendurchfluteten Delta des Flusses Maggia, mit Tausenden von Franken auf seinem Konto und mit sehr vielen van Goghs und Renoirs und Monets an den Wänden, gelingt es ihm, nicht glücklich zu sein. Auch im Süden nichts Neues. Er kommt natürlich auch nicht wirklich von seiner Frau Jutta los – und sie vor allem nicht von ihm. Und er kommt seiner neuen Geliebten Ruth nicht wirklich nah. Sie kämpft einen ganzen Winter und einen ganzen Frühling lang um seine Liebe, ist wütend, dass er sich nicht lösen kann von seiner geschiedenen Gattin. Sie schreibt ihm: »Du hast nicht das Recht, zwei Menschen zu besitzen. Ich habe nicht mal einen halben.«

Er schreibt ihr darauf einen zerknirschten Brief aus seinem Haus in Porto Ronco, das ja ebenjene Ruth für ihn gefunden hat. Er weiß ja, dass er nicht das mitzuteilen hat, was sich die Adressatin, die sich vor zwei Jahren für ihn scheiden ließ, erhofft. Er gesteht: »Ich habe das Gefühl, auf einer Eisscholle zu treiben, die langsam schmilzt. Ich kann sagen: Ja, vielleicht kann ich nicht lieben, aber wer wünschte mehr als ich, es zu können. Ja, ich kann nicht so lieben, wie du es willst und brauchst.« Wie traurig das doch ist. Im August 1932 zerbricht die junge Liebe zwischen Erich Maria Remarque und Ruth Albu. Er beginnt, noch mehr zu trinken. Sie beginnt ein neues Leben – und schreibt ihm zum Abschied: »Du möchtest lieben, aber nie wirst du die Liebe kennen.«

*

Eine sehr ungewöhnliche Liebeskonstellation finden wir in diesem Sommer an der Riviera – hier gehen Abend für Abend Lotte Lenya und ihr neuer Geliebter, der blonde Tenor Otto von Pasetti, in die Casinos. Und jeden Morgen hat Otto, wie er ihr sagt, eine neue »todsichere« Methode für den Roulettetisch gefunden. Leider verliert er mit jeder neuen Methode. Doch jeden Tag aufs Neue glaubt Lotte Lenya ihm. Ist das nicht rührend? Und woher kommt das Geld, das sie da Abend für Abend verjubeln? Es kommt aus Kleinmachnow bei Berlin, von Lottes Ehemann Kurt Weill.

*

Noch einmal fährt die Familie Mann im Sommer 1932 nach Nidden auf die Kurische Nehrung, um das neue Ferienhaus zu genießen. Aus seinem Arbeitszimmer blickt Thomas Mann weit hinaus übers Haff, der Wind kräuselt die Wellen, die Haubentaucher unten am Ufer spielen ihr ewiges Auf und Ab. Aber könnte – so denkt er beim Blick auf die Haubentaucher – auch einmal etwas untergehen, ohne an anderer Stelle wieder aufzutauchen? Er schreibt an einem Essay über die aktuelle politische Situation. Selbst hier oben, im nordöstlichsten Zipfel des Reiches, hat sich das Klima radikal verschoben. Bei der Reichstagswahl in Königsberg hat der Mob der SA die politischen Gegner gejagt und ermordet. Thomas Mann schreibt an seiner Anklageschrift »Was wir verlangen müssen«. Ihm wird das zunehmend klarer, seit er kurz nach seiner Ankunft an der See in seinem Briefkasten in Nidden ein seltsames Paket entdeckt hat. Es war ein verbranntes Exemplar seines Buches *Buddenbrooks*, ihm anonym übersandt als »Strafe« dafür, dass er öffentlich vor dem heraufziehenden Nazi-Regime gewarnt hat.

Auch Lion Feuchtwanger und seine Frau Marta sind in diesem August nach Ostpreußen gekommen, hier zu den kühnen, unendlichen Dünen der Nehrung. Einmal sehen sich die beiden Paare am Strand, doch Katia Mann habe bewusst weggeguckt, wie Lion Feuchtwanger abends beleidigt in seinem Tagebuch notiert. Sie sind unerwünscht am Hofe der Manns (ein Jahr später, an einem anderen Meer, wird sich die Begegnung nicht mehr vermeiden lassen). Die Feuchtwangers reisen daraufhin am nächsten Tag zurück nach Berlin, der faule Gatte lobt seine Frau, die die ganze Strecke ohne Pause bravourös zurückgebrettert ist. Er konnte neben ihr dösen. So etwas imponiert ihm.

Anfang September müssen auch die Manns zurück nach München, für die beiden Jüngsten beginnt die Schule. Am letzten Abend, als sie alle die Sonne bestaunen, die wie eine schäumende goldene Kopfschmerztablette sprudelnd im Meer versinkt, haben sie schon wieder einen Schal an. Am nächsten Morgen besteigen sie die Fähre nach Crantz, sie blicken sich noch einmal um, sehen ihr blaues Haus oben auf der Düne, winken dem Personal am Steg zu, den Dorfbewohnern, die ihren berühmtesten Gast und seine Familie verabschieden, diesmal hebt sogar Thomas Mann kurz die Hand zum Gruß, verunsichert fast, als ob er ahnt, dass er sein eigenes Haus in Nidden an der Kurischen Nehrung nie wiedersehen wird in seinem Leben.

*

Nur ein Mensch kann Josef Stalin in die Flucht schlagen: Nadja, seine Frau. Wenn sie zornig wird, auf seine Affären, auf seine Allüren oder weil sie nicht fassen kann, dass er Millionen Menschen in der Ukraine verhungern lässt, dann schließt er sich im Badezimmer in ihrem Sommerhaus in Sotschi ein. Setzt sich auf den Rand der Badewanne und lässt sie draußen Zeter und Mordio schreien: »Du quälst deine Frau, deinen Sohn und das ganze russische Volk.« Da dreht er lieber noch einmal den Schlüssel um. Einer der größten Massenmörder der Menschheit verbarrikadiert sich in seinem Badezimmer, aus Angst vor seiner wütenden Frau.

Als sie drei Jahre alt war, da hat er sie aus dem Schwarzen Meer gerettet, in das sie gefallen war. Als sie dann sechzehn wurde, verliebte sie sich in ihren Retter, der gerade abgemagert aus der sibirischen Verbannung zurückgekehrt war. Aber als ehemaliger Chorknabe konnte er ihr Arien aus dem *Rigoletto* vorsingen, das faszinierte sie. Manchmal schrieb er ihr auch später: »Liebe Tatka, ich vermisse dich so schrecklich. Tatotschka, ich bin so einsam, bleib nicht so lange fort.« Aber das legt sich. 1920 wird ihr Sohn Wassili geboren, 1926 ihre Tochter Swetlana, zehn weitere Schwangerschaften muss sie auf Stalins Wunsch abtreiben. Ihre Krankenakte wird so in den Goldenen Zwanzigern immer dicker, ständige Unterleibsschmerzen, fürchterliche Migräne, schwere Depressionen, Angstzustände. Die Ärzte versuchen, sie mit Koffeintabletten zu beruhigen, sie bewirken das Gegenteil. Man darf ihren Zustand im Jahre 1932 also per historischer Ferndiagnose als manisch-depressiv bezeichnen. Ein inneres Schwarzes Meer.

Es hilft dabei sicher wenig, dass Stalin von Geburt an genauso impulsiv und dünnhäutig und stolz ist wie seine Frau. Doch zwischen allen Wutausbrüchen und Dramen geloben sie einander immer wieder ewige Liebe. Ein unmögliches Paar also, beide egozentrisch, von herablassender Kühle und voll innerer Glut. Einander vielleicht zu ähnlich, um dauerhaft miteinander Glück erleben zu können. Aber wo Stalin grausam werden kann und wird, da verliert sich Nadja im Dunkel der Depression.

*

Was für ihn die Hölle sei, fragt ihn Simone de Beauvoir kurz vor dem Einschlafen, die Zähne sind schon geputzt. Da richtet sich Sartre noch einmal im Bett auf und sagt: »Die Hölle – das sind andere Leute, bevor man seinen ersten Kaffee getrunken hat.« Als sie leicht säuerlich schaut, ergänzt er: »Ich habe von anderen Leuten gesprochen, nicht von dir, Simone. Bonne nuit.«

*

Nicht einmal Céline, das kälteste Herz und der größte Antisemit der französischen Literatur, kann den ganzen Tag über hassen. Zwischendurch liebt er kurz, oder er tut zumindest so. Louis-Ferdinand Destouches, wie er mit vollem, eigentlich viel zu melodiösem Namen heißt, ist der Sohn eines prügelnden, irrlichternden Finanzbuchhalters und einer emotionslosen, verstörten, von Reinlichkeit besessenen Kurzwarenhändlerin, ist also das Ergebnis des Dramas einer gnadenlosen Kindheit in prekärsten Verhältnissen. »Du hast ja gar kein Herz«, sagt seine Mutter zu ihm, als er es traumatisiert verschlossen hat. Da weiß Céline: »Der wahre Hass kommt von ganz tief unten, er kommt aus der Jugend, der wehrlos beim Schuften verlorenen, aber der ist dann so, dass man daran krepiert.« Das Sanfte und Weiche in ihm sind also schon gestorben, bevor zwei verirrte Kugeln des Ersten Weltkrieges in seiner Seele und seinem Kopf neue Wunden hinterlassen haben, aus denen ein Leben lang Blut und Eiter quillt. Und in seinem Ohr ein Tinnitus, auch er lebenslang, seit eine Granate direkt neben ihm im Schützengraben explodiert ist. Seine Augen, die schon als Kind zu viel gesehen haben, ließen ihn Arzt werden und dann, in den vermeintlich Goldenen Zwanzigern, jene *Reise ans Ende der Nacht* erkennen, die ihn berühmt machen sollte. Eine einzige Apokalypse, voll Seuchen, fauligen Wunden der Sprache der Gosse, ein Debütroman voll hämmernder Wut und einer schwindelerregenden Prosa, deren Sätze manchmal in sich zusammenbrechen, als seien sie in einen Kugelhagel geraten.

Heldentum wird hier als blanke Gewalt geschildert und Feigheit als letztes Rückzugsgebiet des Humanen. Als Céline, der als Armenarzt in Clichy arbeitet, seinen großen Antikriegsroman im Frühjahr und Sommer 1932 gerade abschließt, versucht er, sich vom Schmutz und dem Abschaum des Buches durch das Pflegen von Affären notdürftig zu reinigen. Widmen wollte er sein Buch eigentlich der amerikanischen Tänzerin Elizabeth Craig, mit der der hagere Kauz seit einiger Zeit liiert ist, doch als er die Druckfahnen korrigiert, überlegt er, ob er es nicht doch lieber den gerade neu hinzugekommenen Damen widmen soll. Ein Scheusal auf der Pirsch, einer, der mit jeder Frau, die er »nett« findet, auch schlafen will.

Angst ist das Thema seines Romans, blanke, panische, herzrasende Angst. In seinen Liebesbriefen, die er parallel schreibt, spielt er den Unerschrockenen, versucht es zumindest. Die Tonlage darin ist immer die gleiche: Ekstase über den jeweiligen »Popo«, dazu wüste Beschimpfungen des Jüdischen und des Kommunistischen, herrschsüchtige Befehle, schmeichlerische Komplimente, dazwischen Hygienehinweise. Sie sollten, so rät er den Geliebten, sich unbedingt jeden Mann krallen, den sie kriegen können, und ihn ausnehmen, »sinnlich und finanziell«. Und am Schluss der Briefe dann jedes Mal ein »Ich liebe dich sehr«. Was bei ihm in etwa so viel bedeutet wie: »MfG«. Wenn er seiner jungen deutschen Freundin Erika nach Breslau schreibt, mit der er im Frühjahr 1932 einige Wochen in seiner Wohnung in der Rue Lepic 92 zusammengewohnt hat, manchmal noch abschließend ergänzt um »Heil Hitler« oder »Heil Göring«. Er findet das witzig.

Etwas unübersichtlich wird es im September 1932. Elizabeth Craig ist noch unterwegs, das große Buch, das ihn so gequält hat, ist fertig, und jetzt ist ihm langweilig, so lädt er Erika Irrgang, die leidenschaftliche Geliebte des Frühjahrs, wieder nach Paris ein, schickt ihr sogar 250 Francs per Postanweisung, damit sie sich die Reise zu ihm leisten kann. Er könne einfach nicht mehr leben ohne ihren Popo, so schreibt er ihr, »wir werden versuchen, uns also ein kleines bisschen zu amüsieren in Paris«. Sie will gerade aufbrechen, da erhält sie ein Telegramm, sie könne doch nicht kommen, er müsse dringend nach Genf. Doch da muss er gar nicht hin, er muss nur dringend ins Bett – aber mit einer anderen. Fünf Tage, bevor Erika nach Paris kommen soll, hat er am späten Nachmittag des 4. September 1932 im *Café de la Paix* die 27-jährige Wiener Gymnastiklehrerin Cillie Pam kennengelernt. Er nimmt sie vom Café mit zu einem Spaziergang, sie reden in einem Mischmasch aus Französisch, Deutsch und Englisch. Am nächsten Abend gehen sie ins *La Coupole* am Montparnasse. Ab diesem Moment verbringen sie zwei Wochen lang die Abende und Nächte miteinander, gehen spazieren, gehen ins Kino, gehen ins *Moulin Rouge*, gehen ins Bett. Sie gesteht ihm, dass sie verheiratet ist und Jüdin und dass sie einen Sohn hat. Céline frohlockt, denn so ist seine Freiheit nicht in Gefahr, und er kocht ihr Nudeln. 1932 endet Célines Antisemitismus immerhin noch an der Schlafzimmertür. Dann muss Cillie zurück nach Wien. Sie weint, als sie sich am Bahnhof verabschieden. Er nicht.

Sie schreibt ihm sofort aus dem Zug einen ersten flammenden Brief. Und er schreibt ihr zurück: »Sie besitzen einen so superben wie unvergesslichen Popo.« Cillie Palm wird später sagen, dass Céline beim Essen im Restaurant wie beim Sex mit ihr immer alles sehr lange studiert habe, das Entrecôte so genau wie ihre Schenkel. Aber am eigentlichen Akt des Essens wie dem der Liebe habe er kaum Freude gehabt.

*

Lee Miller wird immer bekannter – als Fotografin. Ihre Zeit als Modell ist vorüber und auch die als Muse von Man Ray. Sie hat sich von Charlie Chaplin verführen lassen – und hat danach Aziz Eloui Bey verführt, den ägyptischen Millionär. Und im Sommer 1932 auch noch Julien Levy, ihren smarten New Yorker Galeristen, der sie mit seinen Ausstellungen groß zu machen beginnt in ihrer alten Heimat. Und so verlässt Lee Miller am 11. Oktober 1932 Paris, sie steigt in der Station St. Lazare in den Zug nach Cherbourg. Vor allem aber verlässt Lee Miller am 11. Oktober Man Ray, den großen Fotografen, ihren Lehrmeister – und nun ihren Konkurrenten. Sie sei die Liebe seines Lebens, schreibt er ihr: »Ich werde immer auf dich warten.« Er macht ein Selbstporträt von sich – mit dem Strick um den Hals und der Pistole am Kopf. Da besteigt Lee gerade das Schiff in Cherbourg und reist nach New York. Das nächste Foto, auf dem sie zu sehen ist, macht ihr Vater mit Selbstauslöser: »Familie Miller am Thanksgiving Day«. So endet ein verwirrendes Jahr mit vielen berühmten Liebhabern für die inzwischen selbst ziemlich berühmte Lee Miller – beim Truthahnessen daheim, Seit' an Seit' mit ihrem geliebten Herrn Papa.

*

Und Man Ray, der Verlassene? Der beginnt mit der Arbeit an seinem berühmtesten Gemälde, *Die Lie-*

benden. Er will riesige Lippen malen, die durch den Himmel schweben. Und um Lee Miller zu vergessen, erinnert er sich an die roten Lippen ihrer Vorgängerin: Kiki vom Montparnasse. Einst hatte die ihm, ohne dass er es merkte, auf einer Party der Surrealisten die frisch geschminkten Lippen auf den Kragen seines weißen Hemdes gedrückt. Als er sich dann spätabends das Hemd auszog, entdeckte er den Abdruck. Und fotografierte ihn. Diese Fotos zieht er nun aus den Schubladen, als Lee Miller ihn verlassen hat. »Eine dieser Vergrößerungen eines Lippenpaares verfolgte mich wie ein im Gedächtnis gebliebener Traum«, sagt er. Er bringt direkt über seinem Bett eine riesige Leinwand an – zweieinhalb Meter breit. Und jeden Morgen, bevor er von dort ins Atelier geht, malt er im Pyjama auf dem Bett stehend, in dem er noch bis vor kurzem mit Lee Miller gelegen hat, an den Lippen von Kiki vom Montparnasse. Eine Art Teufelsaustreibung. Doch das Bild will einfach nicht gelingen.

*

Das *Romanische Café* in Berlin vibriert jeden Nachmittag und jeden Abend, hier ist der Weltgeist zu Hause in jenen leuchtenden Jahren vor der Verdunkelung, hier wird jeden Abend die Welt zerstört, gerettet und neu zusammengesetzt, hier kann man Kurt Tucholsky sehen und Joseph Roth, Erich Kästner und

Max Beckmann, Gottfried Benn und Alfred Döblin, Ruth Landshoff und Claire Waldoff, Vicki Baum und Marlene Dietrich, Lotte Laserstein und Marianne Breslauer, Gustaf Gründgens und Brigitte Helm. Und die Frauen und Männer an den anderen 46 Tischen, die kennt man auch. Als sich am Himmel immer dunkler die faschistischen Wolken zusammenziehen und die Straßen anders zu dämmern scheinen, schaut Mascha Kaléko eines Abends im *Romanischen Café* versonnen vor sich hin. Ihre Hände spielen mit ihrem kleinen roten Hut, ihre hutlosen Haare sind so verwuschelt wie ihre Sinne. Sie weiß gar nicht, wohin mit sich und all den Versen, die ihr durch den Kopf gehen. Es ist schon spät, ihr Mann, Saul, ist wie so oft früher gegangen, also sitzt sie einfach nur da, spitzt die Augen und die Ohren, lässt den Lärm, die Gesprächsfetzen, den Sommer durch sich fließen und wartet darauf, dass sich ein paar Worte in den Reusen ihres Inneren verfangen, unruhig zappeln und dann zu Versen werden. Sie liebt den Rausch, obwohl sie weiß, dass er nur mit der nachfolgenden Ernüchterung zu haben ist, wie in ihrem Gedicht »Der nächste Morgen«: »Ich zog mich an. Du prüftest meine Beine. / Es roch nach längst getrunkenem Kaffee. / Ich ging zur Tür. Mein Dienst begann um neune.« Ja, noch immer arbeitet sie im Jüdischen Wohlfahrtsamt, noch immer ist Mascha Kaléko verheiratet, doch sie beginnt sich offensichtlich nachts mitunter anderweitig umzusehen – und gerade dieses Pendeln zwischen den Enttäuschungen des Ausbruchs und den Sehnsüchten im trauten Heim macht ihre literarische Stimme so populär. Inzwischen drucken fast alle Zeitungen ihre hinreißenden Gedichte, die »Großstadtliebe« heißen oder »Sonntagmorgen«, und die auf so leichten Füßen von den kleinen Traurigkeiten des Alltags erzählen, dass eine ganze Stadt süchtig danach zu werden beginnt. Ob vielleicht, so denkt sie gerade, während sie an ihrem Glas Rotwein nippt, Sehnsucht und Enttäuschung einander so genau entsprechen wie nichts sonst auf dieser Welt? Da tritt plötzlich Franz Hessel an ihren Tisch. Der große, berühmte »Flaneur«. Er ist klein, hat eine Glatze und sieht aus wie ein Buddha. In seinen braunen Augen, dem heiteren Gesicht und seinen vollen Lippen verbindet sich fernöstliche Meditation mit dem Genießertum eines französischen Gourmets. Und er ist der Mann mit dem absoluten Gehör für den wohlkomponierten Vers. Er sei, so stellt er sich vor, Lektor beim Rowohlt Verlag. Seit Monaten schneide er ihre Gedichte aus, in der *Vossischen Zeitung*, im *Querschnitt*, im *Uhu*. »Könnten Sie, verehrte Frau Kaléko, sich vorstellen«, so beginnt Hessel auf seine herrlich altmodische und umständliche Art, »könnten Sie sich«, und er verbeugt sich dabei, »vorstellen, ein Buch Ihrer Gedichte in unserem Verlag herauszubringen?« »Bitte setzen Sie sich«, sagt die verdatterte Kaléko, um ihr Glück zu fassen.

Und als Hessel sie dann mit seinen warmen, gütigen Augen anblickt, da sagt sie nur: »Ich kann mir nichts Schöneres vorstellen.« Sie bestellen noch einen Pernod und dann fangen sie sofort an, nach einem Titel zu suchen. Als sie spätnachts nach Hause kommt, da hat sie die Gewissheit, dass bald ihr erster Gedichtband erscheinen und dass er *Das lyrische Stenogrammheft. Verse vom Alltag* heißen wird. Sie weiß gar nicht, wohin mit ihrem Glück. Sie tänzelt durch die Straßen nach Hause, beschwipst von ihrer Zukunft, hebt auf dem Trottoir eine kleine graue Feder auf, die eine Drossel verloren hat, und steckt sie sich an den roten Hut.

*

Im Herbst des Jahres 1932 gerät die Ehe von Bertolt Brecht und Helene Weigel in ihre schlimmste Krise. Brecht hat mal wieder mit dem Feuer gespielt: Für die Premiere seines neuen Stückes *Die Mutter* hat er die Rolle der Mutter Helene Weigel übertragen, das Dienstmädchen aber spielt Margarete Steffin, eine 24-jährige Kommunistin aus der brandenburgischen Provinz, die ganz aus dem Holz geschnitzt ist, das Brecht liebt – ein Arbeiterkind, das für den Klassenkampf lebt, fleißig, unbeugsam, ergeben, ergriffen vom Ethos der Bescheidenheit, zwei Zöpfe, aber nur eine Mission. Und das rund um die Uhr, obwohl sie an einer Tuberkulose leidet und alles, also die Proben, die Auftritte, die gemeinsamen Treffen, um ihre Krankenhausaufenthalte und Kuren herumgestrickt werden muss. Damit sie in ihrer ersten Theaterrolle trotzdem brilliert, verordnet ihr der praktizierende Sadist Brecht Sprechunterricht bei seiner Frau, bei Helene Weigel. So haben sich die Damen also schon einmal auf sprechende Weise kennengelernt. Doch der Krieg zwischen ihnen wird dann das ganze Jahr 1932 über eher schweigend ausgetragen. Und dann ist da ja noch, nicht zu vergessen, Elisabeth Hauptmann, Brechts engste Mitarbeiterin, Sekretärin, Inspiratorin. Sie hat jedes Mal verzichtet, wenn der Meister ihr sagte, dass er für seine Familie da sein müsse, doch nun muss sie mit ansehen, dass die jüngere Rivalin an ihr vorbei und in Brechts Bett zieht. Aber Brecht hat keine Zeit, sich um diese Baustelle seines komplexen Frauensystems zu kümmern – und sie fügt sich, wie immer. Brecht muss nämlich gerade Helene Weigel und die Kinder zweimal zu Umzügen zwingen, weil er die fortwährend hustende Steffin in seinen Wohnungen unterbringen will – und Weigel ihre Familie zu schützen versucht vor der Infektion. Helene Weigel weiß auch, dass Steffin für die Herzgegend ihres Gatten eine absolute Risikobegegnung darstellt. Ja, seit er diese während ihres Kuraufenthaltes in Russland, wohin es die flammende Kommunistin gezogen hat, im Mai das erste Mal verführt hat, ist es um seine

Beherrschung geschehen. Der Flieder hat so schön geblüht, das raubt ihm immer den Verstand und der sehnsüchtige Blick der jungen Margarete ebenso. Er nimmt fortan Steffin überallhin mit, auch nach Utting am Ammersee, wo er im späten Sommer das erste Mal in seinem Leben ein Haus mit Garten kauft und versucht, das komplizierte Beziehungsgeflecht aus Familie und kranker Geliebter dauerhaft zu etablieren. Doch das misslingt, Helene Weigel und die Kinder reisen frühzeitig ab – zuerst leben Brecht und Steffin erstmals ungestört ihren Liebesrausch aus in der schönen kleinen Hütte, draußen der weiche See, am Haus die Birnen, die langsam reifen, darüber die Wolken, ungeheuer weit oben. Dieses Liebesverhältnis, im Mai in Russland, im August in Oberbayern, scheint das körperlichste zu sein, das Brecht je hat. Er dichtet, voll Testosteron und etwas erschöpft: »Das noch mal zu tun, was wir schon oft getan, das ist es, was uns so zusammentreibt.« Und an Hanns Eisler schreibt er einen kleinen Gruß, lädt ihn ein zu kommen: »Wollen Sie nicht einen Blick in Gretes blaue Augen tun?« Doch Hanns Eisler kommt nicht. Und dann wird Margarete Steffin schwanger. Brecht will sie wegen ihrer Krankheit und ihrer privaten Situation zu einer Abtreibung zwingen, außerdem habe sie doch viel zu wenig Geld, um für das Kind zu sorgen. Das ist natürlich alles gelogen, er hat schlicht und ergreifend Angst, dass sich Helene Weigel scheiden lässt. Und dass er seine »soldatische Gefährtin« verlieren würde, die sich nur ihm widmet, seiner Lust und seinen politischen Kämpfen, ein Kind würde alles viel komplizierter machen. Brecht redet stundenlang auf Steffin ein, sie weint, er ist unerbittlich.

Steffin ist traumatisiert, denn schon 1928 und 1930 hat sie abgetrieben, das erste Mal sogar Zwillinge, weil sie das Gefühl hatte, dass es die falschen Väter waren. Doch diesmal ist sie sicher. Brecht indes überzeugt sie, dass es für die Liebe zwischen ihnen besser sei, wenn sie das gemeinsame Kind abtreibe. Und Margarete Steffin folgt dieser männlichen Logik, unter Tränen, wie man ihren Gedichtzeilen aus diesen Tagen entnehmen kann: »Auch die größte Liebe weiß uns / Bei der Sorge um Brot keinen Rat. / Wer keine Stellung hat, muss sorgen / Dass er keine Kinder hat.«

Brecht sorgt auf seine Weise. Er schreibt ellenlange Briefe an Helene Weigel, dass sie nicht alles so kompliziert machen solle, dass er sie immer lieben werde und so weiter. Außerdem habe er gerade beruflich sehr viel zu tun und »fürchte Privatkonflikte«. Seine Frau also versorgt er mit den klassischen männlichen Konfliktvermeidungsstrategien. Und seine Geliebte nach der Abtreibung zur Belohnung mit einem Operationstermin bei dem berühmten Professor Sauerbruch an der Charité für ihre von der Tuberkulose zerfressenen Lungen. So geht sie kinderlos und mit ein wenig neuem Atem hinein in die Jahre der Dunkelheit. Und Brecht bleibt seinem Motto treu: »Bei Sturm abtauchen.«

*

Charlotte Wolff verkörpert für die Nazis die Dreifaltigkeit allen Übels: Nicht nur als jüdische, sondern auch als sozialistische und dazu lesbische Ärztin muss sie ihren Posten bei der Schwangerschaftsverhütung für die Allgemeinen Krankenkassen in Berlin räumen. Der Chef teilt ihr mit großem Bedauern mit, dass ihre Besetzung angesichts der politischen Lage nicht mehr vertretbar sei. Sie versucht sich daraufhin in Neukölln in einem elektrophysikalischen Institut durchzuschlagen. Doch bald schon steht sie schockiert am Fenster und sieht, wie im Herbst 1932 Horden von jungen Männern mit Nazi-Uniform vor ihrem Institut die Straße entlangziehen und Spruchbänder mit sich führen, meterlang, auf denen unmissverständlich steht: »Tod den Juden«. Sicher fühlt sich Charlotte, die von sich weiß, dass sie ein »unübersehbar jüdisches Aussehen« hat, von da an nur noch in geschlossenen Räumen und an der Seite ihrer Partnerin Katherine, die groß und blond und deutsch ist. Aber sie gehen nie Hand in Hand, so weit ist die Toleranz der Berliner vielleicht in den späten zwanziger Jahren gewesen, aber nun, 1932, wäre das eine unkalkulierbare Provokation. Gemeinsam besuchen sie einen Kurs in Handlesekunst, sie lernen, während sich draußen vor der Tür ihre Heimat immer mehr verwandelt, dass jeder Mensch in seinen Händen eine Landschaft mit sich trägt, deren Linien sich nie wandeln. Ob Charlotte in der Hand von Katherine schon lesen kann, dass die Zeichen auf Abschied stehen? Katherines Vater drängt sie, die jüdische Geliebte dringend zu verlassen, um sich selbst zu schützen. Und sie tut es. Charlotte Wolff taumelt daraufhin wie betäubt durch die letzten Wochen des Jahres 1932.

*

Robert Musil notiert in sein Tagebuch: »Ich bin der Mann ohne Eigenschaften, man merkt es mir bloß nicht an. Ich habe alle guten konventionellen Gefühle, weiß mich natürlich auch zu benehmen, aber die innere Identifikation fehlt.« Seine Frau Martha versucht es mit positiver Psychologie, sobald er mit griesgrämigem Gesicht am Essenstisch sitzt, ruft sie »Mundwinkel hoch«. Aber die Lachmuskeln sind die einzigen Muskeln, die Robert Musil nie trainiert hat, wenngleich er ein prachtvoller Ironiker ist. Und doch, trotz aller Unlust am Leben, trotz allen Schreibhemmungen und Verzweiflungen und ungelebten Gefühlen, im Herbst 1930 schickt er die ersten sechshundert

Seiten des ersten Teiles seines *Manns ohne Eigenschaften* an den Rowohlt Verlag nach Berlin. Als er von der Post zurückkommt, sieht Martha eine Art Lächeln auf seinem Gesicht.

Ein Jahr später ziehen die Musils von Wien nach Berlin, der weise Musil ahnt, dass er die Unruhe des Jahres 1913, die er in seinem *Mann ohne Eigenschaften* schildert, im Berlin des Jahres 1932 wiederfinden könnte. Gemeinsam mit Martha lebt er in der *Pension Stern* am Kurfürstendamm. Was man so leben nennt: Sie haben kein Geld. Sie versucht etwas zu kochen, und er sitzt am Schreibtisch und raucht, inzwischen nikotinfreie Zigaretten. Martha ist wie in Wien häuslich, warm und still. Und er ist wie in Wien depressiv, kalt und zornig. Sie macht ihn befangen und hemmt ihn. Und sie schützt zugleich seine sensiblen Nerven vor den Zumutungen der Welt. Er liebt sie. Im Dämmerlicht der Berliner Pension, wenn Martha bereits schläft, schenkt Musil seinem Helden Ulrich eine neue Form der Liebe, seine Schwester Agathe tritt auf. Manchmal, so gesteht Musil in diesen Tagen dem Psychologen René Spitz, habe seine Liebe zu Martha geschwisterliche Züge. Im Dezember des Jahres 1932 erscheint der zweite Band, oder genauer: der erste Teil des zweiten Bandes des *Mann ohne Eigenschaften*. In der Ankündigung des Verlages heißt es über Ulrich, den Helden des Romans: »Die Frage nach dem rechten Weg schickt ihn ins tausendjährige Reich der

Liebe – und hier schafft der Dichter in den Erlebnissen der Geschwister Ulrich und Agathe den Mythos der verbotenen Liebe, das Urbild aller Mystik, neu.« Und wie er das schafft! Ulrich erklärt seiner Schwester, die Weltgeschichte sei »mindestens zur Hälfte eine Liebesgeschichte«. Darauf sie: Und unsere Geschichte, mein lieber Bruder, ist »überhaupt die letzte Liebesgeschichte, die es geben kann. Wir werden wohl eine Art letzte Mohikaner der Liebe sein.«

*

Der November des Jahres 1932 in Berlin. Schneeregen, Wind, Kälte, die politischen Nachrichten werden immer verhängnisvoller, die SA-Truppen marschieren durch die Straßen, die jüdischen Intellektuellen sprechen offen von Emigration: »Abstoßende Verworrenheit der Situation. Hitler immer noch große Schnauze«, so notiert Klaus Mann am 7. November in seinem muffigen, dunklen Zimmer in der Pension Fasaneneck in Charlottenburg. Er ist in fataler Stimmung, er treibt durch die Bars und Bordelle, ernährt sich von kalten Würstchen aus dem Glas, trifft alte, vergangene Liebschaften und ist auf manischer Suche nach frischem Koks. Als er eines Nachts zum Sechstagerennen geht, sieht er dort seinen alten großen Schwarm Gustaf Gründgens, doch er schaut weg, bevor der ihn erkennen kann. Aber das hilft nichts, nachts träumt er »zärtlich« von ihm, dem wahren Mephisto. Tags darauf kommen seine Schwester Erika und Annemarie Schwarzenbach, die ihr so hoffnungslos und aussichtslos verfallen ist, gemeinsam gehen sie ins *Kempinski*, um Austern zu essen und Boheme zu spielen gegen den Albdruck der Zukunft, der sich wie eine tiefschwarze Gewitterfront langsam über Berlin aufbaut. Zuvor sind sie, im Sommer, in Venedig gewesen, im vornehmen *Hotel des Bains*, sie mussten gemeinsam den Schock über den Selbstmord ihres geliebten Freundes Ricki Hallgarten verkraften, sie rauchten, sie tranken, sie badeten, aber Klaus und Annemarie bekamen ihre Traurigkeit nicht in den Griff, genauso wenig wie hier, in dieser sinkenden Stadt. Klaus Mann hat dort am 11. Juli 1932 über Ricki Hallgarten einen ergreifenden Text geschrieben, Titel: »Radikalismus des Herzens«. Es ist eigentlich ein Selbstporträt: »Er aber meinte, dass schon das Leben selbst ein Fluch sei, den er keinesfalls mehr aushalten könnte. Gleichzeitig aber liebte er noch das Leben. Er versuchte mit allen seinen Kräften zu erzwingen, dass diese Liebe siegte statt dieser Dunkelheit.«

Ausgerechnet im dunklen November versuchen ihrerseits Klaus Mann und Annemarie Schwarzenbach in Berlin, dass das Leben und die Liebe siegen. Das ist nicht so einfach. Und so lernt Annemarie Schwarzenbach, dieser untröstliche Engel, dank der Geschwister Mann nach dem Kokain nun in diesen schneidend kalten Berliner Tagen auch das Morphium kennen, »Großes Nehmen bei E.«, bemerkt Klaus immer wieder nach Besuchen bei Erika. Es schweißt die drei noch enger zusammen, Erika, die Starke, stets in der Mitte, Klaus und Annemarie, die beiden Fallenden, zu ihren Seiten, so nehmen sie scheinbar leicht gemeinsam am Abend die Drogen, doch das Leben am Morgen danach, das nehmen sie sehr unterschiedlich schwer.

*

Alma Mahler-Werfel fasst die allgemeine Lage bei den Nachkommen großer deutscher Dichter so zusammen: »Die Kinder von Thomas Mann homosexuell, lesbisch, die Tochter Wedekinds ein verdorbenes Luder, die Kinder Wassermanns Verschwender und Huren.«

*

Wir schreiben den 8. November 1932 in Moskau. Draußen leichter Schneefall. Im Kreml bereiten sich Nadja und Josef Stalin unterschiedlich auf das abendliche Dinner zur Feier des fünfzehnten Jahrestages der russischen Revolution vor. Stalin unterzeichnet gemeinsam mit Molotow Exekutionslisten für Aufständische, Verräter und Verdächtige, die am nächsten Tag liquidiert werden sollen. Und Nadja nimmt ein Bad. Sie schminkt sich sogar, was sie sonst nie tut, sie zieht das schwarze Kleid an, das ihre Schwester Anna ihr aus Berlin mitgebracht hat, mit roten Rosen bestickt. Sie dreht sich vor dem Spiegel. Ihre Schwester applaudiert und steckt ihr eine rote Teerose ins dunkle Haar.

Stalin kommt nach getaner Arbeit mit seinem innersten Kreis zum Essen zusammen, er hat eine abgewetzte Uniformjacke an, die grauen Haare stehen ihm zu Berge, mürrisch setzt er sich an die gedeckte Tafel. Es gibt georgisches Essen zu seinen Ehren, Lamm, gesalzenen Fisch, ein bisschen Salat. Als er seine Frau am Tisch sieht, nimmt er keine Notiz von ihr. Sie beginnt mit ihrem Nebenmann zu flirten. Und laut darüber zu sprechen, wie sehr ihr die ukrainischen Bauern zu Herzen gehen, die an Hunger sterben.

Stalin sitzt ihr gegenüber und trinkt einen Wodka nach dem anderen. Dann fängt auch er an zu flirten, mit Galia Jegorowa, die es sichtlich genießt. Und die sich auch nicht wehrt, als Stalin anfängt, ihr kleine Kugeln, die er aus Brotteig geformt hat, in den Ausschnitt zu schnippen. Nadja beobachtet all das entsetzt von der anderen Seite des Tisches. Sie wird wütend. Sie redet immer lauter über Stalins brutales Vorgehen gegen die Bauern. Er will sie unterbrechen, hebt sein Glas und ruft: »Auf die Vernichtung aller Staatsfeinde! Nastrovje!« Alle anderen am Tisch heben sofort ihr Glas – nur Nadja nicht. Er ruft ihr zu: »Hej, sauf mit uns!« Da entgegnet sie: »Ich heiße nicht Hej.« Eisige Stille. Alle erstarren. Nadja steht auf, lässt alles stehen und liegen, stürmt aus dem Saal. Molotows Frau läuft ihr nach, will sie beruhigen, drinnen lästern derweil die Männer laut über die Launen hysterischer Weiber.

Irgendwann sehr spät in dieser Nacht kehrt Josef Stalin zurück in die heimische Wohnung. Ob er die Stunden davor mit seiner Tischdame verbracht hat oder draußen in einer Datsche, wo die Runde weiterfeierte, man weiß es nicht genau. Man weiß nur, dass er so betrunken ist, dass er irgendwann in sein Feldbett fällt, in dem er auch als Herrscher über ein riesiges Reich zu schlafen liebt, fernab vom Schlafzimmer seiner Gattin. Als er am nächsten Tag um elf Uhr aus schweren Träumen erwacht, sagt ihm das Hausmädchen, dass sich seine Frau in dieser Nacht erschossen hat.

Er wankt. Rennt in ihr Zimmer am anderen Ende des Flurs. Da liegt sie tot auf ihrem Bett, trägt noch immer das schwarze Kleid mit den roten Rosen. Aus ihrem Mund läuft Blut. Neben ihr die kleine Mauser-Pistole, die ihr Bruder ihr aus Berlin mitgebracht hat. Auf dem Fußboden die welke Teerose, die sich aus dem Haar gerissen hat.

»Ich konnte dich nicht retten«, soll er an ihrem Sarg geschluchzt haben. Schuldig fühlt er sich nicht.

Sondern verraten. »Sie hat mich verlassen wie einen Feind«, sagt er. Und: »Die Kinder haben sie in ein paar Tagen vergessen, aber ich bin für mein Leben gezeichnet.« Die Demütigung, als die Josef Stalin den Selbstmord seiner Gattin empfindet, zerstört in ihm den letzten Rest Vertrauen in die Menschheit. Ab dem 9. November 1932 wittert er nur noch Verschwörer, die es zu vernichten gilt.

*

Alma Mahler-Werfel begleitet ihren Mann Franz Werfel auf seiner Lesereise durch Deutschland. Sie hasst ihn immer mehr für sein Judentum, seine Feingliedrigkeit und seine Langsamkeit. Als sie am 10. Dezember 1932 in Breslau eintreffen, begegnet sie einem Mann, der mehr nach ihrem Geschmack ist: Adolf Hitler. Er hält am selben Abend eine Großkundgebung. Alma bittet also ihren Mann, seine Lesung allein zu absolvieren. Sie setzt sich in den Speisesaal des Hotels, leert eine Flasche Champagner und geht dann zu Hitler: »Ich habe stundenlang gewartet, um sein Gesicht zu sehen. Und richtig, es war ein Gesicht! Kein Duce! Sondern ein Jüngling.« Alma schwärmt von der Rede, auch noch spät am Abend im Salon des Hotels, als ihr Mann endlich von seiner Lesung kommt. Sie treffen auf Hitler, der im selben Hotel wohnt. Alma bekommt leuchtende Augen und fragt

Franz Werfel: »Und, wie findest du ihn?« Darauf Werfel: »Nicht so sympathisch.«

*

Heinrich Mann führt endlich ein entspanntes Leben, er ist im Dezember 1932 mit seiner Geliebten Nelly Kröger in der Fasanenstraße 61 in Berlin zusammengezogen. *Der blaue Engel*, die Verfilmung seines *Professor Unrat,* brachte ihm neuen Ruhm und auch ein wenig neues Geld. Jetzt schreibt er die Lebensgeschichte einer Bardame auf. Es ist kaum verhüllt die Lebensgeschichte Nelly Krögers. Er will das Buch *Ein ernstes Leben* nennen. Nelly bügelt ihm zwar die Anzüge und die Hemden, aber wenn er diese Anzüge und Hemden trägt, will er sie lieber nicht an seiner Seite haben, das wäre dann doch zu peinlich. Nelly Kröger geht dann oft zu Rudi Carius in den Wedding, einem 25-jährigen Kommunisten. Heinrich Mann weiß das und er ist anscheinend froh, wenn er sich nicht um alles kümmern muss. Er ist jetzt sechzig Jahre alt und etwas müde.

*

Im Dezember 1932 heiratet Marguerite Respinger nicht Ludwig Wittgenstein, sondern Talla Sjögren. Am 28. September 1930 hat Wittgenstein in Konstanz noch gemeinsam mit ihr ein Paket mit zwei Pullovern für ebenjenen Talla zur Post gebracht, da hat er einen ersten Anflug Eifersucht gespürt, zu Recht, wie er nun erfährt. Eine Stunde vor der Hochzeit besucht Ludwig Wittgenstein Marguerite zu Hause in Wien. »Meine Verzweiflung erreichte ihren Höhepunkt«, so schreibt Marguerite später, »als mich Ludwig aufsuchte und sagte: Du machst eine Schiffsreise, und das Meer wird rau sein. Bleibe mir immer verbunden, so wirst du nicht untergehen, beschwor er mich. Jahrelang war ich in seinen Händen wie weiches Wachs gewesen, das er nach seinem Ideal kneten wollte.« Nun war die Kerze erloschen.

*

Im Sommer 1932 hatten Ise Gropius und ihr Geliebter Herbert Bayer ihrem Mann Walter von ihrer Affäre erzählt. Aber mit dem ausdrücklichen Wunsch, diese fortzusetzen. Und Gropius, der alte Bauhaus-Meister, liefert in der Moderation dieser Affäre sein emotionales Meisterstück. Er zeigt allen gegenüber große Nachsicht und vollstes Verständnis. Seiner Frau gegenüber. Seinem Nebenbuhler und engen Freund gegenüber. Dessen Frau gegenüber, die ihrem Mann aus Wut das dreijährige Kind entziehen will. Seiner untreuen Frau gegenüber wird er nicht müde zu bedauern, in welch schwieriger Lage ihr Geliebter stecke, dass er sowohl seine Frau als auch seinen Mentor betrüge. Im Dezember 1932 fährt Gropius mit Ise nach Arosa in den Schnee. Ihr gefällt es dort so gut, dass sie ihren Mann fragt, ob sie noch vier Wochen mit Herbert Bayer dranhängen könne. Gerne, sagt da Walter Gropius, aber vielleicht nur vierzehn Tage? Das Eheleben ist eine Frage der richtigen Kompromisse. Und wenn man, wie Walter Gropius, einmal mit Alma Mahler verheiratet gewesen ist, ist man kampferprobt.

*

June Miller kommt Ende 1932 noch einmal nach Paris – um ihre Ehe zu retten oder um sie endgültig zu zerstören, es ist nicht so genau zu sagen. Sie zieht zu Henry nach Clichy, der vorher alle seine Tagebücher und Manuskripte zu seiner Freundin Anaïs Nin gebracht hat, damit seine Frau sie nicht lesen kann. Henry und June streiten sich rund um die Uhr, bis morgens um sechs, einmal kommt Anaïs dazu, liegt auf dem Bett, angezogen, und schaut zu, wie das Ehepaar sich immer weiter betrinkt und beschimpft. Da zieht June Miller endgültig den Schlussstrich – während er seinen Rausch ausschläft, schreibt sie auf ein Stück Toilettenpapier: »Reiche bitte so bald wie möglich die Scheidung ein.« Das klebt er in sein Notizbuch – neben die Quittung für die Schiffspassage nach New York für 799 Francs, die er ihr bezahlt hat – mit dem Geld seiner Geliebten Anaïs. Als June sein Notizbuch sieht und seine Abschiedscollage, nimmt sie ihre Koffer, geht zur Tür und sagt spöttisch: »Jetzt hast du endlich das letzte Kapitel für dein neues Buch.«

1933

Als Margarete Steffin am 1. Januar 1933 in ihrem Krankenzimmer in der Charité aus unruhigen Träumen erwacht, bekommt sie von der Krankenschwester einen Filterkaffee und ein schnoddriges »Prosit Neujahr«. Sie nimmt einen Stift und Papier und schreibt ein Sonett für ihren Geliebten Bertolt Brecht: »Heute träumte ich, dass ich bei dir läge«. Es war kein schöner Traum. Erst verführt er sie, und dann haut er ab.

*

Wir müssen einen zweiten Krankenbesuch machen an diesem Neujahrstag: bei Ruth Landshoff. Sie liegt wütend und ungeduldig in einem Sanatorium in der Schweiz.

Ruth Landshoff ist die Frau, die das Berlin der zwanziger Jahre verkörpert wie keine zweite. 1904 als Ruth Levy in eine jüdische Großbürgerfamilie geboren, war sie mit ihrem einzigartig flackernden Blick in jenen Jahren alles zugleich: Erst stand sie Oskar Kokoschka Modell, später dem Avantgarde-Fotografen Umbo, sie war Tänzerin, Dauergast im *Romanischen*

Café und in den Homosexuellenbars von Schöneberg, sie war Rennfahrerin, Schauspielerin in *Nosferatu*, Journalistin, und sie hat mit *Die Vielen und der Eine* einen federleichten Roman geschrieben über genau die Geschwindigkeit, den Rausch und flirrenden Geist der »Roaring Twenties«, deren wahre Heldin sie ist. Sie hat mit Thomas Mann Krocket gespielt und mit Gerhart Hauptmann Skat, sie hatte Affären mit Charlie Chaplin und mit Mopsa Sternheim, mit Oskar Kokoschka und mit Annemarie Schwarzenbach, mit Erika Mann, mit Josephine Baker und besonders lange mit Karl Vollmoeller, dem geheimen Impresario Max Reinhardts und Josef von Sternbergs, dessen Wohnung am Pariser Platz ein Epizentrum des kulturellen Berlins war, wenn es allen in den Cafés und Bars zu langweilig geworden war. Die drei exzentrischsten europäischen Adligen der späten zwanziger Jahre sind ihre engsten Freundinnen: die Marchesa Luisa Casati in Venedig, Maud Thyssen in Lugano und die Princesse de Polignac in Paris. Die Fotografin Marianne Breslauer gehört ebenso zu ihrem Kreis wie das strahlende Glamourpaar Lisa und Gottfried von Cramm – und der Verleger Samuel Fischer ist ihr Onkel. Nach einer aufgelösten Verlobung mit einem englischen Adligen lernt Ruth Landshoff im *Hotel Adlon* einen vornehmen Bankier der Reichs-Kredit-Gesellschaft mit langem Namen kennen: Hans Ludwig David Wilhelm Friedrich Heinrich Graf Yorck von Wartenburg.

Ruth nennt ihn vom zweiten Abend an »Sohni«, und schon 1930 heiraten die beiden – ihre Trauzeugen sind der Schweizer Kunsthändler Christoph Bernoulli und Ruths alter Freund Francesco von Mendelssohn, der zu diesem Zeitpunkt mit Gustaf Gründgens liiert ist. Doch im Herbst 1932 erlebt das turbulente Leben der Ruth Landshoff eine Vollbremsung (sie ist immer der perfekte Seismograph für den Zustand der zwanziger Jahre gewesen). Sie hat Knochentuberkulose und furchtbare Schmerzen an der Wirbelsäule. Ruth Landshoff kommt erst in ein Krankenhaus bei St. Moritz und wird später in eine Spezialklinik nach Leysin verlegt, südöstlich des Genfer Sees. Dort muss sie wochenlang liegen, liegen, liegen. Einzige Ablenkung: Im Patientenchor singen und im Speisesaal Suppe löffeln. Manchmal, wie gerade an Weihnachten, kommen Päckchen mit Schokolade von ihrer Freundin Annemarie Schwarzenbach. Dort also, im letzten Zipfel der Schweiz, mit Schmerzen und wenig Hoffnung, liegt die nunmehrige Ruth Gräfin Yorck von Wartenburg am 1. Januar des Jahres 1933 und wartet darauf, dass endlich wieder die Zukunft beginnt.

*

Am Abend des 1. Januar feiert das Kabarett von Erika Mann, *Die Pfeffermühle* genannt, in der Bonbonniere am Hofbräuhaus in München Premiere. Das ganze

Programm spottet über die Nationalsozialisten und deren Kleinbürgerlichkeit. Zu Gast: die Eltern Thomas und Katia und der Bruder Klaus. Auf der Bühne brillieren Erika und ihre Freundin Therese Giehse. Aber Klaus Mann notiert: »Drei blöde Nazis in einer Ecke.« Die schreiben alles mit.

*

Helene Weigel hat in diesem Januar weniger Angst vor dem Ende der Weimarer Republik als vor dem Ende ihrer inzwischen etwa tausendtägigen Ehe. Sie spürt, dass es ihrem Mann Bertolt Brecht ernst ist mit Margarete Steffin. Der aber schreibt ihr und lügt wie gedruckt – und antwortet auf die Frage, warum er seine Geliebte ausgerechnet in der direkten Nähe ihrer Wohnung in der Hardenbergstraße einquartiert hat: »Wie ich dir sagte und wie ich es auch meinte, war die Unterbringung der Grete eine rein praktische Frage. Es handelte sich keinen Augenblick darum, sie in der Nähe zu haben.« Doch das scheint Helene Weigel nicht wirklich zu überzeugen. Darum legt Brecht einen Tag später nach, offenbar tuschelt das gesamte Theatermilieu bereits über die anzüglichen Sonette, die zwischen Steffin und Brecht hin und her gehen, und wohl auch über ihre Schwangerschaft. Dazu Brecht: »Liebe Helli, du solltest daraus keine große Sache machen. Ich habe einen großen Widerwillen dagegen, mich von Klatsch und Rücksicht auf die Phantasie einiger Spießer beeinflussen zu lassen, das weißt du.« Sie weiß nach vier Jahren Ehe vor allem, dass ihr Gatte großen Widerwillen hat, sich von irgendjemandem beeinflussen zu lassen außer von sich selbst.

*

Der erste Emigrant des Jahres 1933 ist George Grosz. In seinen Zeichnungen, seinen Gemälden hat er die Weimarer Republik verewigt: die dicken Bäuche, die Zylinder, die nackten Tänzerinnen, den Wahnsinn, die Armut. Aber wer so genau hinschaut, weiß eben auch, wann etwas zu Ende ist. Als er kurz vor Weihnachten letzten Jahres von einem kurzen Lehrauftrag in New York als Dozent an der »Art Students League« nach Deutschland zurückkehrt, sagt er seiner Frau Eva schon am Schiffsanleger in Bremerhaven, fünf Minuten nach der Ankunft, er sei nur gekommen, um sehr bald endgültig abzufahren. Die Kunsthochschule habe ihm eine dauerhafte Stelle angeboten – 150 Dollar im Monat! Eva Grosz hat in den letzten Monaten gespürt, dass die Luft für ihre Familie dünner wird. Als sie im Zug sitzen und George ihr glühend von ihrer Zukunft in New York erzählt, umarmt sie ihn und sagt: »Ja, lass uns gehen.« Kaum in Berlin angekommen, beginnen sie ihre große Wohnung in der Trautenaustraße und sein Atelier in der Nassauischen

Straße aufzulösen. Sie packen alles Wichtige in Container, die nach Übersee verschifft werden sollen, alles andere verschenken sie, die Uhr tickt. »Es war wie vor der Premiere eines großen Dramas oder wie vor dem Beginn einer Schlacht«, sagt George Grosz: »Man räusperte sich überall und sah immer nervös nach der Uhr, denn in den Zeitungen stand täglich, es sei nun ganz kurz vor zwölf. Was dann kommen würde, nach zwölf, war immer nur angedeutet, aber es war nichts Erhebendes, nichts Freundliches für mich und meine Freunde.« Fieberhaft beenden Eva und George Grosz ihr Berliner Leben. Am 11. Januar bringen sie ihre Kinder, den dreijährigen Martin und den fünfjährigen Peter, zu Evas Tante, damit sie im Sommer nachgeholt werden können. Und dann besteigen sie am 12. Januar in Bremerhaven den Norddeutschen Lloyd Dampfer *Stuttgart* und fahren nach Amerika. Auf Nimmerwiedersehen. Das ahnen sie, als die Motoren laufen und die Gischt sich hinter ihnen im Meer zu Gebirgen türmt, als das flache norddeutsche Land zu einem Strich in der Landschaft wird, bevor es verschwindet.

*

Victor Klemperer schreibt am 14. Januar in Dresden diese aussichtslosen Zeilen in sein Tagebuch: »Die Qualen des neuen Jahres die gleichen wie vorher:

das Haus, Frost, Zeitverlust, Geldverlust, keine Kreditmöglichkeit, Evas Verbohrtheit in den Hausbau und ihre Verzweiflung immer noch wachsend. Wir werden wirklich an dieser Sache zugrunde gehen. Ich sehe es kommen und fühle mich hilflos.« Was ihn am traurigsten macht: Eva, seine geliebte Frau, die eine große Sängerin ist, klappt nie, wirklich nie, das extra für viel Geld gekaufte Harmonium auf, um dazu zu singen. Sie lässt es zu. Sie ist verstummt.

*

Nachdem Josef von Sternberg zu einer Europareise aufgebrochen ist und Marlene Dietrich sich in Hollywood vernachlässigt fühlt, hat sie im Winter eine Affäre mit der erfolgreichen Tänzerin und nicht so erfolgreichen Drehbuchautorin Mercedes de Acosta angefangen. In eingeweihten Kreisen in Hollywood ist diese vor allem als lesbische Freundin von Greta Garbo bekannt. Und offenbar reizt genau dies die Dietrich: der vermeintlich noch berühmteren Schauspielerin einmal deutlich dazwischenzufunken. Mit ihren Herrenanzügen und ihrer Herrenunterwäsche spielt sie ganz bewusst mit den sexuellen Identitäten und Orientierungen – und Mercedes de Acosta ist dafür sehr empfänglich, seit Greta Garbo zu einer langen Reise in ihre alte Heimat Schweden aufgebrochen ist. Marlene Dietrich kocht für Mercedes (sie macht immer gerne Bratkartoffeln für ihre neuen Affären, nur für ihre Tochter Maria, für die kochte sie nie), und sie schickt ihr fast täglich weiße Blumen ins Haus. Tulpen seien ihr zu phallisch, sagt Mercedes da, und so steigt Marlene auf Rosen um. Dazu sendet sie ihr Morgenmäntel, Dessous, Haarsalben, Seifen und Kuchen. Marlene Dietrich als Delivery Hero. Am 16. Januar sind, wie Mercedes de Acosta ihr schreibt, schon drei Monate vergangen »seit jener heiligen und leidenschaftlichen Nacht, in der du dich mir hingegeben hast«.

Doch die heiligen Wochen enden mit der Rückkehr der Garbo aus Schweden. Mercedes de Acosta fühlt sich wieder zu ihr hingezogen und versucht sich der Dietrich gegenüber zu erklären: Die Garbo sei »ein schwedisches Dienstmädchen mit einem Gesicht, das vom Glanz Gottes berührt worden ist, das nur an Geld interessiert ist, an ihrer Gesundheit, Sex, Essen und Schlafen«. Aber sie habe sich ein göttliches Bild von dieser Frau gemacht und »ich liebe nur diese Person, die ich geschaffen habe, und nicht die wirkliche Person«. Das kommt Marlene Dietrich bekannt vor. Es klingt bedenklich nach einer Deutung der Gefühle Josef von Sternbergs für sie. Der ist ebenfalls aus Europa zurück und verstärkt sein Werben.

Als die Dietrich überdies erfährt, dass ihre Geliebte all jene Details von den Dreharbeiten mit Sternberg rumerzählt, die sie ihr im Schutze der Nacht anvertraut hat, reißt ihr der Geduldsfaden. Mit einer humorlosen Karte beendet sie ihren lesbischen Kurzfilm in Hollywood.

Mercedes de Acosta jedoch, die Frau, die sowohl Greta Garbo als auch Marlene Dietrich verführt hat, kann sich ab sofort vor Verehrerinnen und Verehrern nicht mehr retten. (Nach dem Krieg wird es Truman Capote sein, der besonders fasziniert ist von ihrem ausschweifendem Sexualleben. Er denkt sich ein Spiel aus, das er »Internationaler Reigen« nennt und bei dem so wenige Betten wie möglich gebraucht werden, um bestimmte Menschen miteinander in Beziehung zu setzen. Mercedes de Acosta wird darin »die Trumpfkarte, sie ist mit jedem kombinierbar, von Papst Johannes XXIII. bis zu John F. Kennedy«.)

*

Am 21. Januar sitzt im Schauspielhaus am Gendarmenmarkt bei der Premiere von *Faust II* Max Liebermann zwei Plätze neben Bertolt Brecht. Ein allerletztes Mal scheint das ganze kulturelle Berlin versammelt, um Gustaf Gründgens in seiner größten Rolle zu sehen: als teuflischen Einflüsterer Mephisto. Das Publikum tobt – vor Begeisterung und innerer Verstörung über die so beklemmend aktuell wirkende Züchtung des neuen Menschen, die Goethe beschreibt, den »Homunculus«. Und die Zuschauer feiern den Mephisto, die Verkörperung des scheinheiligen Bösen, den »Stellenvermittler der Hölle«. In Gründgens' Mephisto zeige sich, so schreibt Alfred Kerr in seiner Kritik im *Berliner Tagblatt,* die »stärkste Seelenkraft und Geisteskraft«. Ja, »immer mehr kommt es bei Gründgens auf den gefallenen Engel hinaus«. So kann man sich täuschen. Gründgens' Flug in den Theaterhimmel der dreißiger Jahre sollte da überhaupt erst beginnen. Und Alfred Kerr, Deutschlands originellster Kritiker, wird drei Wochen später Deutschland für immer verlassen müssen, mit gebrochenen Flügeln.

*

Als Joseph Roth am 25. Januar mit dem Nachtzug Berlin Richtung Paris verlässt, ist es ein Abschied für immer. Doch anders als all die, die bald erstmals in Frankreich landen, kennt Roth das Leben zwischen den Stühlen und Nationen, in billigen Pensionszimmern in Paris, weiß, wie es ist, sich tagelang nur von Baguette und billigem Rotwein zu ernähren. Wenn er ein bisschen Geld mit Artikeln oder Büchern verdient, dann schickt er, was er nicht vertrinkt, entweder nach Wien, wo seine Frau Friedl in die Nervenheilanstalt *Am Steinhof* eingewiesen worden ist, oder nach Berlin, wo Andrea Manga Bell, seine Geliebte, mit ihren beiden Kindern lebt. Sie ist zwar keine Jüdin, aber ihr Vater ist Kubaner, und schwarz zu sein macht das

Leben in Berlin für sie und ihre Kinder auch schwer erträglich. Sie reist Roth erst nach Frankreich und dann in die Schweiz nach, in Zürich treffen sie den durchreisenden Klaus Mann, wie der in seinem Tagebuch vermerkt: »Joseph Roth (sehr besoffen, monarchistisch und spinnig) mit der lieben Negerin.«

*

Erich Maria Remarques Antikriegsbuch *Im Westen nichts Neues* ist den Nazis ein Dorn im Auge. Und dessen Autor ganz besonders. Genau einen Tag vor Hitlers Machtergreifung, also am 29. Januar 1933, steigt Remarque, der sich im Jahr zuvor ein Haus im Tessin gekauft hat, mit gepackten Koffern in seinen Lancia und fährt ohne Halt von Berlin durch bis zur Schweizer Grenze. Dort schneit es, er zeigt den Beamten seinen Pass, sie schauen argwöhnisch (aber vielleicht kommt es ihm auch nur so vor), dann lassen sie ihn passieren, der Schneefall wird heftiger, aber Remarque spürt, wie eine große Last von seinen Schultern fällt. Am ersten Schweizer Parkplatz fährt er rechts ran und steckt sich eine Zigarette an. Der Rauch mischt sich zwischen die Schneeflocken. Er weiß nicht genau, was jetzt kommen wird. Nur das weiß er: endlich etwas Neues.

*

Als am 30. Januar 1933 der Untergang beginnt, spricht der junge Privatdozent Dr. habil. Dietrich Bonhoeffer im Vorlesungssaal der Friedrich-Wilhelms-Universität zu Berlin Unter den Linden über den Anfang, also über die Erschaffung der Welt. Genau auf halber Strecke zwischen den Schicksalsorten Reichskanzlei und Reichstag spricht er, man mag es kaum glauben, über *Schöpfung und Fall.* Als er bei Kain angekommen ist, der seinen Bruder erschlägt und der »erste Zerstörer«, wie Bonhoeffer es nennt, werden wird, wird Adolf Hitler von Hindenburg gerade zum neuen Reichskanzler ernannt.

Bonhoeffer spricht zwischen den Zeilen über den Anfang des Tausendjährigen Reiches. Die »Prahlerei, wir seien Herren eines neuen Anfangs, kann nur in der Lüge erreicht werden«, sagt er. Der Mensch müsse die Demütigung ertragen, dass er eben nicht alles neu anfangen, nicht neu schöpfen könne. Auch das sei eine Lehre aus dem Sündenfall von Adam und Eva. Bonhoeffer appelliert an eine Nation an der Schwelle zu ihrem Verhängnis, er wettert von seinem Lehrstuhl aus gegen den Glauben, der Mensch könne einen neuen Menschen erschaffen. Als der Gong ertönt und Bonhoeffer und seine Studenten vor die Tür treten, da stoßen sie auf die Fackelumzüge der SA, die triumphierend aufs Brandenburger Tor zu ziehen, um diesen Tag zu feiern. Den Tag, an dem sie glauben, einen neuen Menschen erschaffen zu können. Mit blankem Entsetzen und weit aufgerissenen Augen schaut Bonhoeffer auf die uniformierten Massen mit ihren berauschten Gesichtern und ihren Fackeln, die sich durch die Straße wälzen wie ein Lavastrom.

*

Der Sündenfall kommt kurz auf die Erde zurück. Und zwar zufällig. Oder durch göttliche Vorsehung, je nach Geschmack. Im Pariser Atelier von Tamara de Lempicka steht ihr gerade eine besonders schöne Frau Modell, die nach einer Weile so erschöpft ist, dass sie fragt, ob sie sich einen Apfel aus der Schüssel in der Küche nehmen dürfe. Das Modell läuft splitternackt zu dem Apfel, nimmt ihn und will hineinbeißen, als Tamara de Lempicka »Stopp!« ruft: »Nicht mehr bewegen. Sie sehen gerade genau aus wie Eva. Jetzt brauchen wir nur einen Adam.« Der Künstlerin fällt ein, dass an der Straßenkreuzung vor ihrem Atelier ein gut aussehender französischer Polizist den Verkehr regelt. Sie läuft in ihrem Malerkittel auf die Straße und überzeugt ihn mit dem Hinweis auf die Schönheit der Eva, die er gleich umarmen dürfe. Er kommt mit, entkleidet sich, legt den Revolver auf die abgelegte Uniform, umarmt seine Eva und lässt sich zwei Stunden lang malen. *Adam und Eva* wird Tamara de Lempickas schönstes Bild, kalt und warm zugleich. Und wir wissen: Neben diesem Paar liegt ein geladener Revolver. Also ein ganz moderner Sündenfall. Hinter den beiden Nackten, dem ersten Liebespaar der Welt, recken sich die Wolkenkratzer der Gegenwart in den Himmel, sie werfen, wie die Künstlerin sagt, »unselige Schatten auf diesen göttlichen, paradiesischen Moment und drohen ihn zu verschlingen, ohne ihn indes gänzlich zerstören zu können«.

*

Joseph Goebbels schreibt am späten Abend des 30. Januar in sein Tagebuch: »Hitler ist Reichskanzler. Wie im Märchen.«

*

Klaus Mann schreibt am späten Abend des 30. Januar in sein Tagebuch: »Hitler Reichskanzler. Schreck. Es nie für möglich gehalten. Das Land der unbegrenzten Möglichkeiten.«

*

Ende Januar ist der Schriftsteller und Journalist Wolfgang Koeppen in München, er schreibt ein Stück für das Kabarett *Die Pfeffermühle* von Erika Mann und Therese Giehse. Der Grund ist einfach: Seine Angebetete, die 23-jährige Schauspielerin Sybille Schloß, ist Mitglied des Ensembles geworden und hat ihn um einen kabarettistischen Liedtext gebeten. Nach langem vergeblichen Schmachten wertet er das als Zeichen ihres erotischen Interesses, schreibt sofort und nennt den Text passenderweise »Komplexe«. Er ist ziemlich witzig. Das Thema: die Psychoanalyse, Freud und der »sex appeal«. Als er am Vorabend der Premiere erkennen muss, dass ihn Sybille Schloß weiterhin nicht erhört und sich ihren Sex-Appeal für andere aufhebt, reist Koeppen unverrichteter Dinge wieder zurück nach Berlin. Er schreibt ihr einen Brief, den er nie abschickt: »Als ich von dir gegangen war und vor dem Staatstheater auf die Straßenbahn zum Bahnhof wartete, war die Gelegenheit versäumt. Ich stand ausgeleert, ausgewühlt, ausgelitten, eigentlich fühllos in einem dumpfen Schmerz da und versteint.« Der Brief, verfasst im Zug auf der Rückfahrt nach Berlin, endet so: »Ich beginne morgen ein Buch zu schreiben.« Und dieses wird er, anders als all die anderen angekündigten Bücher Koeppens der Nachkriegszeit, tatsächlich schreiben. Nun gut, er fängt nicht »morgen« damit an, aber doch immerhin ein Jahr später. Es wird ein verzweifeltes Buch über Sybille Schloß und sich und die versäumte Gelegenheit, das, durchaus präzise, *Eine unglückliche Liebe* heißen wird.

*

In New York ist der Maler George Grosz nach seiner Emigration mit seiner Frau Eva im kleinen Hotel *Cambridge* untergekommen. Abends fragen sie sich manchmal, ob das alles so richtig und nötig war, diese überstürzte Abfahrt in ein unbekanntes Land. Das Gehalt als Dozent reicht kaum fürs Hotel, sie vermissen ihre Söhne, Illustrationsaufträge für die amerikanischen Zeitungen bleiben erst einmal aus. Doch als er Ende Januar Briefe von seinen Berliner Nachbarn erhält, die berichten, wie Polizei und SA in seiner leergeräumten Wohnung nach ihm gesucht und sein Atelier verwüstet hätten, weiß er, wie richtig alles war: »Heimlich dankte ich meinem Gott, dass er mich so fürsorglich beschützt und geführt hatte.« Schon wenige Wochen später wird George Grosz offiziell aus Deutschland ausgebürgert – auch in diesem Fall ist er der Erste, die anderen 553 Personen des öffentlichen Lebens, die keine Deutschen mehr sein sollen, werden ihm bald folgen.

*

Der jüdische Komponist Friedrich Hollaender, der mit seinen Liedern Marlene Dietrich im *Blauen Engel* berühmt gemacht hat und nun das *Tingel-Tangel* betreibt, kommt mit seiner Frau Hedi aus London am Anhalter Bahnhof an, und es wirkt alles ganz harmlos. Er sagt zum Taxifahrer wie immer: Cicerostraße 4, und der fährt los. Als er und seine Frau zu Hause ankommen, lehnt die Schwiegermutter schon oben am Fenster und winkt. Aber seltsam, sie schüttelt den Kopf und winkt Hollaender und seine Frau fort, dann schließt sie das Fenster. Die Hollaenders bleiben verdattert auf der Straße stehen, als die Schwiegermutter schon nach unten kommt. Zu dritt gehen sie ins Café am Eck. »Sie sind oben«, sagt sie. »Die Gestapo, sie durchwühlen alles, zerreißen Bücher, zerschneiden Bilder. Erst Liebermann, jetzt auch die Kollwitz. Die Postkarten von Else Lasker-Schüler mit dem Davidstern auf deiner Backe.« »Und was machen wir jetzt?«, fragt Friedrich Hollaender. »Haut ab! Sofort!«, sagt seine Schwiegermutter. Sie rufen ein Taxi und fahren zum Bahnhof Friedrichstraße, das scheint ihnen geschickter. Doch auf halber Strecke geht die Fahrt nicht weiter, eine Horde junger SA-Kämpfer versperrt den Weg. Hollaender sackt das Herz in die Hose. Seine Frau Hedi drückt ihn auf die Rückbank, legt ihren weiten Wintermantel über ihn, so dass man ihn nicht sehen kann, und kurbelt das Fenster hinunter. Sie schüttelt ihre blonden Locken und ruft: »Heil, Jungs!« Da lassen sie sie passieren. Als sie ankommen, sehen sie, dass acht Minuten später der Nachtzug nach Paris fährt. Sie lösen zwei Karten, Schlafwagen, erster Klasse. Sie steigen ein. Der Kontrolleur schaut sie genau an, erst die Gesichter, dann die Fahrkarten, dann die Pässe. Er zeigt ihnen ihre

Plätze, aber ihre Pässe, die behält er. Der Zug fährt los. Sie wissen nicht, wie ihnen geschehen ist. Sie wissen nicht, warum der Kontrolleur ihre Pässe behalten hat. Sie bestellen, um Entspannung vorzutäuschen, eine Flasche Riesling von der Mosel und zwei Gläser. Sie trinken. Legen sich im Mantel aufs Bett, um auf alles gefasst zu sein. Panisch und verstört. Doch irgendwann schlafen sie ein vom gleichförmigen Rattern in der dumpfen Dunkelheit. Die frühe Sonne weckt sie, vorsichtig schieben sie den ganzen Vorhang zur Seite – und sie lesen plötzlich französische Schilder, »Dames«, »Liège«, sie können ihr Glück nicht fassen, sie sind über die Grenze. Und als sie auf Paris zurollen, gibt ihnen der Kontrolleur die Pässe zurück, das sei eine reine Freundlichkeit für die Gäste, sagt er. Damit sie nachts nicht geweckt würden, wenn die Grenze passiert wird. »Ach so, natürlich«, sagt Friedrich Hollaender da, er versucht, seine Erleichterung in der Beiläufigkeit zu verstecken. Sie steigen am Gare du Nord benommen aus dem Zug. Hören die französischen Stimmen, die anfahrenden Züge. Sie haben es tatsächlich geschafft. Fahren dann ins Hotel *Ansonia*, »Nachtasyl de Luxe mit seinen Kristallleuchtern und abgetretenen Korridorläufern, ein Nest der Vertriebenen«. Im Treppenhaus treffen die Hollaenders Billy Wilder mit Hella Hartung – er wohne, sagt er, im dritten Stock. Er habe sich Geld in den Anzug nähen lassen und wolle dies nun in den besten Restaurants in Paris ausgeben, sagt er Friedrich Hollaender, »als sei er völlig überzeugt, dass neues Geld erst kommen könne, wenn das alte weg ist«. Im fünften Stock im *Ansonia* trifft Friedrich Hollaender auf den Schauspieler Peter Lorre mit seiner Frau Cilly, schräg gegenüber wohnt der Komponist Franz Wachsmann mit seiner Freundin Alice. Dort offenbar herrscht dicke Luft. »Allerdings«, so schreibt Friedrich Hollaender, »hing ohnehin das Stimmungsbarometer der ganzen Kolonie unausgesetzt in der merkwürdigen Schwebe zwischen herübergerettetem Humor und neu erworbener Gereiztheit.« Und wenn die Stimmung besonders durchhängt bei den Geflüchteten in Paris, ihnen die letzten Reste des Humors zu vergehen scheinen in Monotonie und Aussichtslosigkeit, dann, so berichtet Hollaender in der ihm eigenen Art, könne man eine rothaarige Prostituierte am Montparnasse besuchen: »Sie hat einen Spezialpreis für Emigranten. Man kann bei ihr liegen, die ganze Nacht, und ihr von der Bayreuther Straße erzählen und vom kleinen Grunewaldsee.«

*

Der bedeutendste Theaterkritiker der Weimarer Republik, Alfred Kerr, weiß genau, wann für ihn der letzte Akt gekommen ist. Er kommt, als das Telefon klingelt am klirrend kalten Nachmittag des 15. Februar. Seine Tochter Judith Kerr erinnert sich später: »Im Februar 1933 kam die Warnung, man wollte ihm den Pass wegnehmen. Ich weiß nicht, wer ihn damals anrief. Irgendjemand von der Polizei. Er lag zur Zeit mit Grippe im Bett, aber meine Mutter hat ihm schnell einen Koffer gepackt, und er ist innerhalb von zwei Stunden über die Grenze in die Tschechoslowakei gefahren, noch mit hohem Fieber.« Ein paar Tage später fährt er von Prag nach Zürich weiter, dort trifft er seine Frau Julia und die Kinder Michael und Judith, die jenes rosa Kaninchen im Lande Hitlers zurücklassen musste, das später ihrem bewegenden Roman den Namen gab. Gemeinsam emigrieren sie dann von der Schweiz nach Paris. Der *Faust II* mit Gründgens ist das letzte Stück, das er in Deutschland gesehen und besprochen hat.

*

Else Lasker-Schüler, diese traumverlorene Dichterin, diese Freundin von Franz Marc, von Karl Kraus und Gottfried Benn, Schöpferin von Liebesversen größter orientalischer Schönheit, voll vom unerschütterlichen Glauben an die Versöhnung zwischen Judentum und Christentum, wird im Februar 1933 in Berlin auf offener Straße von zwei jungen SA-Kämpfern verfolgt und zusammengeschlagen. Sie beißt sich auf die Zunge, eine tiefe Wunde, das Blut tropft ihr aus dem

Mund. Sie muss ins Krankenhaus, die Zunge wird genäht. Sie kann nicht mehr sprechen.

*

Thomas Mann bricht mit seiner Frau Katia zu einer Vortragsreise nach Amsterdam, Brüssel und Paris auf, wo er zum fünfzigsten Todestag von Richard Wagner spricht. Er weiß noch nicht, dass es der Beginn ihres Exils ist. Aber vielleicht ahnt er es, da er kurz zuvor im *Völkischen Beobachter* dies über sich gelesen hat: »Thomas Mann ist ein frankophiler, erfüllungsbegeisterter, marxistischer, dazu mit dem Zentrum liebäugelnder, überdies pazifistischer und jüdisch versippter Kopf.«

*

Als Heinrich Mann aus seinem Amt als Leiter der Sektion Literatur in der Berliner Akademie gedrängt wird, ist ihm klar, dass er bald gehen muss, doch als er bei einem Abendessen am 19. Februar von einem ehemaligen preußischen Staatssekretär gewarnt wird, sein Name stehe auf den Todeslisten der Nazis, da weiß er, dass keine Zeit mehr zu verlieren ist. Am darauffolgenden Tag bereitet er seine Flucht vor. Und entwirft mit Nelly Kröger, seiner neuen Partnerin, einen genauen Plan. Am nächsten Morgen ist es so weit. Er nimmt nur seinen Regenschirm als Spazierstock in die

Hand und geht ohne weiteres Gepäck zum Anhalter Bahnhof. Seine Fahrkarte gilt nur bis Frankfurt. Doch er hat seine Freundin Nelly zuvor gebeten, den wartenden Zug zu besteigen, um im Gepäckfach seinen Koffer zu verstauen. Danach steigt sie schnell aus dem Zug und wartet, bis Heinrich Mann am Gleis eintrifft. Sie läuft zu ihm und raunt ihm ins Ohr, dass alles über seinem reservierten Platz verstaut sei. Dann versagt ihr die Stimme und sie muss schluchzen. Heinrich Mann streichelt ihr kurz über die Wange und dann, als der Schaffner gerufen hat, besteigt er den Zug. Erleichtert setzt er sich unter sein Gepäck. In Frankfurt bleibt er eine Nacht, alles soll nach einer Inlandsreise aussehen, am nächsten Morgen fährt er über Baden weiter nach Kehl, wo er aussteigt. Er nimmt seinen Koffer und seinen Regenschirm und geht am 22. Februar zu Fuß über die Grenze. »Übergang Pont du Rhin«, so der Stempel in seinem Reisepass. Zu verzollen hat er nichts. Die Grenzbeamten wissen nicht, wen sie da gerade ziehen lassen. Sie sagen »Heil Hitler« und lassen ihn kopfschüttelnd ins Land des Erbfeindes hinüberspazieren. Als er dann im französischen Zug sitzt, der ihn nach Toulon bringen soll, trägt Heinrich Mann in seinen Kalender am Tag seiner Emigration nur ein lapidares Wort ein: »abgereist«. Als der *Völkische Beobachter* von seiner Flucht Wind bekommt, da kommentiert er: »Spurlos verschwunden ist zum Beispiel der ehemalige Stabstrompeter der Novemberakademie.« Im

Tagebuch seines Freundes Wilhelm Herzog, der ihn in Toulon vom Zug abholt, steht: »Toulon. Heinrich Mann. Glücklich entronnen dem 3. Reich. Lacht, freut sich wie ein Kind.« Nie wieder wird Heinrich Mann nach Deutschland zurückkehren.

*

Für Nelly, seine Partnerin, wird diese Abreise entschieden komplizierter. Kaum ist Mann weg, durchsucht die Polizei die gemeinsame Wohnung. Nelly Kröger wird verhaftet und verhört. Sie weiß weder aus noch ein, sie schafft es nicht, den gemeinsamen Haushalt aufzulösen, um Manns Geld nach Frankreich zu transferieren – neben ihrer Alkoholsucht wird sie in diesen Tagen voll Angst und Panik auch noch medikamentenabhängig. Als sie sich erholt hat von einer schweren Gehirnerschütterung, die entweder im Gefängnis oder durch einen Sturz im Rausch entstanden ist (so genau erzählt sie es selbst Heinrich Mann nicht), entschließt sich auch Nelly Kröger, aus Deutschland zu fliehen. Doch sie will nicht alleine gehen, sie bricht mit Rudi Carius auf, ihrem jugendlichen Liebhaber, dem kommunistischen Kämpfer aus dem Berliner Wedding, der von der SA verfolgt wird. Sie verbergen sich für ein paar Tage im Fischkutter der Familie, der im Hafen von Sassnitz auf Rügen liegt, um auf den richtigen Wind zu warten.

Als sie wissen, dass der Wind aus Ost/Südost kommen wird, mieten sie ein Segelboot für einen kleinen Törn. Sie tun so, als machten sie einen Ausflug, packen einen Picknickkorb aufs Boot. Doch als sie die Grenze der deutschen Hoheitsgewässer erreichen, segeln sie einfach weiter. Der Wind bläst, und ihr kleines Boot trägt sie bis nach Trelleborg in Schweden. Heinrich Mann lässt Geld nach Kopenhagen transferieren, damit sie nach Frankreich weiterziehen können.

*

Der *Weltbühnen*-Herausgeber Carl von Ossietzky, gerade aus dem Gefängnis entlassen, überlegt, sich von Maud, seiner schwer alkoholabhängigen Frau, scheiden zu lassen. Er hat sich verliebt in Gusti Hecht, die ausgerechnet die Autorin des aktuellen Bestsellers *Muss man sich gleich scheiden lassen?* ist. Doch am Ende befolgt Ossietzky den Rat seiner Freundin und bleibt bei seiner Frau. Am 27. Februar sitzt er in der Wohnung seiner Freundin Gusti am Radio und hört dort vom Reichstagsbrand. Gusti rät ihm zur sofortigen Flucht, doch er erklärt ihr, dass er erst nach Hause zu seiner Frau müsse. Doch als er dort ankommt, bedrängt auch Maud ihn, sofort zu flüchten, er sei wegen seiner sozialistischen und pazifistischen Artikel hochgradig gefährdet. Er hat kurz zuvor in seinen Artikeln Hitler eine »feige, verweichlichte Pyjamaexistenz«

genannt und Goebbels eine »hysterische Käsemilbe«. Doch Carl von Ossietzky will erst einmal abwarten. Was ihm wohl durch den Kopf geht? Er weiß nicht, wie er im Ausland seine Familie finanzieren soll, denn auf ihm lasten hohe Schulden. Er weiß nicht, wie er die Sanatoriumsaufenthalte für seine alkoholabhängige Frau bezahlen soll, und ob er das moralische Recht dazu hat, sie in ihrer Krankheit alleinzulassen. Was er weiß: dass er die Stadt nicht verlassen will, in der Gusti lebt. Er glaubt zudem noch immer, dass die Sozialdemokraten und die Kommunisten die Nationalsozialisten aufhalten werden. In Gedanken versunken sitzt er in der Küche, da läutet es an der Tür: Zwei Kriminalbeamte stehen davor. Er darf noch ein Butterbrot essen, dann wird er abgeführt. Er ruft Maud zu: »Ich komme bald wieder.« Ossietzky landet zunächst im Gefängnis in Spandau, wird von dort aber wenig später in das neuerrichtete Konzentrationslager Sonnenburg bei Küstrin verbracht, wo er wochenlang schwer misshandelt und gequält wird. Ossietzkys Frau schickt die gemeinsame Tochter in ein Internat nach England und versinkt selbst im Alkohol. Ossietzkys Geliebte Gusti Hecht gründet den »Freundeskreis Carl von Ossietzky«, der sich finanziell um Maud und die Tochter kümmert und Kontakt mit dem Inhaftierten hält.

*

Hier, im KZ Sonnenburg, leidet auch Erich Mühsam, der Held der Novemberrevolution und kommunistische Kämpfer. Vor kurzem hat er hier noch befreundete politische Gefangene besucht, nun ist er selbst zu einem geworden. Wie ein Märtyrer versucht Mühsam sein Leiden zu ertragen, die Schläge, die Angst vor dem Tod, die Folter. Am 27. Februar hatte er endlich das Geld beisammen gehabt für die Fahrkarten nach Paris, für sich und seine Frau Zenzl. Doch in der Nacht, als über dem Reichstag noch die Flammen hochschlugen in die Dunkelheit, haben ihn die Nazis gefangen genommen. Am 10. April darf Zenzl ihn im KZ für ein paar Minuten besuchen, sie trifft ihren geliebten Mann, »geschändet und geprügelt«. Sie geht zum Oberstaatsanwalt und erlangt seine Überweisung ins Zuchthaus Plötzensee. Dort bekommt Mühsam eine Einzelzelle. Er zeichnet ein Bilderbuch für seine Frau. Kindlich, naiv und doch expressionistisch, echte Anarchie. Eine letzte Beschwörung der Kraft der Liebe.

*

Bertolt Brecht packt seine wichtigsten Manuskripte in der Hardenbergstraße 1a in seinen Koffer. Als am 27. Februar der Reichstag brennt, geht er mit Helene Weigel zu Peter Suhrkamp, der sie in seiner Wohnung unterbringt. Am 28. Februar fahren sie beide mit dem Zug nach Prag, von dort geht es weiter nach Wien, wo sie am Sonnabend, dem 4. März 1933, eintreffen. Sie wohnen bei Helene Weigels Schwester.

Von dort bricht er in die Schweiz auf, um die Lage zu erkunden. Es zieht ihn nach Lugano, nicht nur des Klimas wegen, sondern auch, weil sich dort im Lungensanatorium Agra seine Geliebte Margarete Steffin von ihren Operationen erholt.

*

Am Abend des Rosenmontags des Jahres 1933, dem 27. Februar, feiern die Münchner Kammerspiele ihren Faschingsball im *Regina-Palast-Hotel.* Alle sind verkleidet und tragen Masken, es hat etwas Unheimliches und Entlastendes, nicht zu wissen, mit wem man tanzt. Ein lächelnder Clown bittet Erika Mann zum Tango, sie wirbeln über das Parkett, als er ihr plötzlich ins Ohr haucht: »Der Reichstag brennt.« Sie antwortet spontan: »Lass ihn brennen.« Doch dann, ein paar Sekunden später, fragt sie den mysteriösen Clown: »Wieso brennt er?« Da schreien plötzlich überall auf der Tanzfläche die Clowns, die Harlekine, die venezianischen Damen und die Piraten: »Der Reichstag brennt!« Erika Mann wird nie erfahren, wer der Clown war, der ihr am Rosenmontag 1933 als Erster die Wahrheit sagt.

*

Als Alfred Döblin hört, dass der Reichstag brennt, packt er einen kleinen Koffer. Am frühen Morgen des 28. Februar fährt er mit dem Zug nach Süddeutschland, immer weiter, bis es nicht mehr geht. Dann steigt er aus und läuft los. Geht durch das letzte deutsche Dorf und schlendert dann mit pochendem Herzen über eine Wiese hinüber in die Schweiz. Bald kommt seine Frau Erna nach, später auch die Kinder. Sie alle emigrieren weiter nach Paris.

Dorthin folgt ihm Yolla Niclas, seine jüdische Geliebte der zwanziger Jahre, der Erna Döblin zuletzt in Berlin Hausverbot erteilt hat. Sie arbeitet als Fotografin in Paris und erfährt von anderen Emigranten Döblins Telefonnummer. Sie ruft ihn an, Alfred Döblin ist so beglückt wie verstört. Er bittet Yolla, nicht noch einmal anzurufen, die Hölle, die er danach von Erna würde ertragen müssen, könne er nicht aushalten. In diesem Moment weiß Yolla Niclas, dass auch die Emigration nichts an den Bedingungen ändert, unter denen eine Liebe wachsen kann – oder verkümmern muss.

*

Kurt Wolff und Helene Mosel, noch berauscht von ihrem Sommer an der Küste des Mittelmeeres, erleben einen turbulenten Winter in Berlin. Sie wohnen zunächst bei der Schwester von Kurts Ex-Frau. Und er trifft sich mit allen ehemaligen Berliner Bekannten und Geliebten und stürzt sich nach den einsamen Monaten in Südfrankreich in ein aufwendiges Gesellschaftsleben, hofft auf einen Posten als Rundfunkintendant. Helene bleibt meist zu Hause und schreibt – sowohl der Rowohlt als auch der Ullstein Verlag interessieren sich für ihr Buch *Hintergrund für Liebe*, das sie im vergangenen Sommer am grünen Gartentisch in Saint-Tropez verfasst hat. Aber die Wolken hängen immer tiefer über Berlin. Helene schreibt an ihren Bruder Georg: »Was ich hier höre, sehe, fühle, ist Massenrausch, Massenwahnsinn, Massenpsychose, eine Stimmung, die an 1914 erinnert.« Das schreibt sie am 26. Februar. Gleich in der nächsten Nacht, in der der Reichstag brennt, beginnen sie ihre Koffer zu packen. Verabschieden sich am 1. März von all ihren Freunden. Und besteigen abends den Nachtzug nach Paris, wo sie am 2. März ankommen. Auch Kurt Wolff, der Verleger Kafkas und Trakls, ist nun zur Emigration gezwungen. Und Helene, seine jüdische Gefährtin, umso mehr.

Ende März heiraten sie in London. Helene Mosel wird zu Helen Wolff.

*

Dass Konrad Adenauer im März seines Amtes als Kölner Oberbürgermeister enthoben wird, ist das Ergebnis einer mehrjährigen Rufmordkampagne. Die NSDAP zieht seit 1929 mit der Parole »Fort mit Adenauer« in den Wahlkampf. Sie kreidet ihm an, dass er sich an den Börsen verspekuliert hat, dass er gläubig ist, dass er in der Schweiz Urlaub macht, dass er zu viel verdient, dass er zu freundlich mit den Juden ist. Die NSDAP-Zeitung *Westdeutscher Beobachter* findet jede Woche einen neuen Skandal, vor allem seit die Stadt Köln im Oktober 1932 offiziell zahlungsunfähig geworden ist. Es gibt im Frühjahr, bei Tausenden von Arbeitslosen und einer maximal aufgeheizten Stimmung, regelmäßig Straßenschlachten zwischen der SA und Rotfrontkämpfern. Als Hitler zu einer Wahlkampfkundgebung nach Köln kommt, lässt Adenauer die Hakenkreuzfahnen entfernen, die von der NSDAP an städtischen Masten gehisst worden sind, doch es sind letzte Abwehrkämpfe. Vor der Kommunalwahl in Köln ist kein Gegner der Nazis mehr sicher, es gibt reihenweise Morde, in Adenauers Wohnung klingelt unaufhörlich das Telefon, und anonyme Stimmen sagen seiner Frau, ihm oder seinen Söhnen, dass sie bald alle verschwunden sein werden. SA-Leute dringen in seine Dienstwohnung in der Max-Bruch-Straße ein und baden dort genüsslich in Adenauers Badewanne. Wenn seine Frau oder er auf der Straße alte Bekannte grüßen, grüßen diese nicht zurück. Adenauer ist zum Verfemten in seiner eigenen Stadt geworden. Er merkt, dass er schnell handeln muss. Am 12. März ist die Kommunalwahl angesetzt – am Abend vorher bringt das Ehepaar Adenauer seine Kinder ins Caritas-Krankenhaus Hohenlind, unter dem Schutz der katholischen Kirche. Die Wahl geht an die NSDAP, Adenauer wird aus seinem Amt vertrieben, er flüchtet erst nach Berlin in die Wohnung, die er als Vorsitzender des Preußischen Staatsrates offiziell nutzen kann, doch er wird auch von diesem Posten abgesetzt. Er erinnert sich seines alten Schulfreundes Ildefons Herwegen, Abt des Klosters Maria Laach. Der ist tatsächlich willens, ihm hinter den hohen Klostermauern Schutz zu gewähren. Adenauer fährt sofort mit dem Zug in die Eifel und versinkt dort in Angst und Schwermut, gerettet zwar, aber verzweifelt: »Wenn nicht meine Familie und meine religiösen Grundsätze wären«, so gesteht er 1933 einem Freund aus seiner Klosterzelle in Maria Laach, »hätte ich lange meinem Leben ein Ende gemacht, es ist so wirklich nicht lebenswert.«

*

Der Romanist Victor Klemperer, der minütlich auf die Entlassung aus dem Universitätsdienst wartet, der auf den Straßen Dresdens von den alten Bekannten gemieden wird, weil er Jude ist, hat nur noch eine letzte Zuflucht: den Film, diesmal im Capitol-Kino, *Menschen im Hotel* nach Vicki Baum – und mit Greta

Garbo. »Ich bin so gern im Kino, es entrückt mich«, schreibt er am 20. März. Aber seine Frau will sich so selten mit ihm gemeinsam entrücken lassen: »Eva ist so schwer zum Besuch zu bewegen. Und wenn es ihr dann nicht zusagt und sie elend dort sitzt, habe ich doch keinen Genuss.«

Vicki Baum selbst hat Deutschland mit ihrem Mann, dem Dirigenten Richard Lert, und ihren beiden Söhnen bereits 1932 verlassen. Sie sind in Amerika zu *Menschen im Hotel* geworden. Aber als Victor Klemperer den Film nach ihrem Buch sieht, da ist sie ganz in Hollywood angekommen, lebt in einem weißen Haus in den Hügeln über Santa Monica. Bald schon werden all ihre Bücher aus deutschen Bibliotheken und Buchhandlungen verbannt, sie sei, so schreibt der »Kampfbund Deutsche Kultur«, die »Jüdin Vicky Baum-Levy« und zudem eine »Asphaltschriftstellerin, die im Ausland gegen das nationale Deutschland hetzt«. Gleichzeitig erscheint eine Homestory in der *Vanity Fair* über ihren neuen Wohnsitz im Amalfi Drive 1461 in den Hollywood Hills – dort heißt es, dies sei »das deutsche Haus einer deutschen Familie«.

*

Am 13. März verlassen Erika und Klaus Mann am selben Tag, aber in unterschiedlichen Richtungen, ihre Heimat. Erika Manns Kabarett *Die Pfeffermühle* haben die Nationalsozialisten sofort nach der Machtübernahme verboten, die Nazi-Presse wütet gegen sie. Sie ist noch einmal ganz kurz nach München in die Villa ihrer Eltern in der Poschingerstraße gefahren, um die wichtigsten Dokumente des Vaters zu sichern – und so packt Erika als Erstes das angefangene Manuskript zu *Joseph und seine Brüder* ein. Dann fährt sie mit ihrem Auto in Richtung Arosa. Ihre Freundin Therese Giehse flieht mitten aus einer Probe aus den Kammerspielen zunächst nach Österreich – und von dort weiter zu Erika in Arosa. Als Erika ins Auto gestiegen ist, packt auch Klaus Mann seine Koffer, verbringt noch eine zärtliche Stunde mit seinem zeitweiligen Geliebten Herbert Franz im leeren Familienhaus in der Poschingerstraße und besteigt abends den Nachtzug nach Paris. Als er am 14. März dort ankommt und im *Hôtel Jacob* für einen Monat ein Zimmer im vierten Stock mietet, nimmt er sein Tagebuch aus dem Koffer, zieht eine Linie unter alles Vorige und schreibt mit fester, trotziger Hand quer über die Seite: »Beginn der Emigration«. Sein erster Gedanke und sein erster Traum im Exil: Erika, seine Schwester. »Einsamkeitsgefühl doch immer nur, wenn sie nicht da ist.« Das muss wohl Liebe sein.

*

Am 17. März lässt die nationalsozialistische Stadtregierung von Dessau eine Durchsuchung im Meisterhaus von Bauhaus-Lehrer Paul Klee und seiner Frau Lily durchführen. Zahlreiche Zeichnungen und Dokumente werden beschlagnahmt. Das Atelier durchwühlt. Klee sei, so heißt es, in Wahrheit vermutlich ein galizischer Jude. Er zieht daraufhin unverzüglich mit seiner Frau nach Düsseldorf um, wo er eine Professur für Malerei hat. Doch am 21. April wird auch diese Professur mit sofortiger Wirkung gekündigt.

*

Am 17. März verlässt Walter Benjamin Berlin mit dem Nachtzug in Richtung Paris. Er hat die letzten Wochen in Schockstarre verbracht, ging kaum noch vor die Tür, öffnete nicht, wenn es unangemeldet klingelte. Nun hat er seine Koffer gepackt und bricht auf in die gelobte Stadt. Aber er hat längst seinem Freund Felix Noeggerath geschrieben und ihn gefragt, ob er wieder bei ihnen unterkommen könne in Ibiza. Er müsse dringend weg.

*

Am 23. März besucht Klaus Mann Käthe von Porada in ihrer Pariser Wohnung. Sie gibt einen kleinen Empfang anlässlich des Besuches des Malers Max Beckmann, den sie sehr verehrt. Kaum ist dieser zurück in

Frankfurt bei seiner Frau Quappi, wird er vom Städel, wo er als Professor Malerei lehrt, entlassen. Er beginnt, an seinem monumentalen Triptychon *Abfahrt* zu arbeiten – in eine mythologische Welt verlagert, erzählt er hier von den Schmerzen des Abschieds. Er selbst wird aber noch ein paar Jahre ausharren, bevor er Deutschland endgültig verlässt.

*

Bertolt Brecht wohnt in Lugano im *Hotel Bellerive*, direkt am See, Palmen vor der Tür. Fast täglich fährt er hinauf nach Agra ins Sanatorium von Margarete Steffin. Wenn sie nicht husten muss und sie beide dort oben nebeneinandersitzen auf der Liege vor ihrem Balkon, dann träumen sie von ihrer Zukunft. Es ist ein malerischer Ort, man sieht über beide Arme des Luganer Sees nach Süden, thront über der Welt und scheinbar auch über ihren Problemen. Hier also liegt Margarete Steffin, während Hitler Reichskanzler wird, hier liegt sie, während der Reichstag brennt, hier liegt sie, während die jüdischen Intellektuellen aus Deutschland emigrieren müssen. Und immer wieder liegt Brecht bei ihr, wenn sie dann getrennt sind, schreiben sie sich Sonette, es sind die schönsten und die anzüglichsten, die sie sich je schreiben werden. In seiner Erotomanie lässt sich Brecht auch nicht durch die Emigration irritieren.

Gemeinsam besuchen sie Hermann und Ninon Hesse im benachbarten Montagnola, Steffin adrett mit Kleid und Hut, Brecht wie immer in seiner Arbeiterkluft, mit der Zigarre im Mundwinkel.

Als Helene Weigel Anfang April ebenfalls ins Tessin kommt, mit den Kindern Barbara und Stefan, merkt sie schnell, dass Brecht seine Beziehung nicht abgebrochen hat – erneut erwägt sie, sich scheiden zu lassen, Emigration hin oder her. Vorerst entscheidet Helene Weigel sich, das Angebot einer Freundin anzunehmen und mit den Kindern nach Dänemark weiterzureisen. Wie sagte Bertolt Brecht doch so schön? »In mir habt ihr einen, auf den könnt ihr nicht bauen.«

*

Auch Katia und Thomas Mann sind mittlerweile in Lugano in der sicheren Schweiz zwischengelandet, aber, wie ihre Tochter Erika schreibt: »flüchtig, unglücklich, ratlos«. Und auch sie treffen dort Hermann Hesse und seine Frau Ninon. Die Manns sehen Erich Maria Remarque, der aus Porto Ronco herüberfährt. Nur Bertolt Brecht wollen sie nicht sehen, er bittet um ein Gespräch, aber Thomas Mann mag gerade nicht.

*

In die Riege der berühmten Männer von Alma Mahler-Werfel, also neben Gustav Mahler, Oskar Kokoschka, Walter Gropius und Franz Werfel, darf man auch einen fünften Herrn zählen, der sich durch zwei Eigenschaften besonders auszeichnet: Erstens ist er Priester und zweitens ist er 1933 Österreichs größter Experte für Ehenichtigkeitsprozesse. Das muss einen ungeheuren Reiz auf Alma Mahler-Werfel ausgeübt haben. Und als im März Franz Werfel zum Schreiben nach Italien fährt, da macht die 54-jährige Gattin ebenjenen 38-jährigen Johannes Hollnsteiner zu ihrem Beichtvater. Alma Mahler-Werfel gewinnt Freude an der Sündenschaukel des Katholizismus, aus dem beruhigenden Wechselspiel aus Sünde und Vergebung, und offenbar scheint dieser junge Augustiner, Chorherr des Stifts St. Florian, die ideale Person, um beides quasi gleichzeitig zu erledigen.

Ja, Alma Mahler-Werfel, die täglich leidet an dem, was sie an ihrem Gatten als jüdisch erkennt, verliebt sich sehr leidenschaftlich in ihren geistlichen Intimus. Sie schreibt in ihr Tagebuch: »Die unbegreiflich lange Nacht dieses Winters ist einem föhnigen Frühlingsahnen gewichen. Es ist kaum zum Aushalten!« Sie bricht sogar einen Aufenthalt bei Werfel, der in Italien an *Die vierzig Tage des Musa Dagh* arbeitet, frühzeitig ab, um zurück nach Wien zu reisen. Am 5. März vermeldet sie voller Stolz: »J. H. ist 38 Jahre alt und ist der FRAU bis jetzt nicht begegnet. Mich sieht er anders, und ich segne mich dafür. Er sagte: Niemals war ich einer Frau so nah. Du bist die Erste und wirst die Letzte sein.«

Das bleibt nicht unbemerkt. Hollnsteiners Auto parkt fast täglich vor dem Werfel'schen Haus auf der Hohen Warte, und wann immer Alma kann, besucht sie die Messen, die Hollnsteiner liest. Dankbar vermerkt Alma, dass ihr Beichtvater ganz im Hier und Jetzt lebe und viel Verständnis habe für ihr »sündiges Vorleben«. Aber der Priester mit dem Bubengesicht und der Nickelbrille scheint auch ansonsten eine eher freie Auslegung der katholischen Sexualmoral zu favorisieren. Er erklärt Alma, das Keuschheitsgebot gelte streng genommen nur, solange man den Talar anhabe. Und sie glaubt ihm das gerne: »Nie hat er noch das Wort Sünde ausgesprochen – und ich, muss ich päpstlicher sein als der Papst? Beide sind wir gebunden. Er an die Kirche, ich an Werfel.« Ein Gleichgewicht der Kräfte also. Sie schreibt ihm: »Ich liebe dich – ich liebe dein Wirken in der Welt und auf mich. Ich sehne mich nach dir.« Wieder einmal wird Alma Mahler-Werfel zu der Frau, die ihr Gegenüber in ihr sehen will. Wie schon bei Mahler, bei Gropius, bei Kokoschka und Werfel, so macht sie jetzt Johannes Hollnsteiner glauben, sie sei das, wonach er sich immer gesehnt hat. Und weil es auf Erden so schön ist, bittet Alma ihn, ihre Hand zu halten, wenn sie einst in den Himmel aufsteige. Denkt sie wohl auch darüber nach, ob ihr Geliebter ihre eigene Ehe für nichtig erklären könnte?

*

Die Sieben, so schreibt Lotte Lenya an Kurt Weill, sei ihre Glückszahl. Sie lässt sich in diesem Glauben keineswegs dadurch beirren, dass sie beim Roulette in Monte Carlo auch dann nichts gewinnt, wenn sie auf ebenjene Sieben setzt. Nein, es sei ein gutes Omen, dass Weill ihr ein Haus in der Wissmannstraße 7 gekauft hat. Und außerdem sei 1933 ja das siebte Jahr ihrer Ehe. So frohgemut also schreibt sie ihm vom Mittelmeer, wo sie gerade mit ihrem Geliebten Otto Pasetti nach angeblich todsicheren Methoden das Geld von Kurt Weill in den Casinos verspielt. Kurt Weill bekommt derweil in der Wissmannstraße 7 in Kleinmachnow bei Berlin, wo er entsprechend alleine ohne die Gattin wohnt, noch andere Post: »Juden wie Sie sind bei uns nicht erwünscht«, steht da. Und vieles, was er aus Höflichkeit nicht wörtlich zitiert. Als die Aufführung seines neuen Stückes *Silbersee* in Magdeburg von prügelnden SA-Männern verhindert worden ist, zieht Weill Konsequenzen. Er übernachtet in Berliner Hotels oder bei seinen Freunden Caspar und Erika Neher. Seit Caspar sich als homosexuell geoutet hat, kümmert sich dessen Gattin in allen Belangen um den verlassenen Weill. Am 22. März fahren alle drei in Berlin mit dem Wagen los – Richtung französische Grenze. Um sich nicht verdächtig zu machen, muss Weill alles zurücklassen, selbst seinen geliebten Schäferhund Harras. Das Haus übrigens wird im Laufe des Jahres verkauft und der Erlös von Lotte Lenyas Geliebtem Pasetti komplett in den Casinos von Monte Carlo und Nizza verspielt. Weill hatte ihm eine Vollmacht ausgestellt, da er als Jude das Haus nicht selbst verkaufen konnte.

*

Ende März gehen in Ibiza drei Personen an Land, die in Deutschland eine gewisse Berühmtheit erlangt haben: der Dada-Künstler Raoul Hausmann, seine Ehefrau Hedwig Mankiewitz und seine Muse und Geliebte Vera Broido. August Sander hat das robuste Trio in der Fotografie *Die Künstlerehe* verewigt. Das erregt in Berlin jedoch inzwischen zu großes Aufsehen. Am 9. März sind sie geflohen. Nun wollen sie ihre revolutionäre Lebensform auf Ibiza erproben. Sie finden in einem herrlich abgeschiedenen Tal das alte Bauernhaus *Can Palerm* und richten sich dort ein. Hedwig Mankiewitz kümmert sich um den Haushalt, ihr Gatte und seine Muse kümmern sich um die Kunst.

*

Man Ray schert sich nicht um die Politik. Er interessiert sich nur für die Liebe. Weiterhin malt er jeden Morgen an den riesigen Lippen über seinem Bett. Im Herbst hat er eine zweieinhalb Meter breite Leinwand aufgehängt, um *Die Liebenden* zu malen, zwei fliegende Lippen, dem Kussmund seiner einstigen Geliebten Kiki nachempfunden. Doch in diesem Frühjahr merkt Man Ray: Es klappt nicht. Sie hat zu gleichmäßige Lippen. Er beginnt daran herumzudoktern. Danach sehen die Lippen fürchterlich aus. Irgendwann reißt er die Leinwand wütend vom Keilrahmen, da fällt sein Blick plötzlich auf ein Foto seiner letzten Freundin Lee Miller, seiner größten Liebe, die ihn im Winter verlassen hat. Er sieht ihre Lippen. Diese schmalen, zauberhaften Lippen. Und da weiß er, dass sie es sind, die er eigentlich immer malen wollte. Er beginnt ein neues Bild. Lee Millers Lippen, zwei Meter lang, aber ein wenig schräg, so wie sie den Kopf gerne gehalten hat, so sollen sie über den Himmel schweben. Morgen für Morgen malt er nun, bevor er ins Atelier geht, an diesen neuen Lippen auf der riesigen Leinwand über seinem Bett, in dem er sie zum ersten und zum letzten Mal geküsst hat.

*

Voll Schrecken erleben die jungen Sozialisten Willy Brandt und seine Freundin Gertrud Meyer am 1. April in Lübeck den Boykott jüdischer Geschäfte, das Anspucken von Juden auf offener Straße, die brachiale Gewalt der neuen nationalsozialistischen Macht. Am nächsten Abend umarmen sich der neunzehnjährige Willy Brandt und die zwanzigjährige Gertrud Meyer noch einmal lange, dann bricht er nach Travemünde auf, wo ihn ein Fischerboot im Schutz der Nacht mit in den Norden, nach Rødbyhavn nehmen will. Von dort reist er über Kopenhagen weiter mit dem Passagierschiff *Dronning Maud* nach Oslo in sein norwegisches Exil. Er hat nicht viel dabei, einhundert Reichsmark von Großvater, einen Band des *Kapital* von Karl Marx und einen Treueschwur von Gertrud. Schnell wird er in Oslo Teil der norwegischen Arbeiterpartei, schreibt für ihre Zeitung über Deutschland und kann Ende Juni die neue Sprache so gut, dass er keine Dolmetscherin mehr braucht. Am 9. Juli kommt Gertrud Meyer aus Lübeck zu ihm in sein Exil. Sie ist im Mai nach der Verbreitung antifaschistischer Flugblätter inhaftiert worden. Sofort nach Ablauf der Gefängnisstrafe bricht auch sie als »Touristin« auf in die Emigration. Willy Brandt und Gertrud Meyer leben ab Juli 1933 für einige Jahre zusammen in Oslo – aber als er 1971 dort den Friedensnobelpreis erhält, lädt er sie nicht ein, was sie maßlos enttäuschen wird.

*

An den Ostertagen muss die evangelische Nina von Lerchenfeld in Bamberg erkennen, wo die Prioritäten ihres Verlobten, des frischgebackenen Oberleutnant Claus Schenk Graf von Stauffenberg liegen: Am Ostersonntag führt er erst die katholischen Soldaten seines Regiments zur Messe und zur Kommunion, während sie mit ihrer Familie in einen evangelischen Gottesdienst geht. Und direkt danach steigt er in Bamberg am Bahnhof in den Zug, in dem sein geliebter Bruder Berthold mit Stefan George sitzt, dem verehrten Meister, mit dem die beiden Brüder weiter nach München fahren. Zum Glück hat Nina von Lerchenfeld neben ihrer Familie auch noch ihre Zigaretten. Sie raucht an diesen Ostertagen drei Schachteln davon.

*

Lisa Matthias, Tucholskys ehemalige Gefährtin, schildert dieses Berliner Frühjahr so: »Ich glaubte, dass ich einer Ohnmacht nahe war, wenn die Türklingel oder nur das Telefon läutete. Ich habe in den letzten zwei Wochen, vom 20. März bis zum 4. April, kaum noch essen können und acht Pfund abgenommen.« Am 1. April dann der Boykott jüdischer Geschäfte: »Als ich gegen sieben Uhr mit der Straßenbahn nach Hause fuhr, war gerade Ladenschluss. Man sah viele SA-Leute. Jeder sieht jeden scharf und misstrauisch an. Als ich an der Umsteigestelle Kaiserdamm stehe, habe ich das

Gefühl, dass jeder jeden erschlagen möchte, und dass eine Art Blutrausch in der Luft liegt.« Am 5. April geht Lisa Matthias in die Redaktionsräume von Ullstein, wo sie als Journalistin arbeitet. Alle jüdischen Redakteure sind schon entlassen worden oder sitzen verängstigt und blass an ihren Tischen. Bei der *Weltbühne*, für die sie auch schreibt und deren Herausgeber Ossietzky bereits inhaftiert ist, wird wieder eine Hausdurchsuchung gemacht. Aber noch hat niemand ihre Beziehung zu Tucholsky, dem jüdischen Staatsverräter, in den Polizeiakten notiert. So packt sie ihre Sachen – und fährt am 5. April ins schwedische Exil. Über Trelleborg, so wie Willy Brandt und Nelly Kröger, die Partnerin von Heinrich Mann. Sie landet in jenem Schweden, in dem sie mit Tucholsky ihre glücklichsten Tage verbracht hat, die in *Schloß Gripsholm* für alle Zeiten konserviert sind. Doch ihr ehemaliger Geliebter hat sich anderen Damen zugewandt – und vor allem ist er gerade in der Schweiz. So wird diese lange Fahrt nach Schweden eine wehmütige, traurige; voller Angst.

*

Else Lasker-Schüler, die ihre Zunge immer noch mit Salbei pflegen muss, nachdem sie von Nazi-Schergen in Berlin auf offener Straße zusammengeschlagen worden ist, packt am Abend des 18. April ihre Habseligkeiten und Kleider in Koffer und Schachteln, beschriftet sie und bittet das Hotel *Sachsenhof*, sie bis auf weiteres unterzustellen. Sie weiß, dass sie als Jüdin dieses Land so schnell wie möglich verlassen muss. In ihrer Heimatstadt Wuppertal ist eine Lesung abgesagt worden, weil man Angst um ihr Leben hatte. So steigt sie am Morgen des 19. April in den Zug nach Zürich. Sie hat sich kreidebleich von ihren verbliebenen Freunden zum Bahnhof eskortieren lassen und hält dann im Abteil für viele lange Stunden panisch ihre Handtasche fest umklammert. Wagt keinen Gang zur Toilette. In Zürich taumelt sie aus dem Zug, fast besinnungslos. Sie kann sich nicht verzeihen, nicht noch einmal die Gräber ihrer Vorfahren in Wuppertal besucht zu haben. Sie zieht durch das abendliche, kalte Zürich, mit drei Taschen behängt, sie hat nichts zu essen, sie bettelt, und sie schläft die ersten Nächte unter einem Baum am See, von ihrem Mantel nur notdürftig bedeckt. Die größte Dichterin des deutschen Expressionismus ist am Ende.

*

Nur die Bäume können Konrad Adenauer noch trösten. Er flüchtet aus der Politik, die er täglich in den Zeitungen verfolgt, in die strengen Abläufe des Klosterlebens in Maria Laach. Wann immer es geht, schlüpft er durch die Pforte und geht hinaus in die Natur: »Über Nacht ist der ganze Buchenwald grün, ich habe noch nie so schöne Vergissmeinnicht gesehen wie hier in den Wäldern«, so schreibt er an seine vertraute Freundin Dora Pferdmenges in Köln. Und: »Ich bin ganz bewegt und erschüttert von der ungeheuren Kraft, welche die Natur in diesen sechs Wochen entfaltet hat; sie schafft wirklich Ungeheures in dieser Zeit.« Doch es ist leider nichts gegen das Ungeheure, was die Politik schafft in diesen sechs Wochen, als im Jahre 1933 der Frühling in Deutschland beginnt.

*

Es wird langsam leer in Berlin, wie Max Schmeling mit steigender Angst vermerkt: »Vom Frühjahr 1933 an vermissten wir im *Roxy*, bei Änne Maenz, im *Romanischen Café* jede Woche einen anderen aus unserer Runde. Moldauer war der Erste gewesen, bald suchten wir vergeblich Fritz Kortner, irgendwann fehlte auch Ernst Deutsch, und eines Tages war Ernst Josef Aufricht gegangen. Dann war die Bergner weg, dann Richard Tauber, schließlich Albert Bassermann. Man hörte, dass auch Bertolt Brecht und Kurt Weill emigriert seien.«

*

In den frühen Morgenstunden des 11. April 1933 legt Walter Benjamin, der über Paris nach Barcelona weitergereist ist, mit der *Ciutad de Malaga* am Hafen von Ibiza-Stadt an. Es ist 6.15 Uhr in der Frühe. Ein strahlender Frühlingstag beginnt. Benjamin erinnert sich an Ibiza im vergangenen Jahr. Das kurze Glück mit Olga hier am Strand und im Boot – die darauf folgenden Dunkelheiten kann er gerade verdrängen, die Sonne scheint dafür zu stark. Er atmet auf, endlich eine Zeit ohne Angst vor Verfolgung durch die Nazi-Schergen, die ihn in Berlin panisch und schlaflos gemacht hat. Ibiza im April 1933 bedeutet für ihn: So weit wie irgendwie möglich weg von Berlin. Aber eben noch im alten Europa, seinem angestammten Terrain. Und er braucht einen Ort, an dem das Leben so wenig kostet, dass er es mit dem wenigen, was ihm bleibt, bezahlen kann. Außerdem will er seine Ruhe haben. So wird Ibiza, das ein Jahr zuvor noch sein Flucht- und Urlaubsort gewesen ist, nun zum ersten Ort seiner endgültigen Emigration. Diesmal ist alles beschwerlich. Plötzlich sind überall Touristen aus Spanien und Deutschland, vor denen Benjamin flüchtet. Es gibt keine richtige Unterbringung für ihn, er wohnt in einem halb fertigen Neubau der Noeggeraths, an dem der Wind zerrt, wie er an Gretel Karplus, Adornos Verlobte, in Berlin schreibt. Er fühlt sich maximal unwohl. Morgens um sechs steht er auf und geht zu seinem am Hang versteckten Liegestuhl, um in der milden Morgensonne zu lesen. Um acht Uhr öffnet er seine Thermosflasche mit Kaffee und isst ein Brot. Und arbeitet im Halbschatten weiter bis ein Uhr. Aber jeden Nachmittag kommt ein heftiger, böiger Wind. Der bläst ein ums andere Mal die beschrifteten Blätter in die Höhe und in den Pinienwald, und ein vernünftiges Arbeiten ist unmöglich. So zieht er dann immer öfter ins Dorf San Antonio: »Manchmal braucht man doch den Anblick eines Glases Kaffee vor sich als Stellvertreter einer Zivilisation, von der man sonst hinreichend distanziert ist«, schreibt er. Immerhin hat Walter Benjamin mehr zu tun, als er gedacht hat. Er kann in den nächsten Monaten oft Rezensionen für deutsche Zeitungen von Ibiza aus schreiben – nicht mehr unter seinem Namen zwar, aber als »Detlef Holz«, »Hans Fellner« und »Karl Gumlich«, was offenbar ausreichend arisch klingt und gedruckt wird. Aber Benjamin hat große Angst um seinen fünfzehnjährigen Sohn Stefan Rafael, der noch in Berlin lebt, der nicht nur Jude, sondern inzwischen auch aktiver Kommunist ist. Dessen Mutter Dora, Benjamins Ex-Frau, hat ihre Arbeitsstelle verloren, und Benjamins Bruder Georg ist inhaftiert. Benjamin schreibt ein Gedicht: »Das Herz klopft lauter und lauter und lauter, das Meer wird stiller und stiller und stiller. Bis auf den Grund.«

*

Im Jahre 1933 erscheint eine von Melancholie und Schmerz erfüllte *Lyrische Novelle* – die Autorin ist Annemarie Schwarzenbach, die Schweizer Industriellentochter, die gegen den Willen ihrer Eltern in enger Freundschaft mit Ruth Landshoff und Erika und Klaus Mann verbunden ist. Sie wird später als Fotografin berühmt werden, doch hier schreibt sie ein anrührendes kleines Buch, die Geschichte einer jungen Frau, die in einem Gasthof in Brandenburg der verlorenen Liebe nachtrauert, durch die Wiesen läuft, vergessen will und nicht vergessen kann. Es ist der Versuch, Schwarzenbachs eigene unglückliche Liebe zu der Berlinerin Ursula von Zedlitz zu verarbeiten. Doch es schmerzt sie wie am ersten Tag. Da laden sie Klaus und Erika Mann und deren Freundin Therese Giehse ein, sie in ihrem französischen Exil in Le Lavandou zu besuchen, und Annemarie Schwarzenbach steigt in ihr mondänes Automobil und fährt los. Sie erleben Anfang Mai ein paar heitere Tage dort in den warmen Frühlingsstrahlen, sie liegen auf der Terrasse des Hotels *Les Roches Fleuries*, sie tun nichts. Aus Sanary-sur-Mer kommt Sybille Bedford herüber, Annemarie macht einige ihrer schönsten Fotografien überhaupt: junge Menschen in der knallen Sonne, sich neckend, entspannt, dem Unheil vorläufig entronnen. Alles in Schwarz-Weiß, aber voll emotionaler Farbenpracht. Ihr selbst wird genau dieses Kunststück nie gelingen. Immer wieder bricht sie mitten im Gespräch oder beim Fotografieren in Tränen aus, grundlos scheinbar.

*

Am 6. Mai gegen siebzehn Uhr kommt der neue Militärbefehlshaber der Balearen, General Franco, nach San Antonio auf Ibiza. Er marschiert mit hochrangigen Militärs zum Leuchtturm von Coves Blanques, vorbei am Haus der Noeggeraths, in dem sich Benjamin in seinem Zimmer verbarrikadiert und nur kurz zwischen den Fensterläden hindurchschaut, als Franco einen Meter vor ihm die Straße entlangläuft. Benjamin hat gelesen, dass Franco vierzig Jahre alt ist, genauso alt wie er. Es schaudert ihn kurz. Dann setzt sich Benjamin wieder in sein Zimmer und liest in Célines *Reise ans Ende der Nacht*, das ihm Max Horkheimer aus Genf geschickt hat. Franco, Céline, Walter Benjamin – am späten Nachmittag des 6. Mai 1933 kreuzen sich hier für ein paar Minuten auf dem 38. Breitengrad die Lebenslinien von drei Männern, mit denen allein sich alle Abgründe der dreißiger Jahre erzählen ließen. Es wäre ein Reiseführer für das Ende der Nacht. Denn ebenjener General Franco wird sieben Jahre später den Befehl erteilen, dass keine Flüchtlinge mehr die französisch-spanische Grenze passieren dürfen. Und genau dies wird für Walter Benjamin tödliche Folgen haben.

*

Marlene Dietrich sitzt in Hollywood und weiß nicht, was sie tun soll. Sie will zurück nach Berlin, ihr geliebtes Berlin, sie sehnt sich nach dem Lachen, das sie manchmal überfiel, wenn sie im Cabrio über den Kurfürstendamm gefahren ist. Doch ihre Mutter Josephine, die dort noch lebt, warnt sie und ebenso Josef von Sternberg, ihr Geliebter und ihr Regisseur, der ausgerechnet in Berlin ist, als dort der Reichstag brennt. Er schickt ihr ein Telegramm, dass sie auf keinen Fall in dieses Land reisen soll, das in Auflösung begriffen sei. Doch Marlene Dietrich will mit ihrer Tochter Maria unbedingt nach Europa. Dann eben nach Paris, wo ihr Mann Rudi Sieber inzwischen lebt, mit seiner Freundin, Marias ehemaligem Kindermädchen. Aber leider lebt in Paris auch die Ehefrau von Maurice Chevalier, jenem französischen Schauspieler, mit dem die Dietrich aus Langeweile gerade eine halbgare Affäre angefangen hat. Vielleicht also doch lieber nach Berlin, in die vertraute Heimat? Rudi Sieber wird am 8. Mai deutlich in seinem Telegramm: »SITUATION BERLIN SCHRECKLICH – ALLE ABRATEN – SELBST EDI DER NAZI FÜRCHTET ANPÖBELUNGEN – BARS GRÖSSTENTEILS GESCHLOSSEN – THEATER KINO UNMÖGLICH – STRASSEN LEER – ALLE JUDEN UNSERER BRANCHE IN PARIS WIEN PRAG – ERWARTE DICH MIT MUTTI CHERBOURG SPÄTER SCHWEIZ ODER TIROL.« Die Antwort darauf ist sehr überraschend, es wirkt, als habe Marlene Dietrich unversehens Sehnsucht nach ihrem

Ehemann: »WILL NICHT TIROL HASSE EINSAMKEIT WILL MIT DIR FRANZÖSISCHES BAD KÜSSE SEHNSÜCHTIG MUTTIKATER.« Als sie dann wirklich ankommt in Paris, spielt sie wieder die Rolle als Weltstar: Sie trägt einen hellen Herrenanzug, darüber einen leichten dunklen Sommermantel, eine Sonnenbrille und ihr undurchschaubares Lächeln, neben ihr am Bahnhof und fortan an ihrer Seite: Rudi. Wissend, dass nun von ihm erneut, wie vor einem Jahr in Hollywood, die Rolle des treuen Ehemanns gefragt ist, lässt er sich bereitwillig fotografieren. Statt nach Tirol ziehen sie in eine Suite im *Hôtel Georges V*, danach fahren sie tatsächlich an die Riviera. Jeden Tag treffen nun aus Hollywood Telegramme von Josef von Sternberg ein, manchmal drei am Tag: »GELIEBTE GÖTTIN ALLES IST SO LEER« oder »ICH VERMISSE DICH MIT JEDEM GEDANKEN« oder »DU UNVERGLEICHLICHES WEIB UND SCHÖNSTE DER SCHÖPFUNG«. Ganz allmählich fängt die Schwärmerei an, ihr auf die Nerven zu gehen.

Marlene Dietrich verbringt also den Sommer in Paris und an den Badeorten des Mittelmeers, so wie viele andere Deutsche in diesem Jahr – aber eben nicht als angsterfüllte Emigrantin, sondern als mondäne und gelangweilte Touristin.

*

Am 9. Mai schreibt Klaus Mann einen verzweifelten Brief an den Autor, den er fast am meisten liebt: an Gottfried Benn. Der hat mit seinem Auftreten in der Akademie der Künste und seinen Stellungnahmen für den neuen Staat für große Verstörung gesorgt. Klaus Mann schreibt aus dem Exil in Le Lavandou an der französischen Mittelmeerküste, wo er gerade mit seiner Schwester Erika und Annemarie Schwarzenbach gestrandet ist: »Sie sollen wissen, dass Sie für mich – und einige andre – zu den sehr wenigen gehören, die wir keinesfalls an die andere Seite verlieren möchten. Aber freilich müssen Sie ja wissen, was Sie für unsere Liebe eintauschen und welchen großen Ersatz man Ihnen drüben dafür bietet, wenn ich kein schlechter Prophet bin, wird es Undank und Hohn sein.« Klaus Mann ist ein sehr guter Prophet, denn genau so wird es kommen. Aber Benn, heillos verrannt in eine fixe Vorstellung vom »neuen Staat«, missversteht die Liebeserklärung als Attacke. Klaus Mann hat sich eine Antwort erbeten in das *Hôtel de La Tour* in Sanary-sur-Mer, der nächsten Station seines Exils. Als er dort ankommt, liest er in den deutschen Zeitungen, dass seine Bücher am Tag zuvor in München auf dem Königsplatz öffentlich verbrannt worden sind: »Die Barbarei bis ins Infantile. Ehrt mich aber.« Er sitzt in seinem Zimmer im zweiten Stock und wartet. Erika wohnt nebenan, sie spricht mit ihm »über das Traurige und Unwürdige an der Emigration – was ich nicht so empfinde«. Kein Wunder bei jemandem, der schon sein ganzes Leben lang innerlich auf der Flucht ist. Jetzt aber sitzt er hier und ist durch Gottfried Benn in den unwürdigen Zustand des Wartens auf den Briefträger verdammt. Und dann schreibt Klaus Mann nach seinem großen Brief an Gottfried Benn noch ein kleines, aber nicht weniger bedeutsames Manifest in sein Tagebuch. Am 12. Mai notiert er nach der Lektüre der Zeitungen aus Deutschland beim Blick auf das unwirklich frühsommerliche Hafenbecken: »Unser Motto: Lernt hassen! Lernt ungerecht sein! Sie, die Feinde der Freiheit, haben uns das Hassen gelehrt.«

Und eben auch das Warten. Benn antwortet nicht. So schaut Klaus Mann den kleinen Schifferbooten zu, die im weichen Wind schaukeln, schließt abends die Fensterläden vor seinem Zimmer und öffnet sie am Morgen wieder, hört die Fischer rausfahren und heimkehren, hört die Glocke vom Rathaus alle fünfzehn Minuten schlagen und die Möwen kreischen. Aber Gottfried Benn schreibt ihm nicht. Nein, Gottfried Benn schreit ihm seine Antwort regelrecht zu – und zwar über den Rundfunk, am 23. Mai. Er nennt seine Widerrede »Antwort an die literarischen Emigranten«. Darin höhnt er, ob Klaus Mann meine, die Geschichte sei »an französischen Badeorten besonders tätig?« Und: »Verstehen Sie doch endlich dort an Ihrem lateinischen Meer«, dass in Deutschland »die Geschichte mutiert« und ein Volk »sich züchten« will. Ja, »ich erkläre mich ganz persönlich für den neuen Staat, weil es mein Volk ist, das sich hier seinen Weg bahnt.« Als Benns Antwort in der *Deutschen Allgemeinen Zeitung* erschienen ist, steckt er sie in einen Umschlag und schickt sie Klaus Mann ins *Hôtel de La Tour* in Sanary. Der ist erst sprachlos vor Entsetzen. Und gründet in diesen Wochen, so verstört wie inspiriert durch Benns Antwort, seine Zeitschrift *Die Sammlung*, die mit Verlagssitz Amsterdam zur bedeutenden Zeitschrift des deutschen Exils werden sollte. Und ein paar Jahre später wird er im selben Hotel, im selben Zimmer (Nummer sieben), dann seinen Roman *Mephisto* über Gustaf Gründgens zu Ende schreiben.

*

Christopher Isherwood erlebt in dieser Zeit in Berlin all das, was später durch die Verfilmung seiner Bücher in *Cabaret* mit Liza Minelli weltberühmt werden wird. Er wohnt in der Pension von Fräulein Thurau in der Nollendorfstraße, unterrichtet »Natalia Landauer« in Englisch und trifft auf jene Jean Ross alias »Sally Bowles«, die ihm klarmacht, dass sie »nur dann eine große Schauspielerin sein kann, wenn sie ein paar Liebschaften hinter sich hat«. Er erlebt, wie Nazis und Kommunisten sich auf den Straßen prügeln und wie die Angst Einzug hält in Berlin. Wie sein geliebtes *Cosy Corner*, die kleine, mit Arbeiterjungs gefüllte Schwulenbar in der Zossener Straße 7 mit Ausstrahlung bis nach London und New York, zu einem immer ungemütlicheren Ort wird. Isherwood verbringt Momente der Liebe mit seinem jugendlichen deutschen Freund Heinz Neddermeyer, der für ihn ständig Schnitzel und Buletten brät. Und er schreibt an Stephen Spender, seinen Freund, er müsse noch eine Weile in Berlin bleiben: »Der Schlussteil meines Romans erfordert noch viele Recherchen.« Doch im Frühjahr 1933 sind seine Feldstudien abgeschlossen. Seine *Berlin Stories* enden mit einem Tagebucheintrag aus dem Winter zwischen 1932 und 1933. »Es lag tiefe Angst in der Berliner Luft«, so schreibt er. Seine jüdischen Freunde sind emigriert, seine homosexuellen Freunde werden verhört und gejagt, ihre Bars geschlossen. Als am 6. Mai das Institut von Magnus Hirschfeld geplündert wird, mit dem Isherwood so eng verbunden ist, weiß er, dass es an der Zeit ist zu gehen. Er sieht, wie die Schriften aus dem Institut für Sexualwissenschaft mit anderen Büchern von Tucholsky, Carl von Ossietzky und Erich Maria Remarque am 10. Mai verbrannt werden. Daraufhin fängt er an, sich zu verabschieden, seine Habseligkeiten zu verschenken und den Rest in zwei Koffer zu packen. Er nimmt wenig mit, aber auf jeden Fall Heinz, seine große deutsche Liebe, für den er einen Reisepass organisiert hat. Am 14. Mai ist es so weit: »Nun ist der Tag gekommen, der zu schön ist, zu schlimm, um wahr zu sein, der Tag, an dem ich Deutschland verlassen soll.« Heinz holt Christopher Isherwood um sechs Uhr morgens ab. Der verabschiedet sich von seiner Pensionswirtin, Fräulein Thurau. Schweigend geht es mit dem Taxi zum Anhalter Bahnhof. Von dort fahren sie nach Prag. Im Reiseantrag seines homosexuellen Freundes Heinz hat Isherwood als Beruf »Hausdiener« eingetragen. So lassen sie die deutschen Grenzbeamten passieren. Die beiden wissen noch nicht, dass für sie eine vierjährige Wanderschaft durch ganz Europa und Afrika begonnen hat.

*

Erich Kästners Kinderbücher wurden auch von den Nationalsozialisten geschätzt, doch seinen *Fabian* von 1932, den hassen sie: Das seien, schreibt der *Völkische Beobachter*, nur »Sudelgeschichten« und »Schilderungen untermenschlicher Orgien«. Im März wird er mit einer Reihe anderer »kommunistischer und linksradikaler Mitglieder«, darunter die jüdischen Autoren Lion Feuchtwanger, Alfred Kerr und Egon Erwin Kisch, aus dem »Schutzverband deutscher Autoren« ausgeschlossen. Und am 10. Mai wird der *Fabian* zusammen mit seinen Gedichtbänden öffentlich verbrannt – »Gegen Dekadenz und moralischen Verfall«, »Für Zucht und Sitte in Familie und Staat«, rufen die Nazis auf dem Opernplatz, bevor sie Kästners Bücher in die Flammen werfen. Als einziger der unzähligen Autoren, deren Bücher an diesem Tag ins Feuer geworfen werden, steht Erich Kästner dabei. Er erlebt hautnah, wie der Hass Menschen verwandelt. Eine Studentin erkennt ihn und ruft: »Da ist ja der Kästner!« Er schreibt: »Ihre Überraschung, mich sozusagen bei meinem eigenen Begräbnis unter den Leidtragenden zu entdecken, war so groß, dass sie dabei auch noch mit der Hand auf mich zeigte. Das war mir, muss ich bekennen, nicht angenehm.« Doch die Studenten um ihn herum schauen alle gierig auf das Feuer, das die Bücher der Avantgarde zerfrisst, und ignorieren den Ruf der jungen Frau.

Es ist nicht leicht zu verstehen, warum Kästner in diesem Moment keine Angst um sein Leben hat. Er weiß, dass fast alle anderen Autoren, deren Bücher da im Feuer lodern, schon emigriert sind. Aber er geht einfach nach Hause, ohne mit der Wimper zu zucken. Ich blieb, so sagte er später, »um Augenzeuge zu sein«. Erich Kästner hat offensichtlich Nehmerqualitäten. Er geht auch nach der öffentlichen Bücherverbrennung weiter ins *Romanische Café*, verrät niemandem, dass er SPD gewählt hat, und tut, als sei nichts gewesen, auch wenn er weiß, dass seine beiden letzten Affären, »Moritz« und »Pony Hütchen« (also Margot Schönlank), nach Paris emigriert sind. Kästner reist stattdessen mit seiner neuen Freundin, der Schauspielerin

Cara Gyl, an den Eibsee in Bayern. Sie essen gut und viel, sie wandern gut und wenig, und sie umgurren sich. Dazwischen schreibt Kästner auf einem kleinen Tischchen vor dem Hotel am *Fliegenden Klassenzimmer*. Einmal kommt seine Sekretärin Elfriede Mehring vorbei, braun gebrannt posiert er für ihr Fotoalbum, frisch gebügeltes Hemd und scheinbar unangreifbar. Wie schrieb doch Else Rüthel in ihrer brillanten Rezension des *Fabian*? Kästner hat den »Jargon eines äußerst gehobenen Conférenciers«. Ja, selbst die Katastrophe scheint er wegmoderieren zu wollen. Als der Reichstag gebrannt hat, war er in Zürich, doch niemand dort konnte ihn davon abhalten, in die Hauptstadt zurückzufahren, denn es sei »unsere Pflicht und Schuldigkeit, auf unsere Weise dem Regime die Stirn zu bieten.« Vielleicht ist es das, was er mit seinem dröhnenden Schweigen während der Bücherverbrennung demonstrieren will. Kästner schreibt also einfach ein neues Buch, das *Fliegende Klassenzimmer*, das schon im Dezember in den Buchhandlungen liegt. Als es erschienen ist, ist jene Cara Gyl, die noch im Vorwort vorkommt und ihm beim Schreiben die Hand gehalten hat, bereits Geschichte, und Kästner hat sich der zwanzigjährigen Schauspielerin Herta Kirchner zugewandt. Er berichtet sofort der Mutter Ida nach Dresden: »Die späten Abendstunden vertreib ich mir mit einer blonden zwanzigjährigen Schauspielerin, die mich seit dem fünfzehnten Jahr liest und liebt.«

Als Kästner tags darauf in der Bankfiliale in der Nestorstraße Geld abheben will, weil die ersten Tantiemen für das *Fliegende Klassenzimmer* geflossen sind, erfährt er, dass sein Konto von der Gestapo beschlagnahmt worden ist – wie das von 41 anderen Schriftstellern, die alle emigriert sind. Er wird von der Gestapo verhaftet und verhört in diesen Tagen. Als er entlassen wird, schreibt der Muttersohn der Frau Mama sofort Beruhigendes, alles sei nur eine Lappalie gewesen. Man blickt irritiert auf den Kästner des Jahres 1933 – es ist, als wolle er die Gefahr nicht sehen, in der er schwebt. Als Grund gegen eine Emigration führt er übrigens an, seine Mutter hätte keine Aufgabe mehr, wenn er ihr nicht weiterhin seine Schmutzwäsche zum Reinigen und Bügeln nach Dresden schicken würde. Es ist zu befürchten, dass das famose Muttersöhnchen Kästner das ernsthaft für einen legitimen Grund hält, in Deutschland zu bleiben.

*

Magnus Hirschfeld ist schon ins Exil gegangen, bevor die modernen Zeiten der Nationalsozialisten begonnen haben. Der legendäre Sexualforscher weiß, dass er die Verkörperung all dessen ist, was die Nazis hassen: Er ist Jude, schwul und Sozialist, er hat das Berliner Institut für Sexualwissenschaft aufgebaut, und sein Museum genießt unter Homosexuellen weltweit einen legendären Ruf. Von seiner Vortragsreise durch Amerika, Asien und Russland kehrt er zunächst nach Ascona zurück, an die friedlichen Gestade des Lago Maggiore, doch zieht es ihn von dort bald weiter nach Paris. An seiner Seite: seine neue große Liebe, der 25-jährige Chinese Li Shiu Tong, der Hirschfeld dank seines Vermögens auch finanziert, und sein langjähriger Berliner Geliebter, Karl Giese. Die drei leben erst in der Schweiz und dann in Frankreich eine innige, aber nicht unkomplizierte Ménage-à-trois. Im Mai 1933 müssen sie in einem Pariser Kino in einer *Wochenschau* mit ansehen, wie plündernde Nazi-Horden ihr Institut für Sexualwissenschaft dem Erdboden gleichmachen und die gesamte Bibliothek, die Büste Hirschfelds, 30 000 Fotografien und die wichtigsten Dokumente bei der großen Bücherverbrennung auf dem Bebelplatz ins Feuer werfen. Was für ein Albtraum – die Zerstörung der eigenen, jahrzehntelangen Forschung im Kinosessel als ohnmächtiger Zuschauer miterleben zu müssen. Giese und Li Shiu Tong müssen ihren 65-jährigen Freund stützen, als sie das Kino verlassen und in die Pfützen einer verregneten Pariser Nacht hinaustreten. Er ist jetzt endgültig ein gebrochener Mann.

*

Am 16. Mai emigriert der Komponist Arnold Schönberg mit seiner Frau und der einjährigen Tochter Nuria aus Berlin nach Paris, nachdem sein Schwager Rudolf Kolisch die Familie in einem Telegramm gewarnt hat; bereits im März 1933 hat die Akademie der Künste in Berlin Schönberg mitgeteilt, dass er in ihrem Kreis unerwünscht sei. Daraufhin schließt er sich in Paris, mit dem Maler Marc Chagall als Zeugen, wieder dem jüdischen Glauben an, den er 1898 aufgegeben hat. Er schreibt an Anton Webern: »Ich war seit vierzehn Jahren vorbereitet auf das, was jetzt gekommen ist. Ich habe mich in dieser langen Zeit gründlich darauf vorbereiten können und mich, wenn auch schwer und mit vielen Schwankungen, schließlich definitiv von dem gelöst, was mich an den Okzident gebunden hat. Ich bin seit langem entschlossen, Jude zu sein.«

Mit seiner Familie fährt Schönberg im Oktober 1933 weiter an Bord der *Île de France* von Le Havre nach New York.

*

Lion Feuchtwanger ist mit seiner Frau im südfranzösischen Exil, sie sind in dem heiteren Badeort Bandol gelandet. Sofort beordert er auch seine Berliner Sekretärin Lola Sernau nach Frankreich. Am 20. Mai beginnt er mit der Arbeit an seinem Roman *Familie Oppermann* und vermeldet im Tagebuch außerdem, dass er nicht nur mit seiner Frau, sondern auch mit seiner Sekretärin geschlafen habe. Doch als er tags darauf einen steifen Hals hat, wird seine Frau Marta argwöhnisch und sagt, das sei vermutlich Syphilis. Darauf Feuchtwanger: »Sie hat immer die Tendenz, hinter allen unangenehmen Vorkommnissen eine ›Schuld‹ zu wittern.« Und das wird nicht besser in den nächsten Tagen – »Ärger mit Marta, man hat es schwer mit ihr«, vermerkt er. Sie führt ein strenges Regiment. Erst wenn Lion morgens zehn Runden um das neue Haus gejoggt ist, bekommt er zum Frühstück Eier. Aber Disziplinarmaßnahmen helfen nicht gegen Eifersucht. So berichtet Feuchtwanger in seinem Tagebuch: Das Verhältnis zwischen Marta und Lola Sernau, seiner Geliebten und Sekretärin, sei »unerquicklich«. Zudem: »Ärger über das Scheißauto, das Marta gekauft hat.« Und so geht das nun den ganzen schönen Sommer lang. Erst am 30. Juli wendet sich das Blatt: »Marta gevögelt. Lola immerzu schlecht gelaunt.« Da kann man nur sagen: So genau haben wir es gar nicht wissen wollen. Und auch Marta selbst nicht. Als sie später das Tagebuch ihres Ehemannes, des Erotomanen Feuchtwanger, findet und darin liest, ist sie geschockt: »Ich würde viel zärtlicher schreiben, kann aber das Tagebuch immer noch nicht verwinden. Es hat mir viel Kummer verursacht und es war die einzige Enttäuschung, die ich hatte, denn ich habe mir über niemand sonst Illusionen gemacht.«

*

Ganz andere Sorgen haben Thomas und Katia Mann in Bandol, wo auch sie sich nach ihren ruhelosen und ziellosen ersten Monaten des Exils vorübergehend im *Grand Hôtel* niedergelassen haben. Es geht ihnen nicht gut in der drückenden Hitze, aber sie sollen sich gemäß dem Rat ihrer Kinder eigentlich irgendwo hier an der Mittelmeerküste ansiedeln. Doch sie können abends nicht einschlafen, außer mit starken Schlafmitteln. Sie leiden an der stechenden Sonne. An fiebriger Erkältung. An den lästigen Mücken. Am böigen Mistral, der an den Nerven zerrt. Sie leiden an den Menschenmengen, mit denen man zusammen essen und zusammen im Aufzug stehen muss. Sie leiden ganz grundsätzlich am Zustand des Exils. Thomas und Katia Mann sind ungeeignet als *Menschen im Hotel*. Sie brauchen einen festen Grund. Sie spüren hier zu sehr, welch unterschiedliche Temperamente sie haben. Und natürlich leidet, wie immer, Thomas Mann deutlich mehr als seine Frau. »Gefühl erschütterter Gesundheit«, notiert Thomas Mann. »Die Nerven schwach, der Leib nicht in Ordnung.« Katia versucht ihn zu beruhigen und schlägt die kühlere Normandie oder Bretagne als Exilort vor. Aber dafür, so sagt er, »scheint es mir zu spät«. Am 6. Juni dann, Manns 58. Geburtstag, »nahm die melancholische Depression ein wenig überhand«, wie er abends im Tagebuch selbst diagnostiziert. Mit zärtlicher Genauigkeit sieht er, wie auch Katias Züge immer ernster und sorgenvoller werden. Klaus und Erika Mann kommen aus Sanary-sur-Mer herüber, ergebnislos besprechen sie die »Frage des Hierbleibens oder Weggehens«. Aus Toulon, vom nahen Militärhafen, dröhnen immer wieder die Kanonenschläge übers Meer. Thomas Mann bilanziert: »Die Rückkehr ist ausgeschlossen, unmöglich, absurd, unsinnig und voll wüster Gefahren für Freiheit und Leben.« So entscheiden sich die Manns, im Nachbardorf Sanary-sur-Mer die Villa *La Tranquille* zu mieten, bis sie sich über die Zukunft im Klaren sind.

*

Die jüdische Ärztin Charlotte Wolff, Freundin Walter Benjamins und Helen und Franz Hessels, wird aus ihrem Institut in Berlin-Neukölln entlassen und auf offener Straße verhaftet. Der Gestapo-Offizier erklärt: »Sie sind eine Frau in Männerkleidung und eine Spionin.« Der Leiter der nächsten Polizeidienststelle lässt sie laufen, weil er in ihr die Ärztin seiner Frau erkennt. Doch schon drei Tage später wird ihre Wohnung durchsucht, sie wird der Spionage für Russland verdächtigt. Da weiß Charlotte Wolff, dass es dringend Zeit ist zu gehen. Am 26. Mai besteigt sie den Zug nach Paris über Aachen. Am Bahnsteig drückt ihre ehemalige Partnerin Katherine ihr lange die Hände. Beide haben Tränen in den Augen. Katherine hat sich von Charlotte getrennt, weil ihr Vater gesagt hatte, die Freundschaft mit einer jüdischen Lesbe gefährde ihre gesamte Familie. Charlotte steigt in den Zug und erlebt die längste und quälendste Zugfahrt ihres Lebens. Immer wenn die Tür zum Abteil aufgeht, erwartet sie den Gestapo-Beamten, der sie festnimmt. Doch sie kann die Grenze in Aachen passieren. Wenige Stunden später kommt sie am Gare du Nord in Paris an, in »einem Stadium zwischen verklingendem Entsetzen und neuer Hoffnung, immer noch den Albtraum der Reise im Kopf«. Sie fällt in ihrem billigen Hotel aufs Bett und schläft voller Erschöpfung bis zum nächsten Morgen durch. Noch leicht benommen geht sie in ein kleines Café auf dem Boulevard Saint-Michel und bestellt voll Glück ihr erstes französisches Frühstück: »Café au lait et une tartine.« Dann lädt ihre schon emigrierte Freundin Helen Hessel Charlotte Wolff ein, erst einmal bei ihr und ihren Söhnen einzuziehen.

*

Am 28. Mai 1933 kommt es zwischen Zelda und F. Scott Fitzgerald zum großen Showdown. Im Zimmer des Psychiaters Dr. Thomas Rennie in Baltimore wird die Bilanz einer Ehe gezogen, die einst in Amerika so aufregend begonnen hatte und die dann in Europa in Alkohol und Tränen versank. Die beiden Duellanten haben neben dem Arzt seine Helferin dazugebeten, die das gesamte Gespräch stenographiert, es werden am Ende 114 engbeschriebene Seiten sein. F. Scott Fitzgerald wird von Dr. Rennie in dem Versuch unterstützt, Zelda ihr Recht auf eigene Bücher auszureden. Sie kann das alles nicht fassen, bleibt vorerst ruhig. Ja, Zelda, die offiziell für verrückt erklärt worden ist, scheint die Einzige zu sein, die bei Verstand ist. Fitzgerald ist wütend, dass seine Frau es gewagt hat, über ihre Jahre in Europa und die Nervenkliniken zu schreiben, damit hat sie eine Grenze überschritten: »Du bist eine drittklassige Schriftstellerin. Ich bin der bestbezahlte Story-Schreiber der Welt.« Sie reagiert mit Ironie: »Warum hast du es überhaupt nötig, dich mit einem drittrangigen Talent anzulegen, warum zum Teufel bist du derartig eifersüchtig?« Fitzgerald tobt weiter. Darauf Zelda: »Wenn das hier so weitergeht, will ich wieder in die Nervenklinik, da ist es entspannter.« Daraufhin wiederum ihr Gatte: Er halte das nicht mehr aus mit Zelda, solange er mit ihr zusammenlebe, sei er quasi gezwungen, sich permanent zu betrinken, da sie ihm die Schuld an ihrem Leiden gebe. Stundenlang geht es hin und her. Im Mittelpunkt immer wieder Fitzgeralds Macho-Haltung, wonach er allein berechtigt sei, über die gemeinsame Vergangenheit und die Klinikaufenthalte Zeldas zu schreiben. Leider ist aber das Buch, das F. Scott Fitzgerald im Sommer 1933 über ihre gemeinsame Vergangenheit schreibt, literarisch tatsächlich um Längen besser als ihr *Schenk mir den Walzer*. In *Zärtlich ist die Nacht*, das 1934 erscheint, beutet er ihre Geschichte schamlos und ohne Rücksicht auf Verluste aus. Aber es ist Weltliteratur.

*

Der Sommer 1933 steht für die deutsche Hochkultur im Zeichen der Todsünde. An zwei Orten wird eine zeitgenössische Form dafür gesucht, in Dresden und in Paris. Und zwar jeweils von bereits aus ihren Ämtern und Leben Vertriebenen: in Paris von Kurt Weill und Bertolt Brecht auf der Bühne und in Dresden von Otto Dix auf seiner Leinwand. All das übrigens mit unmittelbaren Auswirkungen auf die jeweiligen Liebesverhältnisse. Aber der Reihe nach: Otto Dix wird unmittelbar nach der Machtübernahme der Nazis aus seinem Amt als Professor der Kunstakademie entlassen. Dix ist zwar weder Jude noch Kommunist, aber seine Malerei wird als »Schmutz« gegeißelt und als »jugendgefährdend«. Gerade dass er die Schrecken des Krieges so schonungslos darstellt, das wird nun sein Verhängnis in einer Zeit, die ein neues Heldentum ausrufen will. Schon im April wird Dix in Dresden in einer städtischen Ausstellung als »Entartete Kunst« geführt, und die Kritikerin Bettina Feistel-Rohmeder wütet: »Professor Dix bezeugt sich selbst durch diese Schülerschau als ein Verderber deutscher Jugend, und es wäre wohl Aufgabe deutscher Frauenverbände, immer wieder öffentlich Widerspruch dagegen zu erheben. Ein Wälzen im Schlamm und Schmutz – und kein Jugendamt greift ein!« Otto Dix lässt sich von diesen Anfeindungen nicht aus der Ruhe bringen, er flüchtet malend in die gute Vergangenheit der deutschen Kunst, hin zu Lucas Cranach, Dürer, Hans Baldung Grien und Matthias Grünewald. Er sucht einen Weg, jenes Regime bloßzustellen, das sich an der Malerei und an ihm versündigt. Und so malt er dann auf einer 180 Zentimeter großen Holztafel in altmeisterlicher Manier eine Allegorie auf *Die sieben Todsünden*. Es gibt den Geiz, den Zorn, den Neid, den Hochmut, die Trägheit, die Wollust und die Fresssucht, und alle werden durch entstellte Menschen verkörpert. Für den Neid steht ein kleines zorniges Männchen mit Hitlerbart. In der Mitte des Bildes tanzt der Tod, wenn man genau hinsieht, merkt man, dass aus den Tanzbewegungen des Gerippes ein Hakenkreuz gebildet wird. Widerstand in Öl auf Leinwand. Ein Bild als Anklage also – und als Prophezeiung.

Die Wollust im Bild übrigens, die üppige Frau mit lockigem Haar, trägt im Gesicht die Züge von Dix' Dresdner Geliebten, Käthe König (über mögliche weitere Übereinstimmungen zwischen Abbild und Wirklichkeit hat die Kunstgeschichte keine Kenntnis). Dix weiß, dass er – neben allen zeitpolitischen Anklagen gegen die großen Nazi-Sünder – hier auf der

Leinwand auch eine kleine private Todsünde begeht: den dauernden Betrug an seiner treuen Ehefrau. Aber er hofft auf ihre Vergebung.

*

In einer außergewöhnlichen Gleichzeitigkeit feiert in Paris im Théâtre des Champs-Élysées am 7. Juni das Bühnenstück *Die sieben Todsünden* Premiere – ein flackerndes Gemisch aus Ballett, Gesang und Schauspiel, das Stück ist von Bertolt Brecht, die Musik von Kurt Weill, es singt Lotte Lenya. Noch wichtiger: Der Finanzier des Ganzen ist der englische Kunstmäzen Edward James, der will, dass seine deutsche Frau, die Tänzerin Tilly Losch, endlich eine Hauptrolle bekommt. Sie spielt und singt in dem Stück dann die eine Hälfte einer zweischneidigen Frau, die andere übernimmt Lotte Lenya. Und wie es der Zufall will, verlieben sich die beiden Hälften unter ihrem hübschen gemeinsamen Poncho ineinander – und sind für die Proben und die nächsten Wochen ein Paar. Tilly Losch muss das vor ihrem Mann geheim halten, Lotte Lenya vor ihrem Geliebten Otto Pasetti (der nächtelang im *Hôtel Splendide* vergeblich auf sie wartet). Kurt Weill, der es als Erster mitbekommt, ist Kummer gewohnt, er selbst hat sich gerade ein wenig vergnügt mit Marie-Laure de Noailles, seiner adligen Mäzenatin in Paris, aber Lotte Lenya findet diese, wie sie es nennt, »achte Todsünde« nicht wirklich der Rede wert. Sie versteht sich ohnehin die ganze Zeit prächtig mit Kurt Weill, der ihr und Pasetti schon so lange das Lotterleben an der Côte d'Azur finanziert. Dass sie dennoch die Scheidung vorantreibt, liegt vor allem an ihrem Tenor Pasetti, der sich für Lenya nun auch ganz offiziell von seiner Frau Erna hat scheiden lassen und ihr bei den Sundownern, bevor die Casinos öffnen, immer Arien von der ewigen Liebe vorsingt.

»Ich aber liebe dich natürlich dennoch weiterhin«, schreibt sie zu der eingereichten Scheidung erläuternd an ihren künftigen Ex-Mann Weill. Als sie ihn in diesen Tagen fragt, ob es für ihn in Ordnung wäre, wenn sie mit Pasetti ein Kind bekäme, gesteht ihr Weill mit Tränen in den Augen, dass ihn das sehr verletzen würde. Darauf schaut Lotte Lenya ihn lange an und sagt: Dann natürlich nicht, lieber Kurt. Während das Scheidungsverfahren läuft, gelingt es ihr sogar, weitere Besitztümer Weills aus Berlin nach Frankreich zu schleusen, vor allem seinen geliebten Schäferhund Harras. Mit dem zieht er jetzt abends nach den Proben für *Die sieben Todsünden* durch die weichen, duftenden Felder rund um den kleinen Vorort Louveciennes, wo er ein Haus zur Miete gefunden hat (herrliche Vorstellung: Anaïs Nin, berühmteste Bewohnerin dieses winzigen Ortes, trifft mit Henry Miller beim Abendspaziergang Kurt Weill und Lotte Lenya, die gerade den Hund ausführen). Genau jene Felder übrigens, die der feinsinnige und stille Camille Pissarro fünfzig, sechzig Jahre davor in die wahrscheinlich schönsten Landschaftsgemälde des Impressionismus verwandelt hat.

Edward James schließlich, der das ganze Spektakel um *Die sieben Todsünden* finanziert hat, um seine Frau groß rauszubringen, darf von der hoffnungslos in Lotte Lenya verliebten Tilly Losch als Dank für sein Engagement kurz nach der letzten Aufführung den offiziellen Scheidungsantrag entgegennehmen. Das trifft ihn aber eher im Bereich des Portemonnaies, denn er ist homosexuell und kann sich nichts Schöneres vorstellen, als sich von Salvador Dalí Möbel bauen zu lassen – und ihn dabei zu betrachten.

Aber damit sind wir noch immer nicht am Ende mit all den Liebesopfern, die das Stück *Die sieben Todsünden* unter den Lebenden gefordert hat: Auch Brecht kommt wieder ins Spiel – und damit erneut Margarete Steffin, die inzwischen, nach ewigen Monaten des Liegens, aus dem Lungensanatorium bei Lugano entlassen worden ist, um ihrem vergötterten Freund Brecht bei den Proben hilfreich zur Seite zu stehen. Als sie jedoch nach Wochen des Pariser Glücks von Brecht erfahren muss, dass er dennoch keineswegs vorhabe, mit ihr eine gemeinsame Wohnung zu beziehen, sondern weiterziehen werde nach Dänemark, zum Sommerhaus von Karin Michaëlis in Thurø, wo Helene Weigel und seine Kinder Unterschlupf gefunden haben, da bricht für sie eine Welt zusammen. Nun überlegt (nach Helene Weigel im Frühjahr) auch Margarete Steffin, sich für immer von ihm zu trennen. Sie schreibt »Stell dir vor: es kommen alle Frauen« für Brecht, ein Sonett, in dem sie einen Traum beschreibt, in dem sich alle Freundinnen Brechts gleichzeitig an seinem Bett versammeln: »Die du einst zum Spaß erkoren / Treiben mit dir bösen Spaß.« Sie kann noch nicht glauben, dass ihre Zeit an Brechts Seite vorbei sein soll. Doch Brecht packt die Koffer und fährt zu seiner Frau und den beiden Kindern nach Dänemark. Als er ankommt, hat Helene Weigel ihm schon ein Arbeitszimmer eingerichtet, drei Tischplatten, mit weitem Blick aufs Meer und großer Entfernung zu den Kinderzimmern. Er will sie aus Dankbarkeit küssen, da erklärt sie ihm, er dürfe nur einziehen, wenn er ab sofort und ein für alle Mal auf Affären verzichte. Er schwört bei seiner Mutter. Und schreibt am selben Abend an Margarete Steffin in Paris, er freue sich schon so sehr darauf, sie im August in Paris wiederzusehen.

*

Seine »kaiserliche Hoheit«, also der ehemalige Wilhelm II., wie er vom Personal noch ehrfürchtig genannt wird, ist im holländischen Exil wütend auf seine zweite Frau Hermine, die weiter um die Nationalsozialisten herumscharwenzelt. Eine große Probe für die späte Liebe des alten, müden Monarchen: »Sie ist in einem Zustand, der ganz unerträglich ist! Politisch meint sie es ja gut, es kann ihr nicht schnell genug gehen, dass ich auf meinen Thron zurückkomme, aber auf ihrem Wege erreichen wir es nicht. Sie läuft den Nazis nach und macht alle möglichen Dinge in Berlin und von hier aus schriftlich, die eher schaden als nutzen. Ich werde mich hüten, diesen Leuten nachzulaufen.« Stattdessen geht er lieber in den Wald und hackt Holz. Weil im eigenen Bestand nach zwölfjähriger Rodungsarbeit durch den abgedankten Kaiser kaum noch Bäume stehen, ist er mit seiner Axt inzwischen auf die Wälder des Nachbarn ausgewichen, eines Herrn Blijdenstein, der sehr dankbar ist, kostenlos einen kompetenten, emsigen Forstgehilfen gefunden zu haben.

*

Als der amerikanische Jude Max Baer am 8. Juni 1933 in New York gegen den deutschen Max Schmeling in den Boxring steigt, da näht er sich vorher einen Davidstern an seine Hose. Er will damit gegen die Machtergreifung der Nazis Flagge zeigen. Und er besiegt den eigentlich überlegenen Schmeling durch technischen Knock-out in der zehnten Runde. Schmeling hat keine Chance.

Im Grunde hat Schmeling großes Glück: Baer hatte kurz zuvor einen Gegner mit einem Schlaghagel in der fünften Runde ebenfalls durch technischen Knock-out besiegt. Und der war im Ring gestorben.

Als Max Schmeling am Morgen nach dem Kampf in seinem New Yorker Hotel erwacht und sich aus geschwollenen Augen im Spiegel betrachtet, überlegt er, für immer mit dem Boxen aufzuhören. Diese Niederlage ist demütigend. Er beschließt, sofort in Berlin anzurufen. Er sagt seiner Freundin, der Schauspielerin Anny Ondra, die in Alfred Hitchcocks erstem Tonfilm mitgespielt hat, er habe sich entschieden, sie dürfe nun beim Standesamt das Aufgebot bestellen. Sie sagt so etwas wie »Wirklich, Max??«, dann wird die Verbindung unterbrochen. Die eheliche Verbindung zwischen Max Schmeling und Anny Ondra aber wird am 8. Juli tatsächlich geschlossen. Offenbar inspiriert von Schmeling fährt Baer, der nicht nur für seine starke Rechte, sondern auch für seinen Humor bekannt ist, nach dem Kampf direkt weiter nach Hollywood und spielt dort sich selbst in dem Film *The Boxer and the Lady*. Aber auch hier zieht Max Schmeling nach: Er spielt sich in dem Boxerfilm *Knockout* ebenfalls selbst – und dreht den Film mit einer attraktiven blonden Boxerbraut, die passenderweise seine eigene ist, nämlich Anny Ondra.

*

Niemand weiß, wie sich Nelly Kröger, Heinrich Manns Freundin, und ihr Freund Rudi Carius von Dänemark bis nach Südfrankreich durchgeschlagen haben. Aber sie schaffen es. Bebend vor Glück empfängt Heinrich Mann Nelly in seinem Hotelzimmer in Bandol. Wieder sind sie vereint unter der tröstlichen Sonne des Südens. Zwar nicht wie vor drei Jahren, als sie die erste Fassung des *Blauen Engels* gesehen haben. Sondern weil hier die Jahre ihrer gemeinsamen Emigration beginnen. Nelly greift nicht nur immer öfter zum Alkohol, sondern auch zu Tabletten. Und dazwischen gerne auch zu Rudi Carius. Heinrich Mann weiß schon in Berlin von ihm. Aber dass Nelly ihren jugendlichen Liebhaber und vorwitzigen Kommunisten nun sogar ans Mittelmeer mitgebracht hat, irritiert ihn doch. Es gibt eine Zeichnung aus diesen Tagen vom 62-jährigen Heinrich Mann – er steht darauf, angezogen und etwas verstört, im Türrahmen seines Hotelzimmers. Und in seinem Bett liegt nackt seine Freundin Nelly Kröger mit dem 26-jährigen Rudi Carius.

*

Während Bertolt Brecht bei Helene Weigel und den Kindern in Dänemark ist, bleibt Margarete Steffin in Paris zurück. Sie schreibt ihm sehnsüchtig und weise einen Brief: »Manchmal frage ich mich, wann deine diversen Freunde einem anderen Mädchen erzählen werden, ›ja und dann hatte er 1932/33 öfter ein Mädchen bei sich, die hieß Grete Steffin, danach die …‹«.

Sie hat ja so recht. Aber Brecht schreibt ihr, er wisse gar nicht, was sie wolle, seine Liebe für sie sei selbstverständlich unverbrüchlich. Dann bringt er den Brief schnell zur Post, denn er bekommt Besuch. Seine frühere Geliebte und engste Mitarbeiterin Elisabeth Hauptmann trifft in Dänemark ein, im Gepäck hat sie unzählige Manuskripte Brechts, die sie, zusammen mit einer geliebten Perlenkette von Helene Weigel, vor der Hausdurchsuchung aus seiner Wohnung hat retten können. Brecht beschwört sie, nicht noch einmal nach Berlin zurückzufahren, aber sie lässt sich davon nicht abbringen (und wird festgenommen). Gut, dass da eine neue Frau in sein Leben tritt: Ruth Berlau, eine dänische Kommunistin, die berühmt geworden ist, weil sie mit dem Fahrrad bis nach Moskau fuhr. Nun kommt sie zu Fuß zur Familie Brecht.

*

Im Juni also ziehen Thomas und Katia Mann mit ihren Kindern aus Bandol in den kleinen Nachbarort Sanary-sur-Mer, wo ihre Kinder Klaus und Erika schon im Mai gelandet sind und die Feuchtwangers ebenfalls. Aber erst als das Nobelpreisträgerehepaar Mann dort, hoch über der rauschenden Bucht, unter

Pinien und Zypressen die Villa *La Tranquille* bezieht, beginnen die drei vielleicht hellsten Monate der deutschen Exilgeschichte. Ein paar hundert Meter weiter hat Aldous Huxley im Jahr zuvor sein Buch über die *Brave New World* vollendet. Und dessen jugendliche Freundin Sybille Bedford wiederum ist es, die für die Manns diese Villa gefunden hat – und die ein funkelnder Fixstern dieser Gesellschaft von Sanary bleibt, deren einzigartige Chronistin sie einmal werden wird. Hier entsteht einen warmen Sommer lang die Illusion einer wirklich *Schönen neuen Welt*.

Das Emigrantenleben in Sanary spielt sich im Freien ab, im Wesentlichen an den Tischen der drei Cafés an der kleinen Strandpromenade: dem *Café du Lyon* – der Bar der Einheimischen –, dem *La Marine* und der Bar *Chez Schwob*. Dort treffen sich die großen und die kleinen Exilanten aus Deutschland zum morgendlichen Café und zum frühabendlichen Aperitif. Hier werden mit Gruseln Zeitungen aus Deutschland gelesen, während die Frauen Fische am Hafen kaufen. Und hier verabredet man sich für den Abend – in der traumhaften Villa der Feuchtwangers direkt über den Klippen, zur Lesung bei Thomas Mann, zum Sommerfest bei René Schickele, von dessen Haus auf der Höhe man einen malerischen Blick auf die ganze Bucht und ihre Sonnenuntergänge hat: »Der Hafen lächelte mit seinen hellen Booten, und auf das ›Heilige Land‹ jenseits der Bucht sank der Abend und vertiefte das Felsengebirge mit seinen Schatten«, so schreibt Schickele. Und sein Fazit: »Il faisait bon vivre.« Der Duft der Mimosen liege im Frühsommer über Sanary »wie ein Götterhauch«. Die deutschen Schriftsteller, Maler und Philosophen sind über den ganzen Ort verstreut, mieten Häuser und Wohnungen, nur Klaus und Erika Mann ziehen immer das *Hôtel de La Tour* im Hafen vor – es bietet ihnen jene fünfzehn Minuten Fußweg Sicherheitsabstand zu ihren Eltern in der Villa *La Tranquille*, die sie dringend brauchen.

Die ist allerdings wirklich ein herrliches Haus, ganz am Ende des langen Weges, der unten vom Hafen auf die Felsenspitze hinaufführt. Von beiden Seiten bricht sich das Meer am Ufer, und Thomas Mann kann sich aussuchen, auf welcher Seite er schwimmen gehen will. Und tatsächlich, er macht es, jeden Tag, mit Katia und mit den Kindern Elisabeth und Michael, vor dem Frühstück nehmen sie den Korb und steigen unten ins warme Meer, trocknen sich wieder ab und steigen hinauf in ihren Sommersitz. Und schon nach einer Woche beginnt der Hausherr, wieder seinen Arbeitsrhythmus aufzunehmen – nach dem Baden setzt er sich an seinen Schreibtisch und arbeitet weiter an seinem Roman *Joseph und seine Brüder*. Am 13. Juli gibt es eine Lesung, der Abend ist lau und die Zikaden entfalten ihren grotesken Lärm in den Kronen der Pinien, als Thomas Mann zu lesen beginnt aus seinem neuen Manuskript. Seine Stimme dringt kaum durch gegen den Sirenenton der Tiere. Auf der Rückseite der Mann'schen Villa wird ein kleines Podest aufgebaut, dort sitzt er auf einem Stuhl, hinter ihm seine Frau, und Erika, seine Tochter, reicht ihm ehrfürchtig Blatt für Blatt. Im Garten lauscht ergriffen die ganze deutsche Exilgemeinde samt Aldous Huxley und Frau. Und sein Bruder Heinrich mit jener Nelly Kröger, die Thomas Mann in seinem Tagebuch als »besonders ordinär« bezeichnet, aber es ist Familie, was will man machen. Weil er sich für ihre gedankliche Schlichtheit schämt, erklärt Heinrich seinem Bruder, das komme alles von dem Sturz auf den Kopf kurz vor ihrer Flucht in Berlin. Vorher sei es ganz anders gewesen. Der scheint es sogar zu glauben (oder er tut seinem Bruder den Gefallen). Als sich Nelly Kröger zum fünften Mal von der Bowle nimmt und zu torkeln beginnt, schlägt Heinrich Mann vor, doch langsam nach Hause zu gehen.

Sieht man vom sich auf ewig verschriebenen Ehepaar Katia und Thomas Mann ab, ist die Liebessituation in diesem schwülen Sommer in Sanary vielschichtig – und sicher wissen wir noch längst nicht alles. Da ist zuallererst Lion Feuchtwanger, der in seinem Schreiben wie in seinem Sexualverkehr von einer ungeheuren Produktivität getrieben wird, wie seine verstörenden Tagebücher belegen. Neben seiner Gattin Marta gibt es seine Sekretärin Lola Sernau, die ihm aus Deutschland nachgereist ist und mit der er ein intensives Verhältnis pflegt. Aber er unterhält auch Affären mit Liesl Frank, der Gattin Bruno Franks, die gegenüber von Thomas Mann wohnt, ebenso mit Sascha Marcuse, der Frau Ludwig Marcuses. Später kommt noch Eva Herrmann dazu – und diverse junge Damen aus Sanary und den umliegenden Dörfern.

Daneben gibt es den lesbischen Liebesreigen, in dem Sybille Bedford eine Hauptrolle spielt, die mit ebenjener Eva Herrmann zusammenlebt, dazu kommen Erika Mann, Annemarie Schwarzenbach und Aldous Huxleys Ehefrau Maria. Auch Helen Hessel und die Berliner Ärztin Charlotte Wolff kommen für den Sommer aus Paris hinüber nach Sanary. Für die größten Skandale sorgt der amerikanische Reiseschriftsteller William Seabrook, der in seiner riesigen Villa, direkt gegenüber den Huxleys, seinen sadomasochistischen Neigungen nachgeht und dessen Freundin dafür gefesselt von der Decke hängen muss (Golo Mann war bei ihnen Logiergast und amüsiert). Und dann sind da noch die Kurzzeitbesucher dieses Sommers: Heinrich Mann und Nelly Kröger, Ernst Toller und Christiane Grautoff, Arnold Zweig mit Lily Offenstadt, Bert Brecht und Margarete Steffin. Und so weiter und so weiter. Nur für Klaus Mann ist niemand dabei. Darum fährt er am späten Abend immer wieder, wie er seinem Tagebuch anvertraut, in die Hafenkneipen von Toulon, auf der Suche nach einem schnittigen Matrosen. *Schmerz eines Sommers* heißt seine

Erzählung über diese Zeit in Sanary. Ja, alle spüren diesen Schmerz. Diesen seltsamen Zustand, in einem Paradies gelandet zu sein, in welches man vertrieben worden ist. Wenn die Gäste gegangen und alle Kinder im Bett sind, dann setzt sich Thomas Mann in seinen Korbstuhl auf der kleinen Terrasse und blickt in den Himmel. Die Zikaden sind verstummt. Von unten hört man das letzte Brausen der Gischt. Über ihm die Sterne. Thomas Mann kann einfach nicht begreifen, was ihn, den Sohn Lübecks und Wahlmünchener, an diesen kleinen Ort am Mittelmeer getrieben hat. Die Worte Gottfried Benns an seinen Sohn Klaus klingen ihm in den Ohren: »Meinen Sie, Geschichte sei in französischen Badeorten besonders tätig?« Er schaut hinauf ins Firmament und ist sich nicht so sicher. Am 25. August erfahren sie, dass SA-Leute ihre Villa in der Poschingerstraße besetzt haben und alles verwüstet ist. Sie wissen nun, dass sie definitiv eine neue Heimat brauchen. Als Thomas und Katia Mann Sanary im September verlassen, um sich dauerhaft in Zürich anzusiedeln, da endet bereits die schönste Zeit dieses wärmsten, sonnigsten und kühnsten Gemeinschaftsemigrationsprojektes der deutschen Literaturgeschichte.

*

Man kann es als Triumph sehen, wenn man den Nazis noch entkommen ist. Oder als das Gegenteil: »Je mehr Emigranten ich kennenlerne, desto besser begreife ich unsere Niederlage«, schreibt Golo Mann in sein Tagebuch. Er fühlt sich in diesen Sommertagen sehr zu seinem Onkel Heinrich hingezogen, denn der ertrage sein Schicksal »mit viel Würde«. Dagegen stellt der Sohn die Haltung seines Vaters Thomas Mann – ihn empfindet er »damenhaft in seinen Schmerzen, von aller Welt beleidigt«.

*

»Was für eine sonderbare Familie sind wir! Man wird später Bücher über UNS – nicht nur über einzelne von uns – schreiben.« Was für weise Worte von Klaus Mann – genauer gesagt: von Klaus Heinrich Thomas Mann, denn sowohl der Name seines Vaters als auch der seines Onkels blitzen ihm immer entgegen, wenn er in seinem Pass seine drei Vornamen liest. Er trägt die Namen der beiden Heroen in seinem eigenen. Er ist ein echter Mann. Es ist eigentlich ein Wunder, dass er diese drückende Bedeutungslast überhaupt so lange aushält. Und dass er diese beiden, die ihn so herausfordern in ihrem Ruhm und ihrer Schwerfälligkeit, dennoch so leidenschaftlich lieben kann.

*

Am Abend des 16. Juni geht Viktor Arlosoroff mit seiner Frau Sima auf der Strandpromenade in Tel Aviv spazieren. Es ist ein herrlicher Frühsommertag gewesen. Vom Meer her weht immer noch ein leichter pfirsichfarbener Wind, und von den Terrassen der Restaurants am Meer dringen die Gespräche und das Klappern des Bestecks herüber durch die Dämmerung. Plötzlich treten zwei Männer hinter einer wuchtigen Palme hervor – einer leuchtet Arlosoroff mit einer Taschenlampe ins Gesicht, der andere fragt harsch: »Sind Sie Dr. Arlosoroff?« Als er bejaht, eröffnet einer der Männer aus einem Revolver das Feuer. Viktor Arlosoroff liegt blutüberströmt auf dem Pflaster, wenig später stirbt er. Seine Frau Sima schreit in wilder Verzweiflung, die beiden Männer flüchten unerkannt.

Arlosoroff ist zu jenem Zeitpunkt der inoffizielle Außenminister der Jewish Agency, er vertritt die nach Palästina ausgewanderten Juden, solange es den Staat Israel noch nicht gibt. Aber Arlosoroff hat auch eine bedeutende Vergangenheit: Er ist viele Jahre lang der Geliebte von Magda Quandt gewesen, die nun, als Ehefrau von Joseph Goebbels und Vertraute Adolf Hitlers, so etwas wie die First Lady des Dritten Reiches ist. Wir wissen nicht, ob es Joseph Goebbels war, der seinen Vorgänger an diesem lauen Sommerabend in Tel Aviv ermorden lässt. Wir wissen nur, dass es ihn wahnsinnig macht, dass seine Ehefrau einst diesen

Juden nicht nur geliebt hat, sondern sogar mit dem Gedanken gespielt hat, mit ihm nach Palästina auszuwandern. Und wir wissen, dass Arlosoroff im Auftrag von David Ben-Gurion im Mai 1933 in Berlin gewesen ist. Als er in einem Schaufenster das rosenbekränzte Foto von Magda und Joseph Goebbels sieht, versucht er, direkten Kontakt mit ihr aufzunehmen. Er schreibt ihr einen Brief. Daraufhin erhält er in seinem Hotel eine verschlüsselte Nachricht, in der Magda ihm mitteilen lässt, es sei für sie zu gefährlich, mit ihm zu reden. Wenn ihm sein Leben lieb sei, solle er sofort nach Palästina zurückkehren. Das tut er. Doch es scheint jemanden zu geben, der es beruhigender findet, wenn es für die einstige jüdische Leidenschaft von Magda Goebbels keine lebenden Zeugen mehr gibt. Zwei Tage nach seiner Rückkehr wird Arlosoroff in Tel Aviv erschossen.

*

Josephine Baker, die Revuetänzerin mit dem großen Herzen und den großen Augen, die sie so lange verdrehen kann, bis die Pupillen verschwinden, ist 1933 die reichste Afroamerikanerin der Welt. Nach den rassistischen Schmähungen auf ihrer Europatournee hat sie sich ganz auf ihren Landsitz bei Paris zurückgezogen. Ihr Mann Pepito hat dafür gesorgt, dass die riesige Villa *Le Beau Chêne* wie ein Tempel für seine

Frau wirkt. Im ersten und zweiten Stock hängen unzählige Fotografien von Bakers Bühnenauftritten. Im Foyer stehen, warum auch immer, zahllose Rüstungen aus dem fünfzehnten Jahrhundert. Das Bett, in dem Josephine Baker schläft und liebt, hat angeblich einmal Marie-Antoinette gehört. Aber anders als ihre Vorgängerin wird sie darin zu ihrem großen Kummer nicht schwanger. So bevölkert sie ihr Haus mit immer mehr Getier: Es gibt Käfige für Papageien und für die drei Affen und kleine Hundehäuschen für die inzwischen dreizehn Hunde aus aller Herren Länder. Sie dürfen überall hin, nur nicht ins Badezimmer. Denn das ist das Badezimmer einer Königin: komplett verspiegelt und mit einer Badewanne aus Silber, die Wasserhähne sind tatsächlich golden, nur das Wasser, das herausströmt, ist gewöhnlich. Wenn es warm ist, nimmt sie ihr tägliches Bad draußen im Park, und zwar im riesigen Marmorpool, in dem Seerosen dösen und Goldfische schwimmen. Josephine Baker hat sich ihr kleines Paradies geschaffen. Sie weigert sich, Zeitungen zu lesen. Sie will nicht aus ihren Träumen vertrieben werden.

*

Im Hause von Hermann und Ninon Hesse in Montagnola über dem Luganer See ist wieder der Alltag eingezogen. Die Frühjahrsbesuche der Exilanten sind vorüber, Thomas Mann, Brecht und all die anderen sind für den Sommer nach Frankreich weitergezogen, weil sie sich nicht dauerhaft in der Schweiz niederlassen können. Und so versinkt die *Casa Rossa* wieder in ihrer Trägheit, die nur noch von den Putzroutinen unterbrochen wird – und Hesse geht das zunehmend auf die Nerven. Es ist ihm alles zu sauber und zu großbürgerlich. Ninon führt ein strenges Regiment, täglich müssen alle Böden gewischt und gewienert werden, gekocht wird nur strengste Diät mit exakt festgesetzten Essenszeiten. Aber es sind auch die beiden einzigen Punkte, die Hesse in einem Brief an Alfred Kubin lobend anführt, als er auf seine Frau zu sprechen kommt: »Ich bin dieser Frau dafür dankbar, dass sie mich an der Grenze des Alters noch einmal in Versuchung geführt und zu Fall gebracht hat, dass sie mein Haus führt und mich mit leichten, bekömmlichen Sachen füttert.« Nach tiefer Liebe klingt das nicht. Sie könnte seine Tochter sein, benimmt sich aber so, als wäre sie seine Mutter. Als ihn Elisabeth Gerdts-Rupp, eine Jugendliebe, in Montagnola besucht, ist sie entsetzt: »Das Schlimmste ist vor allem, dass ich das, was mir seine Freunde vorausgesagt hatten, bestätigt fand, nämlich, dass die Verbindung mit Ninon sich je länger, je mehr als ein fürchterlicher Missgriff erweist.«

Das Problem: Nicht nur Hesse scheint unglücklich, Ninon geht es genauso. Sie führt zwar ihr strenges Regiment, ist davon aber überfordert. Hesse schreibt ihr: »Deine Zustände von Traurigkeit und Unlust, deine oft fanatische Hingabe an die Sorge um die Stubenböden und ums Essen sind mir oft ein Rätsel gewesen.« Ja, manchmal ist sich Ninon auch selbst ein Rätsel. Als sie hört, dass ihr Ex-Mann wieder geheiratet hat, fragt sie sich: War es richtig, Hesse in diese Ehe zu drängen? War es richtig, für das Führen dieses Hauses ihre eigene Dissertation aufzugeben und ihre Träume von Kindern? Hesse flüchtet jeden Tag für Stunden in den Garten und jätet Unkraut, und er fährt zwei- oder dreimal pro Jahr zur Kur nach Baden. Ninon fährt, wie schon bei der Hochzeitsreise, allein nach Italien. Aber irgendwie halten diese beiden weiter durch.

*

Die frisch Verheirateten, Kurt und Helen Wolff, wollen sich nach ihrer Flucht aus Berlin eigentlich im Tessin niederlassen, in der Nähe von Hermann Hesse. Aber sie fühlen sich dort nicht willkommen, abgestoßen gar, und so ziehen sie wieder nach Südfrankreich, in jenes herrliche kleine Cabanon, das Helene seit zwei Sommern gemietet hat. Dort also, wo sie ihre Liebe in aller Freiheit entdeckt haben, finden sie sich nun, im Sommer 1933, als Exilanten wieder. Einmal kommen Katia und Thomas Mann aus Sanary zu Besuch – und der schildert das auf seine Weise: »Tee bei Wolff und seinen Damen im Garten seiner primitiven Häuslichkeit, dem Altenteil eines Bauern.« So kann man das sehen, aus der Grand-Hotel-Perspektive. Aber für die Gastgeber bleibt das kleine Häuschen der Ausnahmeort, kein Altenteil, sondern ein Jungbrunnen. Für Helen Wolff wiederum ist es der Glücksort, als den sie ihn in ihrem Roman *Hintergrund für Liebe* verewigt hat. Sie wird schwanger in diesen Junitagen, und dieses Glück erfüllt sie und auch Kurt Wolff trotz all der bedrängenden Gegenwart um sie herum mit zaghaft hoffnungsvollen Gedanken an die Zukunft.

*

Die Liebesgeschichte von Anaïs Nin und Henry Miller ist längst Legende, durch ihre *Intimen Tagebücher* und durch Millers *Stille Tage in Clichy*. Doch leider wird ihre Amour fou im Sommer des Jahres 1933 unterbrochen, weil ein anderer Mann ins Leben von Anaïs Nin zurückgekehrt ist: ihr Vater. Sie hat all ihren Therapeuten und all ihren Liebhabern immer erzählt, wie sehr sie täglich darunter leide, dass ihr Vater, der stolze Musiker Joaquín, einst ihre Mutter und sie verlassen hatte. Und im Juni 1933 nun bietet sich die Chance, diese ewig klaffende Wunde zu schließen. Sie, gerade dreißig Jahre alt geworden, fährt zu ihrem 54-jährigen Vater nach Valescure, der dort ohne seine neue Ehefrau den Sommerurlaub verbringen will. Zum Auftakt erzählt Joaquín Nin seiner Tochter, wie wild und leidenschaftlich einst seine erste Frau, also ihre Mutter, gewesen ist. Daraufhin schildert Anaïs ihrem Vater, wie sie Männer zu verführen pflegt. Das imponiert ihm und er sagt ihr, er mache es eigentlich genauso. Und dann fängt er auch gleich damit an. Er sagt zu seiner Tochter: »Du bist die Synthese aller Frauen, die ich je geliebt habe.« Daraufhin erlaubt sie ihm, ihren Fuß zu streicheln. Er erzählt ihr, er habe geträumt, dass sie ihn geküsst habe »wie eine Geliebte«.

Nach einem weiteren Tag sagt er zu ihr: »Meine Gefühle für dich sind nicht die eines Vaters.« Daraufhin Anaïs Nin: »Meine Gefühle für dich sind nicht die einer Tochter.« Am 23. Juni 1933 haben sie das erste Mal Sex miteinander. Dies sei nun für alle Zeiten der Tag ihrer Hochzeit, sagt ihr Vater.

Anaïs Nin beginnt ein neues Tagebuch, sie nennt es *Inzest*. Darin stehen all diese Zitate. Sehr viele sexuelle Details. Und dann, was ihr größtes Glück ist: Dass es ihr gelungen ist, die Geschichte umzudrehen. Endlich hat nicht mehr sie, sondern ihr Vater Angst davor, dass sie ihn verlässt.

Sie kehrt nach zwei Wochen nach Paris zurück, voller Hormone und mit vollen Tagebüchern, aber ohne Schuldgefühle. Ihr Mann Hugo freut sich, dass sie so rosige Wangen hat, und schreibt: »Anaïs ist strahlend zurückgekommen, denn sie hat ihren Vater wiedergefunden. Sie hat schon immer von ihrem Vater geträumt.« Ihr Mann erstellt ein Horoskop von Anaïs Nin und ihrem Vater, aber er kann es nicht richtig deuten, das kann nur seine Frau. Sie erkennt: »Vaters Mond steht in meiner Sonne, die stärkste Anziehung, die es gibt zwischen Mann und Frau. Als Hugo mir das zeigte, schwand mein letzter Funke Schuldgefühl.«

*

Dora Benjamin, frisch geschieden von Walter Benjamin, kann mit ihrem Sohn Stefan aus Berlin fliehen. Sie gründen in Sanremo eine kleine Pension, die *Villa Verde*. Walter Benjamin verarmt währenddessen auf Ibiza, das Geld ist ihm endgültig ausgegangen und die Honorare der Rezensionen erreichen ihn nicht. Er sieht immer verlotterter aus, streift durch San Antonio und liest, um sich abzulenken, einen Simenon-Krimi nach dem anderen. Er zerstreitet sich mit den Noeggeraths und zieht um in einen halbfertigen Neubau ohne Fenster und Licht. Unruhig wandert er den ganzen Tag umher, legt sich nachts auf den Boden und schläft auf einer einfachen Decke, wäscht sich im Meer. Im Dorf bekommt er den Spitznamen »el miserable«, also »der Elende«. Benjamin entwirft seinen Essay *Erfahrung und Armut*; Benjamin schreibt an seinen Freund Gershom Scholem, dass er sehr ernsthaft überlege, nach Palästina auszuwandern.

*

Pablo Picasso malt das ganze Jahr hindurch immer wieder sein Lieblingsmodell, seine Muse Marie-Thérèse Walter. Seine Frau Olga malt er nicht mehr. Als er mit ihr und dem gemeinsamen Sohn seine Familie in Barcelona besucht, schreibt Picasso gleich am ersten Tag nach Paris: »Meine angebetete Geliebte, ich komme zurück, bald werde ich wieder in Paris sein, ich bin so glücklich, meine Liebe zu sehen, auf ewig der Deine, P.«

*

Céline, in Frankreich gefeiert wegen seines Buches *Reise ans Ende der Nacht*, schreibt seiner deutschen Freundin Erika am 27. Juni nach Berlin: »Nachdem die Juden aus Deutschland gejagt worden sind, muss es dort einige Stellen für die anderen Intellektuellen geben! Heil Hitler! Profitieren Sie davon.« An seine jüdische Freundin, die Gymnastiklehrerin Cillie Pam, mit der er im September zwei leidenschaftliche Wochen erlebt hat, schreibt er wenig später: »Die Juden sind etwas bedroht, aber nur sehr wenig, und ich glaube nicht, dass es jemals ernst werden wird.« Es gäbe viel Wichtigeres: »Wie geht es Ihnen? Machen Sie Kinder oder Revolution? Und was macht ihr alle mit eurer Libido?«

*

Am 29. Juni haben Victor und Eva Klemperer Hochzeitstag. Er schreibt in sein Tagebuch: »Unter den neunundzwanzig 29. Junis unserer Gemeinsamkeit ist dieser im Grunde der trostloseste; aber wir haben uns ziemlich erfolgreich bemüht, ihn mit Fassung zu durchleben.« Er notiert sich, welche neuen Wörter er in sein »Lexikon« der Nazis aufnehmen will, das ihn unter dem Namen *LTI* einmal berühmt machen wird: »Schutzhaft« und »gleichschalten«. Seine einzige Hoffnung, neben dem Kino: seine beiden Katzen, die ihm beruhigend um die Beine streichen, wenn er seine verzweifelten Zeilen ins Tagebuch einträgt.

*

1933 ist für Meret Oppenheim das Jahr, in dem sie Kunstgeschichte schreibt: Sie wird zur Muse von zwei großen Künstlern – doch zuerst kaut sie einem anderen das Ohr ab. Nein, eigentlich zeichnet sie sein Ohr, immer und immer wieder. Sie macht Skulpturen daraus. Und zwar, weil sie sein Herz nicht erweichen kann. Also ist Meret Oppenheim auf einen anderen

Körperteil von Alberto Giacometti ausgewichen. Er erwidert ihre brennende Liebe nicht und stellt sie stattdessen Man Ray vor, der sich noch immer im Liebeskummer um Lee Miller suhlt, die nach New York zurückgekehrt ist. Er überredet Meret Oppenheim, ihm an einer alten Druckerpresse nackt Modell zu stehen. Für das Foto bemalt er ihren Arm mit schwarzer Farbe. Als er es innerhalb seines Zyklus *Érotique Voilée* in der surrealistischen Zeitschrift *Minotaure* veröffentlicht, ist Meret Oppenheim über Nacht berühmt. Wenig später trifft sie den Surrealisten Max Ernst und verliebt sich auf der Stelle in ihn. Sie ist zwanzig Jahre jung, er gerade 42 geworden, und er lebt mit seiner zweiten Frau Marie-Berthe Aurenche zusammen, die argwöhnisch über ihn wacht. Max Ernst aber entbrennt in wilder Liebe zu Meret Oppenheim. Er schreibt: »Liebes Meretli, ich kann dir sagen, ganz unsurrealistisch und unplatonisch, dass ich kaum lebe, seitdem du plötzlich weg bist.« Am nächsten Tag dann: »Sag mir, dass du mich liebst« und »du bist schön, sehr sehr schön in meinem Gedächtnis.« Es wird, man ahnt es, ein ziemlich glücklicher Herbst für diese beiden Liebenden in Paris, ganz unsurrealistisch.

*

Immer wieder fährt Gussie Adenauer mit dem Zug aus Köln nach Andernach und dann mit dem Postbus weiter nach Maria Laach. Im Juli bleibt der zehnjährige Sohn Paul ein paar Wochen bei Adenauer im Kloster. Es hilft ihm, wenn ihn jemand ablenkt von seiner Verzweiflung. In seinen Briefen nennt er Maria Laach den Ort seiner »Verbannung« und einmal sogar: »mein Exil«.

*

Nach der Trauung in der Dorfkirche in Bad Saarow feiern der Boxweltmeister Max Schmeling und seine Frau Anny Ondra am 8. Juli ihre Hochzeit im dortigen Hotel *Esplanade*. Alle Gäste sind gebeten worden, Badekleidung mitzubringen, vor dem Abendessen geht es in den Pool. Anschließend verbringt das junge Ehepaar seine Flitterwochen in Heiligendamm.

*

So wie seinerzeit August Varnhagen keinen Zugang zu den seelischen und geistigen Reichtümern seiner Frau Rahel Varnhagen von Ense hatte, hat auch Günther Stern kein Sensorium für die Kontinente im Innern seiner Frau Hannah Arendt, die gerade an ihrem Buch über Rahel arbeitet. Als sie über deren Distanz zu ihrem Ehemann schreibt, braucht sie wenig Einfühlungsvermögen, da reichen ihre eigenen Erfahrungen: »Je mehr Varnhagen versteht, desto mehr ist Rahel gezwungen, ihm zu verschweigen. Sie verheimlicht ihm nichts Bestimmtes, nur die unheimliche Unbestimmtheit der Nächte, das verwirrende Zwielicht des Tages.« Arendt kann sich ihrem Ehemann nie so offenbaren wie zehn Jahre zuvor Martin Heidegger, ihrem Lehrer und Geliebten. Im schönsten Freud'schen Sinne scheitert die Ehe aber schließlich an Zigarren. Eine Kiste voll dunkler Havannas, ein Geschenk von Arendts Freund Kurt Blumenfeld, erzürnt Günther Stern: Erstens, so regt er sich auf, seien Zigarren nur etwas für Männer und zweitens stänken sie. Seelenruhig steckt sich Hannah Arendt eine Havanna an, wedelt das Streichholz aus und pustet den schweren Rauch hinauf in die höchsten Höhen ihrer Berliner Altbauwohnung in der Opitzstraße. Obwohl sie es ist, die Hitlers Aufstieg seit Jahren prophezeit hat und über eine Emigration nachdenkt, und obwohl sie es ist, der in ihrer Ehe mit Günther Stern die Luft zum Atmen fehlt, ist es am Ende er, der als Erster ausbricht und nach Paris emigriert. Er gehört den linken Zirkeln um Bertolt Brecht an und hat Sorge, dass den Nazis dessen Adressbuch als Grundlage für eine politische Verhaftungswelle dienen könnte. Hannah Arendt flieht erst später, sie unterstützt noch die Zionisten in Berlin bei der Dokumentation des alltäglichen Antisemitismus, »denn wenn man als Jude angegriffen wird, muss man sich als Jude verteidigen«. Doch als sie nach einer achttägigen Verhaftung nur durch das Wohlwollen eines unerfahrenen Polizisten wieder freikommt, will sie ihr Glück kein zweites Mal herausfordern. Sie ist entsetzt, dass sich auch das intellektuelle Milieu in Berlin gleichschalten lässt – und sogar ihre Freunde. Sie traut ihren Ohren nicht, als sie hört, dass Martin Heidegger in seiner Freiburger Rektoratsrede »die Größe, die Ehrenhaftigkeit dieses nationalen Erwachens« gefeiert hat. Gemeinsam mit ihrer Mutter Martha fährt sie nach Dresden, dann weiter ins Erzgebirge bis zur letzten Station, ganz nah an der tschechoslowakischen Grenze. Sie weiß um eine deutsche Sympathisantenfamilie, deren Haus genau auf der Grenze steht – dort gehen sie morgens hinein. Und nachts, im Schutz der Dunkelheit, ohne dass es die Grenzpatrouillen sehen können, laufen sie aus dem Haus hinaus in die tschechoslowakische Freiheit. Hannah Arendt hat ihrer Muttersprache, der deutschen Philosophie und Dichtung immer treu bleiben wollen – aber sie weiß, dass sie dafür Deutschland verlassen muss. Über Genf kommt sie nach Paris, immer im Einsatz für die jüdische Sache, sie schreibt Reden, sie hilft Flüchtlingen nach Palästina auszuwandern. Hannah Arendt trifft in Paris ihren Ehemann Günther Stern wieder, sie leben sogar zusammen, doch sie wissen, dass ihre Ehe am Ende ist, nicht einmal der Druck der Emigration schweißt sie mehr zusammen.

Doch Hannah heißt offiziell noch Hannah Stern. Und sie hat für ihren Mann sein wichtigstes Gut aus Berlin herausgeschmuggelt: das Manuskript seines tausendseitigen Romans *Die molussische Katakombe*, das erst von der Gestapo in Sterns Verlag konfisziert, dann von Bertolt Brecht versteckt worden war, und welches Hannah Arendt schließlich, in eine schmutzige Decke in ihrem Koffer gewickelt, über Prag und Genf bis nach Paris transportiert hat. Selten sieht Arendt ihren Mann so dankbar wie in dem Moment, als sie den Koffer öffnet und ihm sein Manuskript überreicht. Er freut sich darüber fast ein bisschen mehr als über die Botin selbst. Die beginnt nun in Paris auf eigenen Beinen zu stehen, nimmt Hebräischunterricht, da sie, wie sie sagt, »ihr Volk kennenlernen will«, und bekommt eine Stelle in einem jüdischen Hilfswerk, der Organisation »Agriculture et Artisanat«.

Vor allem aber schreibt sie. Langsam wird Hannah Stern wieder ganz zu Hannah Arendt. Vor ihrer Emigration hatte sie alle Manuskripte, Exzerpte und Notizbücher zu ihrer Rahel-Studie hastig in ihren Koffer geworfen und das alles zwischen der Wäsche glücklich über die Grenze gerettet. Wenn sie sich nun in Paris hineindenkt in das Leben der großen jüdischen Salondame und noch größeren Briefeschreiberin, dann hat sie immer auch ihr eigenes Schicksal vor Augen, das Scheitern der Assimilation, die Rahel in den 1810er und 1820er Jahren noch wie eine mögliche Utopie erschienen war. Doch in ihrer Lebensbeschreibung dieser Frau voll Esprit und Herz gelingt es Arendt, die historische Figur zu einer Zeitgenossin zu machen – auch weil sie sich so genau in deren Liebesstimmungen hineinzuversetzen versteht. Bei Rahel geht es viel um Schmerz und das Verlassenwerden, und man spürt, wie Hannah Arendt dabei auch das Ende ihrer Beziehung mit Martin Heidegger verarbeitet und im Beschreiben der Ödnisse der Ehe die ihrigen mit Günther Stern. Great minds feel alike.

*

Käthe von Porada wird von ihrem Pariser Freundeskreis nach Berlin geschickt, um dort herauszufinden, was in Gottfried Benn gefahren ist. Warum er, dieser Mann des Geistes und der Zwischentöne, den neuen brutalen Machthabern das Wort redet. Käthe von Porada soll Benn also sagen, wie entsetzt die Deutschen im Ausland von ihm sind, wie enttäuscht. Doch sie erfüllt ihren Auftrag nicht. Sie verliebt sich dummerweise in den Mann, den sie verhören soll. Zum ersten Mal treffen sie sich Anfang Juli in Benns Praxiswohnung, gleich nach seiner Sprechstunde. Zunächst geht es darum, Benn mit Max Beckmann, Käthes verehrtem und angeschmachtetem Freund, zusammenzubringen. Der Dichter und der Maler, die sich in ihrer Physiognomie ebenso ähneln wie in ihrem Hang zur Antike und zum großen Ganzen, sind sich in Berlin zuvor noch nie begegnet. Doch auch diesen Auftrag kann Käthe von Porada nicht erfüllen. Benn und Beckmann schieben den Termin immer und immer wieder auf, am Ende sagt Benn kurz vorher ab, er habe leider Schnupfen. Käthe von Poradas Fazit: »Ich habe nie wieder versucht, Heroen einander zuzuführen.«

Zwischen Gottfried Benn und Käthe von Porada selbst läuft es sehr viel geschmeidiger. Sie ist adrett, fünf Jahre jünger als er, gebildet und geschieden – und Benn ist, trotz seiner Arztpraxis und trotz der Affären mit Tilly Wedekind und Elinor Büller, abends immer noch nicht ausgelastet. Benn und Käthe gehen nach dem zweiten Treffen zusammen ins Kino. Danach schreibt Benn ihr, er wisse gar nicht mehr, um was es in dem Film gegangen sei: »Sonst weiß ich alles von dem reizenden Geschöpf, das ich so verehre und von dem ich sicher bin, dass es die zarteste und kultivierteste Lady ist am Tyrrhenischen Meer. Und der ich mich zu Füßen lege als ihr treuer Bernhardiner G. B.« Die zarte und kultivierte Lady bleibt zwei Wochen in Berlin, und sie beginnen eine Affäre. Er bittet sie dringend, den Freunden, die sie aus Paris geschickt haben, um zu sehen, ob Gottfried Benn noch ganz bei Trost sei, nichts zu sagen: »Wollen Sie bitte ganz allgemein niemanden aufklären über mich? Mir liegt so absolut nichts dran. Lassen Sie mich Ihre private Beziehung sein.«

Benn widmet seiner privaten Beziehung das Gedicht »Durch jede Stunde«: »Durch jedes Wort / blutet die Wunde / der Schöpfung fort« – »Gedicht für Kati – 14.8.33«. Am selben Tag erreicht Benn in seinem Briefkasten nun wiederum der Gruß einer anderen Frau – von Tilly Wedekind, Witwe des Dramatikers und eine seiner beiden aktuellen Geliebten. Sie schreibt: »Ich liebe dich, Benn! Mit Kopf und Herz, mit Leib und Seele, mit meinem ganzen Sein – bin ich dein! Tilly«.

Und damit er es auch glaubt, steht sie am nächsten Tag, es ist Samstag, mit ihrem Opel in der Belle-Alliance-Straße vor der Nummer 12, hupt – und Benn kommt herunter. Dann fahren sie raus an einen See, an den Schwielowsee oder den Teupitzer See, baden, liegen in der Sonne, essen ein Eis.

Und Käthe von Porada? Die hat das Problem, dass sie gleich nach ihrer Rückkehr in Paris ausgerechnet auf Klaus Mann trifft, jenen aufrechtesten Kämpfer und lautesten Ankläger gegen die Benn'schen Verirrungen des Frühjahrs 1933, der sie zum Essen ausführt. Sie muss sich den ganzen Abend auf die Zunge beißen, um sich nicht zu verraten. Käthe kann sich inzwischen selbst kaum noch erklären, wieso sie, statt in Berlin ihren Auftrag zu erfüllen, mit dem Angeklagten das Bett geteilt hat.

*

In Paris muss sich Tamara de Lempicka der Avancen des steinreichen Barons Raoul Kuffner erwehren. Sie hat ihn ja vor kurzem in einem besonders teuflischen Unterfangen seiner Mätresse ausgespannt, indem sie diese besonders hässlich und verzerrt gemalt hat. Seitdem ist der Auftraggeber in sie verliebt, noch mehr, seit sie ihn selbst besonders vorteilhaft, männlich und schneidig gemalt hat – gerade so, als seien seine Haare nicht viel dünner und seine Züge nicht viel weichlicher. Malerei ist auch ein Medium der Manipulation. Im Sommer 1933 nun schreibt der Witwer an seine gelegentliche Geliebte Tamara de Lempicka, er wolle sie gerne heiraten, da die Trauerzeit für seine Gattin, die im Jahr zuvor gestorben ist, nun endet. Doch die antwortet ihm: »Bitte drängen Sie mich nicht, ich habe im Moment keine Zeit zum Heiraten. Ich muss malen.« Vielleicht, so ergänzt Tamara de Lempicka, wäre ja 1934 ein Zeitfenster für eine Hochzeit bei ihr frei.

*

Walter Benjamin, verarmt und verängstigt, haust in seinem halbfertigen Neubau auf Ibiza. Seine Tage bestehen aus Grübeln und Schreiben und Grübeln. Vor der Sonne flieht er nur noch, sie scheint ihm plötzlich so unbarmherzig wie sein ganzes Schicksal. Doch da sieht er eines Morgens, dass zwei Häuser weiter eine unbekannte Holländerin eingezogen ist. Sie hat einen

Namen, der länger ist als ihre Haare: Anna Maria Blaupot ten Cate. Sie ist dreißig, Malerin, noch im Mai hat sie in Berlin die Bücherverbrennung erlebt, nun ist sie über Italien nach Ibiza gekommen. Und sie ist hier, weil sie sich – ganz anders als Walter Benjamin – ein befreites Bohemeleben unter praller Sonne erträumt hat. Es kommt, wie es kommen muss: Wieder einmal verliebt sich Walter Benjamin Hals über Kopf in die falsche Frau. Es gibt keinen einzigen Brief von ihm im August 1933, keine einzige Rezension. Es gibt nur Anna Maria Blaupot ten Cate. Sie gehen durch die Pinienwälder, sie sitzen unter Feigenbäumen, sie baden im lauwarmen ewigblauen Meer, sie fahren mit den Langustenfischern auf kleinen Booten hinaus in die Nacht, sie reden, sie schweigen, sie lieben sich. Er sagt ihr: »Du bist, was ich in einer Frau je habe lieben können.« Am 13. August schenkt Walter Benjamin seiner Liebsten einen ganzen Text: *Agesilaus Santander*. Am Anfang stehen die Worte: »Als ich geboren wurde«. Er endet mit der schicksalhaften Begegnung mit Anna Maria, zu der ihn der Engel geführt habe, um ihn zu belohnen für seine Geduld und sein langes Warten: »So fuhr ich, kaum dass ich zum ersten Mal dich gesehen hatte, mit dir dahin zurück, woher ich kam.« Der Troubadour Benjamin hat eine neue Geliebte gefunden. Sie wird für ihn zu seinem »neuen Engel«. Er schreibt im September an seinen Freund Gershom Scholem und bittet ihn um sein Gedicht auf Paul Klees *Angelus Novus*, das in Benjamins Berliner Wohnung hängt, denn: »Ich habe hier eine Frau kennengelernt, die sein weibliches Gegenstück ist.« So wird Anna Maria Blaupot ten Cate im August 1933 auf Ibiza für Benjamin zur Verkörperung des »Engels der Geschichte«. Er schreibt ein Gedicht für seine Angebetete: »wie war dem ersten mann das erste weib / so standest du vor mir und überall / trifft dich nun meiner bitte widerhall / der tausend zungen hat. Sie lautet: bleib«.

Aber: Sie bleibt nicht. Vielleicht wird es ihr einfach zu viel. Wie es sich für einen Engel gehört, entschwebt Anna Maria auf jeden Fall im September erst der Insel und dann auch Benjamins Leben. Der wird nach ihrer Abreise von schweren Fieberanfällen gepackt. Als er über Barcelona nach Paris zurückkehrt, wird bei ihm Malaria diagnostiziert.

*

Im September fährt Bertolt Brecht von Dänemark nach Paris – und von dort, gemeinsam mit Margarete Steffin, weiter nach Sanary-sur-Mer, um Lion und Marta Feuchtwanger zu besuchen. Marta kommt ins Krankenhaus, weil sie vergessen hat, die Handbremse anzuziehen und ihr rollender Wagen sie an der steilen Klippe überrollt. Brecht aber erlebt fünf Wochen lang einen Liebesrausch mit Margarete und schreibt dann, wenn sie schläft, an Helene in Thurø: »Hier am Mittelmeer ist es langweilig.«

*

Kurt Tucholsky verbringt das Jahr 1933 in der Schweiz. Er lebt mit der Ärztin Hedwig Müller im Tessin und in Zürich in der Florhofgasse 1. Im März ist in Deutschland die *Weltbühne* eingestellt worden, im Mai haben seine Bücher gebrannt, im Juni hat man ihn ausgebürgert. Kurt Tucholsky ist ein unglücklicher Mann, der verrückt wird über der Unmöglichkeit, seine Gedanken zu publizieren. Und vor allem über das, was in seiner Heimat geschieht. Er schreibt an Walter Hasenclever nach Südfrankreich: »Dass unsere Welt in Deutschland zu existieren aufgehört hat, brauche ich Ihnen wohl nicht zu sagen. Und daher: werde ich erst mal das Maul halten. Gegen einen Ozean pfeift man nicht an.«

Außerdem kann Tucholsky überhaupt nicht mehr pfeifen, selbst wenn er es wollte – seine Nebenhöhlen sind so vereitert, dass er sich in Zürich mehreren Operationen unterziehen muss. Besser geht es ihm danach dennoch nicht. Er leidet wie ein Hund. Sein Freund Carl von Ossietzky wird in einem KZ gefangen gehalten. Alle wesentlichen Weggefährten sind nach Paris emigriert. Die Sängerinnen, für die er seine Lieder geschrieben hat, dürfen nicht mehr singen und die Zeitungen, für die er so gerne seine Texte geschrieben hat, dürfen ihn nicht mehr drucken. So schreibt er Briefe. Jeden Tag. Dutzende. Noch immer voller Witz. Aber er wird immer dunkler. Es ist, als zögen sich von Monat zu Monat die Wolken in seinem Innern weiter zu. Auch, weil er sich von der Frau scheiden lassen muss, die er wirklich liebt: Mary. Er weiß, er muss sie schützen, sie darf nicht mit einem ausgebürgerten Pazifisten und linksgerichteten jüdischen Publizisten verheiratet sein, das könnte auch ihr Todesurteil bedeuten. Am 21. August wird die Ehe rechtskräftig geschieden. Wie hatte er 1930 in einem Gedicht geschrieben: »Es gibt keine Schuld. Es gibt nur den Ablauf der Zeit. Solche Straßen schneiden sich in der Unendlichkeit. Jedes trägt den andern mit sich herum. Etwas bleibt immer zurück«. Schon Lisa Matthias, seine Geliebte aus *Schloß Gripsholm,* ahnte, dass er nie ganz von Mary würde lassen können: »Du willst gar nicht Madame ihre Freiheit gönnen. Wenn du weg bist, selbst wenn du bei mir bist, dann bist du unruhig über ›was sie wohl treibt‹. Also liebst du sie noch – folgere ich.« Sie hat sehr richtig gefolgert. Nach der Scheidung bricht Tucholsky aus der Schweiz wieder in Richtung Schweden auf.

*

Am 18. September überkommt Klaus Mann in seinem Luxushotel in Zürich ein ungewöhnliches Bedürfnis: »Lust, ein Liebesgedicht zu schreiben. Sehr pathetisch. Verzweifelte Zärtlichkeit – inmitten der Katastrophe.« Er setzt sich hin. Schlägt sein Notizbuch auf. Spitzt den Bleistift. Aber es fällt ihm leider nichts ein.

*

Am 18. September wird offiziell die Scheidung zwischen Lotte Lenya und Kurt Weill vollzogen. Kleines Problem: Ihre Affäre mit Otto Pasetti, die eigentlich der Scheidungsgrund ist, neigt sich längst dem Ende zu. Und Kurt Weill hat mit Erika Neher eigentlich nur angebandelt, weil er nicht ewig auf Lotte Lenya warten wollte. Diese Scheidung ist also eine Liebesscheidung. Lotte Lenya wird ein Leben lang bereuen, den Antrag eingereicht zu haben.

*

Else Lasker-Schüler ist in Zürich im Augustinerhof-Hospiz untergekommen, billiger geht es nicht, sie lebt von der Hand in den Mund. Versucht, ihre Gedichte und Zeichnungen zu verkaufen, versucht, Kontakte zur Politik zu knüpfen und zu den jüdischen Verbänden. Am 19. September trifft sie Erika und Klaus Mann, die mit ihr ins Kino gehen, eine seltene Freude.

Klaus Mann notiert in sein Tagebuch: »Lasker-Schüler (gedankenflüchtig und verzweifelt) zeigt hübsche Indianerbildchen, die sie verfertigt, um sich zu beruhigen.« Sie sitzt tagelang in ihrem winzigen Zimmerchen im Augustinerhof, wenn es zu kalt wird, zieht sie weiter an die große Heizung im ersten Stock und dämmert dort stundenlang vor sich hin, manchmal, so sagt sie, »empfinde ich die Genügsamkeit wie ein Nirwana«. Doch man kann kein Licht entdecken, solange man die Dunkelheit analysiert.

*

Im September kehrt Marlene Dietrich nach Hollywood zurück. Es ist ihr irgendwann doch zu langweilig geworden in Europa – oder zu anstrengend: Mit der eigenen Mutter, der Tochter, dem Ehemann und dessen Geliebter sowie der Ehefrau des eigenen Geliebten in derselben Stadt, dazu die ganzen Emigranten aus Berlin, die zu ihr strömen, weil sie von ihrer Großzügigkeit wissen und auf Spenden hoffen, all das unter den Augen der Weltpresse – das geht selbst über Marlene Dietrichs Kräfte. Zum Glück beginnen also im September die Dreharbeiten für ihren nächsten Film in Hollywood. Sie soll Katharina die Große spielen – Josef von Sternberg will seine Muse und Geliebte in die mächtigste Frau verwandeln, die die Geschichte der Menschheit bislang gekannt hat. Und dafür erscheint ihm allein seine Marlene Dietrich genau richtig. Seine Marlene Dietrich? Ja, sein Verhältnis zu ihr hat sich inzwischen von Bewunderung in Liebe und schließlich in Besessenheit verwandelt. Als sie in Hollywood eintrifft, redet er sie nur noch mit »Geliebte Göttin« an, schenkt ihr nicht nur eine neue, noch prachtvollere Villa, sondern auch einen noch eleganteren Rolls-Royce. Und dazu ein Zigarettenetui, das außen mit Brillanten und Diamanten und purem Gold besetzt ist. Und das Marlene jedes Mal, wenn sie ihm eine Zigarette entnimmt, diese eingravierten Worte entgegenhaucht: »MARLENE DIETRICH / WEIB, MUTTER UND SCHAUSPIELERIN WIE NIE / JOSEF VON STERNBERG«.

Ihr wird das endgültig zu viel. Eine Marlene Dietrich gehört niemand anderem als ihr selbst. Zumal die Filme des von ihr besessenen Regisseurs immer schlechtere Kritiken bekommen. Das registriert sie sehr aufmerksam. Er hat sie geschaffen, das ist ihr klar. Aber nun will sie ohne ihren Schöpfer leben. Sehr bald schon wird Marlene Dietrich ihren letzten Film mit Josef von Sternberg drehen. Er trägt den bezeichnenden Titel: *The Devil is a Woman*.

*

Am 26. September 1933 heiratet Claus Schenk Graf von Stauffenberg in der Bamberger Sankt Jakobskirche. Er trägt die Uniform mit Stahlhelm. Hochzeit, so hat er seiner Braut erklärt, sei Dienst. Sie hat es gar nicht anders erwartet. Nach dem Essen im *Bamberger Hof* führt sie die Hochzeitsreise nach Rom, schließlich gibt es dort eine Ausstellung zum zehnjährigen Regierungsjubiläum von Mussolini. Außerdem wollen sie dort Caravaggio sehen, Raffael, Michelangelo. »Stauff«, wie er in seinem Regiment genannt wird, ist von einer seltenen Mischung aus Poesie und Präzision. Er spielt Cello, liest griechische Dramen und ist weder für die adligen Vergnügungen des Casinos, der Jagd noch des Tanzes zu haben. Seine Frau liebt ihn genau dafür.

Sie steigen am Morgen nach der Hochzeit in den Zug gen Süden, Claus' Bruder Berthold fährt mit bis Bellinzona, dort steigt er aus, um seine wichtigste Liebe zu sehen, Stefan George, den großen dichter der kleinschreibung. Eigentlich hat auch Berthold, wie sein Bruder, heiraten wollen, aber George will ihn für sich behalten – und hat sich wiederholt gegen eine Ehe mit Maria Classen ausgesprochen, was Berthold treu befolgt (zumindest solange George lebt). Claus und Nina von Stauffenberg hingegen zeugen auf ihrer Hochzeitsreise in Mussolinis Italien standesgemäß ihr erstes Kind.

*

Am 29. September wird *Die Pfeffermühle* von Erika Mann und Therese Giehse ein zweites Mal gegründet. Und wieder nehmen Thomas und Katia und Liesl und Bruno Frank bei der Premiere im Zuschauerraum Platz – genau wie am 1. Januar. Nur sind diesmal alle in der Schweiz, vertrieben aus dem Land, dessen menschenverachtende Politik die *Pfeffermühle* mit ihrem kabarettistischen Programm bloßzustellen versucht.

*

Während all die deutschen Intellektuellen Berlin fluchtartig verlassen haben, um sich in Südfrankreich, in Paris oder im Tessin anzusiedeln, kommen im Herbst 1933 zwei Intellektuelle den umgekehrten Weg von Paris nach Berlin: Simone de Beauvoir und Jean-Paul Sartre. Sartre ist als Forschungsstipendiat des Institut Français zunächst allein nach Deutschland gekommen, um bei Edmund Husserl zu studieren, dem großen Phänomenologen. Doch das Wichtigste ist etwas anderes: »Ich fand zur Unverantwortlichkeit meiner Jugend zurück.« Sartre entdeckt demnach, als in ganz Berlin schon die Hakenkreuzfahnen wehen und all die großen Autoren das Land verlassen haben, um in seine Pariser Heimat zu fliehen, umgekehrt in Berlin die »Stadt der Liebe«. Er stürzt sich erst in die deftigen Restaurants, denn er liebt dunkles Bier, Schweinefleisch, Sauerkraut und Würste, wie er sie bei seiner elsässischen Großmutter gegessen hat. Und danach zieht er mit den anderen Franzosen durch die Berliner Nacht. Da er kein Deutsch kann, muss er sich, wie er bedauert, eine »französische Freundin nehmen«. Eigentlich ist er losgezogen, »um die Liebe der deutschen Frauen kennenzulernen«. Doch bald schon erinnert er sich wehmütig an einen radebrechenden ungarischen Verehrer Simone de Beauvoirs, den diese abgewiesen hat. Daraufhin schlägt er im Wörterbuch nach und schreibt ihr den Satz: »Wenn Sie wüssten, wie geistreich ich auf Ungarisch bin.« Sartre also studiert in Berlin die deutsche Philosophie und das deutsche Nachtleben – mit einer Französin an seiner Seite, Marie Ville, der traumverlorenen, leicht entrückten Gattin eines Mitarbeiters des Institut Français. Sartre erzählt Simone de Beauvoir davon, die aufs neue merkt, wie schwer sie an ihrem seltsamen Wahrheitspakt zu tragen hat. Und an der Abwesenheit von Sartre. Sie lässt sich krankschreiben und fährt nach Berlin. Sartre hat nichts Besseres zu tun, als ihr gleich am ersten Abend seine neue Berliner Geliebte vorzustellen. Aber sie müsse keine Angst haben, das sei nur eine kleine Episode. Immerhin steckt er Simone sogar einen Ehering an – aber nur zur Tarnung, damit sie für ihren Besuch als seine Ehefrau eine kleine Wohnung in der Nähe des Institut Français mieten kann.

Simone de Beauvoir jedoch wäre gerne nicht nur im Spiel Sartres Frau. Sie leidet unter der ersten

»kontingenten Liebe«, wie Sartre die außerehelichen Liebschaften nennt, neben ihrer eigenen Liebe, die er »notwendig« genannt hat. Simone de Beauvoir fährt zurück nach Frankreich und beginnt mit der Arbeit an einem Roman über den Konflikt zwischen Liebe und Unabhängigkeit. Und Sartre bleibt in Berlin in seinem französischen Mikrokosmos in der vornehmen Wilmersdorfer Villa und nimmt vom Zeitalter des Hasses, das begonnen hat, eigentlich überhaupt nichts wahr.

*

Ganz anders Heinrich Mann. Er ist ein sehr sensibler Mann. Und darum heißt das Buch, das er im ersten Sommer seines Exils in Frankreich geschrieben hat und das nun im Herbst 1933 im Querido Verlag in Amsterdam erscheint: *Der Haß*. Ihm reicht, was er in Berlin im Februar in der Akademie erlebt und was er in den Gesichtern der Menschen und in den Zeitungen gelesen hat, um zu wissen, was kommen wird. Fünfzehn Jahre später wird Lion Feuchtwanger über dieses Buch, das vom Erwachen des Hasses erzählt, sagen: »Heinrich Mann hat das Deutschland des letzten Jahrzehnts früher und schärfer vorausgesehen als wir alle. Er hat es dargestellt von seinen Anfängen her, lange bevor es Wirklichkeit wurde.«

*

Eines der seltsamsten Paare dieser an seltsamen Paaren wirklich nicht unterversorgten Zeit bleiben auch 1933 der 29-jährige Maler Salvador Dalí und seine 39-jährige Geliebte, Muse, Managerin und Zuchtmeisterin Gala. Sie verleben einen glücklichen Sommer in ihrer kleinen Fischerhütte in Portlligat an der Costa Brava. Sie hat in den zwanziger Jahren als Partnerin von Paul Éluard und Max Ernst mit ihrer offensiven Sexualität die Surrealisten in Paris ziemlich verstört – Dalí hingegen, dieser sexuell selbst so verstörte Mann, der dem Voyeurismus vor der praktizierten Liebe den Vorzug gibt und mit seinen homosexuellen Tendenzen hadert, dieser innerlich mehrfach verknotete Salvador Dalí also scheint gerade in der Massivität von Galas Weiblichkeit eine Möglichkeit der Befreiung zu sehen. Lässt sich logisch vielleicht nicht ganz erklären, psychologisch auch nicht, hat aber offenbar bestens funktioniert: Durch Galas Liebe kann Dalí in sich das entdecken, was seine Kunst so einzigartig macht in ihrem Fieberwahn und in ihrer Genialität. Sex im, sagen wir, klassischen Sinne haben die beiden übrigens in ihrer Jahrzehnte dauernden Verbindung entweder einmal (so Gala) oder keinmal (so Dalí). »Angst«, so erklärt Gala, »ist der Grundzug von Dalís Wesen.« Als Gala ihm nach einer Unterleibsoperation im vergangenen Oktober mitgeteilt hat, dass sie nun nie ein Kind mit ihm haben könne, da nimmt er das mit großer Erleichterung zur Kenntnis. Er will ihr einziger Zögling bleiben.

Gala ist in ihrer Willensstärke und in ihrer Dominanz das absolute Gegenteil des kichernden, weichlichen, schnurrbärtigen Sonderlings, und er genießt es förmlich, sich fortan und für den Rest seines Lebens ihrer Regie zu unterwerfen. Im Jahr 1932 ist die Ehe zwischen Gala und dem Surrealisten Paul Éluard auch offiziell geschieden worden – aber der, obwohl längst mit der geheimnisvollen, großherzigen Schauspielerin Maria Benz, die auf den neckischen Namen »Nusch« hört, liiert, hört nicht auf, Gala zu verehren und ihr das weiterhin in flammenden Briefen kundzutun: »Gala, nichts, was ich tue, geschieht losgelöst zu dir.«

Doch Gala ist bereits unauflöslich mit Salvador Dalí verbunden. Sie weicht keinen Tag von seiner Seite. Und um zu demonstrieren, dass Gala nun die Seine ist, malt Dalí sie auf ungewöhnliche Weise: Er legt ihr zwei Fleischstücke vom örtlichen Metzger auf die Schultern und sie muss stundenlang Porträt sitzen. Nach einigen Tagen dann präsentiert ihr Dalí stolz das Bild mit dem Titel *Bildnis Galas mit zwei Lammkoteletts im Gleichgewicht auf der Schulter*. Es wirkt, als wolle er zeigen, dass diese moderne Eva nicht aus seiner Rippe gemacht ist, sondern aus der eines Tieres. Erst mit dieser Frau an seiner Seite konnte dieser wahrlich durchgeknallte Katalane seine wildesten Phantasien auf der Leinwand so umsetzen, als seien sie eine harmlose Selbstverständlichkeit. Dank Gala wird endlich sein Motto wahr, wonach alle Schönheit essbar sein muss. Das zweite große Porträt Galas aus dem Jahr 1933 heißt deshalb *Die gezuckerte Sphinx*. Wohl bekomms.

*

Victor Klemperer füllt Tag um Tag sein Lexikon über die Sprache des Dritten Reiches. Aber er glaubt nicht mehr daran, dass er es je wird veröffentlichen können. Am 9. Oktober, seinem Geburtstag, notiert er Wünsche in sein Tagebuch: »Noch einmal Eva gesund sehen, im eigenen Haus, am Harmonium. Nicht jeden Morgen und Abend zittern müssen vor einem Weinkrampf – das Ende der Tyrannei und ihren blutigen Untergang erleben. Keine Seitenschmerzen und keinen Todesgedanken. Ich glaube nicht, dass sich mir auch nur einer dieser Wünsche erfüllen wird.«

*

Otto Dix flieht mit seiner Frau und den Kindern vor den zunehmenden Anfeindungen in Dresden nach Süddeutschland, ins kleine Schloss Randegg inmitten des Hegau. Ein Schlupfwinkel im fernsten Zipfel des großen Reiches. Wenn man aus den Fenstern des Schlosses blickt, sieht man überall die Vulkankegel, die so schöne Namen tragen wie Hohenkrähen, Hohentwiel, Hohenstoffeln und Hohenhewen. Das mag einem Erniedrigten wie Otto Dix etwas geholfen haben. Als er ankommt, malt er als Erstes den alten Judenfriedhof von Randegg, ein Bild als Anklage und Mahnung. Hinter dem Friedhof, an den hohen, schweigsamen Tannen, beginnt schon die Schweiz.

Randegg wird zum Zufluchtsort der Familie Dix. Es gehört dem ersten Mann von Martha Dix, Hans Koch. Der hat nach der Scheidung von Martha deren Schwester geheiratet, und so ziehen nun also Martha und Otto Dix mit den Kindern Nelly, Ursus und Jan ins Schloss der Schwester. Der holzgetäfelte Rittersaal des altehrwürdigen Schlosses wird zum Abenteuerspielplatz der Dix'schen Kinder. Im Südturm von Randegg wohnen sie, nebenan ist ein riesiger Raum, den Dix als Atelier nutzt, drinnen die Staffelei, draußen die Weite der lieblichen Hügellandschaft des Hegau. Otto Dix malt nun keinen Krieg mehr. Keine Todsünden. Keine Menschen. Er malt verwunschene Täler und sanfte Berge, im Herbst, im Winter und im Frühling. Otto Dix emigriert in die Landschaft.

*

Nachdem Anaïs Nin in diesem Sommer eine Affäre mit ihrem eigenen Vater erlebt hat, aktiviert sie in Paris wieder ihre bisherigen Liaisons: Zum einen mit ihrem Mann, zweitens mit ihrem Analytiker und zu guter Letzt mit Henry Miller. Mit dem Banker Hugo Guiler, ihrem Mann, ist es im Moment etwas kompliziert, da der sich ganz der Astrologie hingegeben und dabei herausgefunden hat, dass er als Wassermann viel schlechter zu Anaïs mit dem Sternzeichen Fisch passt als der Steinbock Henry Miller. Miller wiederum lebt weiterhin vom Geld, das Anaïs Nin ihm gibt – und genießt den Sex. Ihr Analytiker René Allendy schließlich bekommt auch beides von ihr, zahlt dafür aber, anders als Miller, mit einem schlechten Gewissen.

Henry Miller versucht es auch mit Astrologie und kommt zu dem Ergebnis, dass er 1933 vermutlich sterben wird. Daraufhin macht er ein Testament und setzt Anaïs Nin als Alleinerbin ein – was in diesem Fall bedeutet, dass er sie bittet, seine Schulden in Höhe von 3600 Dollar bei diversen Gläubigern zu begleichen. Vor allem aber verarbeitet er die verworrene Liebesgeschichte um Anaïs und seine Frau June zu seinem Buch *Wendekreis des Krebses*. Seine Geliebte hat ihm freundlicherweise in Clichy eine Wohnung gemietet, in der Rue Anatole France Nr. 4, hier wohnt er mit seinem Freund Alfred Perlès. Und hier spielen auch die Szenen zu seinem Sex und Paris beschwörenden Buch *Stille Tage in Clichy*. Miller raucht den ganzen Tag Gauloises, hört Musik und spielt Schriftsteller, die Flasche Wein neben der Schreibmaschine, er selbst im Unterhemd. So sitzt er da und freut sich, wenn Anaïs vorbeikommt, um den beiden Herren die

Küche aufzuräumen. Er erzählt ihr nicht, wie oft er an June denkt, seine Frau, die sich Ende des Jahres nach ewigen Streitereien endgültig nach New York verabschiedet hat. Er nutzt die aufflammenden Erinnerungen nur, um weiter am *Wendekreis des Krebses* zu schreiben. Die große Politik, Hitler, die deutschen Emigranten in den Straßen von Paris – all das bekümmert Henry Miller nicht.

*

Vladimir und Véra Nabokov harren noch immer in Berlin aus. Sie sind aus Geldnot in die Wohnung von Véras Cousine Anna Feigin in der Nestorstraße gezogen. Manchmal gibt Vladimir hier auf dem benachbarten Platz noch Jungen aus der Umgebung Tennisunterricht. Vor allem aber schreibt er in einem zweiwöchigen Rausch den Roman *Einladung zur Enthauptung* nieder. Das zunehmend gewalttätige Milieu in Berlin verstört ihn. Véra verliert ihre Arbeit, da die jüdische Anwaltskanzlei enteignet wurde, in der sie das Geld für die Miete verdiente. Als die Nabokovs später gefragt werden, warum sie 1933 nicht direkt emigriert seien – Véra war doch Jüdin – antwortet der Schriftsteller auf rührende Weise: »Wir waren immer träge. Auf eine nette Art träge im Falle meiner Frau, schrecklich träge in meinem Fall.« Aber Nabokov sieht, was um ihn herum geschieht: Er schreibt am Ufer des Grunewaldsees die Erzählung *Der neue Nachbar*. Zwei Berliner Arbeiter belästigen darin erst ihren neuen Nachbarn, den Herrn Romantowski mit dem stark slawischen Akzent, dann quälen sie ihn, schließlich ermorden sie ihn. Ganz ohne Grund. *Der neue Nachbar* erzählt von der Angst Nabokovs, die ihn lähmt. »Auf Deutschland lag zu jener Zeit, als ich mir jene beiden Schlägertypen und meinen armen Romantowski ausdachte, Hitlers grotesker und böser Schatten.« In dieser bedrückenden Stimmung geschieht in der Nestorstraße in Berlin etwas Unwahrscheinliches: Véra verkündet Vladimir in diesem Herbst mit einem fast unwirklichen Lächeln, dass sie schwanger ist. Ihr Sohn Dmitri wird im Mai 1934 geboren werden.

*

Im Pariser Exil angekommen und von seiner Malaria leidlich geheilt, trifft Walter Benjamin noch ein paarmal die große Liebe seines Sommers: Anna Maria Blaupot ten Cate. Wir wissen nicht, was genau geschehen ist. Wir wissen nur, dass sich die Liebe langsam in Luft auflöst. Bald zieht Anna Maria nach Südfrankreich und heiratet dort schon 1934 den Franzosen Louis Sellier. Und Benjamins Prophezeiung wird wahr. Im August hat er geschrieben: »In deinem Arm würde das Schicksal für immer aufhören, mir zu begegnen.« Doch als Anna Maria ihre Arme um jemand anderen legt, da kehrt das Schicksal mit aller Macht zu Walter Benjamin zurück.

*

Nun hat auch Marlene Dietrich begriffen, dass sich von Deutschland aus die Gefahr über ganz Europa auszudehnen beginnt. Sie schreibt am 7. November einen Brief an ihren Gatten in Paris, der einen Blick hinter die coole Fassade erlaubt. Sie bittet ihn um eine neue Pflegecreme für die Nacht. Begründung: »Werde eben alt.« Und dann, in einer plötzlichen Anwandlung von Familiensinn, Fürsorge und Angst: »Tue mir die Liebe und kaufe morgen sofort große Koffer, in die du alles hineinschmeißen kannst und abhauen. Du weißt, dass es immer an Koffern fehlt im letzten Moment.« Und dann – ein plötzlicher Wechsel im Brief, sie fleht Rudis Geliebte an, Marias früheres Kindermädchen: »Bitte, Tami, hilf mir, dass er alles so vorbereitet hat, dass er in ein paar Stunden, wenn möglich, Paris verlassen kann – Schiffe findet man ja immer.« Und damit die Absurdität am Ende noch einen Triumph feiern darf, beschließt die Dietrich den Brief an ihren Mann UND dessen Geliebte mit diesen schönen Abschiedsworten: »Du bist doch der Beste und Treueste. Ich liebe dich, Deine Mutti.«

*

1933 endet eine ganz besondere Liebe – die zwischen Nancy Cunard, der exzentrischen Engländerin aus besten Kreisen, und dem afroamerikanischen Jazz-Pianisten Henry Crowder. Wenn sie in Paris durch die Straßen ziehen, sie mit klirrenden Elfenbein-Armreifen und glitzernden Gewändern, er im tadellosen Dreiteiler, wie aus dem Ei gepellt, dann raunen die Menschen, an denen sie vorbeigehen. Nancy Cunard schreibt einen flammenden Essay: *Black Man and White Ladyship* – eine Schande, wie ihre Mutter befindet, die sie dafür bei der Polizei anzeigt. Es scheint, als wolle Nancy Cunard, diese energische und herbe Frau, mit allen Standesgrenzen und rassistischen Vorurteilen ihres Heimatlandes brechen. Sie betreibt in Paris *The Hours Press* für avantgardistische Literatur und veröffentlicht als Erste James Joyce und Ezra Pounds *Cantos*. Aber ihre Liebe zu Henry Crowder zerbricht – und offenbar, genau wissen wir es nicht, an einer überraschenden Sollbruchstelle. Cunard ist, wie Picasso, eine besessene Sammlerin afrikanischer Stammeskunst, ihre ganze Wohnung in Paris ist mit Skulpturen und Masken und Waffen aus Afrika vollgestellt. Sie arbeitet an einem groß angelegten Buch über die schwarze Kultur, um deren Gleichwertigkeit gegenüber der weißen zu belegen. Aber Cunard will trotz all ihrer Intelligenz einfach nicht begreifen, dass Henry, ihr Gatte, zwar schwarz ist, sich aber eben nicht so sehr mit seinen afrikanischen Urvätern identifiziert wie mit seinen Eltern aus New Orleans, mit dem neuen afroamerikanischen Amerika, mit Jazz. Ihn beschleicht das Gefühl, Nancy Cunard liebe ihn gar nicht als Mensch, sondern als Symbol. Daraufhin reist er zurück nach Amerika. 1934, als er sie bereits verlassen hat, wird ihre unglaubliche *Negro Anthology* erscheinen. Ein Buch wie ein Kontinent, voll Literatur, Musik, Kultur, Geschichte. Ein tausendseitiges Buch der Liebe – und gegen den Hass. Nancy Cunard widmet es Henry Crowder, ihrer größten Liebe.

*

Im Tessin, wo es selbst im Dezember noch warm werden kann, wenn der Wind sich legt und die Sonne mittags durch die Wolken bricht, beginnen die letzten Tage Stefan Georges. Er hat in den vergangenen drei Jahrzehnten einen Kreis an ergebenen, meist homosexuellen Jüngern um sich geschart, die seine Dichtung kultisch verehren und ihn mit seinem wallenden weißen Haar zum vergeistigten Führer erklären. George ist der Generationsgenosse Gerhart Hauptmanns, und die beiden wirken mit ihren kantigen, schlohweiß umwehten Schädeln wie Brüder, hier der irdische Naturalist, Nobelpreisträger seit 1912, dort der geistige Beschwörer, an dem sich seit Jahrzehnten die jungen deutschen Autoren reiben – oder wärmen. Walter Benjamin hat George im Juli in der *Frankfurter Zeitung* unter Pseudonym zum Geburtstag gratuliert und ihn zum Propheten geadelt. Er habe in seinem Gedicht »Einem jungen Führer im ersten Weltkrieg« vorausbeschrieben, dass ein »Zweiter Weltkrieg« folgen werde. Benjamin schreibt: »Stefan George schweigt seit Jahren. Indessen haben wir ein neues Ohr für seine Stimme gewonnen.« Klaus Mann sieht das etwas anders. In der *Sammlung*, seiner Zeitschrift aus der Emigration, antwortet er Benjamin mit seinem Aufsatz »Das Schweigen Stefan Georges«. Es ist eine Beschwörung der Hoffnung, dass George Hitler und dem neuen Reich nicht auf den Leim gehen möge: »Wir hoffen, dass sein Schweigen Abwehr bedeutet. Wenn er enden will, wie er gelebt hat – mit dem untrüglichen Wissen um Reinheit, Lauterkeit und echten Adel –, so verharre er gegen dies neue Deutschland in derselben Geste, die ihm das alte abnötigte: das Haupt weggewendet.«

Stefan George liest diese Zeilen im November 1933 in Minusio. Eigentlich soll er strenge Diät halten, Rohkost vor allem, keine Zigaretten, kein Alkohol, so hat es der Arzt verordnet. Am Sonntag aber, dem 26. November, setzt er sich über diese Verbote hinweg. Er hat zum Frühstück mehrere Brötchen mit Sardinen und Schinken gegessen. Zum Mittagessen gibt es dann Entenbrust mit Rübchen und Kartoffelbrei, zum Nachtisch Milchreis, dazu süßen Weißwein. Das war offenbar zu viel des Guten. »Unmittelbar nach dem letzten Bissen, beim Abräumen des Geschirrs«, sackt er um 13.20 Uhr in seinem Stuhl zusammen, wie sein treuer Jünger Frank Mehnert berichtet. Als sich sein Gesicht grünlich färbt, merkt Mehnert, dass George in Ohnmacht gefallen ist, ein Arzt kommt, gibt ihm Spritzen, am nächsten Tag kollabiert er erneut, wird bewusstlos und in seinem Korbstuhl in die Klinik *Sant'Agnese* in Muralto getragen. Mehnert schickt Telegramme an die engsten Freunde in Deutschland: Die Lage ist ernst. Alle machen sich auf den Weg. Auch Claus und Berthold, die Grafen von Stauffenberg. Sie sehen ihren Meister in seinen letzten Atemzügen. Am Montag, dem 4. Dezember 1933, bleibt Stefan Georges Herz stehen.

Claus Graf von Stauffenberg, der präzise Oberleutnant, erstellt einen genauen Plan, welcher der Jünger zu welcher Stunde die Totenwache in der Friedhofskapelle von Minusio zu halten hat. Als Stefan George am 6. Dezember, morgens um 8.15 Uhr, in sein Grab hinabgesenkt und mit ihm das »geheime Deutschland« begraben wird, kommt über den hohen Bergen gegenüber die weiche Dezembersonne hervor. Der Lago Maggiore unten im Tal ruht noch schwarz und schweiget. Am Tag darauf kommt auf die Grabstätte in Minusio ein großer, von der deutschen Botschaft in Bern geschickter Lorbeerkranz der neuen

Reichsregierung mit einem schwarz-weiß-roten Band und zwei Hakenkreuzen. Auch Stefan George konnte sich seine Verehrer nicht aussuchen.

*

Ernst Jünger und seine Frau Gretha wollen weg aus Berlin. Nachdem ihr Freund Erich Mühsam ins KZ gekommen ist, wurde ihre Wohnung von der Gestapo durchsucht, um verdächtige Verbindungslinien zu dem in Verruf geratenen Kommunisten zu finden. Ihre Nähe zu dem sadomasochistischen Maler Rudolf Schlichter und dessen als »Hetäre« arbeitender Ehefrau Speedy bringt sie ebenfalls ins Gerede. Deshalb verbrennt Jünger seine Tagebücher der letzten fünfzehn Jahre, die Gedichte, Briefe und politischen Aufzeichnungen; eine Aufnahme in die neubesetzte Deutsche Akademie der Dichtung lehnt er ab, das sei nichts für ihn. Die Jüngers wollen Berlin hinter sich lassen, zumal Gretha wieder schwanger ist und sie ihren Kinderwagen nicht durch SA-Aufmärsche und Straßenschlachten schieben möchte. Auch der werdende Vater braucht dringend eine Luftveränderung: »Diese Boheme-Gesichter ekeln mich an.« So ziehen die Jüngers also im Dezember 1933 nach Goslar, an den Rande des Harzes, in der Hoffnung auf »ein ruhiges Leben, jenseits des verwirrenden und betäubenden Rhythmus, der Berlin erfüllt hat«. Sie hoffen, in eine innere Emigration entfliehen zu können.

*

Ruth Landshoff, immer auf dem Sprung, verliert auf der Fahrt nach Paris in der Zugtoilette ihren Ehering. Sie weiß, dass dies kein Zufall ist. Sie liebt längst den englischen Baron Bryan Guinness mehr als den Grafen Yorck von Wartenburg, mit dem sie verheiratet ist. Der Baron hat ihr ein Zwergtaubenpärchen geschenkt, das sie im Käfig überallhin mitnimmt. Sie schickt ihm dafür aus Paris ihre *Emigrantennovelle*, doch es gelingt ihm weder *Harper's Bazaar* noch einen Literaturagenten dafür zu gewinnen. Sie bleibt ungedruckt. Und doch hat Ruth Landshoff mit der Verzweiflung des namenlosen Emigranten als erste Worte gefunden für das schamhafte Schweigen jenseits der Heimat: »Er hasste es zu sprechen, er hasste zu blicken, weil es ihn störte, sehnsüchtig zu leben. Der Emigrant liebte sein Land sehr. Niemand hatte ihm verboten, sein Land zu lieben. Aber es war ihm verboten, sein Land zu bewohnen. Qual und Sehnsucht sind, was ich forttrug aus meinem Land.«

*

Am 12. Dezember verlässt Aby Warburgs größte Liebe vier Jahre nach seinem Tod Deutschland. Auf dem Frachtschiff *Hermia* reisen sowohl die legendäre und gigantische kulturwissenschaftliche Bibliothek des jüdischen Kunsthistorikers als auch seine Fotosammlung und sein *Bilderatlas* mit ihr von Hamburg nach London. Mit dieser Emigration kommt einer der größten geistigen Schätze der zehner und zwanziger Jahre seiner unmittelbar bevorstehenden Zerstörung zuvor. Wenig später stirbt Warburgs Witwe Mary in Hamburg.

*

An seinem 54. Geburtstag, dem 18. Dezember, erhalten der Maler Paul Klee und seine Frau Lily eine befristete Aufenthaltsgenehmigung für seine Heimatstadt Bern und damit die legale Möglichkeit, Deutschland zu verlassen. Zwei Drittel ihrer Bücher und Möbel lassen sie in Düsseldorf zurück. Beim Packen reißt sich Paul Klee eine Wunde in die rechte Hand, die zu einer Blutvergiftung führt. Was für eine symbolische letzte Krankheit auf deutschem Boden. Am 23. Dezember verlässt das Ehepaar Klee samt Katze Bimbo Deutschland für immer. Lily Klee schreibt an ihren Sohn Felix: »So fahre ich nun hinaus in die Welt und zum 1. Mal heimatlos. Das war ein böses Jahr. Mit Grausen denk ich daran zurück.«

*

Wegen seiner Nähe zu Magnus Hirschfelds Sexualwissenschaftlichem Institut wird der Liedtexter Bruno Balz von der Gestapo wegen Verstößen gegen den Homosexuellenparagraphen 175 verhaftet. Schon 1924 hat er mit *Bubi laß uns Freunde sein* eine der ersten schwulen Platten überhaupt mitproduziert. Er dichtet jetzt erst einmal Unverfängliches für die UFA-Tonfilme, etwa *Kleine Möwe, flieg nach Helgoland*. Aber bald wird er seinen wahren Schutzraum entdecken: eindeutig heterosexuelle Liedtexte für Zarah Leander. Die zu gut sind, als dass die UFA und damit die Nazis auf ihn verzichten könnten. Er ahnt: Dieses Besingen der Liebe könnte keine Sünde sein, sondern seine Rettung.

*

Der abstrakte Maler Wassily Kandinsky und seine Frau Nina geben ihre Wohnung in Berlin auf und emigrieren am 19. Dezember nach Paris.

*

Am Morgen des 24. Dezember steigt Gussie Adenauer mit ihren Kindern in Köln in den Zug, um nach Maria Laach zu fahren. Es liegt Schnee, gleich hinter der Pforte schließt sie Konrad Adenauer dankbar in die Arme. Sie nehmen ein leichtes Mahl im Essensraum ein und singen danach in seiner Zelle ein paar Weihnachtslieder. Die Kinder haben für ihren Vater kleine Geschenke mitgebracht. Später gehen alle zusammen zur Messe. Umringt von seiner Familie und umsorgt von gregorianischen Chorälen, laufen Konrad Adenauer die Tränen über die Wangen.

*

Bertolt Brecht hat das zweite Mal ein Haus gekauft, nach jenem am Ammersee nun eines an der dänischen Ostsee, Skovsbostrand Nr. 8 in Svendborg, finanziert durch die Honorare für seinen *Dreigroschenroman* und von Helene Weigels Vater. Neben Weigel ist auch die noch immer stark lungen- und liebeskranke Margarete Steffin in Dänemark, die aus Paris gekommen ist, und Brecht hat seine künftige Geliebte Ruth Berlau gebeten, die gerade noch aktuelle Geliebte Steffin doch bitte bei sich in Kopenhagen zwischenzuparken, damit Helene Weigel nicht wütend wird. Die fünf Autostunden Abstand zu Svendborg beruhigen die Gattin tatsächlich etwas. Nur Steffin heult sich bei Berlau aus und leidet wie ein Hund, weil Brecht anfängt, sie auf Abstand zu halten. Sie ahnt da noch nicht, dass der wahre Grund dafür neben ihr sitzt. Wie bitter ist das alles? Nur Elisabeth Hauptmann zieht sich aus dem zerstörerischen Spiel Brechts zurück – nachdem sie monatelang in Berlin alles dafür getan hat, seine

Manuskripte zu sichern und dafür sogar ins Gefängnis ging, wirft Brecht ihr Faulheit und Ungeschicklichkeit vor. Daraufhin schreibt sie ihm: Glücklich könne sie nur werden »bei gänzlicher Trennung von Ihnen«. Und: »Vielleicht sehen wir uns dann später mal wieder.« Und Brecht? Er steckt das bestens weg. Wie hat er in seinem sechsten Sonett an Margarete Steffin geschrieben? »Der Männer Wollust ist es – nicht zu leiden.« Fröhliche Weihnachten.

*

An Silvester findet Thomas Mann im neuen Exilort Küsnacht bei Zürich ein versöhnlicheres Fazit für dieses Jahr der Emigration: »Mein Heimweh nach dem alten Zustande ist übrigens gering. Ich empfinde fast mehr davon für Sanary, das mir im Rückblick als die glücklichste Etappe dieser zehn Monate erscheint, und nach meiner kleinen Stein-Terrasse am Abend, wenn ich darauf im Korbstuhl saß und die Sterne betrachtete.« Doch nur seine Sterne stehen weiter gut.

DANACH

Oberleutnant Claus Schenk Graf von Stauffenberg steht dem Stefan-George-Jünger und Bildhauer Frank Mehnert im Januar 1934 auf dem verlassenen Hopfenboden einer ehemaligen Bamberger Brauerei Modell für sein Denkmal eines SA-Soldaten. Aber Stauffenberg lehnt es ab, dafür eine SA-Uniform anzuziehen. Er schreibt: »Ich habe mich zwar mit meiner Verewigung ausgerechnet als SA-Mann noch nicht ganz abgefunden, tröste mich aber damit, dass es für die Nazis weit härter ist als für mich.« Wenn Mehnert in die Bamberger Wohnung des frisch getrauten Ehepaares Stauffenberg kommt, muss die Hausherrin Nina verschwinden. Stauffenberg steht Mehnert in seinem Arbeitszimmer weiter Modell, während seine Gattin im Esszimmer ausharren muss. Der Meister, also Stefan George, habe verfügt, dass seine Jünger keinen Kontakt zu den Familien ihrer Freunde hätten, erklärt er seiner Frau. Nina akzeptiert das. Auch das ist Liebe. Das Wort »Familie« übrigens kommt in der Dichtung Georges niemals vor. Nina von Stauffenberg ist, als ihr Mann sie ins Esszimmer verbannt, gerade im fünften Monat schwanger mit dem ersten gemeinsamen Kind.

*

Mit den Frauen ist es wie mit den Städten, denkt Ernest Hemingway, als er wieder in Paris ist. Erst liebt man sie für genau das, was man ihnen später vorhält. Im Februar 1934 erscheint im amerikanischen Herrenmagazin *Esquire* seine kurze Bestandaufnahme der aktuellen Lage in der französischen Hauptstadt. Und wie ist die Lage? Niederschmetternd. »Was einen deprimiert, ist die vollkommene Ruhe, mit der hier alle vom nächsten Krieg reden, als handelte es sich um eine ausgemachte Sache, die man hinnehmen müsse.« Und dann, an seine amerikanischen Landsleute gerichtet: »Schön, Europa hatte immer seine Kriege, aber wir sollten uns aus dem, der kommt, heraushalten. Wenn jemand Krieg will, weil er wissen will, wie es im Krieg zugeht, oder aus Liebe zu irgendeinem Land, soll er allein gehen.« Und nachdem er das gesagt hat, erzählt er von seiner Liebe zu Paris – und er erkennt, dass lediglich er sich gewandelt hat, nicht die Stadt: »Paris ist sehr schön, jetzt im Herbst. Es war schön, hier ziemlich jung zu sein, und eine gute Schule, die man nicht schwänzen durfte. Wir alle haben Paris einmal geliebt, und wer es anders sagt, lügt. Aber die Stadt ist wie eine Geliebte, die nicht alt wird, und sie hat jetzt andre Liebhaber. Für den Anfang, als wir sie noch nicht kannten, war sie ziemlich alt. Wir dachten, sie wäre einfach älter als wir; das zog uns zu ihr hin. Aber als wir sie nicht mehr liebten, hielten wir es ihr vor. Das war falsch. Paris ist immer gleich alt und hat immer neue Liebhaber.« Und dann, ganz herbstlich und ehrlich: »Was mich angeht, ich liebe jetzt etwas anderes.« Was das ist, verrät er nicht.

*

Fast achtzehn Monate hat Man Ray an seinem malerischen Hauptwerk gearbeitet. 1932 hatte er eine zweieinhalb Meter große Leinwand über sein Bett gehängt, um darauf Lippen zu malen, die durch den Himmel segeln. Ein halbes Jahr lang hatte er die Lippen von Kiki vom Montparnasse gemalt, bevor er bemerkte, dass es nicht dieser Mund ist, der ihm immer im Traum erscheint. Daraufhin hat er noch einmal von vorne angefangen, diesmal malt er die Lippen von Lee Miller, seiner Assistentin, seiner Geliebten, die ihn verlassen hat und die er nicht vergessen kann. Nun ist sein Gemälde vollendet, es trägt den Entstehungszeitraum »1932–1934« und es heißt *À l'heure de l'observatoire – Les Amoureux*. Der erste Teil des Titels bezieht sich auf jenes Observatorium, das er jeden Morgen auf dem Weg zur Arbeit sieht und das er links unten im Bild platziert hat. Der Titel ist aber auch eine versteckte Anspielung auf Lee Miller, die in einer anderen, der amerikanischen Zeitrechnung lebt, denn »United States Observatory Time«, das hört man, wenn man die Nummer der amerikanischen Zeitansage wählt. Und *Les Amoureux*, die Liebenden, tja, natürlich ist das ein zärtlicher Gruß an ihre gemeinsame Zeit, ihr kurzes Schweben über den Wolken. Die Lippen, die durch den Himmel fliegen, wirken wie zwei Körper, die sich aneinanderschmiegen in einer Art kosmischer Ektase. Verrückt, dass bei all dieser Symbolik am Ende kein kitschiges Bild daraus geworden ist. »Die Liebe«, sagt Man Ray später, »nimmt ein universales Ausmaß an in diesem Werk, das zu einer Zeit gemalt wurde, als die steigende Flut des Hasses sich anschickte, Europa zu überschwemmen.«

*

Nur zwei Jahre eheliches Glück sind dem Ehepaar des ehemaligen Generals und Reichskanzlers Kurt von Schleicher und seiner Elisabeth beschieden. Am 30. Juni dringen mitten in der Nacht fünf Männer in das Haus in Neu-Babelsberg ein und erschießen beide. Der General stirbt sofort, seine Frau wenig später im Krankenhaus Nowawes. Beide Leichen werden von der Gestapo beschlagnahmt, um Spekulationen und Nachforschungen zu unterbinden, die »Beerdigung« auf dem Parkfriedhof Lichterfelde findet also in Abwesenheit der Toten statt. Dass die SS diesen Doppelmord ausgeführt hat, ist klar – bis heute bleibt umstritten, ob Hermann Göring, Heinrich Himmler oder Adolf Hitler selbst den Auftrag gegeben haben. Nach dem nächtlichen Mord erscheint übrigens am 1. Juli nachmittags erneut ein Stoßtrupp von Männern mit Pistolen im Schleicher'schen Haus, sie finden aber bloß Angehörige, die um den ehemaligen Reichskanzler trauern. In seinem Tagebuch notiert Joseph Goebbels: »In Berlin programmgemäß. Keine Panne als die, dass Elisabeth Schleicher mitfiel. Schade, aber nicht zu ändern.« Eine unschuldige Tote zu viel? »Schade.« Das ist die Sprache des Dritten Reiches, die Victor Klemperer so schonungslos analysieren wird. Das sind Goebbels' Worte zu jener Mordserie, die als »Nacht der langen Messer« in die Geschichte eingegangen ist – auch die Anführer des von den Nazis so genannten Röhm-Putsches sind ermordet worden, also praktisch die Führungsriege der SA. Ein Ereignis übrigens, das Curzio Malaparte in seinem Buch *Technik des Staatsstreichs* 1932 genau so vorhergesagt hat. Als Kaiser Wilhelm II. am nächsten Morgen in seinem niederländischen Exil von der Ermordung Kurt von Schleichers hört, stirbt in ihm jede Hoffnung auf eine Wiederherstellung der Monarchie; stattdessen macht sich Entsetzen breit über die Barbarei des neuen Regimes.

*

Plötzlich, am heißen 14. Juli des Jahres 1934, segelt noch ein neues Paar in dieses Buch hinein. Es ist schon früher Abend am Wannsee, die Sonne versinkt langsam und die erste kühlere Brise weht aus Nord / Nordwest. Die zwanzigjährige Libertas steht im Bikini und in weiten roten Hosen am Bug des Segelschiffes *Haizuru* ihres Freundes Richard von Raffay, als plötzlich ein Ruderboot aus dem Schilf auf sie zukommt. Bedächtig und doch wie von einem Magneten angezogen lenkt es ein junger Mann mit wehendem Haar durch die weißen Wasserrosen direkt auf sie zu. Er sei Harro Schulze-Boysen, so sagt er zur Begrüßung, Adjutant im Reichsluftfahrtministerium. Es ist Liebe auf den ersten Blick. Ihr alter Freund Richard spürt genau, was da Magisches vor sich geht. Er springt am Steg des Segelclubs Blau-Rot dezent von seinem eigenen Boot und überlässt es den beiden Verliebten. »Die warme Julinacht brach an / es war so voller Zärtlichkeiten«, schreibt Libertas über den schicksalhaften Tag ihrer Begegnung. Doch als sie Harro sein Hemd auszieht und ihn anschaut, schaudert es ihr, sie sieht überall Striemen und Narben, ihm fehlt ein halbes Ohr, auf dem Oberschenkel eingebrannte Hakenkreuze. Ein Jahr zuvor, so gesteht er ihr, war er in den Folterkellern der Gestapo, sie haben ihm, dem glühenden Herausgeber der Zeitschrift *Gegner,* mit Peitschen und Eisenschrauben klargemacht, wie der neue Staat mit jenen umgeht, die sich für eine Gegnerschaft entscheiden. Vor seinen Augen haben sie seinen jüdischen Kollegen und Freund Henry Erlanger brutal ermordet. All das werde er rächen, sagt er mit ruhiger und fester Stimme. Als sie seine Narben sieht und deren Geschichte hört, wacht Libertas auf aus ihren naiven Jungmädchenträumen, bei ihr fängt das Denken an in diesem Moment, wie Norman Ohler schreibt, und bei Harro die Heilung. Es läuft ihr kalt den Rücken runter, als sie begreift, dass in genau jenen Räumen in der Prinz-Albrecht-Straße 8 in Berlin, in denen sie als Kind Verstecken spielte, als es noch das Kunstgewerbemuseum war, dessen Modeabteilung ihr Vater leitete, der Mann, den sie hier in Armen hält, von der Gestapo verhört wurde, nachdem sie ihn zuvor viele Tage und Nächte gefoltert hatten.

In jenem Sommer 1934 beginnt also nicht nur eine große Liebe zwischen Libertas, der Enkelin jenes Grafen von Eulenburg, der als Teil der berüchtigten »Kamarilla« mit Kaiser Wilhelm II. homoerotisch verbunden war, und Harro, dem Großneffen des berühmten Admirals von Tirpitz. Sondern es bildet sich auch der Kern jener Widerstandsgruppe, die die Gestapo später »Die rote Kapelle« taufen wird. Doch zunächst stürzen sich Harro und Libertas ins Leben – und ziehen zusammen in die Wohnung von Richard von Raffay, auf dessen Segelboot sie sich kennengelernt haben. Libertas arbeitet als Pressereferentin für die amerikanische Filmfirma Metro-Goldwyn-Mayer und schleppt Harro abends nach seinem Dienst im Reichsluftfahrtministerium in die neuesten Filme von Greta Garbo und John Wayne. Danach tanzen sie in der *Jockey-Bar* – und wenn es zu heiß ist fürs Kino, dann dürfen sie mit Richards Jolle wieder raus auf den Wannsee segeln und träumen. Bald kauft sich das junge Paar einen Opel, sie taufen ihn auf den Namen »Spengler«, nach dem Verfasser vom *Untergang des Abendlandes.*

*

Warum muss der Schriftsteller und Journalist Wolfgang Koeppen im Sommer 1934 Deutschland so fluchtartig verlassen? Er ist weder Jude noch Kommunist, er hat sich auch nie mit dem Regime angelegt. Die Antwort ist ganz einfach: Er muss gehen, weil er die falsche Frau liebt. Als er im März aus Italien nach Berlin zurückgekehrt ist, hat er sein altes Leben aufgenommen und sich wieder in die Cafés am Kurfürstendamm gesetzt, überall nach Anzeichen dafür suchend, dass sich die Welt nun grundsätzlich geändert habe. Da trifft er eines schönen Apriltages auf der Terrasse des Cafés im Hotel *Bristol* eine blutjunge Frau, die flatternde Sommerkleider trägt und einen großen Hut. Sie hat zwei riesige Hunde. Und über diese Hunde freundet sich Koeppen mit ihr an. Er erfährt: Sie ist achtzehn Jahre jung und die Frau eines

SS-Führers. Interessant, sagt Koeppen da. Als Ende Juni dann der inszenierte Röhm-Putsch kommt und die erste Mordwelle der Nazis durch Berlin rauscht, da fragt Koeppen die junge Frau, mit der er eine Affäre angefangen hat: Ist dein Mann schon erschossen? Darauf sie: Nein, er erschießt.

In dieser Nacht verliert die Frau des erschießenden SS-Führers ihr Herz an den jungen Schriftsteller. Sie kommt spätabends zu ihm und geht im Morgengrauen. Manchmal lässt sie ihre Hunde bei Koeppen, wie ein Pfand, damit er weiß, dass sie am nächsten Abend wiederkommt, um sie abzuholen. »Es entwickelte sich«, so sagt Koeppen, »zwischen mir und dem schönen, doch gänzlich amoralischen Mädchen ein Roman.« Doch ganz offensichtlich hat der Ehemann der untreuen jungen Dame den Nebenbuhler und Romanautor Koeppen entdeckt. Und so muss Koeppen eines Tages, ohne Koffer zu packen, Berlin Hals über Kopf verlassen und sein Heil im Exil suchen. Er fährt dafür in die Niederlande. Erst vier Jahre später kehrt er noch einmal nach Deutschland zurück, als er weiß, dass die Frau des SS-Führers von Charlottenburg inzwischen von der Bildfläche verschwunden ist.

*

1934 heiraten endlich Salvador Dalí und Gala. Und deren Ex-Mann Paul Éluard feiert gleich darauf Hochzeit mit seiner Geliebten, der 28-jährigen Schauspielerin Maria Benz, genannt Nusch. Lee Miller wiederum kehrt aus Amerika zurück und heiratet den Ägypter Aziz Eloui Bey, in dessen Auftrag sie zwei Jahre zuvor noch seine damalige Gattin porträtierte. Kurzzeitig also halbwegs geordnete Verhältnisse an der surrealistischen Front.

*

Ach, und Tamara de Lempicka, die exzentrische polnische Malerin in Paris, heiratet auch. Im Jahr zuvor hat sie ihrem Verehrer, dem steinreichen Baron Raoul Kuffner, noch erklärt, eine Hochzeit passe gerade zeitlich schlecht. Aber nun ist sie vernünftig geworden (sie hat zufällig einen seiner Bankauszüge gesehen). Es ist also eine Vernunftehe und auch eine des guten Geschmacks. Sie verehrt ihn mit seinen aristokratischen Manieren wie einen Vater. Sie findet ihn nur viel zu dick. Sexuelle Erfüllung, darüber sind sich die Ehepartner wie Simone de Beauvoir und Jean-Paul Sartre einig, solle jeder außerhalb des heimischen Schlafzimmers suchen. »Ich liebte meinen Mann«, sagt Tamara de Lempicka, »aber zur Inspiration brauchte ich auch andere Männer um mich. Ich ging abends gerne aus, und dann sollte ein gut aussehender

Mann zur Stelle sein und mir sagen, wie schön oder was für eine großartige Künstlerin ich sei und meine Hand streicheln. So etwas brauche ich.«

*

Auch unsere schönste Fee, die ewig Verlorene und ewig Suchende Annemarie Schwarzenbach, versucht zu heiraten: Sie verlobt sich mit Claude Clarac, einem bis in die Zehenspitzen eleganten Franzosen, der Botschafter in Teheran ist. Clarac schenkt der Autofanatikerin einen neuen Sportwagen, und sie zieht 1935 zu ihm in seine Villa außerhalb von Teheran, die so luxuriös ist, dass es selbst der Schweizer Industriellentochter imponiert: Ein riesiger Park, ein Badeteich und unzählige Bedienstete, die den ganzen Tag um Annemarie Schwarzenbach herumschwirren und ihr jeden Wunsch von den Augen ablesen. Na ja, jeden natürlich nicht. Denn immer, wenn sich die Sonne senkt über Teheran und ein glühend roter Ball wird, dann wächst in ihr die Sehnsucht nach den Drogen, nach dem Morphium, dem Veronal. Aber sie findet auch hier Mittel und Wege, und so lebt sie bald ihr Leben im Dämmerzustand weiter, diesmal im orientalischen Luxus. Ihren Mann sieht sie kaum, was ihr sehr entgegenkommt. Als Homosexueller hat er dringend eine Gattin gebraucht, um in dem muslimischen Land akzeptiert zu werden. Annemarie Schwarzenbach verkriecht sich in diesen verborgenen Winkel der Welt und legt die Ohren an: »Ich habe Angst vor der Rückkehr«, schreibt sie, denn »ich glaube an nichts und niemanden, und ich zweifle an meinem Leben. Deswegen fühle ich mich versucht hierzubleiben, fern der Welt.« Die brutale Erika Mann, für die Annemarie Schwarzenbach ein Leben lang, obwohl sie unerwidert bleiben, romantische Gefühle hat, schreibt über sie an ihren Bruder Klaus: »Es ist ein Sonderbares mit dem Kinde. Und leider wird wohl nie etwas dabei herauskommen, weder menschlich noch produktiv. Auch ihre Skepsis sich selber gegenüber hat etwas Schlappes.« Wie gut, dass Annemarie Schwarzenbach diese Stilkritik ihrer Verzweiflung nie lesen musste. Es reicht, dass wir Nachgeborenen sie kennen. Aber da wir nun auch ihre Produktivität kennen, ihre Bücher und ihre Fotografien vor allem, wissen wir, dass viel mehr dabei herausgekommen ist, als Erika Mann es sich vorstellen konnte.

*

Am 28. April 1934 schreibt der französische Schriftsteller und Antisemit Céline seiner jüdischen Geliebten Cillie Pam nach Wien: »Die Menschheit wird nur durch die Liebe für die Schenkel gerettet werden. Alles Übrige ist nur Hass und Langeweile.«

*

Und wie ist die Lage bei Erich Maria Remarque? Im Herzen nichts Neues.

Er hat Angst vor den Frauen, wenn sie ihm zu nahe kommen – und wenn sie weg sind, vermisst er sie. Und Jutta Zambona, von der er endlich geschieden ist, sitzt seitdem in seinem herrlichen Haus in Porto Ronco die ganze Zeit auf seinem Schoß. Draußen schlagen die sanften Wellen an die Ufermauer, die Palmen recken sich im warmen Wind, drinnen dämmert ein gut gebräuntes Exilantenpaar in größtem Wohlstand und auf kleinster Flamme traurig vor sich hin.

*

Als der französische Luxusliner *Île de France* in Cherbourg ablegt, um Kurs auf New York zu nehmen, sind viele Emigranten an Bord. Und zwei Suchende. Schon am ersten Abend, der Mond scheint still und rund über dem unendlichen Atlantik, begegnen sie sich auf Deck, weil sie beide nicht schlafen können und den Blick in die dunkle Weite dem in die Leere ihrer Kabine vorziehen. Es sind Marlene Dietrich und Ernest Hemingway, und es ist Liebe auf den ersten Blick. Doch scheint diese Liebe immer platonisch zu bleiben. Unzählige Briefe gehen hin und her in den nächsten Jahren und Jahrzehnten. Er nennt sie »Kraut« wegen ihrer deutschen Herkunft, sie ihn »Papa«. Und dieser

Papa Hemingway erklärt das Problem so: Das zwischen ihnen sei einfach tragischerweise eine »unsynchronisierte Leidenschaft«. Also, wenn er gerade mal heftig verliebt ist in die Dietrich, »dann war die Kraut gerade tief in irgendeiner romantischen Verwicklung, und wenn die Dietrich einmal an der Oberfläche schwamm mit diesen wundervoll suchenden Augen, dann war ich gerade untergetaucht«. Das ist fast rührend zu lesen bei diesen beiden Liebenden, die ansonsten die späten zwanziger und die gesamten dreißiger Jahre durchpflügen ohne jedwede Rücksicht, ob da gerade irgendwo anders eine Leidenschaft nicht ausreichend synchronisiert ist. Aber miteinander sind sie offenbar vorsichtig, vielleicht weil sie sich so ähnlich sind.

*

Nach dem Selbstmord von Josef Stalins Frau Nadja wird sein Verhältnis zu ihrem Bruder Pawel und dessen Frau Zhenia ebenso wie das zu ihrer Schwester Anna und deren Mann Stanislas immer enger. Den mächtigsten Mann der Sowjetunion, der niemandem vertrauen kann, tröstet es manchmal, wenn er mit ihnen über seinen Schmerz sprechen kann, der ihn seit dem Hinscheiden seiner geliebten Frau plagt; sie kümmern sich in den weiten Fluren des Kreml auch rührend um die beiden gemeinsamen Kinder.

Im Sommer 1934 dann putzt sich Zhenia, Stalins Schwippschwägerin, immer mehr heraus, sie trägt die Kleider von Nadja und manchmal, wenn Stalin mit der Familie zu Abend isst und das Licht von links kommt, dann sieht sie, so scheint es ihm, ein klein wenig aus wie Nadja. Als einzige Person in seinem Umfeld hat Zhenia keine Angst vor Stalin – ihrem Mann hingegen wird Stalin nie verzeihen, dass er Nadja jenen Revolver aus Berlin mitgebracht hat, mit dem sie sich erschoss. Und ihrer Schwester verzeiht er nicht, dass sie Nadja so herausgeputzt hat an jenem verhängnisvollen Abend. Auf jeden Fall beginnt Stalin ein Verhältnis mit Zhenia, aus nostalgischen Gründen eher, und damit er nicht immer alleine schlafen muss. Es geht eine Weile gut. Erst 1938 wird Pawel von Stalins Schergen ermordet.

*

Im Frühjahr 1934 ist Henry Miller aus Clichy, wo er die *Stillen Tage in Clichy* mit Anaïs Nin erlebt hat, weiter ins Zentrum von Paris, in die Villa Seurat Nr. 18 im 14. Arrondissement, gezogen, eine herrliche Atelierwohnung, die zuvor kurzzeitig Antonin Artaud bewohnt hat, der auch kurzzeitig ein Liebhaber von Anaïs Nin gewesen ist. Am Tag seines Einzuges bekommt Miller mit der Post das erste druckfrische Exemplar seines neuen Buches *Wendekreis des Krebses* geschickt. Es ist der Wendepunkt in Millers Leben: Er ist, sichtbar für alle, ein Schriftsteller. Und er hat nach Jahren des Vagabundierens und Schmarotzens endlich eine feste Wohnung. Zwar wird die wieder von Anaïs Nin bezahlt, beziehungsweise von deren treuem Gatten Hugo, aber wir wollen es nicht zu genau nehmen. Als dazu die Scheidungsunterlagen aus New York eintreffen, und seine Frau June also endlich bereit ist, einen Schlussstrich zu ziehen unter ihre turbulente Ehe voll Verletzungen und unerfülltem Begehren, da schreibt Henry Miller in sein Tagebuch nur ein Wort: »Hurra«.

Nun, da June ihn nicht mehr weiter bedrohen kann in seiner Unabhängigkeit, ist er in der Lage, sich ihr literarisch zu nähern. Er beginnt sein neues Buch *Wendekreis des Steinbocks*, und er erzählt die Geschichte ihrer Ehe. Während er im Unterhemd an seiner Schreibmaschine sitzt, vom Grammophon mit Bach und Jazz beschallt, liegt Anaïs Nin auf seinem Sofa und vergöttert ihn. Doch als er seiner Muse dann irgendwann später das Manuskript zu lesen gibt, ist sie empört: Er reduziere Frauen auf Sexualobjekte, »du vereinfachst die Welt«, sagt sie ihm, und seine Einstellung zur lesbischen Liebe sei »einfach nur primitiv«. Henry Miller hört sich das ungerührt an und ändert kein Wort. Er sagt ihr: »Ich will das Monster werden, das ich bin.«

*

Der schelmische Surrealist Max Ernst aus Brühl bei Köln ist ganz offenbar der am meisten unterschätzte Herzensbrecher der frühen dreißiger Jahre. Das Jahr 1934 beginnt für ihn mit einer leidenschaftlichen, glühenden Liebe zu Meret Oppenheim, der jungen Schweizer Künstlerin, die zuvor Alberto Giacometti und Man Ray die Köpfe verdreht hat, und der sich nur Ernst gewachsen fühlt. Fast täglich schreibt er ihr: »Meretli, Meretli, Meretli, ich liebe, küsse dich, dein Max.« Oder, zwei Tage später: »Ich bin unrasiert, ich kratze, wenn du das in Kauf nehmen willst, so küsse ich dich, überall.« Und als Nächstes: »Meretli, ich muss ununterbrochen an dich denken. Solltest du mich nicht vergessen haben, so sag's mir. Ich bin immer wieder überrascht von deiner Schönheit.« Meret Oppenheim fühlt sich das erste Mal in ihrem Leben mit Haut und Haaren geliebt. Max Ernst schreibt ihr in aufreizender Flapsigkeit: »Ich bin dir treu, im besten Sinne des Wortes: Die Maus von Milo kann mich nicht reizen, geschweige denn die Venus von Montmartre. Nur dich liebe und begehre ich. Sollte es Krieg geben, so komm schleunigst vorher nach hier, damit wir in dasselbe Konzentrationslager kommen, nicht nur zum Schachspielen.« So geht das einen Winter und einen Frühling und einen Sommer lang.

Doch dann im späten Sommer, an einem drückend heißen Tag in Paris, da sagt sie ihm im Café

Rhumerie Martiniquaise, aus heiterstem Himmel: »Ich will dich nicht mehr sehen.« Max Ernst ist völlig erschüttert. Es ist für ihn, so schreibt er, wie das »Hereinbrechen einer Naturkatastrophe« (er wird sie überleben).

Meret Oppenheim aber hat das sichere Gefühl, sich nicht länger in die Liebe zu diesem Mann verstricken zu dürfen, wenn sie eine Künstlerin werden will, die nicht in seinem Schatten steht. Sie opfert diese Leidenschaft auf dem Altar ihrer Kreativität. Sie will nicht Muse sein, sondern Künstlerin. Sie glaubt, an der Seite von Max Ernst keine werden zu können. Vermutlich hat sie recht. Bald schon schafft sie die pelzbesetzte Suppentasse, eines der wichtigsten Werke des Surrealismus überhaupt. Und so wie diese Tasse auf widersinnige Weise das flüssige Heiß mit dem Pelz zu schützen versucht, so hat sie ihr dampfendes Herz in die Kälte des Abschieds gehüllt. Max Ernst dichtet: »Wer überzieht die Suppenlöffel mit rostbraunem Pelzwerk? Das Meretlein. Wer ist uns über den Kopf gewachsen? Das Meretlein.«

Sie weiß, dass Frauen nach der Vertreibung aus dem Paradies selbst dafür sorgen müssen, den Männern über den Kopf zu wachsen, auch wenn ihnen das schon die Bibel nicht zugetraut hat. Meret Oppenheim schreibt: »Nur der Mann sündigt nach der patriarchalischen Auffassung. Nämlich indem er vom Apfel isst. Die Sünde besteht also in der Fähigkeit, seine Handlungen bewusst beurteilen zu können. Adam gesteht diese Fähigkeit Eva nicht zu, obwohl sie zuerst vom Apfel aß.«

Der verstörte Max Ernst sucht nach dem Verlust dieser apfelessenden Eva einen Ersatz, denn es erscheint ihm unmöglich, nach den Monaten des verspielten Glücks mit dieser geistig so aufgeweckten jungen Frau zu seiner Gattin und dem Kind ins traute Heim zurückzukehren. Da trifft es sich bestens, dass er bei einer Arbeit für das Schauspielhaus in Zürich Lotte Lenya kennenlernt. Die ist gerade nicht mehr verliebt in ihren Tenor Otto Pasetti, dessen Glücksversprechen sowohl in den Casinos als auch im Leben immer seltener aufzugehen scheinen. Und noch nicht zum zweiten Mal in ihren ersten Ehemann Kurt Weill. In diesem Schwebezustand begegnet ihr Max Ernst, und sie schenken sich Monate des fröhlichen Verliebtseins, der erotischen Briefe, der Wochenendtrips quer durch Südeuropa. »Einen Unsinn mit so viel Ernst«, wie sie es glucksend nennt. Sie genießt in vollen Zügen, dass Max Ernst seine schreiberischen Künste, die er schon an Gala erprobt hat, bevor sie Dalí kennenlernte, und bis vor kurzem an Meret Oppenheim, nun in phantasievollen Briefen an sie auslebt. Sie badet in seiner Aufmerksamkeit, fühlt sich begehrt durch seine Worte und geliebt und geneckt. Kurt Weill wird von Lenya brav davon unterrichtet, dass nun ein neuer Galan am Firmament erschienen ist. Und was nun macht dieser Kurt Weill, der das Lotterleben seiner Lotte an der Riviera mit ihrem windigen Liebhaber seit Jahren finanziert? Er finanziert auch das Leben ihres nächsten Geliebten und macht in Paris Himmel und Hölle heiß, auf dass man Gemälde des Surrealisten Max Ernst kaufen möge. Ist das noch Wahnsinn oder schon Liebe? Er schreibt an Lotte: »Nun lebe, Kleene. Viele Bussi dein Knuti.«

*

Das Jahr 1934 ist das Jahr der offenen Worte von Ernest Hemingway an F. Scott Fitzgerald. Als der ihm ein ums andere Mal geschrieben hat, warum er nicht zum Schreiben komme und wie sehr er unter seiner Frau Zelda und ihren schizophrenen Schüben leide, da schreibt ihm sein guter alter Freund, der Haudegen Hemingway: »Von allen Leuten auf der Welt warst du derjenige, der bei der Arbeit Disziplin gebraucht hätte, und stattdessen heiratest du jemand, der auf deine Arbeit eifersüchtig ist, sich mit dir messen will und dich kaputtmacht. So einfach ist das alles freilich nicht; ich habe Zelda, als ich sie kennenlernte, für verrückt gehalten, und du hast alles nur noch mehr kompliziert, weil du sie liebtest und – natürlich bist du ein Säufer. Wenn auch kein größerer Säufer als Joyce.«

Diese Wahrheiten also muss F. Scott Fitzgerald über sich lesen, als sein Roman *Zärtlich ist die Nacht* erscheint, in welchem er seiner Liebe zu Zelda, ihren Jahren in der Psychiatrie und seiner Liebe zum Alkohol ein literarisches Denkmal setzt.

Zelda Fitzgerald hingegen verbringt das komplette Jahr 1934 in der Psychiatrie: Vom 2. Januar bis zum 12. Februar im *Sheppard Pratt Hospital* bei Baltimore, vom 12. Februar bis 8. März in der *Henry Phipps Psychiatric Clinic* an der Johns Hopkins Universität, vom 8. März bis zum 19. Mai in der *Psychiatric Clinic Craig House* in Beacon und vom 19. Mai bis zum Jahresende wieder im *Sheppard Pratt Hospital.* Sie unternimmt mehrere Selbstmordversuche.

In den Psychiatrien, zwischen ihren depressiven Schüben, schreibt sie an einem Text, der »Zeigen Sie Mr. und Mrs. Fitzgerald bitte ihr Zimmer« heißt. Er erscheint in der Juniausgabe des Magazins *Esquire*. Der Text besteht aus einer Liste und Beschreibung aller Hotelzimmer, in denen die Fitzgeralds seit ihrer Hochzeit und ihrer Überfahrt nach Europa im Jahr 1921 gewohnt haben. Es ist ein Gruß an die gemeinsamen Wanderjahre und eine Bilanz von erschreckender und faszinierender Genauigkeit. Nur in einer Psychiatrie im amerikanischen Nirgendwo, stundenlang ans Bett gefesselt, kann man sich so präzise an den Geruch der Bettwäsche in den Hotels in Juan-les-Pins erinnern und daran, wodurch er sich von dem der Kissen in Monte Carlo unterschieden hat. Sie weiß genauso gut wie ihr Mann: Die dreißiger Jahre müssen den Preis für die zwanziger Jahre zahlen, im Allgemeinen, aber auch besonders im Falle von Zelda und F. Scott Fitzgerald.

An die gemeinsame Tochter Scottie, die ausschließlich bei ihrem Kindermädchen aufwächst, schreibt der Vater diese zärtlichen Worte über Zelda: »Die Geisteskranken sind immer einfach nur Besucher auf der Erde, ewig Fremde, die zerbrochene Gesetzestafeln mit sich tragen, die sie nicht lesen können.« Und dann gibt er ihr, so wahr wie verloren, die folgenden Worte mit auf den Weg: »Du hattest in deinen Eltern zwei recht schlechte Vorbilder. Tu einfach alles, was wir nicht getan haben, dann wirst du es ganz gut haben.« (Und, zum Trost für uns alle: Sie wird es erstaunlicherweise wirklich ganz gut haben, heiraten und vier Kinder bekommen und erst 1986 sterben, begraben direkt neben ihren Eltern am Friedhof in Rockville, Maryland.)

*

Die Landschaft sei im Grunde nur der *Hintergrund für Liebe*, so hat Helen Wolff es 1932 in ihrem Roman formuliert. Und an dieses Gebot halten sie und ihr Mann Kurt sich. Von Nizza aus, wo ihr Sohn geboren wird, ziehen sie weiter in die Nähe von Florenz und betreiben dort in den Bergen eine kleine Pension, versorgen sich selbst mit Eiern und Gemüse und Feigen, kochen für die Gäste. Von dort müssen sie dann aufbrechen, als in Italien unter Mussolini keine deutschsprachigen Juden mehr erwünscht sind. Sie ziehen weiter nach Paris und träumen davon, nach Amerika zu emigrieren. Irgendwann haben sie Pässe und Visa und es gelingt ihnen die Flucht und sie werden in New York ab 1941 das Verlegerpaar sein, das viele Jahrzehnte lang den amerikanischen Lesern mit den Pantheon Books die beste Literatur des alten Europas vermittelt. Uwe Johnson etwa wird Helen Wolff seine *Jahrestage* widmen und Günter Grass ihren Tod betrauern. Aber dafür müssen auch sie und Kurt Wolff sich erst einmal durch die bedrückenden und endlosen dreißiger Jahre hindurchquälen.

*

Für Klaus Mann beginnen die unruhigen Jahre des Exils, dabei ist er schon immer sehr viel Zeit gereist, um seinen inneren Dämonen zu entfliehen. Er wird außer dem Haus der Eltern in der Poschingerstraße nie in seinem Leben eine feste Wohnung haben. Legendär ist sein Gedicht »Gruß an das zwölfhundertste Hotelzimmer«, aber bei der Zahl war er schon 1931 angekommen, mit gerade einmal 24 Jahren. Jetzt, drei

Jahre später, ist sein Leben zu einer einzigen Flucht geworden, befeuert von seiner Wut auf die Nazis, fast täglichen Drogenspritzen mit Veronal und der gehetzten Jagd auf flüchtige Eroberungen in Hafenspelunken. »Er saß eigentlich nie«, beobachtet Elias Canetti, »er rutschte hin und her, sprang auf, lief davon, wandte sich bald diesem, bald jenem zu, sah an ihm vorbei und sprach zu einem anderen, den er auch nicht sah, er schien niemanden sehen zu wollen, so viel sah er.«

Meist ist Klaus Mann in Amsterdam, wo seine Exilzeitschrift *Die Sammlung* erscheint, er reist regelmäßig für längere Zeit nach Paris und besucht die Eltern in Zürich, ist aber auch mal in London, in Moskau (wo sie alle hinreisen in diesen dreißiger Jahren, Heinrich Mann, Feuchtwanger, Brecht, mit einer irrigen Erlösungssehnsucht, aber das wäre ein eigenes Buch), er ist in Prag und in New York. Dazwischen Erholung an den Stränden des Mittelmeeres, von wo man, wie ihm Gottfried Benn vorgeworfen hat, die Lage im inneren Deutschland angeblich sehr schlecht beurteilen kann. Aber Klaus Mann beweist ihm das Gegenteil. Egal ob in Paris, in Amsterdam oder an der Riviera: Er erkennt messerscharf, wo das Dritte Reich Verrat begeht am deutschen Geist. Und wer die jeweiligen Mitverräter sind. Als er einen Vortrag in Brünn hält, da kündigt ihn die Volkshochschule mit diesen schönen Worten an: »Klaus Mann – Sohn des

Nobelpreisträgers Thomas, Neffe Heinrichs, aber im Schatten der Titanen selbst schon zur machtvollen literarischen Persönlichkeit gereift, zum kampffrohen Zukunftsführer der ›auslandsdeutschen‹ Jugend emporgewachsen.«

Dieser kampffrohe Zukunftsführer muss erleben, dass in diesen Jahren nicht nur große Autoren wie Robert Musil und Stefan Zweig, sondern selbst sein Vater Thomas davon absehen, für seine Zeitschrift *Die Sammlung* zu schreiben, denn sie alle wissen, dass dies gleichbedeutend wäre mit dem kompletten Verbot ihrer Bücher in Deutschland. So kämpft Klaus Mann einen immer verzweifelteren Kampf für Wahrheit und Freiheit – und muss erkennen, dass viele, die er bewundert und einer, den er sogar liebt, andere Prioritäten setzen. Aber er gewinnt eine neue, tiefe Freundschaft hinzu: die zu Fritz Landshoff, dem hellen Kopf hinter dem Exilverlag Querido (und Cousin von Ruth Landshoff), mit dem er in Amsterdam jeden Abend verbringt, redend, trinkend, arbeitend.

In Amsterdam residieren die beiden Exilverlage Querido und Albert de Lange, bei letzterem sind Hermann Kesten und Walter Landauer für das deutsche Programm verantwortlich. »In gemeinsamen Abendsitzungen machten wir das Verlagsprogramm für beide Verlage«, schreibt Fritz Landshoff, »während tagsüber mit Mühe der Anschein der Konkurrenz gewahrt wurde.« In beiden Verlagen erscheinen in den dreißiger Jahren die Bücher der Emigranten, also etwa von Heinrich Mann und Lion Feuchtwanger, von Anna Seghers, Joseph Roth, Ernst Toller und Vicki Baum, von Alfred Döblin, von Erich Maria Remarque und Irmgard Keun. Die deutsche Literatur war emigriert.

*

Es ist vor allem sein würdevoller Stolz, der die Aufseher im KZ Oranienburg so provoziert. Und darum wird der jüdische Kommunist zum bevorzugten Objekt der Misshandlungen durch die SA. Gerade ihn wollen sie brechen.

Ein Jahr zuvor hat Erich Mühsam in der letzten Sitzung des Schutzverbandes deutscher Schriftsteller als einer der wenigen geahnt, was kommen würde: »Wir, die wir hier versammelt sind, werden uns alle nicht wiedersehen. Wir sind eine Kompanie auf verlorenem Posten. Aber wenn wir hundertmal in den Gefängnissen des Dritten Reiches verrecken werden, so müssen wir heute noch die Wahrheit sagen, hinausrufen, dass wir protestieren. Wir sind dem Untergang geweiht.«

Als die SS im Juni 1934 das KZ Oranienburg übernimmt, ist das sein Todesurteil. Der neue Kommandant legt Mühsam nahe, sich innerhalb von zwei Tagen umzubringen, sonst müsse man nachhelfen. Nach zwei Tagen finden ihn die Mithäftlinge erhängt in der Latrine – es war sichtlich kein Selbstmord, sondern Mord. Es ist der 9. Juli 1934. Im *Berliner Tagblatt* wird sein Tod als Suizid gemeldet, also in jener Zeitung, in der er ein Jahr zuvor noch Autor des Feuilletons gewesen ist. Als seine Frau Zenzl informiert wird, bricht sie zusammen.

*

In Nizza, 121 Promenade des Anglais, hat sich im Sommer 1934 eine ganz besondere Hausgemeinschaft der Exilliteratur für sechs Monate zusammengefunden: Im dritten Stock des schmalen Hauses mit Meerblick wohnen Heinrich Mann und Nelly Kröger, darunter Joseph Roth und Andrea Manga Bell, und in der Beletage Hermann Kesten mit seiner Ehefrau Toni. Und sobald sie alle zusammensitzen oder auf einem der Balkone aufs tröstende Meer schauen, geht es nur um das eine, wie sich Kesten erinnert: »Joseph Roth erzählt eine Liebesgeschichte aus Podolien, Heinrich Mann eine Liebesgeschichte aus Palestrina und Frau Nelly Kröger Geschichten aus ihrer Mädchenzeit am Kurfürstendamm – berlinerisch ausgezogene, sozusagen splitternackte Geschichten, die mehr nach rotem Wein schmeckten als nach Nachtigallenzungen. Sie erzählte, wie sie zu zweien oder allein mit irgendeinem hergewehten Jüngling tanzen gingen. Geschichten voll Kichern, Kosen, Küssen.« So also versuchen die drei Paare in Nizza durch Gedanken an Liebende in Podolien, Palestrina und Berlin-Charlottenburg ihr leidvolles Leben in der Emigration zu vergessen. Aber es fällt allen drei Paaren von Monat zu Monat schwerer. Ihre Beziehungen leiden unter der Angst, der Existenznot und den ständigen Umzügen – und unter dem Alkohol, mit dem sie dagegen antrinken.

*

Zu den am schwersten zu ertragenden Passagen in den Tagebüchern von Anaïs Nin gehören jene über ihre Abtreibung im September 1934. Sie ist schwanger, weiß aber nicht genau, von wem, denn im fraglichen Zeitraum im Februar ist sie sowohl mit Henry Miller als auch mit ihrem Mann Hugo und ihrem Psychiater Otto Rank intim gewesen. Sie will das Kind auf keinen Fall bekommen, denn: ihre Berufung sei die Rolle der »Geliebten, ich habe bereits zu viele Kinder«, wie sie schreibt. Sie will weiter die Männer um sich betreuen, kein kindliches Wesen, dessen Codes sie nicht beherrscht und das am Ende gar Macht über sie übernehmen könnte.

Am 17. September findet sie einen aus Berlin geflüchteten jüdischen Arzt, der die Abtreibung vornimmt, obwohl sie bereits im sechsten Monat ist. In ihr Tagebuch schreibt sie, dass sie den Arzt, während er mit medizinischem Gerät das Leben in ihr auszulöschen versucht, »zu einem Gespräch über die Verfolgung der Juden in Berlin verführte«. Sie hat also auch den seltenen Moment, in dem sie scheinbar auf die Hilfe eines Mannes angewiesen ist, zu einer Machtdemonstration gemacht (und sie schreibt wirklich »verführte«). Lange betrachtet sie das tote kleine Mädchen, das sie gebiert. Dann schminkt sie sich und schlüpft in ein Seidenjäckchen, um alle potenziellen Väter in der Klinik zu empfangen: erst Henry Miller, dann Rank, dann Hugo. Miller erzählt ihr, dass die Veröffentlichung von *Wendekreis des Steinbocks* kurz bevorstehe. Nin sagt: »Das ist eine Geburt, die mich wesentlich mehr interessiert.« Als sich Henry verabschiedet hat, trinkt sie mit ihrem Mann Hugo im Krankenzimmer ein Glas Champagner.

*

Die Jahre nach seiner Rückkehr aus Berlin sind für Jean-Paul Sartre die düstersten seines Lebens. Er ist in Berlin dick geworden, fühlt sich wie ein kleiner Buddha und hasst es, aus der Weltstadt nun nach Le Havre in die französische Provinz zu müssen, um Pubertierenden die großen Fragen der abendländischen Philosophie nahezubringen. Und auch sonst muss sein Selbstbewusstsein einige harte Schläge einstecken. Zunächst einmal der Schock, als er feststellt, dass ihm die Haare ausgehen, dass er kahl wird, dass also das Alter erstmals und unwiderruflich nach ihm greift. Dann die Demütigung, dass Gallimard, der Verlag seiner Träume, sein Buch *Der Ekel* für unzureichend befindet und ablehnt, nachdem er vier Jahre lang daran gearbeitet hat. Und schließlich: seine Misserfolge als Don Juan. Seine Berliner Geliebte Marie Ville ist mit ihrem Ehemann nach Paris gereist und will fortan nichts mehr von ihm wissen. Noch enttäuschender ist sein vergebliches Bemühen um die junge Ukrainerin Olga, eine ehemalige Schülerin und nunmehrige Geliebte seiner ewigen Gattin Simone de Beauvoir. Tag um Tag umschwärmt er sie, versucht, ihr zu gefallen, doch es nützt nichts. So steckt also Jean-Paul Sartre anno 1935 in einer veritablen Männlichkeitskrise. Und Simone de Beauvoir kann ihm da nicht weiterhelfen, denn ihrer Liebe ist er sich sicher, sein Ego und sein Testosteronspiegel brauchen einen neuen Schub aus einer anderen Richtung. Er probiert es mit einer Meskalin-Injektion, doch sie führt nur zu Halluzinationen, monatelang erscheinen ihm plötzlich Hummer vor Augen oder die Häuser schwanken wie im Fiebertraum. Die Drogen, erkennt er, werden ihm das Leben nicht erleichtern. An einem dieser trüben Tage besucht Simone ihren Gatten in Le Havre, sie sitzen auf der Terrasse ihres Lieblingscafés *Les*

Mouettes und schauen griesgrämig auf das Meer und die Möwen und rühren in ihrem kalten Café au Lait. Nein, sagt Sartre, heute bitte keinen Hummer. Dann klagt er über die Monotonie ihres Lebens. Sie seien, so sagt er zu de Beauvoir, Gefangene der bürgerlichen Welt, gezwungen zum Schulunterricht und zur Verantwortung. Sie seien fast dreißig, aber schon am Ende. Das nächste größere Ereignis sei der Eintritt in die Rente. Bei allem, was er fühle, wisse er, noch bevor er es fühle, dass er es fühlen würde. Und dann fühle er es leider nur noch halb, vollauf damit beschäftigt, es zu definieren und zu denken. Er wirke zwar wie ein Gefühlsmensch, aber in Wahrheit sei er eine Wüste.

So redet er und redet, die Möwen verziehen sich, das Meer wird immer dunkler, und irgendwann hat Simone de Beauvoir Tränen in den Augen und schweigt.

*

Nachdem Joseph Goebbels Magda Quandt geheiratet hat, ist seine zeitweilige Geliebte Olga Bronnen ganz auf ihren Ehemann Arnolt angewiesen, was diese Ehe sehr schnell zum Erliegen bringt. Einmal marschiert sie in die Redaktion des Radiosenders Funk-Stunde, in der Arnolt Bronnen, der ehemalige Dramatiker, nun arbeitet, und zückt einen Revolver, um ihn zu erschießen. Doch in diesem Moment kommt zufällig der sehr gut aussehende Rennfahrer Manfred von Brauchitsch aus dem Aufnahmestudio, in dem er gerade ein Interview gegeben hat, und Olga steckt ihren Revolver ein, beginnt mit von Brauchitsch zu flirten und verlässt dann gemeinsam mit ihm den Radiosender, um draußen zusammen einen Kaffee zu trinken.

Olga Bronnen ist psychisch gesehen also nach wie vor in einem besorgniserregenden Zustand, physisch aber weiterhin sehr attraktiv – und auch aktiv. Allerdings ausschließlich jenseits des Ehebettes. Bronnen hat darum begonnen, ganz klassisch, sich der jüngeren Frau in seinem direkten Arbeitsumfeld zuzuwenden: der 23-jährigen Sekretärin Hildegard von Lossow. Eine große blonde, elegante Frau aus gutem Hause und offenbar vollkommen bei Trost. Sie übernimmt in der Bronnen'schen Wohnung in der Helmstedter Straße sehr rasch die Rolle der Hausfrau von der abwesenden und daran ohnehin nicht interessierten Ehefrau. Am 11. April, es ist der erste warme Frühlingstag in Berlin, sitzen Arnolt Bronnen und Hildegard im Vorgarten eines Cafés ein paar Häuser neben ihrer Wohnung, als sie Olga energischen Schrittes an sich vorbeilaufen sehen. Sie grüßen einander. Dann geht Olga in die Wohnung, dreht den Gashahn auf und stirbt.

Als Bronnen nach Hause kommt, versucht er noch, sie wiederzubeleben, reißt die Fenster auf, ruft panisch den Arzt, doch seine ihm in Untreue so inniglich verbundene Frau stirbt in seinen Armen. In jener dunklen Verschwörerwohnung, in der sie vor fünf Jahren gemeinsam mit Goebbels und ihrem Mann überlegt hat, wie sie den Vortrag von Thomas Mann und die Filmpremiere von Erich Maria Remarque am besten sprengen könnte.

Im Jahr darauf heiratet Bronnen Hildegard von Lossow, verlässt mit ihr sein altes Leben und die Wohnung, in der Olga gestorben ist, sie ziehen in einen neusachlichen Bungalow in Kladow. Am ersten Abend in dem neuen Haus kommt Hildegard in Bronnens Arbeitszimmer – da sieht sie, dass er über seinem Schreibtisch ein riesiges Foto von Olga mit sinnlich geöffneten Lippen in einem Goldrahmen platziert hat. Sie verspürt Eifersucht und Wut. Doch was tut diese ungewöhnliche Frau? Sie sagt nichts, geht hinaus, nimmt ein Messer – und schneidet damit im Garten eine üppig blühende Rose ab. Die trägt sie hinauf zu ihrem Mann und stellt sie in einer Vase vor das Foto der Verblichenen und offenbar immer noch Angebeteten. »Das war mein Opfer an die Götter«, sagt sie später und räumt stoisch weiter Umzugskisten aus.

Bald werden dem Ehepaar Töchter geboren, obwohl Bronnen von Dr. med. Gottfried Benn Unfruchtbarkeit bescheinigt worden ist. Es wird vermutet, dass diese Diagnose nicht zuletzt zustande gekommen ist, weil Benn Hildegard von Lossow selbst gerne geheiratet hätte. Doch auch für ihn halten die Götter noch die still ergebene adlige Gefährtin bereit, nur Geduld.

*

Magnus Hirschfeld, der Begründer der Sexualwissenschaft in Deutschland, ist ein gebrochener Mann. Sein Institut in Berlin, die jahrzehntelang aufgebaute Bibliothek und Sammlung: zerstört. Sein Geliebter Karl Giese: aus Frankreich, wohin sie geflüchtet sind, ausgewiesen. Seine Gesundheit: angegriffen. Hirschfeld macht sein Testament und setzt seine beiden Getreuen und einander in heißblütiger Eifersucht verbundenen Partner, Giese und Li Shiu Tong, zu gleichen Teilen als Erben ein. Er zieht von Paris weiter nach Nizza, wo er 1934 ein letztes Mal mit deutschen Exilanten unter einer als Weihnachtsbaum getarnten kleinen Pinie »Stille Nacht, heilige Nacht« gesungen hat. Am 14. Mai 1935 feiert er seinen 67. Geburtstag. Um zehn Uhr liest er noch die Geburtstagspost. Um zwölf Uhr ist er tot.

*

Dietrich Bonhoeffer übernimmt ein Predigerseminar der Bekennenden Kirche im westpommerschen Finkenwalde. Der erste Versuch, ein protestantisches Mönchtum zu etablieren. Einmal ist auch die elfjährige Maria von Wedemeyer mit dabei, als Bonhoeffer eine seiner flammenden Predigten hält, sie kommt an der Hand ihrer Großmutter Ruth von Kleist-Retzow, die eine der leidenschaftlichsten Förderinnen dieses Predigerseminares ist. Er weiß da noch nicht, dass er Maria zehn Jahre später diese Worte schreiben wird: »Von guten Mächten wunderbar geborgen, erwarten wir getrost, was kommen mag.«

Denn 1935 fällt ihm jemand ganz anderes ins Auge: Er heißt Eberhard Bethge, ein sanfter, schmaler Theologe und Pfarrerssohn. Der 29-jährige Bonhoeffer und der 26-jährige Bethge sind nach wenigen Tagen unzertrennlich. Verdattert schreibt Bonhoeffer in sein Tagebuch, dass er eine solche Nähe wie zu Eberhard in seinem ganzen Leben noch zu keinem Menschen und vor allem auch zu keiner Frau gefühlt habe. Abends, nach dem Unterricht, begleitet Bonhoeffer seinen Schüler am Klavier, während dieser mit hellem Tenor Händel singt. Als der Kurs zu Ende ist, teilen sich die beiden wie selbstverständlich das Zimmer in Bonhoeffers gutbürgerlichem Berliner Elternhaus, sehr bald haben sie ein gemeinsames Bankkonto, und an Weihnachten unterzeichnen sie die Grußkarten fortan mit »Dietrich und Eberhard«. Er fühle sich, so schreibt Bonhoeffer, weniger zur Ehe hingezogen als vielmehr zu »kompromisslosen Freundschaften«. Wir wissen nicht, wie weit der Kompromiss zwischen den beiden protestantischen Mönchen in diesem Fall gegangen ist. Bethge selbst jedenfalls wird später Bonhoeffers Nichte heiraten und Bonhoeffer seine tiefe Liebe zu Maria von Wedemeyer entdecken.

*

Erika Mann, weiterhin liiert mit der Schauspielerin Therese Giehse, schreibt an ihren Ex-Mann, den nunmehrigen Intendanten des Schauspielhauses Gustaf Gründgens, und bittet ihn, ihr die Originalunterlagen der Scheidung zuzusenden. Sie plant, den homosexuellen britischen Dichter W. H. Auden zu heiraten, um die britische Staatsbürgerschaft zu bekommen. Ihr Bruder Klaus hat erst auf Christopher Isherwood verwiesen, doch der meint, leicht verängstigt, Auden passe irgendwie besser. Erst gibt es kleine Komplikationen, weil der Bräutigam auf dem Standesamt in Ledbury leider weder weiß, wie alt seine Braut genau ist, noch, ob sie mit Nachnamen eigentlich noch Gründgens oder schon wieder Mann heißt. Aber der britische Standesbeamte bleibt ruhig und regt an, W. H. Auden solle doch einmal bei seiner künftigen Ehefrau nachfragen. Das geschieht – und so heiraten sie am 15. Juli. Es gibt ein rührendes Hochzeitsfoto, beide tragen Krawatte zum Tweedjackett und lächeln unsicher. Erika selig darüber, wieder einen Pass zu haben, und diesmal sogar einen britischen. Und W. H. Auden in dem stolzen Gefühl, einen persönlichen Beitrag gegen das Nazi-Regime zu leisten.

Er geht nach Eheschließung und dem Fototermin direkt wieder in seine Downs School, in der er Englisch unterrichtet. Und Erika Mann nimmt den Zug zurück nach London. Anders als manch andere Ehepaare mögen die beiden Frischverheirateten einander nach der Hochzeit noch. Ja, W. H. Auden wird später in Brooklyn in einer illustren Wohngemeinschaft mit Erikas homosexuellem Bruder Golo Mann wohnen, mit dem Komponisten Benjamin Britten, mit Paul Bowles und der amerikanischen Schriftstellerin Carson McCullers, die sich unsterblich in Erikas Freundin Annemarie Schwarzenbach verlieben wird (nein, die Liebesverhältnisse in den dreißiger Jahren werden einfach nicht übersichtlicher). Für die anhaltende Wut seiner Frau auf die Brutalitäten und Dummheiten des Nazi-Regimes hat Auden zudem einen weisen Rat: »Hasse nicht zu viel.« Und für deren Partnerin Therese Giehse findet er auch den passenden Bräutigam – seinen schwulen Freund, den Schriftsteller John Hampson. So besitzt das Paar Erika Mann und Therese Giehse also, dank der Doppelheirat mit der angelsächsischen Hochliteratur, 1936 plötzlich englische Pässe. Dass sie beide dafür Männer heiraten müssen, nehmen sie mit dem, was sie immer schon verbunden hat: mit jenem Humor, der sich bei ihnen ab sofort sogar offiziell britischer Humor nennen darf.

*

»Stell dir vor: es kommen alle Frauen / Die du einmal hattest, an dein Bett«, so beginnt das Sonett, das Margarete Steffin voll Verzweiflung an Bertolt Brecht geschrieben hat, ihren höchst polygamen Geliebten. Aber der kann gut verdrängen und stellt es sich lieber nicht vor. Max Beckmann hingegen tut es: Er sitzt 1935 in seinem Berliner Atelier, aus seinem Amt als Professor für Malerei in Frankfurt vertrieben, in einem dauernden Zustand der Angst. So zieht er sich malend zurück in die Antike, schafft große mythologische Triptychen, in denen er die Zumutungen der Gegenwart als antike Götterdramen erzählt und so zwar von seinen Freunden, aber nicht von den Nazis verstanden wird. Doch in ihm steigen nicht nur die alten mythologischen Bilder auf, sondern auch die der eigenen Versuchung. Wenn er die Augen schließt, dann sind es fünf Frauen, die ihm erscheinen, fünf Frauen, die sein Leben nachhaltig bestimmen – und so setzt er sich also an die Staffelei und beginnt sein größtes autobiographisches Bild. Er nennt es *Fünf Frauen*. Sie sind alle im höchsten Maße unterschiedlich, in ihrem Aussehen ebenso wie in ihrem Charakter und in ihrer Funktion für den Künstler. Selten hat ein Maler sein komplexes Liebesleben so offenbart wie Max Beckmann. Es ist das fehlende Puzzlestück zu den unzähligen Selbstbildnissen, die er zeitlebens geschaffen hat. Links sieht man Lilly von Schnitzler, Beckmanns potente und mutige Frankfurter Mäzenatin, die großgewachsene Frau des Chefs der IG-Farben und mondäne Gesellschaftsdame, die sogar Joseph Goebbels zum Tee eingeladen hat, um ihn von der Qualität des angeblich entarteten Künstlers Beckmann zu überzeugen. Neben sie platziert Beckmann die vornehme Käthe von Porada, auf der anderen Seite dann Hildegard Melms, genannt »Naïla«, seine frühere leidenschaftliche Liebhaberin, wichtigste Muse und das Modell unzähliger Werke. Auch seine erste Frau, Minna Beckmann-Tube, die er nie vergessen kann, hockt vorn im Bild. In der Mitte schließlich thront selbstbewusst mit Fächer Quappi als sinnliche Verführerin, also die aktuelle Ehefrau des Jahres 1935 – das ist der Gatte Beckmann ihr schuldig. Beckmanns *Fünf Frauen* also sind: zwei Ehefrauen, dazu Naïla, sein flammendstes Verhältnis, und zwei edle Damen, die Beckmann im Leben viele Wege ebneten.

*

Die Schauspielerin Brigitte Helm beendet ihre Karriere genauso, wie sie begonnen hat: spektakulär. Sie erlebt als siebzehnjährige Jungfrau und Pensionatsschülerin ihren frühen Triumph als Maria in Fritz Langs *Metropolis*. Ihre Rolle als »Maschinenmensch« in golden schimmernder Rüstung ist neben der in Dessous und Zylinder auf einem Fass sitzenden Marlene Dietrich im *Blauen Engel* das zweite ikonische

Bild des frühen deutschen Films. Doch während die Dietrich ein Leben lang an ihrem Status als Ikone arbeitet, wählt Brigitte Helm nach einem ebenso fulminanten Karrierestart in der späten Weimarer Republik einen ganz anderen, radikalen Weg. Sie ist der Vamp des deutschen Films, in ihr vereinen sich, wie Fritz Lang sagt, »Jungfrau und Hetäre, Wildes und Keusches«. Aber die UFA-Studios setzen ausschließlich auf die wilde Hetäre in vibrierender Schönheit und mit goldenem Haar – in der Tradition von Wedekinds *Lulu*. Und so wird sie fortan nur als die »sündige, teuflische, glatte Schlange« gezeigt, wie die Fachzeitschrift *Der Film* bilanziert. Doch der frühe Ruhm von *Metropolis* lastet auf ihr wie ein Fluch, in ihren 28 Filmen versuchen sage und schreibe 24 verschiedene Regisseure für sie das zu werden, was Josef von Sternberg für die Dietrich geworden ist.

Dann gibt sie selbst ein außergewöhnliches Interview, wehrt sich gegen die Rollenzuschreibungen und sieht sich auf eine Frau mit »Sex-Appeal« reduziert: »Mein Wunsch ist, dass sich 1935 daran erinnert, dass ich vielleicht doch ein bisschen mehr kann als nur leichtsinnige, verantwortungslose Dämchen darzustellen. Eine wirklich mütterliche Frau spielen, das ist mein größter Wunsch.« Doch da hat Brigitte Helm noch nicht begriffen, dass es in der Filmindustrie nicht darum geht, die Wünsche der Hauptdarstellerinnen zu erfüllen, sondern die der Zuschauer.

So muss sie das mit dem Glück eben selbst in die Hand nehmen. Ihr letzter Film trägt bezeichnenderweise den Titel *Ein idealer Gatte* – und die Ironie des Schicksals will es, dass passend zu den Dreharbeiten endlich die Ehe mit ihrem offenbar nicht idealen ersten Gatten Rudolf Weißbach geschieden wird, der die vergangenen Jahre dazu genutzt hat, die Filmgagen seiner Frau an der Riviera und der Ostsee durchzubringen, und zwar an der Seite von Damen, mit denen er nicht verheiratet war.

Im Frühling 1935 heiratet Brigitte Helm ein zweites Mal: den Industriellen Dr. Hugo Eduard Kunheim, einen der begehrtesten Junggesellen von Berlin. Sie beziehen eine gigantische Villa, Am Großen Wannsee 2–4. Am 28. August verkündet *Die Filmwoche* ihren überraschten Lesern: »Brigitte Helm wird in *Der ideale Gatte* vorläufig das letzte Mal auf der Leinwand zu sehen sein. Sie erklärt, nur noch ihren Pflichten als Ehe- und Hausfrau nachkommen zu wollen. Nous verrons …« Doch was keiner glauben kann, geschieht: So abrupt wie ihre Filmlaufbahn begonnen hat, so endet sie. Während ihrer ganzen Karriere fühlt sie sich so eingeengt, als hätte sie das Stahlkorsett aus *Metropolis* nie abgelegt. Nun befreit sie sich aus dem Rampenlicht in die Konvention. Brigitte Helm hört von einem auf den anderen Tag auf, ein Star zu sein. Die Journalisten können das einfach nicht glauben. Doch dann erklärt sie: »Ich kehre dem Film ohne

Bedauern den Rücken, trotz der Freuden, die er mir geschenkt hat, weil ich an all das Glück denke, das ich in meinem Privatleben finden werde.« Und das Unglaubliche ist: Sie findet es wirklich. Ihr Mann liebt sie und sie ihn. Und sofort nach der Hochzeit wird sie schwanger mit ihrem ersten Kind, 1936 wird Pieter geboren, im Jahr darauf Viktoria, dann Matthias und schließlich Christoph. Sie leben ein großbürgerliches Familienleben im Windschatten des Dritten Reiches, ziehen sich dann in die Schweiz zurück. Pieter, ihr Sohn, wird über seine Mutter, die für ihn immer nur Brigitte Kunheim gewesen ist, später sagen: Brigitte Helm haben wir nicht gekannt.

*

Als F. Scott Fitzgerald seine Frau Zelda, die in schwere geistige Umnachtung fällt, in der Klinik in Baltimore besucht, schreibt er danach an einen Freund: »Es war wundervoll, für Stunden dazusitzen, ihren Kopf an meiner Schulter, und mich ihr auch jetzt wieder, wie ich es immer getan habe, näher zu fühlen als irgendeinem anderen Menschen. Und ich hätte gar nichts dagegen, wenn in einigen Jahren Zelda und ich uns unter einem Stein auf einem alten Friedhof hier aneinanderschmiegen können. Es ist ein wahrhaft glücklicher Gedanke und keineswegs melancholisch.« In einigen Jahren werden sie wirklich in einem gemeinsamen

Grab liegen. Auf dem katholischen St. Mary Friedhof in Rockville, Maryland. Auf dem Grabstein stehen die wundervollen letzten Worte aus Fitzgeralds *Der große Gatsby*: »So regen wir die Ruder, stemmen uns gegen den Strom – und treiben doch stetig zurück, dem Vergangenen zu.« Das ist also ein glücklicher Gedanke und keineswegs melancholisch. Diese Rudernden sind wie Walter Benjamins Engel der Geschichte – sie arbeiten sich voran und schauen doch gleichzeitig in die andere Richtung: nämlich zurück.

*

Der ewig heimatlose Kurt Tucholsky, seiner Zeitschriften, seiner großen Lieben und seiner Illusionen beraubt, kehrt aus der Schweiz in sein schwedisches Exil zurück, aber er spürt, dass auch das kein Ankommen für ihn bedeuten wird: »Immer suchen ist nicht schön. Man möchte auch mal nach Hause«, schreibt er am 3. Juni in sein Tagebuch. Vielleicht sehnt er sich da schon nach einer Heimat in einer anderen Welt.

*

Im Juli verbringt Joseph Goebbels zwei Wochen Urlaub allein in Heiligendamm an der Ostsee. Er schwimmt. Geht in den Buchenwäldern spazieren, von denen sich zwei Jahrzehnte zuvor Rainer Maria

Rilke zu Lobgesängen auf die hohen Bäume inspirieren ließ. Und telefoniert täglich mit seinem Ministerium und seinen Vertrauten. Die schwangere Magda kommt erst später nach. Damit es nicht zu einsam wird, lädt Goebbels die Schauspielerin Luise Ullrich ein, die vier Tage bei ihm am Meer bleibt. Sie scheint sich gut benommen zu haben: Im Herbst bekommt sie ihre erste Hauptrolle bei der UFA, die Goebbels befehligt, und zwar in *Regine*. Es ist ein Film über ein junges Mädchen, das einen märchenhaften Aufstieg erlebt, weil sie mit dem richtigen Mann ins Bett geht.

*

Man kommt kaum hinterher bei Bertolt Brecht. Seine Jahre des Exils sind Jahre der Rastlosigkeit. Aber es gibt eine Konstante: Wo immer er landet und ein Stück inszeniert, da wartet eine seiner ihm treu ergebenen Frauen auf ihn. Egal ob in Dänemark, wo seine Ehefrau Helene Weigel ihm zur Seite steht, obwohl er ihr seit einem Jahrzehnt untreu ist, oder in Amerika, wo Elisabeth Hauptmann ihn mit offenen Armen empfängt, obwohl er sie monatelang noch nicht einmal eines Briefes für würdig befunden hat. Ja, wohin auch immer er reist, ob nach Paris, Moskau, Kopenhagen oder Santa Monica, es ist eine seiner Frauen da und umhegt ihn, betreut ihn und lässt ihn zu sich ins Bett. Diese Frauen machen es ihm überall heimisch, dem Mann auf der ewigen Flucht. »In mir habt ihr einen, auf den könnt ihr nicht bauen« – das hat er allen ins Poesiealbum geschrieben. Aber jede Einzelne von ihnen, egal ob sie Margarete Steffin heißt oder Elisabeth Hauptmann oder Helene Weigel oder Ruth Berlau, glaubt, dass sie irgendwann doch diejenige sein wird, die ihn aus seinem ruhelosen Schicksal erlöst. Und wenn er bei der einen ist, dann schreibt er den anderen, wie sehr er sich langweilt und nach ihnen sehnt. Und die fernen Geliebten glauben es oder wollen es glauben, in den Zeiten des Exils ist das oft einerlei. Für Margarete Steffin sind die dreißiger Jahre eine einzige Tortur: Vor ihren Augen hat Brecht ihre Liebe gegen die von Ruth Berlau eingetauscht, nun wird sie in Dänemark nur noch selten zum Meister vorgelassen und die Tuberkulose zerfrisst ihren Gehörgang, ihren Darm, ihre Lunge. Sie bewegt sich nur zwischen Krankenhäusern und Sanatorien hin und her, immer hoffend, dass Brecht ihr ein paar Zeilen des Trostes schicken würde. Doch der hat keine Zeit dafür.

*

Im Sommer 1935 holt Frau Dr. Kluge aus Halberstadt das schicke weiße Mercedes Zweisitzer-Cabrio persönlich in Stuttgart-Untertürkheim ab. Ein Auto für die Ewigkeit. Ein wenig Geld ist noch übrig. Und so bringt sie am Armaturenbrett ein Gedenktäfelchen an, fünf mal sieben Zentimeter groß, mit einem Passfoto von ihr und den eingeriffelten Worten: »Denk an mich, fahr vorsichtig.« Aber ihr Mann ist auch schon vorher sehr vorsichtig gefahren. Ihr bereits damals wunderbar unvorsichtiger dreijähriger Sohn Alexander wird später die erste *Chronik der Gefühle* schreiben.

*

So sieht es aus am Hofe des einstigen Kaisers Wilhelm Zwo in Haus Doorn im holländischen Exil: Um neun Uhr gibt es Frühstück, Brot, Marmelade und Kaffee. Der Kaiser isst wenig und schnell. Danach eine Andacht. Die Kaiserin Hermine dreht danach auf ihrem neu erworbenen Hollandrad ihre Runden durch den weitläufigen Park. Der Kaiser, die Hände auf dem Rücken, leicht vorgebeugt, geht zu Fuß in die entgegengesetzte Richtung. Wenn sie sich begegnen, winken sie sich zu.

»Eheleute«, so weiß die Kaiserin, »müssen lernen, einander zu gewissen Zeiten auch einmal allein zu lassen.« Aber danach will sie ihn millionenfach umschmeicheln: »Ich möchte ihm ein wenig von der Zuwendung schenken, die ihm von seinem missgeleiteten Volk vorenthalten wird.«

Aber ihr Mann ist nicht sonderlich zuwendungsbedürftig, sondern sehr gerne allein. Das ist ein echtes Problem. Nach ihrer täglichen kleinen Fahrradtour ist es leider erst halb elf. Sie geht in den Salon und überlegt, ob ihr irgendetwas einfällt, das sie tun könnte, sich um den Haushalt kümmern vielleicht, ja gut, also die Zimmermädchen, den Hofmarschall, die Köchin, die Zofen überwachen, aber das funktioniert alles von alleine. Ihre drei treuen Dackel immerhin, die scheinen sie zu brauchen, Senta vor allem, die Älteste, die noch die Monarchie kennt.

Nach dem Essen wird sie die Enten im Teich füttern, mehr hat ihre Kaiserliche Hoheit heute nicht mehr vor. Ach ja, irgendwann ein leichtes Abendessen mit dem Gatten, danach liest er ihr im Rauchersalon ein wenig aus den ausländischen Zeitungen vor, bevor er sich empfiehlt und müde hinaufsteigt in sein Schlafgemach.

Ihr Exil begründet sie in ihren Erinnerungen damit, dass ja schon der große Leibniz gesagt habe, die Seele habe keine Fenster, und wir seien »alle Nomaden«. Hmm. Eigentlich sprach Leibniz von Monaden. Aber Hermine hat ein spezielles Verhältnis zu den Afrikanern, egal ob Nomaden oder nicht: Meist trägt sie ihre Lieblingskette aus Elfenbein mit einem kleinen Elefanten daran, das Hochzeitsgeschenk eines afrikanischen Stammesfürsten aus der ehemaligen Kolonie Togo, der den Deutschen Kaiser weiterhin als seinen Herrn betrachtet und sie als seine Herrin.

*

Es ist ein Jahr der Extreme für Pablo Picasso. Er wird für seine Radierungen zum Minotaurus gefeiert, vor allem für die *Minotauromachie* – seine anspruchsvollste Graphik überhaupt, ein überzeitliches Werk über einen alten Gott und seine Freude an den jungen Göttinnen, ein Bild über die Vergänglichkeit, die Versuchung und die Unfähigkeit des Menschen, sich aus den Verstrickungen der antiken Drohungen zu befreien. Es ist natürlich ein Selbstbildnis. Denn Picasso sieht sich nicht nur mit den Memoiren seiner früheren Freundin Fernande Olivier konfrontiert, die für Aufruhr sorgen, nein, zu allem Überfluss ist auch Marie-Thérèse, seine geliebte Muse, schwanger von ihm. Als Olga den runden Bauch bei einem Atelierbesuch sieht, kommt es zum Eklat, sie zieht mit ihrem Sohn ins Hotel. Picasso ist zerrissen, es ist, wie er sagt, »die schlimmste Zeit meines Lebens«. Er mietet dann ganz in der Nähe seines Ateliers, in der Rue de la Boétie, eine Wohnung für Marie-Thérèse und die Tochter Maya, die im September geboren wird. Es scheinen alle Grundlagen für ein neues Leben geschaffen. Die biologischen Fakten sind es, die seine Frau Olga endlich realisieren lassen, dass ihre Ehe mit Picasso am Ende ist. Sie beginnt einen Scheidungskrieg, und Picasso verriegelt sein Atelier und stellt das Malen ein, um in ihrer unselig gewordenen »Zugewinngemeinschaft« nicht noch mehr Wertgegenstände zu schaffen. Emotional ist er gar nicht mehr dazu in der Lage;

er wird bis zum neuen Jahr kein einziges Bild malen können. Auch die neugeborene Maya kann ihn nur für Minuten aufwecken aus seiner Midlife-Crisis, die durch das Kind der Geliebten und den Auszug der Frau nun für ganz Paris offenliegt.

*

Dr. med. Gottfried Benn, der Arzt in der Belle-Alliance-Straße 12 in Berlin, stellt Gottfried Benn, dem Dichter in der Belle-Alliance-Straße 12 in Berlin, im Frühjahr 1935 folgende Diagnose: »Ausgeschöpft, leer, Milieuwechsel dringend geboten.« Er nimmt eine Stelle beim Militär in Hannover an, genauer: Er wird Leiter der Abteilung IVb der Wehrersatzinspektion. Zum Abschied verordnet er sich noch doppelten Damenbesuch. An den beiden letzten Märztagen verabschiedet er sich von seinen beiden Freundinnen Tilly Wedekind und Elinor Büller. Am frühen Morgen des 1. April 1935 besteigt er den D-Zug nach Hannover, um 12.51 Uhr kommt er an, geht fünfzehn Minuten durch den strömenden Regen in sein Pensionszimmer bei einem Fräulein Sattler.

Doch das Zimmer ist zum Schlafen zu hell, der Kaffee ist schlecht, es gibt kein Telefon, also zieht er weiter in die Breite Straße 28 // II. Man kann sich kaum ein trostloseres Leben vorstellen als jenes, das Gottfried Benn in der geistlosen Militärverwaltung führt.

Von acht bis vierzehn Uhr Dienst nach Vorschrift, dann Absturz in die Leere des langen Nachmittags. Und das alles auch noch in Hannover. Seine verblendete, mit fürchterlichen Essays garnierte Begrüßung des Nazi-Regimes im Frühjahr 1933 kann er sich inzwischen selbst kaum verzeihen, aber die Nazis haben das völlig vergessen und beginnen, ihn wegen seiner frühen expressionistischen Gedichte zu verfolgen. Auch seiner beiden Geliebten wird Benn langsam müde, die ganze Heimlichtuerei und das ganze Organisieren kosten viel Energie. Er fragt beide, also »Tillerchen« alias Tilly Wedekind und »Morchen« alias Elinor Büller, in seinen Briefen dasselbe: Wie sie wohl reagieren würde, wenn sie an seinem Grabe sähe, dass eine zweite Geliebte um ihn weint. Am nächsten Tag gehen die beiden Antworten bei ihm ein: Tilly, seine »irdische Liebe«, antwortet ihm: »Ich glaube, der gemeinsame Schmerz würde uns einen.« Und Elinor, die »himmlische Liebe«, schreibt: »Du abscheulicher Lump.«

Oft sagt er beiden, dass er am Wochenende zu tun habe, setzt sich sonntags nach dem kargen Frühstück allein in den Omnibus und fährt mit anderen Gelangweilten in den Harz oder ans Steinhuder Meer, 6,50 Mark kostet das, Kaffee inklusive. Es wirkt, als wolle sich Benn bewusst in eine brutale Trostlosigkeit hineinmanövrieren. Er geht in die Kneipen, sie heißen *Knickmeyer*, *Kasten* oder *Kröpcke* und sehen auch so aus. Alles ist ausdruckslos in Hannover, das flache

Land, das Deutsch ohne Färbung und Dialekt, selbst das dünne und müde Bier. Immer mehr steigert sich Benn hinein in diese Monotonie, wie in eine klösterliche Askese. Sein Mantra heißt: »Schreibe wenig und weine im Traum.«

Zu seinem fünfzigsten Geburtstag will er einen Gedichtband zusammenstellen, er sichtet das Material der letzten fünfzehn Jahre und erschrickt über das Nachlassen der Qualität. Der neben Trakl und Heym größte deutsche Dichter des Expressionismus vor dem Ersten Weltkrieg meint zu erkennen, schmerzhaft und jäh, dass er in den ganzen Goldenen Zwanzigern kein einziges Gedicht von Gehalt geschaffen hat. Er schreibt in sein Notizbuch: »Unendliche Scham über meinen Abstieg.«

So sitzt er da, abends in der *Stadthalle*, einem großen Biergarten, in dem er sein abendliches Pils trinkt, seit es wärmer geworden ist. Im Bassin plätschert ein Springbrunnen, die Kellner bringen Getränke und Schmalzbrote, die Kapelle spielt »Ich bin so scharf auf Erika wie Kolumbus auf Amerika«. So geht das jeden Abend in diesem Mai und in diesem Juni und in diesem Juli, der Oberstabsarzt dämmert nach Dienstschluss dumpf vor sich hin.

Doch dann geschieht ein Wunder. Nach zwei Jahrzehnten vergeblichen Ringens um die Rückkehr seiner poetischen Kraft, nach drei ereignislosen Sommermonaten, fällt sie plötzlich aus dem fahlgrauen

Hannoveraner Himmel. Er spürt einen kalten Wind, der von Ferne kommt, ein erster zaghafter Gruß aus dem Herbst. Und dann fängt er zu dichten an: »Tag, der den Sommer endet«, so schreibt er auf die Rückseite der Speisekarte der *Stadthalle*. Und dann: »Herz, dem das Zeichen fiel. Die Flammen sind versendet, die Fluten und das Spiel.«

Er schreibt das Gedicht zu Ende, steckt es in einen Umschlag und schickt es in die Hartwigstraße nach Bremen, an Friedrich Wilhelm Oelze, seinen wichtigsten Briefpartner, seinen Verehrer, seinen, wie Benn sagt, »Produktionsleiter« und sanften Motivator. Wenig später bittet er Oelze auf einer Postkarte der *Stadthalle*, ihm für eine Weile nicht mehr zu schreiben. Und einfach nur jeden Morgen an seinen Briefkasten zu gehen. Denn Benn spürt, dass nach Jahrzehnten des Wartens in dieser schwülen Monotonie des Hannoveraner Sommers endlich all das Poesie zu werden vermag, was er so schwer in sich trägt, dass er manchmal glaubt, ihm liege Blei auf dem Herzen.

Und so geht der feinsinnige Friedrich Wilhelm Oelze durch seinen von Rhododendren gesäumten Kiesweg zum Eingangstor, um in den ersten Septembertagen des Jahres 1935 jeden Morgen ein Stück Weltliteratur aus dem Briefkasten zu ziehen. »Tag, der den Sommer endet«, »Ach, das Erhabene«, »Astern« – sie alle gehen per Post nach Bremen, auf den Rückseiten der Speisekarte. Vorne »Rollmops« und »Eisbombe«, hinten Verse, die Benn zu einem der größten deutschen Dichter des zwanzigsten Jahrhunderts machen. Was muss in Oelzes Kopf vorgegangen sein in diesen Momenten? Er sieht, was er da in Händen hält, und zugleich weiß er, dass er für Jahre, ja vielleicht Jahrzehnte der Einzige sein wird, der diese Zeilen zu Gesicht bekommt. »Bedarf keiner besonderen Antwort«, schreibt Benn unter sein Gedicht. Das bedeutet in Wahrheit auch, dass selbst Benn, der Schöpfer, weiß, dass das, was da aus ihm herausströmt, größer ist als er selbst. Hier, in Hannover, fern von Berlin und fern der Geliebten, in der Einsamkeit, die er so ersehnt wie verflucht, hier schreibt Benn Liebesverse von größter, ja unwirklicher Poesie: »Einsamer nie als im August« natürlich aber eben auch »Drei«, jene Bewältigung seiner Ménage-à-trois mit Tilly Wedekind und Elinor Büller: »Auf deine Lider senk ich Schlummer, / auf deine Lippen send ich Kuss, / indessen ich die Nacht, den Kummer / den Traum alleine tragen muss.«

*

Am 4. September gehen Kurt Weill und Lotte Lenya, seit zwei Jahren geschieden, gemeinsam in Cherbourg an Bord der *SS Majestic*, um nach Amerika zu fahren. Lenyas langjährige Liebschaft mit Otto Pasetti ist an ein Ende gekommen, als sie gemerkt hat, dass selbst die Gelder aus dem Verkauf des Berliner Hauses, die der naive Gatte Kurt ihm anvertraut hat, in den Schlünden der Spielbanken von Monte Carlo und Nizza verschwunden sind. Noch ein wenig ungläubig fasst Weill in der ersten Nacht in der gemeinsamen Schiffskabine neben sich – aber da liegt wirklich seine Lotte, frisch geschieden von ihm und offenbar wieder frisch verliebt in ihn. Dass sie beide nach Amerika fahren, um Franz Werfels Stück mit dem schönen Titel *Der Weg der Verheißung* gemeinsam mit Max Reinhardt zur Aufführung zu bringen, nimmt er als gutes Omen. Es ist ein gigantisches Stück über den Siegeszug des jüdischen Volkes und dessen existenzielle Bedrohungen.

Nun liegen sie gemeinsam in einer Doppelkabine, Kurt Weill und Lotte Lenya, und das erste Mal nach einem Jahrzehnt des Reisens, der Enttäuschungen, der Emigration und der Hoffnung, nach der *Dreigroschenoper* und nach den *Sieben Todsünden*, nach Otto Pasetti und nach Max Ernst, haben die beiden Zeit. Und die empfinden sie nicht als Last, sondern als Geschenk. In den sechs Tagen auf dem Atlantik arbeiten sie ihre Vergangenheit auf, ihre Höhen und Tiefen. Beim gleichmäßigen Brummen der Schiffsmotoren wird viel geweint. Aber dann, von Tag zu Tag mehr, wird auch wieder gestreichelt. Und geküsst. Und geliebt. Die Unzertrennbarkeit gespürt. Als sie am 10. September 1935 in New York von Bord gehen, sind die geschiedenen Eheleute wieder ein Paar. »Um von Liebe sprechen zu können, braucht es schon eine Weile«, wird Lotte Lenya später einmal sagen.

*

Kurt Tucholsky hat sein Lebenselixier verloren: das Schreiben. Denn er will und kann nur schreiben, wenn er weiß, dass es sofort gedruckt wird. Doch all die Zeitungen, für die er geschrieben hat, gibt es nicht mehr. Und die Herausgeber, die ihn gedruckt haben, sitzen im Gefängnis. Er spricht von sich nur noch als »aufgehörtem Schriftsteller«. Selbst die Frauen reizen ihn nicht mehr wirklich. Sein Leben verdüstert sich zunehmend, er versinkt in Depressionen und Tatenlosigkeit, liest, schreibt Briefe und geht in Schweden langsam vor die Hunde. Am Abend des 21. Dezember 1935 nimmt sich Kurt Tucholsky mit einer Überdosis Veronal das Leben. In seinem Portemonnaie findet sich kein Geld mehr, nur der berührende Abschiedsbrief, den ihm seine Frau Mary einst zur Trennung vor sieben Jahren geschrieben hat: »Kommt, wenn braucht und ruft – ist der rote Faden. Seine Meli.« Auf dem Tisch im verwaisten Haus in Hindås liegt auch ein Abschiedsbrief an Mary, seinen »roten Faden« im Leben. Aber Gertrude Meyer, die ihn findet, liest auch den schriftlichen Auftrag, dass der Brief Mary nur auszuhändigen sei, wenn »sie nicht verheiratet oder ernsthaft gebunden« ist.

Dieser Brief ist seine größte Liebeserklärung. Er kann sie bezeichnenderweise erst machen, als er die maximale Distanz erreicht hat – ja, tragischerweise erst, als er entschieden hat, diese Erde freiwillig zu verlassen. »Hat einen Goldklumpen in der Hand gehabt und sich nach Rechenpfennigen gebückt; hat nicht verstanden und hat Dummheiten gemacht, hat zwar nicht verraten, aber betrogen, und hat nicht verstanden.« Er dankt ihr für ihre »liebevolle Geduld, diesen Wahnwitz damals mitzumachen, die Unruhe; die Geduld, neben einem Menschen zu leben, der wie ewig gejagt war, der immerzu Furcht, nein, Angst gehabt hat.« Und dann, zum Schluss, er muss immer »er« zu ihr sagen, damit noch irgendeine Distanz bleibt: »Wenn Liebe das ist, was einen ganz und gar umkehrt, was jede Faser verrückt macht, so kann man das hier und da empfinden. Wenn aber zur echten Liebe dazukommen muss, dass sie währt, dass sie immer wieder kommt, immer und immer wieder –: dann hat man nur ein Mal in seinem Leben geliebt. Ihn.«

Im Januar 1936 wird das Testament von Kurt Tucholsky eröffnet. Ein einziges Mal kommen alle Frauen seines Lebens zusammen – auf sieben Seiten Papier. Hedwig Müller, seine Schweizer Geliebte, erhält seinen Ring mit dem eingravierten »Et après«. Gertrude Meyer, die die Grabstätte auf dem Friedhof in Mariefred im Schatten von Schloss Gripsholm ausgesucht hat, wo er das erste Mal, allerdings mit Lisa Matthias, den schwedischen Boden geliebt hat, darf sich ihre Lieblingsbücher aus seiner Bibliothek im Haus in Hindås aussuchen. Als Universalerbin aber hat er Mary Gerold eingesetzt, von der er sich hat scheiden lassen, damit sie nicht unter den Repressalien des Nazi-Regimes zu leiden hätte. Sie nennt sich nach diesem Testament dann auch wieder Gerold-Tucholsky und wird sich bis 1987 um nichts anderes kümmern als um den zweiten Teil ihres Doppelnamens. Tucholskys Mutter bekommt zähneknirschend ihren Pflichtteil, aber ihr Sohn hat hinzugefügt, er hoffe, sie würde aus Anstand darauf verzichten. Das Verhältnis ist zerrüttet, darum muss er zeitlebens seine Geliebten »Mutti« nennen und sie ihn »Daddy«. Lisa Matthias, Tucholskys »Lottchen«, wird im Testament nicht erwähnt – sie hat ja schon die Widmung in *Schloß Gripsholm*, das muss offenbar reichen.

*

Am 21. Dezember, als Tucholsky im schwedischen Exil nach einer Überdosis Veronal aus dem Leben scheidet, nimmt im Haus der Eltern in Küsnacht bei Zürich auch Klaus Mann Veronal, »aber irgendwie ungern, nur, weil gerade etwas im Zimmer war. Ich will es eigentlich nicht mehr«.

*

Und Else Weil, die »Claire« aus *Rheinsberg. Bilderbuch für Verliebte* und Kurt Tucholskys erste Ehefrau? Sie arbeitet bis 1933 als Ärztin in Berlin. Mit Hitlers Machtergreifung wird sie, wie alle anderen jüdischen Ärzte in Berlin, abgesetzt oder, wie so etwas im Kernland der Bürokratie geregelt wird: Man entzieht ihr die Kassenzulassung. Sie muss auch die feudale Wohnung in der Wielandstraße 33 verlassen, sie verdingt sich als Kindermädchen in Grunewald bei einer Familie, die den Namen Hoffnung trägt. Doch die trügt. Sie muss über Holland nach Frankreich fliehen, die schon gebuchte Kabine für die rettende Überfahrt im Schiff von Marseille nach Amerika verfällt, weil ihr Visum nicht rechtzeitig eintrifft. Wenig später wird sie im KZ Auschwitz ermordet.

*

Heinrich Blücher ist wie Hannah Arendt aus Berlin über Prag nach Paris geflohen, doch erst dort lernen sie sich kennen, in den Emigrantenzirkeln in Montparnasse im Frühjahr des Jahres 1936. Er ist überzeugter Kommunist und trainierter spartakistischer Straßenkämpfer aus Berlin, tarnt sich in der Emigration aber mit Dreiteiler, Hut und Spazierstock als großbürgerlicher Tourist. Blücher und Arendt begegnen sich mit aller Leidenschaft – und dies meint in ihrem Falle neben der körperlichen auch die geistige Passion: Das junge Paar verbindet sich in Paris in einem heißblütigen Austausch über Ideen, Bücher und das große Ganze. Viel zu bescheiden wird Hannah Arendt später sagen: »Ich habe dank meines Mannes politisch denken und historisch sehen gelernt.« Auf jeden Fall aber, so darf man hinzufügen, hat sie dank ihm ihren Liebesbegriff erweitert – über den bei Augustinus und den von Heidegger hinaus zu dem wundervollen Paradox der Gleichzeitigkeit der »Liebe zur Welt« und der Weltlosigkeit der Liebe.

*

Am 8. Mai 1936 stirbt Oswald Spengler vereinsamt in seiner Münchner Wohnung. Der Autor vom *Untergang des Abendlandes* muss diesen nicht mehr miterleben.

*

Am 22. Mai 1936 beginnen in Griechenland die Dreharbeiten für Leni Riefenstahls Film *Olympia*. Ungeheure Fluten von Licht fallen auf die Wege, strahlen zurück von den weißen Wänden, erhellen selbst die Schatten. Im Hain von Olympia will Riefenstahl das Entzünden des Olympischen Feuers filmen und die ersten Läufer auf ihrem langen Weg durch Griechenland. Anatol Dobriansky, Sohn russischer Einwanderer aus Odessa, sollte der erste Fackelläufer im Film sein. Riefenstahl schreibt über den »jungen, dunkelhaarigen Griechen, vielleicht achtzehn oder neunzehn«, in ihrer Autobiographie: »Wir verstanden uns sehr gut.« Das bedeutet in ihrem Fall immer: Sie nimmt ihn sich zum Liebhaber, damit sie während der Dreharbeiten in Griechenland nicht allein im Zelt schlafen muss.

Aber der junge Grieche verliebt sich unsterblich. Als Riefenstahl ihn bald abserviert, weil ihr bei den Dreharbeiten an der Kurischen Nehrung, auf der hohen Düne, wo das verwaiste Sommerhaus von Thomas Mann an vergangene schöne Sommer erinnert, ein anderer junger Bursche zugelaufen ist, da versucht unser schöner Anatol sich zu erschießen. Willy Zielke, Riefenstahls genialer Kameramann, kann das gerade noch verhindern, allerdings nicht, dass er nach den Dreharbeiten als verwahrloster Schnürsenkelverkäufer in Berlin in der Versenkung verschwindet. Unsterblich ist nur das unglaubliche Foto, das ihn als griechischen Speerwerfer zeigt, verwegen, der Zukunft zugewandt. Aufgenommen hat es Willy Zielke. Aber Leni Riefenstahl wird es bald für sich reklamieren.

Sie geht dafür generalstabsmäßig durchtrieben vor. Sie erzählt Willy Zielkes Frau Friedel, dass ihr Mann bisexuell sei, wie ihr bei den Dreharbeiten aufgefallen sei. Dann hilft sie noch an anderer Stelle ein wenig nach, und so wird Zielke bald wegen Schizophrenie in die Psychiatrie *Haar* eingewiesen und für unzurechnungsfähig erklärt. Riefenstahl fährt daraufhin zu seiner Gattin und nimmt alle Fotos und Negative von Willy Zielke in ihren Besitz – und signiert sie fortan mit eigenem Namen. Nach dieser künstlerischen Entmannung wird Zielke in der Psychiatrie sogar zwangssterilisiert. (Ein paar Jahre später wird die teuflische Riefenstahl den zerbrochenen Mann dann wieder aus der Psychiatrie herausholen, damit er ihr hilft, den Film *Tiefland* zu drehen, da alle anderen Kameramänner an der Front sind.)

*

Erich Maria Remarque eilt sein Ruf als Kunstkenner voraus. Er tröstet sich seit Jahren über seine Depressionen und die vergebliche Suche nach der großen Liebe hinweg, indem er französische Impressionisten kauft. In seiner Villa am Lago Maggiore kommt mit jeder neuen Tantiemenüberweisung für *Im Westen nichts Neues* auch ein neuer Cézanne oder Monet dazu. Als er mit seiner Geliebten Margot von Opel im Mai 1936 eine Reise nach Budapest unternimmt, darf er als einer der ersten Menschen überhaupt eines der wichtigsten Kunstwerke des neunzehnten Jahrhunderts sehen. Gemeinsam mit dem Schriftsteller Sándor Márai besuchen Remarque und von Opel einen kleinen Empfang beim Baron Ferenc von Hatvany. Als die Damen im Salon abgelenkt sind, bittet der Baron den prominenten Gast in ein Hinterzimmer. Dort schließt er einen mit mehreren Schlössern gesicherten Schrank auf und entnimmt ihm ein Bild, stolz und verlegen zugleich zeigt er es Remarque. Es ist Courbets *Ursprung der Welt*, dieser ungeheuerlichste Modernitätssprung in der französischen Körpermalerei – der direkte Blick auf die Scham der Frau. Kennerhaft notiert Remarque abends in sein Tagebuch: »Ein etwas schweinischer, aber guter Courbet«.

Als sie zu den Damen zurückgehen, versucht Hatvany, Margot von Opel hinter einem Vorhang zu küssen. Dann muss ihr Remarque gestehen, dass er am Tag zuvor auf ihrer gemeinsamen Liebesreise doch kurz mit einer hübschen Dänin fremdgegangen ist. Margot weint. Remarque schämt sich. *Der Ursprung der Welt* bleibt für ihn auch der Ursprung des Sehnens und des Leidens.

*

Mit ihrer zweiten Ehe und ihrem Wissen, finanziell ausgesorgt zu haben, versiegen tragischerweise die kreativen Quellen in Tamara de Lempicka. Sie hat zehn Jahre lang die Protagonisten einer ganzen Epoche in Paris als Ikonen des Art déco gemalt – aber jetzt ist sie nicht mehr im Atelier, sondern nur noch in Sanatorien, in der Schweiz meist, wo sie sich durch Diäten und Kuren vergeblich von ihren Depressionen zu heilen versucht. Die Dämonen ihrer verworrenen Kindheit und Jugend in Russland werden übermächtig. Sie kann die glamouröse Fassade nicht mehr aufrechterhalten. Sie malt in Paris zwei verhärmte und verängstigte Emigranten und nennt das Bild *Die Flüchtlinge irgendwo in Europa*. Doch diese Begegnung mit der Wirklichkeit zieht sie noch tiefer in ihre Depressionen. Sie reist darauf verzweifelt in ein italienisches Kloster nahe Parma und bittet um Einlass. Sie will ihr wildes bisexuelles Leben hinter sich lassen und Nonne werden. Als sie die Schwester Oberin sieht, ist sie so fasziniert von deren Gesicht, dass sie lieber doch Malerin bleiben will, aber es wird das letzte Bild ihrer großen Epoche werden. Die Tränen, die sie der ehrwürdigen Nonne auf die Wangen malt, sind ihre eigenen. In Europa hat sie das Bildnis begonnen – aber sie vollendet es in New York im Hotel *Ritz*. Es ist ihr gelungen, ihren Mann, den Zuckerrübenbaron Kuffner, zum Verkauf seiner ungarischen Güter zu drängen und dazu mit ihr nach Amerika zu emigrieren. Erst nach Manhattan, dann nach Beverly Hills. So können sie zwar ihr Leben retten. Aber ihr Glück werden sie nicht finden in den kahlen Hügeln der Hollywood Hills.

*

Hannah Arendt und Walter Benjamin spielen im Pariser Exil stundenlang gegeneinander Schach. Meist setzt die Dame von Arendt den König von Benjamin schachmatt. Zu Hause bei Hannah Arendt aber herrschen seit neuestem andere Verhältnisse. Freunde beschreiben ihr Zusammenleben mit Heinrich Blücher als »Doppelmonarchie«. Zwei stolze, selbstbewusste Denker, unabhängig voneinander – und doch in einem tiefen Grund miteinander verbunden. Ja, diese beiden Philosophen erarbeiten sich eine Form der Liebe im Paris der dreißiger Jahre, die so viel humaner wirkt als der berühmte taktische »Pakt« zwischen Jean-Paul Sartre und Simone de Beauvoir ein paar Arrondissements weiter. Arendt und Blücher brauchen keine erotischen Freiheiten außerhalb ihrer Ehe, wie Sartre das als Bedingung sieht, nein, sie bewegen sich in ihren Briefen und in ihren Gesprächen auf eine wundersame Weise ganz langsam aufeinander zu, wissend, dass Umwege die Ortskenntnis erhöhen. Beseelt von der »unverschämten Hoffnung«, wie Arendt es in einem ihrer ersten Briefe nennt, ihm »alles zumuten zu können«, also: »dich so behandeln, wie man sich selbst behandelt«. Und darauf Blücher: »Liebste, ich kann wieder atmen, tief in mich hinein und mich füllen mit deiner Liebe.« Und, ganz zaghaft: »Nun, da du meine Frau bist, darf ich wohl so weich sein, dir zu sagen, dass ich mich nach dir sehne?« Er unterschreibt nur noch mit »Dein Mann«, aber er weiß, dass sie noch mit Günther Stern verheiratet ist. Und am 24. August 1936 schickt sie ihm ihr Liebesbekenntnis – und ihre Zweifel: »Dass ich dich liebe – das hast du schon in Paris gewusst, wie ich es wusste. Wenn ich es nicht sagte, so weil ich Angst hatte vor den Konsequenzen. Und was ich heute dazu sagen kann, ist nur: Wir wollen es versuchen – um unserer Liebe willen. Ob ich deine Frau sein kann, sein werde, weiß ich nicht. Meine Zweifel sind nicht weggepustet. Auch nicht die Tatsache, dass ich verheiratet bin (Entschuldige, Geliebtester, so viel brutale Direktheit – wenn du kannst).« Und er kann das entschuldigen. Sie gesteht ihm bald, wie arg es um ihre Ehe steht: »Ich habe nicht viel von der Hölle, die das Zuhause war, gemerkt. Denn ich arbeitete wie ein Pferd. Meine passive Resilienz hielt ich ebenso aufrecht wie der andere die Vorstellung, mit mir verheiratet zu sein.«

Es sind berührende Briefe, die da zwischen Arendt und Blücher hin- und hergehen am Anfang ihrer großen Liebe, meist, wenn sie unterwegs ist in der Schweiz, die beiden trotzen all den äußeren Widerständen des Exils, den schrecklichen Nachrichten aus der Heimat und der Judenverfolgung, und sie finden gemeinsam eine Sprache für ihre Gefühle, tastend erst, dann immer entschiedener. All das ist ohne Pathos, aber mit viel tiefem Ernst – und immer wieder voll befreiendem Witz. Bald schon weiß Hannah Arendt, dass sie sich für Heinrich Blücher aus ihrer

Ehe lösen will. Dass sie »seine Frau« werden muss. Denn sie ist es längst geworden. Auch Blücher muss noch eine frühere Verbindung formal lösen. Auf seinen französischen Scheidungsunterlagen lässt der ständig der Spionage verdächtigte Heinrich Blücher als Beruf übrigens »Drahtzieher« eintragen. Ein bisschen Spaß muss sein.

*

Als alle – und wohl auch er selbst – denken, dass sein Leben nun endlich die entscheidende Wendung genommen hat, kommt plötzlich die nächste Kurve – mit wiederum offenem Ausgang. Nachdem nämlich Pablo Picasso offiziell der Partner von Marie-Thérèse Walter ist, seiner Geliebten seit fünf Jahren, und sie ihre gemeinsame Tochter im Kinderwagen durch Montparnasse schieben, tritt eine neue Person in sein Leben: Dora Maar. Er sieht sie an einem Tisch in seinem Lieblingscafé *Les Deux Magots* in Saint-Germain-des-Prés in Paris: »Sie trug schwarze Handschuhe mit kleinen aufgenähten rosa Blumen. Sie zog die Handschuhe aus und nahm ein langes, spitzes Messer, das sie in den Tisch zwischen ihre ausgestreckten Finger rammte, um zu sehen, wie nahe sie jedem Finger kommen könnte, ohne sich wirklich zu schneiden. Von Zeit zu Zeit verfehlte sie ihn um den Bruchteil von wenigen Zentimetern, und bevor sie das Spiel mit dem Messer beendet hatte, war ihre Hand mit Blut bedeckt.« Picasso starrt sie mit aufgerissenen Augen an. Dann geht er zu ihrem Tisch und bittet sie um ihre Handschuhe. Sie wirft sie ihm zu. Er wird sie in einer Vitrine wie ein Heiligtum verehren.

Wenige Tage später wird Dora Maar Picassos Geliebte. Es gelingt ihm, seine Frau Olga und den Sohn Paolo schon bald in sein Schloss *Boisgeloup* in der Normandie auszuquartieren, um in Paris freie Bahn zu haben – und er wird ihnen das Schloss im Rahmen der Scheidung ganz überlassen.

Und Marie-Thérèse bezieht mit der kleinen Maya ein Haus vierzig Kilometer außerhalb von Paris in Le Tremblay-sur-Mauldre. Er selbst sucht sich ein neues Atelier, in dem ihn nichts mehr an seine Vergangenheit, zerrissen zwischen zwei Frauen, erinnern soll. Er findet helle Räume in der Rue des Grands-Augustins in Paris. Und Dora Maar, die neue Frau seines Herzens, zieht in eine Wohnung direkt nebenan. Es kommt zu unglaublichen Eifersuchtsszenen zwischen der blonden, natürlichen Marie-Thérèse und der theatralischen, schneidenden spanischen Schönheit Dora. Und Picasso, dieser starke Maler und so schwache Mann? Er sagt: »Ich hatte kein Interesse daran, eine Entscheidung zu treffen … Ich sagte ihnen, sie sollten es unter sich ausmachen.« Und das taten sie. Dora Maar, die seelisch muskulöse Kommunistin, geht als Siegerin aus diesem Kampf hervor. Als er später, im

Sommer 1937, sein spektakulärstes Gemälde malt, *Guernica*, benannt nach der gerade von den Deutschen bombardierten spanischen Stadt, da malt er in der Mitte des Bildes wieder eine mythische »Lichtträgerin« mit der Fackel. In der *Minotauromachie*, zwei Jahre zuvor, hat sie noch die Züge von Marie-Thérèse getragen. Nun aber, im Sommer 1937, hat sie schwarze Haare und die markante Nase von Dora Maar. Picasso nimmt seine Frauen mit durstigen Zügen in sich auf. Wer seinen Körper und sein Sehnen bestimmt, der bestimmt auch seine Kunst und sein Sehen.

*

Mit Gustaf Gründgens verbindet Klaus Mann eine Hassliebe, seit sich die beiden in den zwanziger Jahren nahegekommen sind, wie nahe, weiß man nicht, aber wir wissen, wie sehr es Klaus geschmerzt hat, dass seine Schwester Erika ausgerechnet Gründgens zum Ehemann erwählte. Schon 1932, in seinem Roman *Treffpunkt im Unendlichen*, hat sich Klaus Mann an Gründgens abgearbeitet – und er tut es ein Leben lang. In seinem Tagebuch befragt er sich selbst: »Warum denke ich so viel und mit so bewegter Antipathie an ihn?« Immer wieder erscheint Gründgens ihm in seinem Pariser und Amsterdamer Exil im Traum. Er sieht dessen kometenhaften Aufstieg zum Intendanten des Berliner Staatstheaters. Und macht dann einen

Roman daraus. Er heißt so wie die größte Theaterfigur, die Gründgens je gespielt haben wird: *Mephisto*.

Allein dadurch ist klar, um wen es sich bei »Hendrik Höfgen« handelt, dessen Gefallsucht und Ranschmeißerei Klaus Mann im Roman auf dreihundert Seiten schildert. Sein Buch, so gesteht er seiner Mutter, verspreche, von »einer gewissen hassvollen Beschwingtheit« zu sein. Einziges Problem: Wie die Zeit von Gründgens und seiner geliebten Schwester Erika literarisieren, »weil sie nicht Erika werden soll, und natürlich doch Erika ist«? Am Ende ist diese »Barbara«, mit der er Erika tarnen will, das vielleicht zärtlichste Porträt seiner Schwester, das Klaus je gezeichnet hat: »Sie war erfahren im Schmerz der anderen; seit früher Jugend aber hatte sie sich versagt, eigene Schmerzen, eigene Ratlosigkeit gar zu ernst zu nehmen oder mitzuteilen.« Und dann, in einer faszinierenden Wendung ein Gruß an den Vater, um dessen Liebe er immer so kämpft: Nur einen gebe es auf der Welt, der um die »Labilität ihres inneren Zustandes« wisse – der Vater »kannte sein Kind, das er liebte«.

Als *Mephisto* im Sommer 1936 zuerst in der *Pariser Tageszeitung* der Emigranten und dann in Amsterdam als Buch erscheint, sind die Reaktionen sehr gemischt. Der unbarmherzige Vater, Thomas Mann, kennt nicht nur seinen Sohn, den er vermutlich auch auf irgendeine verquere Weise liebt, sondern auch dessen literarische Schwachpunkte. *Mephisto* sei immer dann schwierig, wenn es Fiktion zu werden versuche, weil »ein so sehr an die Wirklichkeit gebundenes Werk am gefährdetsten ist und gewissermaßen ratlos wird, wo es frei von ihr abweichen und sie verleugnen möchte«. Er hat leider recht.

Aber immerhin sorgt die himmlische Regie dafür, dass Gründgens ausgerechnet an dem Tag, an dem der Vorabdruck des Buches beginnt, heiratet. Die Gerüchte über seine Homosexualität sind so laut geworden in Berlin, dass er seine Position als Intendant des Staatstheaters am Gendarmenmarkt nur halten kann, wenn er aus formalen Gründen eine Ehe eingeht. Er tut dies mit Marianne Hoppe, einer 27-jährigen Schauspielerin, die selbst gleichfalls sehr viel mehr am eigenen Geschlecht interessiert ist. Die beiden beziehen 1936 ein kleines Landgut in Zeesen, das geflüchteten Juden entwendet worden ist. Gründgens' Mutter hat es für ihn besichtigt und für gut befunden. Nach der standesamtlichen Trauung fährt das junge Paar in sein neues Haus, Marianne geht baden, Gründgens macht einen Mittagsschlaf. Abends kommen ein paar Gäste, doch Gründgens muss nach Berlin, auf die Bühne. Als er danach zurückkommt nach Zeesen, sind die Gäste gegangen und Marianne schläft. So kommt Gustaf Gründgens auch in seiner zweiten Hochzeitsnacht ungeschoren davon. Der Berliner Volksmund findet diese schönen Verse: »Hoppe Hoppe Gründgens, die kriegen keine Kindgens; und wenn die Hoppe Kindgens kriegt, dann sind sie nicht von Gründgens.«

*

Im Sommer 1936 kommt es in Ostende an der Nordsee zu einem kleinen Dreipersonenstück mit bester Besetzung und schönsten Illusionen. Bei böigem Wind treten auf: Zunächst einmal Joseph Roth und Stefan Zweig, die beiden so unterschiedlichen Autoren und Freunde, der eine im Exil vollkommen dem Alkohol verfallen, der andere permanent und ästhetisch verfeinert an *Die Welt von Gestern* denkend, wie sein berühmtestes Buch dann heißen wird. Und dazu tritt die 31-jährige Irmgard Keun, die durch *Das kunstseidene Mädchen* im Berlin der zwanziger Jahre berühmt geworden ist und Deutschland gerade verlassen hat. Joseph Roth und Irmgard Keun erkennen einander im anderen, im zarten Verzweifeln, im stillen Hoffen. Sie geraten gemeinsam in einen späten Rausch – des Schreibens und des Lebens und des Trinkens. Und der dritte, Roths Seelenfreund Stefan Zweig, zieht sich, wie es seine Art ist, diskret zurück, packt seine Koffer und wünscht dem jungen Glück nur das Beste. Sein Rat: »Jetzt noch alles Gute mitnehmen.« Und so steigt Joseph Roth in den Zug und fährt mit Irmgard Keun in einem weiten Bogen um Deutschland bis nach Galizien, zu den Stätten seiner jüdischen Vorfahren. »Ich muss es noch einmal sehen«, sagt der junge Greis zu seiner weisen und trinkfesten Geliebten, die er immer mehr mit hinabzieht in die zerstörerischen Abgründe des Alkohols. Zwei ewige Jahre lang bleiben sie das sonderbarste und rührendste Paar der deutschen Emigration.

*

Das langwierigste Dreipersonenstück der dreißiger Jahre erfährt in Paris kurzzeitig eine Erweiterung. Mit Gonzalo Moré ergänzt ein bohemehafter Peruaner mit kühnen Zügen die etwas in die Jahre gekommene Ménage-à-trois von Anaïs Nin, Henry Miller und Hugo Guiler.

An einem Samstag im September 1936 will Henry Miller, dass Anaïs wie stets an Samstagen bei ihm in der neuen Wohnung übernachtet. Wenn sie Samstagnacht bei ihm ist, dann hat er das Gefühl, ihre Nummer eins zu sein. Doch an diesem Samstag wird Gonzalo so eifersüchtig auf Henry, dass er von Anaïs verlangt, zu ihm zu kommen, sonst würde er sie verlassen. Und so gibt Anaïs Nin Henry Miller am Samstagnachmittag starke Schlafmittel in den Tee, damit er schon am frühen Abend einnickt. Sie schleicht sich dann auf leisen Sohlen aus dem Haus und verbringt eine leidenschaftliche Nacht mit Moré. Um sechs Uhr eilt sie zurück und kriecht wieder zu Henry unter die warme Bettdecke in der Villa *Seurat*; er schnarcht selig und hat nichts mitbekommen. Als er aufwacht, kümmert sie sich um ihn. Nach einem schönen Frühstück fährt sie zu ihrem Gatten Hugo Guiler in die neue prachtvolle Wohnung und bringt ihm einen Blumenstrauß mit. Abends notiert sie in ihr Tagebuch: »Keine Schuld. Kein Mitleid, keine Schuldgefühle. Nur Liebe.«

*

Das Jahr 1936 ist wegweisend für Libertas und Harro Schulze-Boysen. Sie heiraten und ziehen um in eine neue Wohnung in der Waitzstraße 2 in Berlin-Charlottenburg, die rasch zum geheimen Treffpunkt ihrer elitären Widerstandsgruppe aus Ärzten, Künstlern und Professoren wird. Und damit Harro im Luftfahrtministerium endlich zum Leutnant ernannt wird und an entscheidende Informationen kommt, sorgt seine Gattin für seine Beförderung. Als Hermann Göring für ein Wochenende zur Damwildjagd in ihrem heimischen Schloss Liebenberg einkehrt, fährt Libertas kurzentschlossen ebenfalls dorthin. Göring will sich, befriedigt vom Abschuss zweier kapitaler Hirsche, gerade auf sein Zimmer begeben, da verwickelt ihn die charmante Tochter des Hauses in ein langes Gespräch. Sie erzählt ihm, dass ihr Gatte wegen seiner journalistischen Jugendsünden leider keine verantwortliche

Position im Ministerium erhalte, trotz tadelloser Haltung. Göring verspricht, sich darum kümmern zu wollen. Er tut es. Und er ahnt nicht, dass er mit dem sich perfekt als schneidigen Nazi tarnenden Harro Schulze-Boysen höchstpersönlich einen Widerstandskämpfer zum Offizier befördert. Und auch die kühne Libertas spielt ihre Rolle perfekt – sie gibt sogar ihr NSDAP-Parteibuch zurück in diesem Jahr. »Als Frau«, so heuchelt sie gegenüber der Partei, müsse sie sich ganz ihrem Mann und dem Hausstand widmen: »Die Vorbedingungen für meinen politischen Einsatz sind mit meiner Verheiratung entfallen.« Die Nazis können nicht anders, als diese Konsequenz zu akzeptieren. Und dabei ist ihr Verhalten »als Frau« in Wahrheit so, dass es sowohl ihre Mutter als auch ihre Schwiegermutter erzürnt. Die 22-Jährige denkt überhaupt nicht daran, ihren Gatten brav zu bekochen, nein, sie will Journalistin und Schriftstellerin sein und ein selbstbestimmtes Leben an seiner Seite führen, als wären wir noch in den Goldenen Zwanzigern. Als Libertas alleine mit ihrer Zieharmonika, ihrer Leica und ihrem Notizblock mit einem rostigen Frachter von St. Pauli in Richtung Schwarzes Meer aufbricht, muss Harro seiner Mutter einiges erklären: »Es handelt sich einfach darum, dass ich gewollt habe, dass Libs fortfuhr, gerade weil ich wünsche, dass meine Frau sich daran gewöhnt, auch im Getrenntsein von mir als eigene Persönlichkeit zu bestehen.« Doch das beruhigt die

Frau Mama in Mülheim an der Ruhr kein bisschen. Sie schreibt dem Sohn, so könne man doch keine Ehe führen. Das sieht Harro ganz anders: »Was weißt du eigentlich von den feinen, unendlich feinen Gesetzen, nach denen sich eine glückliche Ehe aufbauen kann? Ich bin auch heute noch Manns genug, immer wieder das Bedürfnis zu haben, die Frau mir zu erkämpfen und die Liebe gegen Widerstände durchzusetzen. Und da ich kein sexueller Freibeuter bin und meine eigene Frau nun mal unendlich lieb habe, werde ich das Abenteuer und die Hindernisse nicht aus meiner Ehe herausverlegen, sondern in meine Ehe hinein.« Was für große Worte. Auch, weil Harro weiß, dass die Nazis ihm auf alle Zeiten ein Hindernis in seine Ehe hineingelegt haben, das kaum zu überwinden ist: Durch die Folterungen im Sommer 1933 sind seine Nieren so zerstört, dass er, wie er seinem Bruder schreibt, dem, was man ehelichen Pflichten nennt, nicht so nachkommen kann, wie er es gerne würde. Aber Libertas schreibt ihm von ihrer Seereise ans Schwarze Meer, umringt von Matrosen: »Was das Treubleiben betrifft, Junglein, so hast du nichts mehr zu fürchten.« Was für große Worte also auch von ihr.

*

Zwischen ihren Häusern liegt eine herrliche Bucht – und zwischen ihren Herzen steht eine Frau: Im August 1936 buhlen in Sanary-sur-Mer Lion Feuchtwanger, der deutsche Emigrant, und Aldous Huxley, der britische Autor von *Brave New World*, um Eva Herrmann, die bildschöne Malerin, die am Rande des Ortes mit Sybille Bedford zusammenlebt, ihrer lesbischen Freundin. Eva Herrmann löst das Problem auf ihre Weise: Sie schläft erst mit Feuchtwanger, dann mit Huxley und dann wieder mit Sybille Bedford. Daraufhin notiert Feuchtwanger in sein Tagebuch: »Ziemlich verstimmt wegen Eva.« Er will mit den anderen spielen – und hasst es, wenn er das Gefühl hat, dass jemand mit ihm spielt. Doch Feuchtwanger weiß, wie man verletzt: Und so geht er abends plötzlich mit Sybille Bedford über die Hafenpromenade von Sanary. Doch sie bleibt hartnäckig dem eigenen Geschlecht zugetan. So versucht es Lion Feuchtwanger bei Sascha, der etwas gelangweilten Gattin des Philosophen Ludwig Marcuse. Und siehe da: Als Eva davon erfährt, kommt sie schnurstracks wieder zu ihm und in sein Bett. Diesmal wird sie schwanger und muss nach Paris reisen, um das Kind abzutreiben. Noch also sind es diese Erschütterungen der Seele und des Körpers, Eifersucht, Sehnsucht und Liebeswahn, die das Leben in Sanary in Schach halten. Noch scheint es, als sei der Nazi-Terror weit entfernt und man ihm glücklich entronnen.

*

Mit ihrer einzigartigen Mischung aus Wärme und Witz hat Mascha Kaléko so vielen Leserinnen und Lesern aus dem Herzen gesprochen. So viele Varianten der Liebe und des Lebens beschwören ihre Gedichte, Flüchtigkeit, Betrug und den trotzigen Glauben ans Glück: »Wie oft sind unsrer Sehnsucht Außenstände / mit einem D-Zug schon davongeweht …« Doch Mascha Kaléko hat aus einem Gefühl der Sicherheit heraus über die Unsicherheit geschrieben: aus der Liebe mit Saul, ihrem Mann, der ihr in blinder Treue ergeben ist. Ein paarmal hat sie ihn betrogen, das schon, dennoch: »Die Andren … das ist Wellenspiel, / Du aber bist der Hafen.« Als es anfängt zu kriseln, tun sie das, was Paare tun, um ihr heruntergebranntes Feuer neu zu entfachen: Sie suchen sich eine andere Wohnung. Kaum sind sie eingezogen in die herrliche Altbauwohnung in der Bleibtreustraße in Charlottenburg, spürt Mascha Kaléko, dass sie schwanger ist. Und sie weiß, dass der Vater dieses Kindes nicht Saul Kaléko heißt, sondern Chemjo Vinaver. Ihr Mann hat ihr da, in gewisser Vorahnung, schon geschrieben: »Sei untreu mir, soviel du willst / Doch – lass es mich nicht wissen.« Aber mit jeder Woche, in der ihr Bauch wächst, lässt sich das Geheimnis schwerer verbergen. Und auch ihre Liebe zu Chemjo nicht, jenem oft geistesabwesenden jüdischen Komponisten, der sie von der ersten Sekunde an in seinen Bann gezogen hat. Sie haben im *Romanischen Café* zufällig an zwei benachbarten Tischen gesessen, als er zu ihr trat und ihr einen Zettel zuschob: »Mascha, ich muss ein Kind mit dir haben.«

Das nennt man dann wohl – vom betrogenen Ehemann wie vom künftigen Vater – doppelte Vorsehung. Am 28. Dezember 1936 wird Avitar Alexander geboren. Die Mutter traut sich nicht, ihrem Ehemann die Wahrheit zu sagen, und so beginnt für sie ein Jahr des Leidens. Sie liebt ihren Sohn – und erkennt doch in seinem Lächeln nur die Züge ihres Geliebten. Ihr Mann aber bemerkt voll Stolz, wie sehr ihm sein Junge ähnelt.

Mascha Kaléko fühlt sich vollkommen zerrissen. Irgendwann, 1937, an einer Verkehrsampel, als links der Mann läuft, dessen Ring sie trägt und rechts der, dem ihr Herz gehört, gesteht sie es. Im Kinderwagen schreit Avitar Alexander.

Chemjo Vinaver zieht zu seiner Geliebten und dem gemeinsamen Sohn in die Bleibtreustraße. Und Saul Kaléko in eine Pension. Er ist der Autor des Buches *Hebräisch für Jedermann für Fortgeschrittene*. Im Alleinsein jedoch ist er blutiger Anfänger. Am 22. Januar 1938 werden er und seine Frau geschieden. Am 28. Januar heiratet Mascha Kaléko Chemjo Vinaver. In unzähligen Gedichten hat sie beschrieben, dass Vorsicht geboten ist, wenn Wünsche in Erfüllung gehen. Nun ist sie selbst an der Reihe: Vier Tage nach der Hochzeit schreibt sie verstört in ihr Tagebuch: »Er ist so aufbrausend, und wenn er schreit, denke ich: Und das ist die ›große Liebe‹, um die uns alle Welt beneidet. Ich habe einen ungeliebten Mann verlassen, um dem geliebten Mann zu folgen. Und um mein und meines Kindes Frieden bei ihm zu finden.« Aber schon ein paar Wochen später schreibt Mascha Kaléko voll Rührung: »Für mich ist er der Liebste der Welt. Ich weiß, dass er mich sehr, sehr, sehr liebt, ich glaube ihm auch, wenn er sagt, dass ich die Frau in seinem Leben bin, die für ihn Heimat und Liebe zugleich sein kann.« Und so ist es. Schon im Oktober emigrieren die beiden mit ihrem geliebten Sohn in die USA, New York, 378/385 Central Park West, wird ihre neue Heimat. Und ihre Liebe zueinander, die bleibt die alte. Und ihre Sehnsucht nach Berlin auch. Sie dichtet: »Gewiss, ich bin sehr happy / Doch glücklich bin ich nicht.«

*

New York ist nach Berlin und Paris die dritte Weltstadt, in der Kurt Weill und Lotte Lenya innerhalb von nur fünf Jahren ihre Zelte aufschlagen. Sie sind mit leichtem Gepäck in die endgültige Emigration gereist: ein paar Koffer mit Kleidern, Noten, Notizbüchern, dem letzten Rest des Geldes aus der *Dreigroschenoper*. That's it. Nun müssen sie neu anfangen, wie all die anderen, die hier stranden, erleichtert erst und dann voll

Zukunftsangst. Doch sie wollen sich nicht einlullen lassen von der Nostalgie und der Sentimentalität der deutschen Emigranten im Hotel *Bedford*. Sie wollen arbeiten, sie wollen nicht mit Tränen in den Augen von der »guten alten Zeit« reden. Sie wollen Karriere machen in der Neuen Welt. Sie pauken Englisch. Mit Erfolg in ihren jeweiligen Spezialdisziplinen: Schon ein Jahr nach seiner Ankunft in Amerika läuft Weills erste große Show am Broadway. Und Lotte Lenya hat ihren ersten amerikanischen Liebhaber, den Dramatiker Paul Green. Es ist alles wie immer. Und so können sich die beiden am 19. Januar 1937 auf dem Standesamt in New York ein zweites Mal das Jawort geben. Der Prozess der Aussöhnung ist abgeschlossen. Und Weill weiß, dass diese Ehe immer ein paar Nebendarsteller haben wird. »Doppelt hält besser«, sagt Lotte Lenya, als sie ihren Freunden von ihrer neuen Hochzeit erzählt. Und Kurt Weill kommt, nachdem er für einige Monate nach Hollywood gezogen ist, zu diesem Fazit: »Ich glaube, wir sind das einzige Ehepaar ohne Probleme.« Herzlichen Glückwunsch. Beziehungsweise, wie Rilke es formuliert hat: »Die Liebe, mein Gott, die Liebe.«

*

Konrad Adenauer verlässt seinen Schutzraum im Kloster Maria Laach, wohin er 1933 geflüchtet ist.

Er zieht mit seiner Frau Gussie und den Kindern nach Rhöndorf, nachdem auch das Familienhaus in Köln von den Nazis beschlagnahmt worden ist. In Rhöndorf baut Gussies Bruder Ernst den Adenauers ein kleines Haus, sie leben von der halbierten Pension aus seiner Zeit als Kölner Oberbürgermeister. Es sind stille, trostlose Jahre. Konrad Adenauer fürchtet, dass seine besten Zeiten hinter ihm liegen.

*

Das muss Liebe sein: Am 21. Februar 1937 sagt Leni Riefenstahl dem amerikanischen Reporter Padraic King, was sie fühlt, wenn sie an Adolf Hitler denkt: »Für mich ist Hitler der größte Mann, der je gelebt hat. Er ist wirklich tadellos, so einfach und außerdem so erfüllt von männlicher Kraft. Strahlen gehen von ihm aus. All die großen Männer Deutschlands, Friedrich der Große, Nietzsche, Bismarck – hatten Fehler. Auch Hitlers Mitläufer sind nicht makellos. Nur er ist rein.«

Leni Riefenstahl weiß, was sie zu tun hat. Denn Hitler persönlich hat sie gerettet. Goebbels hatte öffentlich gemunkelt, dass Riefenstahl wohl eine jüdische Großmutter habe. Da hat ihn Hitler zur Raison gerufen – auch wenn die Sache mit der Großmutter in der Tat nicht so ganz eindeutig ist. Aber Goebbels muss sich öffentlich entschuldigen, am 30. Juni zur

Housewarmingparty bei Riefenstahl antanzen und seinen Diener machen. In Berlin-Dahlem bezieht Hitlers Lieblingsregisseurin ein neues Haus, erbaut auf dem arisierten Grundstück der emigrierten Familie Wertheim. Es ist ein kleiner Kreis, der da auf dem frisch gemähten Rasen Bowle trinkt: Hitler, Goebbels, Riefenstahls Bruder Heinz mit Frau, ihre Mutter und die Hausherrin – und dann noch eine Dame, genauso gekleidet wie sie, weiße Bluse, knielanger Rock, die sich etwas scheu im Hintergrund hält und die Riefenstahl den Herren als Frau Dr. Ebersberg vorstellt. Da Heinrich Hoffmann mitgekommen ist, Hitlers Freund und Hoffotograf, gibt es zahlreiche Bilder von jenem lauen Sommerabend, bei dem Riefenstahl aufs neue vom Tausendjährigen Reich ins Herz geschlossen wird.

Jene Annetta Ebersberg taucht übrigens zwar an diesem Abend, aber nicht in Riefenstahls neunhundert Seiten dicker Autobiographie auf. Seit Mitte der dreißiger Jahre ist sie jedoch Riefenstahls engste Vertraute. Hitler fragt nicht nach, auch Goebbels nicht, man hält die »Frau Doktor« wohl für die Ärztin. Und nachdem man Riefenstahl gerade von dem Ruch befreit hat, eine jüdische Großmutter zu haben, verschließen Hitler und Goebbels scheinbar lieber beide Augen vor einer möglichen Bisexualität der Hausherrin. Man muss ja nicht immer gleich das Schlimmste befürchten. Leni Riefenstahl jedenfalls packt ihre Koffer, nachdem die hohen Herren gegangen sind, und trinkt dann noch ein Gläschen mit Annetta, ihrem Bruder und ihrer Mutter. Am nächsten Morgen muss sie früh raus, ihr Film *Triumph des Willens* feiert in Paris Premiere.

*

Und Hermann Hesse? Der kniet weiter in seinem üppigen Garten hoch über dem Luganer See und jätet Unkraut. Es ist für ihn auch die Möglichkeit, der Nähe seiner Frau Ninon zu entfliehen: »Ich teile meine Tage zwischen Studio und Gartenarbeit, Letztere gilt der Meditation und der geistigen Verdauung und wird darum meist einsam betrieben.« Danach sehnt er sich in dieser Ehe inzwischen am meisten: Einsamkeit. Und Ninon, seiner Frau, geht es ganz ähnlich. Zwei traurige Partner in einem riesigen, durchorganisierten Haus, beide mit zu großer Vergangenheit und zu kleinen Träumen. An ihrem Gartenzaun hängt das Schild: »Keine Besucher bitte«. Von unten aus dem Tal dringt das Läuten der Kirchturmglocken aus den kleinen Dörfern am See hinauf in den Garten der *Casa Rossa*.

*

Gottfried Benn in seiner Einsamkeit in der Wehrverwaltung in Hannover will es noch einmal versuchen mit dem Heiraten. Dafür muss er aber den beiden Geliebten den Laufpass geben. Elinor Büller schickt er, als die von ihm ein flammendes Liebesbekenntnis einfordert, ein lakonisches: »Die Liebe ist eine Krise der Berührungsorgane.«

Und ergänzt dann: »Ich habe mir eine kleine Vertraute in den letzten Wochen herangezogen, die ich mir halten will.« Dasselbe schreibt er an Tilly Wedekind, seine zweite Geliebte. Wie üblich findet Benn für große Ereignisse in seinem Leben nur kleine Worte: Es ist keineswegs eine neue Liebe, sondern nur eine »kleine Vertraute«. Und damit auch sein Brieffreund Oelze in Bremen nicht zu viel erwartet, ergänzt Benn körperliche Details: »groß, schlank, überzüchtet, nicht hübsch, vorstehende weiße Zähne«. Es wirkt wie so oft, als wolle er das kleine Glück in seinem Leben beschützen, indem er es nach außen eher als Unglück beschreibt. Er ist 51 Jahre alt, sie 31, so etwas schätzt er – und ganz offenbar sieht er, angesichts zudringlicher werdender Anfeindungen der Nazis, die seine frühen Schriften nun »entartet« nennen und ihm eine jüdische Abstammung andichten, auch eine Ehe mit einer deutschen Adligen als möglichen Schutzraum.

Es ist so faszinierend wie bestürzend zu sehen, wie die poetische Kraft, die aus Benns *Stadthallen*-Gedichten in den Sommern von 1935 und 1936 spricht, schlagartig erschlafft, als er eine neue Frau kennenlernt. Als er genau jene Einsamkeit aufgibt, die er als Basis jeder Lyrik beschworen hat. Es handelt sich bei der jungen Dame um Herta von Wedemeyer, eine aschblonde Adlige aus Hannover, die, wie er betont, immerhin eine »perfekte Maschinenschreiberin« ist. Aber bevor sie seine Frau wird, möchte Benn erst einmal wissen, wie es um ihre Finanzen steht. Er entblödet sich nicht, an die Deutsche Adelsgesellschaft zu schreiben, um mehr über die Vermögensverhältnisse ihrer Familie zu erfahren.

Obwohl danach klar ist, dass da wenig zu holen ist, entscheidet sich Benn, mit ihr nach Berlin zu ziehen und sie zu heiraten. Er findet eine dunkle Erdgeschosswohnung in der Bozener Straße 20; er wird diese Höhle sein Leben lang nicht mehr verlassen. Und kaum nähert sich die Hochzeit, packt Gottfried Benn seine Waffen aus, um seinem alten Freund und Verleger Erich Reiss die Auswirkungen der Ehe auf das Sexualleben en detail zu skizzieren: »Für den Mann gibt es doch nur die Illegalität, die Unzucht, den Orgasmus, alles, was nach Bindung aussieht, ist doch gegen seine Natur. In der Ehe gibt es Wirtschaftsfragen, Essensfragen, Geselliges, gemeinschaftliche Interessen – alles Torpedierungen des Sexus.« Und weiter: »Die menschliche Bindung an die Gattin lähmt das Gemeine, Niedrige, Kriminelle, das jedem echten Koitus für den Mann zugrunde liegt, er wird impotent, aber diese Impotenz in der Ehe ist eine Ovation für die Ehepartnerin als Mensch.«

Seine Ovation sieht in diesem Falle so aus: »Meine Frau ist zart, verfeinert, sehr degeneriert, immer müde, was mir sehr angenehm ist. Um acht Uhr ist sie zum Schlafen fertig.« Na dann: Gute Nacht.

*

Spätestens 1937 wissen Vladimir Nabokov und seine Frau Véra, dass es an der Zeit ist, Berlin mit ihrem kleinen Sohn Dmitri zu verlassen: Die Mörder von Vladimirs Vater kommen zurück in die Stadt, diesmal als Leiter der für die Überwachung der russischen Emigranten zuständigen »Vertrauensstelle«, die, um es noch vertrauenerweckender zu machen, der Gestapo direkt unterstellt ist. So stehen sie nicht nur als Juden, sondern auch als Russen unter peinigender Beobachtung. Véra drängt ihren Mann, in Paris Möglichkeiten für eine baldige Emigration zu suchen. Doch er wird etwas abgelenkt, weil er sich auf der Reise in Irina Guadagnini verliebt. Ihr Beruf klingt, als hätte ihn sich der inzwischen bedenklich kahl gewordene Romancier Vladimir Nabokov ausgedacht: Sie ist Hundefriseurin. So groß ist Nabokovs Schuldgefühl gegenüber seiner Frau, die voller Angst in Berlin ausharrt, in doppelter Angst nun, vor der Gestapo und vor der russischen »Vertrauensstelle«, dass er schon nach den ersten Liebesnächten mit der Hundefriseurin von einer Schuppenflechte enormen Ausmaßes bedeckt ist. Er versucht, Véra brieflich nach Paris zu locken, doch sie weigert sich, solange er noch keine finanzielle Grundlage für die ganze Familie im Exil gefunden hat. Ihre Briefe, die in den Jahren zuvor solch einen Zauber verbreiten, so getränkt sind von Wärme, Witz und rührender Liebe, bekommen eine verstörende Note, werden zu einem »atonalen Duett«, wie es Stacy Schiff nennt. Vladimir tut, als sei nichts gewesen und schreibt: »Muschilein, ist es Zeit, dass du dich bereit machst, zu mir zu kommen?« Doch Véra hat von Vladimirs Affäre erfahren, und er ist zu feige, sie ihr zu gestehen. Entsprechend sind die Briefe um den künftigen Emigrationsort geprägt von Misstrauen, von Zweifeln, von Angst. Am 30. März schreibt er ihr: »Meine Liebste, was ist los, ich habe seit vier Tagen keinen Brief bekommen?« Er ahnt da natürlich bereits, was los ist. Hinzu kommt für Véra die kaum zu bewältigende Aufgabe, in Berlin an Visa für sich und den kleinen Dmitri zu kommen. Sie schlägt England als Exil vor, dann Belgien. Lauter Übersprungshandlungen, weil durch Vladimirs Affäre mit der Hundefriseurin für Véra ganz Frankreich vergiftet ist. Am 6. April schreibt er nach Berlin: »Was ist denn eigentlich los? Wahrscheinlich wirst du mir im nächsten Brief schreiben, dass du seelenruhig in Deutschland bleibst, in einem bayrischen Kurort.«

Schließlich konfrontiert Véra ihn mit der Wahrheit – nämlich, dass sie gehört habe, er betrüge sie. Am 20. April, Hitlers 48. Geburtstag, lügt er dann wie gedruckt: »Die gleichen Gerüchte sind auch zu mir durchgedrungen: Denen, die sie verbreiten, werde ich die schmierigen Visagen polieren. Letzten Endes sind mir die Abscheulichkeiten, die man sich mit Genuss über mich erzählt, völlig gleichgültig und ich denke, auch dir sollten sie gleichgültig sein.« Und am 27. April dann, nach zahllosen weiteren Briefen, schreibt er Véra nach Berlin: »Ich habe nicht die Kraft, diese Partie Fernschach fortzuführen. Ich gebe auf.«

Irgendwie schaffen es die Dame und der König, so vertrackt die Positionen auch sein mögen, dann aber doch, sich am 22. Mai in Prag zu treffen. Vladimir kommt aus Paris mit dem Zug, Véra und Dmitri vom Anhalter Bahnhof in Berlin. Nachdem Vladimir die Affäre gestanden und für beendet erklärt hat, willigt Véra ein, mit ihm nach Cannes an die französische Mittelmeerküste zu ziehen. Aber es dauert noch lange, bis das Gift dieses Misstrauens und die Schmerzen des Verrats verschwunden sind. Irgendwann schreibt er ihr: »Ich liebe dich, ich bin glücklich, alles ist in Ordnung.« Und so wird es bleiben. Ihre Ehe wird 52 Jahre halten, der Makel mit der Hundefriseurin ist aus ihnen irgendwann herausgewachsen wie falsches Blond.

*

Wird doch noch alles gut? Das Jahr 1937 ist für Klaus Mann das hellste in diesem Jahrzehnt der Dunkelheit. Ihm steht ein Buch über die Jahre im Exil vor Augen: »Mein nächster Roman. Große Komposition aus Emigranten-Schicksalen. *Die Verfolgten* oder so. Laufen nebeneinander her, jedoch durch irgendeine Klammer miteinander verbunden. [...] Pass-Schwierigkeiten. Geldnot. Sexualnot. Der Hass. Die Hoffnung. Das Heimweh. Kriegsangst (und Hoffnung).« Selten hat man Schicksale auf so engem Raum beschrieben gesehen wie in dieser Ideenskizze. Sie wird später zu *Der Vulkan. Roman unter Emigranten.* Aber Klaus Mann spürt, was ihn immer wieder daran hindert, zu schreiben und zu hoffen – die Drogen. Er ist so abhängig, dass er inzwischen täglich im Tagebuch vermeldet: »genommen«. Seinen Eltern und Erika gelingt es schließlich, ihn davon zu überzeugen, sich in eine Entziehungskur zu begeben.

Immerhin trägt das Sanatorium in Budapest, in dem Mann ab dem 27. Mai versucht, sich zu entgiften, den verheißungsvollen Namen *Siesta*. Und als Arzt praktiziert dort jener Dr. Robert Klopstock, »in dessen Armen Franz Kafka gestorben ist«, wie Klaus Mann in seinem Tagebuch vermerkt. Ihm wiederum gelingt es, an dessen Hand noch einmal ins Leben zurückzukehren. Er schreibt nach zwei Monaten qualvollen Entzugs an seine besorgte Mutter in Zürich: »In absehbarer Zeit fange ich bestimmt nicht wieder an –

vielleicht sehr viel später einmal.« Dass Klaus Mann sich in Budapest ins drogenfreie Leben zurückkämpfen will, hat auch einen ganz bestimmten Grund: Und der heißt Thomas Quinn Curtiss, von ihm zärtlich »Tomski« genannt, und besucht ihn täglich in der Klinik.

Curtiss ist 22, Amerikaner mit sinnlichen Lippen, wehendem Haar und enggeschnittenen Anzügen, und er hat bei Sergej Eisenstein in Moskau studiert. In sein Tagebuch notiert Klaus Mann nach einem Jahrzehnt zahlloser kurzer und langer Affären: »Ich bin ganz entschieden für ihn. Ein größeres Maß an Erfüllung als diese Beziehung mir bringt, dürfte mir ›von der hohen Instanz‹ nicht bestimmt sein.« Der Sommer 1937, als die schlimmsten Qualen des Entzugs vorüber sind und er in Budapest das Glück der jungen Liebe mit Tomski genießt, ist vielleicht der schönste im Leben von Klaus Mann. Plötzlich ist er der Ältere, zu dem der Jüngere verehrend aufblickt, er zeigt ihm in kurzer Zeit alle Stationen seines europäischen Lebens, er fährt mit ihm nach Zürich zu den Eltern, er besucht mit Tomski seine Schwester Erika und Therese Giehse, die gerade mit Annemarie Schwarzenbach in Graubünden Urlaub machen, er zeigt ihm die Grachten von Amsterdam, wo er die *Sammlung* redigiert, und er fährt mit ihm nach Sanary-sur-Mer, Ort der Hoffnung und der Träume eines anderen, längst vergangenen Sommers. Klaus Mann schreibt rückblickend auf diese Wochen drei für ihn ungeheure Worte: »Ich war glücklich.«

*

Dem Schriftsteller Ernst Jünger gelingt es, sich erst im Harz und dann ab 1936 in Überlingen am Bodensee zu verstecken, vor den Nazis und vor sich selbst. Er träumt sich in die Antike fort und in die Welt der Insekten. Tag für Tag streift er durch die Wälder und sammelt Käfer, spießt sie abends fein säuberlich auf, beschriftet sie, ergötzt sich an ihren Panzern und an ihren lateinischen Namen. Und seine so besondere Frau Gretha leidet an seiner Seite. Er verlangt allen Ernstes, dass sie ihn »Gebieter« nennt – und sie tut es. Sie sucht zeitlebens nach ihrer Bestimmung, geht nicht auf in der Rolle der Mutter für die beiden Jungen, die sie gemeinsam mit Jünger hat. Sie beginnt zu schreiben, zu reisen, argwöhnisch beäugt von ihrem Gebieter. Der wiederum hat schon in Berlin zahlreiche Affären und hört auch in der inneren Emigration damit nicht auf. Die Schuld dafür aber gibt Gretha nicht ihm, sondern den Frauen, die ihn verführen. Dennoch behandelt er seine Gattin mit jener Unterkühlung, die er seit seinem Debüt *In Stahlgewittern* zu seinem emotionalen Ideal erhoben hat, und Gretha ächzt unter seiner »neusachlichen« Behandlung, wie sie es, halb ironisch, halb leidend nennt. Sie klagt gegenüber einem

Vertrauten: »Ich ermüde, es ist ein entsetzlicher und unhaltbarer Zustand für mich geworden, denn langsam fühle ich mich in seinen Kreis der Bedrückung, der Depressionen und der absoluten Verneinung des Lebens miteinbezogen, wie ein lichtfrohes Insekt dem Spinnennetz nicht mehr zu entrinnen vermag.« Ja, Gretha Jünger war dem Insektenforscher Ernst Jünger ins Netz gegangen, und er betrachtet sie ab und an wie einen sonderbaren kleinen Käfer, der zufällig mit ihm im selben Hause lebt. Er selbst beantwortet die Frage für sich mit den Mitteln der Astrologie: »In unserem Lebenslaufe begegnen wir stets der einen, die uns aus unseren vorgeschriebenen Bahnen wirft und zur Begleitung zwingt, ob wir nun wollen oder nicht.« Und dann, in einer kühnen Verteidigung seiner eigenen Affären und der eigenen Unverantwortlichkeit dafür: »Daher liegt auch die Treue im Grunde außer unserem Willen; in ihrem Wesen wirkt mehr an Schwerkraft als an Tugend auf uns ein.«

*

Alma Mahler-Werfels kurzzeitiger Geliebter und dauerhafter Beichtvater, der Theologe Johannes Hollnsteiner, der inzwischen hoffentlich seine eigene Beichte abgelegt hat, darf seine Künste in einem sehr besonderen Ehenichtigkeitsprozess in Wien beweisen. Und man muss sagen, dass er es für eine wahrhaft besondere Liebe tut.

Da für Angehörige der katholischen Kirche nur nach der Annullierung einer Ehe eine neue Ehe geschlossen werden kann, nicht jedoch nach einer Scheidung, nimmt Hollnsteiner als Präsident am Wiener Metropolitan- und Diözesangericht eine zentrale Rolle ein. Dort wird der österreichische Bundeskanzler Schuschnigg vorstellig, der 1935 seine Ehefrau bei einem Verkehrsunfall verloren hat und nun Vera Gräfin von Czernin-Chudenitz heiraten will, die wiederum mit einem Grafen Fugger von Babenhausen verheiratet ist und mit diesem immerhin vier Kinder hat.

Das sieht also den Gesetzen der Logik zufolge nach zumindest viermal vollzogener Ehe aus, doch Johannes Hollnsteiner legt sich ins Zeug, um seinen Kanzler da rauszuboxen. Und tatsächlich, 1937 wird die Ehe der Gräfin annulliert, es habe, so argumentiert Hollnsteiner, ein seelisch zermürbender »Zwang zur Ehe« existiert, der dem Gesetz der Freiheit der katholischen Kirche widerspreche. Es wird ein langer Prozess. Als er ihn endlich ausgefochten hat, ist Schuschnigg schon Gefangener der Nationalsozialisten und der »Anschluss« Österreichs vollzogen. Aber der den Ämtern enthobene Kanzler darf am 1. Juni 1938 in Gestapo-Haft seine Vera heiraten. Nur kann er als Häftling bei seiner eigenen Hochzeit nicht anwesend sein. Er wird von seinem Bruder Artur vertreten. Nach der Hochzeit geht seine Frau Vera zu ihrem Mann ins Gefängnis, sie bleibt auch an seiner Seite, als sie ins KZ Dachau und dann ins KZ Sachsenhausen verlegt werden.

*

Was für eine Verkehrung der Verhältnisse: denn Erika Mann ist 1937 das erste Mal in ihrem Leben richtig unglücklich. Sie erlebt in jenem Herbst ihre vielleicht schwerste Zerreißprobe. Gemeinsam mit ihrer Partnerin Therese Giehse versucht sie – nachdem beide einen britischen Ehemann und damit einen britischen Pass bekommen haben –, ihr Kabarett *Die Pfeffermühle* auch in Amerika heimisch zu machen. Aber es gelingt nicht, hier gibt es keine Tradition für das politische Kabarett, und es fehlt ein Bewusstsein dafür, dass die politische Situation einen Schmerz auslösen kann, der das befreiende Lachen sucht. Gleichzeitig lebt sie sich mit Therese Giehse auseinander, obwohl sie so viele Jahre des Exils zusammen erlebt und durchlitten haben, verbunden durch ihren gemeinsamen Humor. Doch hier, in der Neuen Welt, werden sie sich fremd. Erika wandelt sicher über das internationale Parkett, aber Giehse, die deutsche Schauspielerin, quält sich mit der fremden Sprache und den fremden Bühnen. Sie streiten sich. Therese ist entsetzt, dass sich Erika im oberflächlichen »American Way of Life« wohlfühlt und nicht mehr dafür tut, dass die *Pfeffermühle* ein Publikum findet. Erika wirft Therese wiederum vor, sich aus Sturheit nicht genug darum zu kümmern, Englisch zu lernen.

In ihrer Wut und Verunsicherung ist Therese so lange auf Erika Manns Flirts in Amerika eifersüchtig, bis diese sich tatsächlich ein bisschen verliebt, fast aus Trotz, wie es scheint. Und zwar in einen Mann. Nachdem sie zweimal verheiratet gewesen ist, einmal mit Gustaf Gründgens und einmal mit W.H. Auden, aber alle wussten, dass es bei diesen Verbindungen mit zwei Homosexuellen vermutlich nicht um Erotik ging, entwickelt sie im *Bedford Hotel* in New York Gefühle für den im Exil lebenden jüdischen Schriftsteller und Arzt Martin Gumpert. Er ist »ein sehr ruhiger Mann mit runder Buddha-Miene, kleinem Mund und dunklen, starken Augen. Im Blick verrät sich eine Leidenschaft, von der die stoische Fassade sonst nichts merken ließ«, urteilt Klaus Mann. Und offenbar richtet sich seine Leidenschaft ganz auf Erika Mann, die zur selben Zeit auch von Klaus' Amsterdamer Freund Fritz Landshoff umschwärmt wird. Gumpert gelingt es, Erika zu verführen. Sie ist ihm scheinbar in Dankbarkeit ergeben, weil er als Mediziner versucht, ihren geliebten Bruder Klaus mit neuen Medikamenten von der Drogensucht zu befreien. Auf jeden Fall schlafen sie miteinander – und Erika Mann wird schwanger. Gumpert träumt von einer Ehe und einer gemeinsamen Familie. Doch Erika Mann gerät in Panik, sie fühlt sich bedroht von dem Überschwang der Gefühle und der Rolle als Ehefrau und Mutter. Sie verteidigt ihre Unabhängigkeit, ihre »turbulente Einsamkeit« und ihre Ungebundenheit – und lässt das Kind sofort abtreiben.

Ausgerechnet in diesen Wochen des Gefühlschaos kommt Erikas alte Freundin Annemarie Schwarzenbach nach New York und versucht, in dem Wirrwarr zu moderieren. Durch Zuhören, Nicken, Nachfragen und gute Ratschläge bei allen beteiligten deutschen Emigranten im *Bedford Hotel*. Erika Mann dreht durch und beklagt sich bei ihrer Mutter, dass ausgerechnet »die zarte Irrenhausgestalt« hier die Wogen glätten wolle mit ihren »Landerziehungsheimmanieren«. Wir sehen: Die Nerven liegen blank. Wenig später packt Therese Giehse ihre Koffer und fährt mit dem Schiff zurück nach Europa, und Annemarie Schwarzenbach schließt sich ihr an. Sie haben dann viele Tage Zeit, an Deck und in ihrer Kabine in immer neuen Anläufen ihre geliebte Erika zu enträtseln. Erika tröstet sich indes etwas im riesigen Schatten ihrer Eltern. Genau dieser Schatten, der ihren Bruder Klaus immer zu verschlucken scheint, ist es, der ihr Geborgenheit bietet und Schutz. Sind wir Menschen nicht sonderbar, vor allem in unserer Rolle als Kinder?

*

Was im September 1937 in Venedig geschieht, hat fast etwas Rührendes. Zwei deutsche Weltstars, deren Stern sinkt, treffen sich morgens in der ewig sinkenden Stadt und versinken abends bereits gemeinsam in den Kissen. Sie hat ihn im *Café Florian* um Feuer gebeten, ihr ältester Trick, der auch diesmal funktioniert: Sie nimmt die Zigarette in den Mund, beugt sich zu ihm herab und legt ihre blassen, schlanken Finger um seine sonnengebräunte Hand. Es wird ganz still. Man hört nur das Streichholz, dann das brennende Papier und dann den tiefen Atemzug, mit dem die Dietrich nicht nur das Nikotin in sich aufsaugt, sondern gleich ihr ganzes Gegenüber.

Erich Maria Remarque, der so smarte wie innerlich verwüstete Autor von *Im Westen nichts Neues*, der mit Schreibblockaden kämpft, und Marlene Dietrich, die von ihrem Pendeln zwischen Berlin und Hollywood und ihrem ausschweifenden Sexualleben erschöpfte Schauspielerin, deren letzte Filme allesamt beim Publikum durchgefallen sind, verstehen sich auf den ersten Blick und seit der ersten Zigarette. »Wir durchschauen uns voll Entzücken«, so schreibt er ihr nach ein paar Tagen, »und fallen ebenso prompt auf den anderen wieder herein.« Es ist der Zauber des Einverständnisses, den sie spüren, die Erleichterung, nichts erklären zu müssen, auch das kann Glück bedeuten für einen Moment.

So bleibt es aber nicht lange: Immer öfter lässt

die Dietrich ihren Remarque spüren, dass er nicht die einzige Person ist, die sie in ihr Bett lässt. Mit der Genauigkeit eines Masochisten notiert Remarque im Tagebuch die kleinen Gemeinheiten, die großen Qualen in dieser nicht ausbalancierten Beziehung. Ohnehin sehen sie sich nur kurz, meist in Luxussuiten in Paris, auf halber Strecke zwischen Porto Ronco und Hollywood sozusagen, dann hat Remarque die Aufgaben des Mädchens für alles. Er darf sie, die er gerne kraulend seinen »Puma« nennt, erst einmal ausgiebig mit Öl massieren, er darf, wenn nachts die Anrufe aus Amerika eingehen, ihr Vorzimmer spielen, er darf ihr Obst aufs Zimmer bringen und morgens ihren Morgenrock auf der Heizung vorwärmen und das Wasser in die Badewanne einlassen. Er macht das alles still, aber er merkt, dass etwas nicht stimmt. Dass er, der stolze Mann, hier zu einem ergebenen Diener verkommt. Er trinkt und verzweifelt über seiner gefallsüchtigen Hörigkeit. In seinem Tagebuch ermahnt er sich am 27. Oktober 1938: »Soldat! … Du kannst nicht der Schlackenschammes eines Filmstars sein. Das ist was für Leute ohne Arbeit. Du hast zu arbeiten.« Aber es geht noch ein Weilchen so weiter. Es schmeichelt ihm doch zu sehr, dass er es ist, der in Paris oder Antibes mit ihr im Arm über die Straßen läuft. In mancher Liebe, so sagte Rainer Maria Rilke, gehe es darum, dass einer die Einsamkeit des anderen gut beschützt.

*

Im September 1937 gerät Ludwig Wittgenstein, der das Gebot der Keuschheit predigt, wieder mit seinen Idealen in Konflikt. Und zwar auch diesmal in der Einsamkeit Norwegens, wo sechs Jahre zuvor Marguerite Respinger vergeblich versucht hat, ihn aus der Reserve und seinen inneren Komplexen zu locken – oder ihn zu beschützen. Diesmal ist es ein Mann, der ihn herausfordert in den langen hellen Nächten des Nordens, wenn die Luft still ist und das Meer auch, und die Sterne gar nicht wissen, ob sie leuchten dürfen, weil die Vögel schon wieder anfangen, ihr Lied zu singen. Francis Skinner, der schüchterne, bildhübsche Mathematikstudent aus Cambridge, verehrt den doppelt so alten Philosophen, doch Wittgenstein ist verstört, dass es in ihm »sehr sinnlich« wird, wenn er mit Francis allein ist. Verzweifelt hofft er, dass es bei einem »menschlichen Verhältnis« bleibt – unmenschlich also, so lernen wir, ist es für Wittgenstein, wenn Sexualität ins Spiel kommt. In sein Tagebuch notiert er: »Zwei oder dreimal mit ihm gelegen. Immer zuerst mit dem Gefühl, es sei nichts Schlechtes, dann mit Scham. Bin auch ungerecht, auffahrend und auch falsch gegen ihn gewesen und quälerisch.«

Ludwig Wittgenstein hat Angst vor seinen Hormonen und beschuldigt darum den so hoffnungsvoll liebenden Francis Skinner. Als der aber völlig verstört abgereist ist aus Norwegen, verkriecht sich Wittgenstein in seine einsame Hütte; er fühlt, dass durch diese geweckte Sexualität in ihm etwas verdorben sei »wie in einem faulen Apfel«. An diesen schönen Clou bei der Schilderung von Evas und Adams Vertreibung aus dem Paradies hat selbst der liebe Gott nicht gedacht. Der Apfel ist so voll sündiger Säfte, dass er zu faulen beginnt!

Wittgenstein ist verwirrt und versucht standesgemäß, dem Problem mit Logik beizukommen, denkt darüber nach, wie man die Liebe »rein« halten kann vom Sündenfall, und der besteht für ihn wiederum in dem Moment, in dem ihn die Lust übermannt. Er erinnert sich an die beiden erotischen Verführer, die Frau und den Mann in der kargen Landschaft der norwegischen Fjorde, aber er findet keinen Weg heraus aus den Labyrinthen seines Ichs: »Gestern Abend noch hatte ich Gedanken über die Notwendigkeit der Reinheit meines Wandels (Ich dachte an Marguerite und an Francis).« Und so verhindern auch diesmal seine moralhygienischen Vorstellungen eine Beziehung aus reiner Liebe. Die norwegischen Sommer von 1931 und 1937 stehen für die beiden seltenen Momente im Leben von Ludwig Wittgenstein, als sein Körper die Logik des Geistes zu überwinden sucht – und sich dann endgültig geschlagen geben muss.

*

Theodor Adorno ist vor den Nationalsozialisten nach England geflüchtet und hat sich in den alten, schützenden Mauern des Merton Colleges in Oxford verkrochen. Als sich 1937 die Situation auch für seine Verlobte Gretel Karplus immer weiter zuspitzt, gelingt es ihr, nach England auszureisen. Deutschland, so schreibt er an den bereits in die USA emigrierten Max Horkheimer, sei zur »Hölle« geworden. Als Horkheimer im September 1937 nach Europa reist, um die europäischen Zweigstellen des Instituts für Sozialforschung zu besuchen, wird er in London Trauzeuge bei der Hochzeit des Ehepaares Adorno-Karplus. Gretel Adorno weiß nach ihrer zehnjährigen Beziehung mit Adorno, was diese Heirat für sie bedeutet – sie, die im Berlin der späten zwanziger Jahre Teil der Boheme gewesen ist, die ein Lederunternehmen geführt hat, wird fortan zur Rolle als Hausfrau und treuen Gehilfin ihres Mannes verdammt. Und auf Kinder hat sie auch zu verzichten, das hat ihr Göttergatte früh klargemacht. So etwas lenke zu sehr vom Denken ab. Im Februar des nächsten Jahres dann schiffen sie sich von Southampton nach Amerika ein, um Europa endgültig hinter sich zu lassen, denn Horkheimer hat für Adorno eine Stelle in Princeton aufgetan. Als sich die frischgebackene Ehefrau dort darum kümmert, eine erste Wohnung in der Emigration einzurichten, gibt Adorno Einblick in seine *Minima Moralia*: »Übrigens ist Gretel ganz mit der Organisation befasst, eine

Aufgabe, an der teilzunehmen ich in der zynischsten Weise ablehne.«

Aber wir verdanken Gretel Karplus ganz unzynische Schilderungen aus dem Leben in der New Yorker Emigration zwischen Horkheimer und dem Ehepaar Kurt Weill und Lotte Lenya: »Zuerst eine kleine Abendgesellschaft bei Max und dann zogen wir noch alle in einen netten kleinen night-club, wo Lenya auftrat. Ja, es ist alles hier eigentlich noch konzentrierter als in Berlin, man fühlt sich in die Jahre 25–32 versetzt.« (Doch allein Lotte Lenya gelingt nicht nur der Sprung zurück, sondern auch der nach vorn: Im Jahre 1963 wird sie im James-Bond-Film *Liebesgrüße aus Moskau* die Rolle der Ex-KGB-Offizierin Rosa Klebb spielen.)

*

Im Winter erschüttert keine Affäre, sondern eine Hochzeit das Nazi-Regime in Berlin. Der verwitwete sechzigjährige Reichswehrminister und Anthroposoph Werner von Blomberg verliebt sich unsterblich in die 35 Jahre jüngere Prostituierte Margarethe Gruhn. Für eine Heirat braucht er den Segen des Obersten Befehlshabers der Wehrmacht, also von Adolf Hitler. Er sagt ihm, sein Gretchen sei »ein einfaches Mädchen aus dem Volke«. Da bietet Hitler an, er selbst und Göring könnten als Trauzeugen fungieren. Und so kommt es – am 12. Januar 1938 werden die beiden im Kriegsministerium Mann und Frau. Sofort kommen Gerüchte auf, dass Hitler der Heirat seines Ministers mit einer Hure den Segen gegeben habe, und die von der Gestapo beschlagnahmten Polizeiakten von Margarethe Gruhn bestätigten den Verdacht. Sie hat nicht nur als Prostituierte gearbeitet, sondern auch regelmäßig als Modell für pornographische Fotografien.

Blomberg wird daraufhin gedrängt, seine Ehe sofort annullieren zu lassen. Doch er entscheidet sich für seine Frau und gibt sein Amt auf. Die Ehe wird als sehr glücklich geschildert.

Hitler aber nutzt das Desaster seiner Trauzeugenschaft für einen brutalen Umbau des gesamten Ministeriums und Parteiapparates.

*

1938 ist das schwerste Jahr im Leben des Tennisbarons Gottfried von Cramm. Er hat in der späten Weimarer Republik ein unbeschwertes bisexuelles Leben in Berlin gelebt, im Rausch, aber voller Eleganz. Und er ist in seinen weißen Tennishosen und engen Poloshirts in den frühen dreißiger Jahren der weltweit gefeierte Repräsentant des ehrenvollen guten Deutschland geworden, der selbst eine Niederlage beim Finale in Wimbledon in Kauf nimmt, wenn er das Gefühl hat, der Schiedsrichter habe sich zu seinen Gunsten geirrt.

»Jedes Jahr, in dem von Cramm den Centre Court von Wimbledon betritt«, so 1937 der BBC-Journalist Alistair Cooke, »setzen sich einige hundert junge Damen in ihren Sitzen etwas aufrechter hin und vergessen ihre Begleitungen.« Seine eigene Begleitung jedoch vergisst Gottfried von Cramm nie, trotz aller Affären. Seine Liebe gehört immer Lisa, seiner androgynen Frau, Freundin der Fotografin Marianne Breslauer, von Annemarie Schwarzenbach und von Ruth Landshoff, die wie ihr Gatte die großen, grundsätzlichen Gefühle sehr viel wichtiger findet als die eheliche Treue. 1938 lassen sie sich scheiden – bei aller Liebe.

Lisa ist in den Scheidungsurteilen der »allein schuldige Teil« – zum einen wegen ihres frühen Verhältnisses mit einem französischen Tennisspieler, zum anderen wegen ihrer aktuellen Liebschaft mit Gustav Jaenecke, dem Doppelpartner ihres Gatten in Wimbledon, dessen Doppelpartnerin im Bett sie geworden ist. Aber im Grunde wissen beide, dass die Scheidung nur eine Formalie ist, denn sie haben sich immer geliebt, auch wenn Lisa sehr darunter gelitten hat, dass ihr Mann Männer noch mehr liebt als Frauen. Als sie die Scheidung einreicht, schreibt sie ihm: »Ich will dir nicht sagen, dass ich traurig bin, und dir auch keinen Liebesbrief schreiben. Nur danken will ich dir, für alles, was du für mich getan hast. Besonders in letzter

Zeit. Du warst wieder so wahnsinnig anständig und rührend zu mir. Petit, du glaubst es mir ja sicher nicht, aber ich werde dir das nie vergessen. Ich könnte mich ermorden für jede Gemeinheit, die ich dir gegenüber begangen habe.« Doch im Jahr 1938 übernimmt es die Gestapo, Gottfried von Cramm zu quälen. Sie nimmt ihn am 5. März wegen seiner Homosexualität in Gestapo-Haft und schert sich nicht darum, dass sie damit den weltbekannten Tennisspieler und Repräsentanten eines besseren Deutschland hinter Gitter setzt. Es geht ums Prinzip. Er ist ein bisexueller, regimekritischer Judenfreund, da ist es einerlei, dass es sich bei ihm auch um den zweitbesten Tennisspieler der Welt handelt. Aber Gottfried von Cramm irritiert die Gestapo – er gesteht zwar seine homosexuellen Beziehungen zu Herbert Manasse bis 1936, aber er versichert den Beamten, er habe selbstverständlich regelmäßigen Geschlechtsverkehr mit seiner noch immer geliebten, inzwischen geschiedenen Ehefrau Lisa gehabt. Was er nicht erzählt: Seit 1937 hat er eine Affäre mit einer ganz anderen, mit Barbara Hutton, der reichsten Frau der Welt, die er in Ägypten auf einem Tennisturnier kennengelernt hat. Sie ist nach der Scheidung von dem später tödlich verunglückten Alexis Mdivani nun mit dem deutschen Adligen Kurt Graf Haugwitz-Reventlow verheiratet, will aber schon am ersten Abend im *Gezira Sporting Club* in Kairo zu Gottfried von Cramm überwechseln.

Zwei Wochen lang wird Gottfried von Cramm im März 1938 in der Gestapo-Zentrale in der Prinz-Albrecht-Straße in Berlin verhört. Seiner Mutter Jutta von Cramm, die aus dem Stammsitz Bodenburg nach Berlin gereist ist, um ihren Sohn zu unterstützen, gelingt es, ihn in seiner Zelle zu besuchen. Sie findet ihn in völliger Verzweiflung. Er droht mit Selbstmord und hat, wie sie schreibt, »nur eine Sorge, dass die Familie ihm vergeben möchte«. Doch genau dies ist die einzige Sorge, die er nicht haben muss. Seine Mutter hält zu ihm, seine Brüder, seine Ex-Frau Lisa, sie alle besuchen ihn im Gefängnis und halten seine Hand. Und am 15. April kommt tatsächlich auch Barbara Hutton mit ihrem Ehemann nach Berlin und quartiert sich im *Adlon* ein. Gleich am nächsten Tag bekommt sie Besuch von der gerührten Mutter, die Hutton Rosen von Gottfried überreicht. Einen Monat später wird von Cramm im Gericht in Moabit wegen des Verstoßes gegen den Paragraphen 175 zu einem Jahr Gefängnis verurteilt. In der Urteilsbegründung stellt der Richter fest, dass von Cramm »ein charakterschwacher, haltloser Mensch« sei. Dies folgert der Nazi-Richter aus dem Umstand, »dass er zunächst seiner Ehefrau gegenüber nicht den Mut fand, ihr energisch gegenüberzutreten und ihren ihm bekannten Liebhaber zurückzuweisen«. Es fehle ihm also ganz offenbar an einer ausreichenden »männlichen Einstellung«. Barbara Hutton sieht das offenbar ganz anders. Gottfried von Cramm schreibt an seine Mutter: »Je mehr ich über Barbara nachdenke, umso gerührter bin ich, etwas geschmeichelt auch. Man stelle es sich vor, sie ist verheiratet, nimmt ihren Mann mit, um einem anderen in solcher Situation evtl. helfen zu können! Es ist ein kleines Wunder.« Vielleicht wegen der zahlreichen Petitionen aus dem In- und Ausland, vielleicht wegen »guter Führung« – auf jeden Fall wird Gottfried von Cramm am 16. Oktober frühzeitig aus der Haft entlassen.

Er versucht, sein früheres Leben wieder aufzunehmen, doch er wird immer wieder von schweren Melancholieschüben und Schuldgefühlen übermannt. Dann muss er erleben, dass er als wegen eines Sittlichkeitsverbrechens Verurteilter plötzlich von den Tennisturnieren in Wimbledon und dem US Open in New York ausgeschlossen wird. Stattdessen soll er ein Jahr später gegen diese Alliierten, deren Turniere und deren Boheme er so liebt, in den Krieg ziehen; der Sittlichkeitsverbrecher und edle Mensch Gottfried von Cramm erhält seinen Einberufungsbefehl für das Luftwaffenregiment General Göring.

*

Immer wieder wird der Liederdichter Bruno Balz von den Nationalsozialisten verhaftet, weil er als Homosexueller gegen den Paragraphen 175 verstoßen hat.

Um sich zu rächen, fotografiert er sich in einer lächerlichen Hitlerpose selbst und klebt das Foto auf Seite 175 eines Exemplares von Hitlers *Mein Kampf*. Er verliert seinen Humor offenbar auch nicht, wenn ihm der Angstschweiß auf der Stirn steht. Auf den Filmplakaten und Schellackplatten mit seinen Kompositionen taucht sein Name nach seiner Inhaftierung nicht mehr auf. Aber die UFA braucht ihn. Er muss am 21. September 1936 sogar heiraten, die Gestapo findet dafür Selma Pett, eine dem Führer treu ergebene, schlichte Bäuerin aus Pommern, die offiziell in die Wohnung von Balz in der Berliner Fasanenstraße 60 zieht. Auch seine Eltern holt er in die weitläufige Wohnung. Hier, zwischen seinem Geliebten, seiner Ehefrau und seiner Mutter, ersinnt Balz 1938 für Heinz Rühmann *Ich brech die Herzen der stolzesten Frau'n* und für Zarah Leander *Kann denn Liebe Sünde sein?*.

*

Am 4. Mai stirbt der Friedensnobelpreisträger Carl von Ossietzky in einem Berliner Lungensanatorium an den Folgen der Folter in der Gestapo-Haft und den ihm dort gespritzten Tuberkulose-Bakterien. Seine Frau Maud von Ossietzky ist in seinen letzten Tagen bei ihm. Er ist zu schwach, als dass sie ihm noch gestehen könnte, dass sie die 100 000 Mark, die er aus Schweden für den Friedensnobelpreis erhalten hat und auf die er seine Zukunft baut, einem Trickbetrüger anvertraut hat, der mit dem Geld geflohen ist.

*

Der Anschluss Österreichs zerstört das labile Trio aus Alma Mahler-Werfel, Franz Werfel und Johannes Hollnsteiner. Während Alma und Werfel zunächst nach Italien, dann nach England, schließlich nach Frankreich flüchten, wird Hollnsteiner von der Gestapo aus seinem Augustiner Chorherrenstift St. Florian gezerrt und der Kooperation mit der Regierung Schuschnigg verdächtigt. Wie der Kanzler selbst wird auch sein theologischer Berater sofort von der Gestapo verhaftet. Nach acht Wochen voller Verhöre und Misshandlungen wird er ohne Gerichtsverfahren ins KZ Dachau überstellt, wo der Geistliche in sengender Hitze in einer Kiesgrube arbeiten muss, bis er vor Erschöpfung zusammenbricht (erst im Frühjahr 1939 wird er wieder freigelassen und in sein Kloster St. Florian zurückkehren).

Alma und Franz Werfel, deren Ehe vor der Emigration in Auflösung begriffen war und vor allem aus gegenseitigen Attacken bestand, sind in der alarmierenden politischen Situation plötzlich zur Gemeinsamkeit verpflichtet. Bevor sie losziehen ins Exil, schreibt Alma in ihr Tagebuch: »Meine Ehe ist schon lange keine Ehe mehr. Ich lebe unglücklich neben Werfel her.« Und der wiederum wird aufgrund der antisemitischen Angriffe seiner Frau gegen ihn, den Juden, immer fassungsloser. Ihn entsetzen ihre offenen Sympathiebekundungen für die Nazis. Dass nun ihr geliebter Hollnsteiner von der Gestapo ins KZ gesteckt worden und ihr jüdischer Ehemann auf freiem Fuß ist, verwirrt sie zusätzlich. Sie bekommt einen, wie sie es nennt, »veritablen nervous breakdown«. Und er einen leichten Herzinfarkt.

Zur Ruhe kommen die beiden erst, als sie in Sanary-sur-Mer landen, jenem kleinen Hafenstädtchen im Niemandsland zwischen St. Tropez und Marseille, das fünf Jahre zuvor schon so beruhigende Wirkung auf Thomas Mann und die Seinen gehabt hat. Und das selbst Bertolt Brecht dazu brachte, manchmal nachts kurz innezuhalten und hinauf zu den Sternen zu schauen.

Alma und Franz Werfel finden einen alten Wachturm der Sarazenen, der an der Klippe steht, direkt am schmalen Fußweg, der vom Ortskern hinauf zur Villa von Thomas Mann führt. Im zweiten Stock des Rundbaus stellt Werfel seinen Schreibtisch auf, vielleicht hat er nie in seinem Leben einen schöneren Blick gehabt. Aus zwölf Fenstern sieht er nun hinaus aufs weite Meer und die südliche Hügellandschaft, die hinter dem kleinen Städtchen beginnt. Im ersten Stock sitzt Alma im Gegenzug in einem fensterlosen

Raum und notiert beim fahlen Licht der Stehlampe in ihr Tagebuch: »Gott im Himmel. Man kann doch nicht so hoffnungslos weiterleben. Ich bin am Ende.« Sie ist voller Zorn, dass sie wegen ihres jüdischen Mannes ihr geliebtes Wien hat verlassen müssen und nun mit 59 Jahren plötzlich in einem gottverlassenen Städtchen am Mittelmeer Baguette und seltsames Obst kaufen gehen soll, ganz ohne Zugehfrau und ohne dass sie jemand auf den Straßen erkennen und einen Knicks machen würde. Ihr ist zu heiß, es gibt zu viele Mücken und zu wenige Empfänge. Und egal, ob sie unten auf der Strandpromenade ins *Café Schwob* geht oder in die *Bar Nautique* – alle, die hier Deutsch sprechen, sind entweder jüdisch oder kommunistisch. Ein Horror für sie. Alma Mahler fühlt sich wie in einem falschen Film. Sie, eine Emigrantin? Und zwar bloß, weil sie es nicht rechtzeitig geschafft hat, ihren Mann zu verlassen. Während der oben in seiner Schreibkammer verängstigt durch die Überwachungen der Nazi-Spitzel an seinen Manuskripten schreibt, verhandelt Alma unten im Turm parallel mit dem Propagandaministerium in Berlin über den Verkauf von Bruckner-Partituren aus Gustav Mahlers Besitz.

Nein, die Ehe zwischen Franz Werfel und Alma Mahler ist so zerrüttet, dass die Ausnahmesituation des Exils die losen Enden nicht mehr zusammenschweißen kann. Selbst als die Feuchtwangers, also das Königspaar von Sanary, zum Abendessen vorbeikommen, streiten die Werfels wie die Kesselflicker, und Alma schreit Franz immer wieder an: »Vergiss nicht, dass ich keine Jüdin bin!« Aber darum muss sie sich keine Sorgen machen, das würde er nie vergessen.

*

Libertas und Harro Schulze-Boysen, die in Berlin beginnen, mit Flugblättern und illegalen Plakataktionen den aktiven Widerstand gegen das Nazi-Regime aufzunehmen, haben einen Feind im eigenen Bett. Es ist Günther Weisenborn, ein alter Freund von Harro aus den Zeiten seiner Zeitschrift *Gegner*, ein Vertrauter von Bertolt Brecht und früherer Dramaturg an der Volksbühne, dessen Roman *Barbaren* im Mai 1933 verbrannt wurde. Weisenborn stößt zur Widerstandsgruppe in der Waitzstraße 2 hinzu, die sich dort jeden zweiten Donnerstag trifft – und er erobert sehr schnell den Geist und den Körper von Libertas. Erst erhofft sie sich von ihm Hilfe bei ihren ersten schriftstellerischen Versuchen, doch dann reisen sie am 17. und 18. Mai 1938 nach Hiddensee, und dort tritt die gemeinsame Schreibarbeit rasch in den Hintergrund: »Den ganzen Tag nackt in den Dünen gelegen, gelaufen, gespielt, geliebt, glühend heiß, animalisch, geklettert, geschwommen, Libs und ich, braun. Haben wunderschönes Schlafzimmer: Vollmond, Nachtigall, Mai, Ostsee vor der Terrasse, Liebe!« So fasst, rasant und leidenschaftlich, Günther Weisenborn den Arbeitsurlaub zusammen. Da also hatte Harro Schulze-Boysen, der Gatte dieser so fröhlich fremdgehenden Libertas, das bekommen, was er seiner Mutter gegenüber ein Jahr zuvor noch als sein Ideal geschildert hat: »Ich werde das Abenteuer und die Hindernisse nicht aus meiner Ehe herausverlegen, sondern in meine Ehe hinein.« Ja, und Libertas findet das Ganze derart normal, dass sie auf der Rückfahrt von Hiddensee ihrer Mutter Tora von Eulenberg auf Schloss Liebenberg ihren Liebhaber Günther Weisenborn sogar beim Tee vorstellt. Wir wissen nicht, wie verliebt sie war, wir wissen nicht, ob sie die Affäre mit Günther Weisenborn als eine ihr vom Schicksal zustehende Kompensation für die entgangenen körperlichen Freuden mit ihrem von den Nazi-Folterungen dauerhaft geschädigten Gatten sah. Sie hört auf jeden Fall keine Minute auf, sich um ihn zu sorgen. Ja, auf einer Reise nach Zürich trifft sie sogar Thomas Mann und erzählt ihm vertraulich von den versteckten Aktivitäten ihres Mannes und seiner moralischen Größe. Wenn ihm etwas zustoße, dann müsse das neutrale Ausland wissen, was er leiste. Als hätte Libertas es geahnt, wird ausgerechnet in diesen Tagen des Jahres 1938 der Name Harro Schulze-Boysen in jene A-Kartei des Reichssicherheitshauptamtes der Nazis aufgenommen, die frühere Regimegegner verzeichnet, die bei einer politischen Krise sofort ins KZ Sachsenhausen deportiert werden sollen.

*

Der letzte Teil des Dramas um den Maler Ernst Ludwig Kirchner beginnt am 6. Mai 1938, als ihn zu seinem 58. Geburtstag hoch oben auf der Staffelalp über Davos kein Geburtstagsbrief erreicht. Den ganzen Morgen wartet er mit Erna, seiner ihm treu ergebenen Kameradin, die seit Jahren auf eine Ehe mit ihm hofft, auf den Briefträger, aber der kommt nicht.

Er hat ertragen müssen, dass er seit der Schandausstellung »Entartete Kunst« in Deutschland als Inbegriff des Verkommenen gilt, dass in der Kunsthalle Basel eine große Schau von ihm zu Ende geht, ohne dass ein einziges Bild verkauft wird. Und dass 639 seiner Gemälde, Skulpturen und Zeichnungen aus deutschen Museen entfernt worden sind und dass ihn die Preußische Akademie der Künste in Berlin zum Austritt aufgefordert hat.

Nun ist nach dem Anschluss Österreichs auch noch die deutsche Wehrmacht ganz in seine Nähe gerückt, sie steht kaum 25 Kilometer von Davos entfernt am Schlappiner Joch. Der nächste Krieg steht augenscheinlich vor der Tür, und dabei leidet seine Seele noch täglich unter dem letzten. »Hier hat sich«, so wird Erna Schilling später schreiben, »seit Monaten eine Tragödie im Stillen abgespielt.«

In dieser desolaten Gesamtlage beginnt Ernst Ludwig Kirchner, Werke von sich zu zerstören und nach Jahren der Enthaltsamkeit wieder Morphium in großen Mengen zu sich zu nehmen. Er spritzt sich Eukodal; leere Ampullen werden sich später zu Dutzenden vergraben in den Wiesen rund um das Wildbodenhaus finden.

Warum er am 10. Mai zum Rathaus in Davos fährt, um das Aufgebot für Erna Schilling und sich zu bestellen, wissen wir nicht, vielleicht um ihr einen Rechtsanspruch auf sein Erbe zu sichern, vielleicht auch, um ihr, die ihr Leben seinem Leiden verschrieben hat, einen Herzenswunsch zu erfüllen. Wenn dem so ist, bleibt genauso rätselhaft, warum der gebrochene Künstler am 12. Juni aufs neue mit dem Bus zum Rathaus in Davos fährt, um dort den Antrag auf Heirat wieder zurückzunehmen.

Der 15. Juni ist ein ungewöhnlich kalter Tag, dicker Nebel hängt in der Luft, es herrscht Schneetreiben. Ernst Ludwig Kirchner spritzt sich Eukodal und versinkt in Verzweiflung. Erna Schilling verlässt gegen 9.30 Uhr das Wildbodenhaus, um mit dem Telefon der nächsten Nachbarn, die ein paar hundert Meter weiter auf dem Weidboden wohnen, den Arzt Dr. Bauer herbeizurufen. Da packt Kirchner alles in die Taschen seines Mantels, was ihm wichtig ist:

8740 Franken in bar, seinen Pass, seine dreißig Jahre alte Dresdner Urkunde mit der Ernennung zum Diplom-Ingenieur, eine Morphiumspritze, drei volle Dosen Eukodal. Dann rennt er raus in den dichten Nebel, will Erna hinterherlaufen, er schreit und erschießt sich dann mit seiner alten Browning, zwei Schüsse gehen direkt ins Herz. So kann der herbeitelefonierte Dr. Frédéric Bauer, als er mit dem Taxi hinauf auf den Berg kommt, nur noch den Tod seines berühmtesten und verzweifeltsten Patienten feststellen.

Drei Tage später wird er beerdigt. Der Winter und der Nebel sind verflogen, es ist ein herrlicher Frühsommertag, die Bergblumen blühen, und der Himmel ist blau. Von einer Waldwiese schauen zwei Rehe herab auf den Trauerzug, der sich von der kleinen Frauenkirche hinauf zum Friedhof quält. Erna Schilling erhält das Recht, sich Erna Kirchner zu nennen. Sie bleibt im Haus auf dem Wildboden, bis der Krieg vorüber ist. Dann stirbt auch sie.

*

Von den Nazi-Gräueltaten und den verlorenen Emigranten in Paris scheinen Jean-Paul Sartre und Simone de Beauvoir nichts mitzubekommen. Wie schon im Herbst 1933, als sie in Berlin im *Café Kranzler* Käsekuchen gegessen haben und die marschierenden SA-Truppen und Hakenkreuzfahnen in den

Straßen nicht der Erwähnung wert fanden, sind sie auch 1938 in ihre komplexen Liebeskonstruktionen verstrickt. Beide haben inzwischen Anstellungen in Paris, und sie haben zwei kleine Wohnungen direkt übereinander gefunden. Und während Sartre nach den vergeblichen Bemühungen um Simones Schülerin Olga Kosakiewicz nun täglich deren Schwester Wanda nachstellt (und nach zwei Jahren des Balzens und Werbens auch endlich mit ihr schlafen darf), beginnt Simone de Beauvoir erst eine Affäre mit ihrer Schülerin Bianca Bienenfeld, die den schneidenden Geist und den präzisen Körper ihrer Lehrerin später mit dem »Bug eines schnell die Wogen durchpflügenden Schiffes« vergleicht. Außerdem fängt sie auf einer längeren Wanderreise an, mit Jacques-Laurent Bost zu schlafen, dem Verlobten ihrer Schülerin, und mit Sartres bisherigem Sehnsuchtsobjekt Olga. Sartre wiederum wirbt daraufhin ebenfalls um die blutjunge Freundin seiner Gattin und kann Bianca Bienenfeld nach monatelangen Briefen und Bemühungen in ein billiges Hotelzimmer locken und verführen. Ausführlich erzählen sich Sartre und Simone de Beauvoir in Briefen von den Details ihrer Eroberungen, deren Tücken und Freuden. Es ist nicht immer ganz leicht, dabei den Überblick zu behalten. Für uns Nachgeborene sowieso nicht, aber wie mag es erst für die Akteure selbst gewesen sein? Um sich weiter von Simone de Beauvoir zu emanzipieren und nicht immer nur ihren Schülerinnen zu verfallen, versucht Sartre nach Wanda und Bianca sein Glück nun auch bei einer jungen Schauspielerin, Colette Gilbert. Und tatsächlich ist er erfolgreich. Kaum hat sie sich wieder angezogen und das Zimmer verlassen, setzt er sich hin und liefert Simone, die gerade mit Bost unterwegs ist, eine kurze Bilanz: »Das ist das erste Mal, dass ich mit einer Dunkelhaarigen oder eher Schwarzen schlafe, sie ist komisch behaart mit einem kleinen Pelz im Kreuz. Eine Zunge wie ein Mirliton, das sich endlos entrollt und einem die Mandeln streichelt.« Ob Simone de Beauvoir es so genau wissen will?

Sie bleibt lieber im Ungefähren, wenn sie von ihren Stunden mit Bost erzählt. Dafür rügt Sartre sie, der findet, sie solle endlich von sich selbst schreiben – in ihren Briefen, aber vor allem in ihrer Literatur. Ihr Leben sei viel interessanter als das ihrer erfundenen Romangestalten. Darauf Simone de Beauvoir: »Das würde ich nie wagen.« Und Sartre erwidert: »Wagen Sie es!«

Sartre gesteht ihr außerdem, dass ihn diese ganzen Verführungen letztlich ratlos zurücklassen, dass er nie genau wisse, was er tun solle, wenn er die Frauen dann endlich herumbekommen hat. Aber dann stellt sich doch nachhaltige Befriedigung ein: Nach jahrelangem Zögern entscheidet sich das Verlagshaus Gallimard, seinen Roman *Der Ekel* doch zu veröffentlichen. An diesem Tag schreibt er seinen glühendsten Brief an

Simone de Beauvoir: »Ich fühle mich in dieser Art Glück wohler als in dem, was mir die Gunst eines Weibes verschafft. Ich denke voll Behagen an mich.« Was für eine Abschiedsformel! Nicht an die Empfängerin, an Simone de Beauvoir, denkt Sartre mit Behagen, sondern an sich selbst. Wenn jeder an sich denkt, ist auch an alle gedacht, mag sie sich da überlegt haben – und stürzt sich hinein in ihre Bücher, in denen sie schließlich doch sich selbst zum Thema macht.

*

Als Margot von Opel die Liebe zu dem melancholischen Erich Maria Remarque überwinden muss, da dieser hoffnungslos in Marlene Dietrich vernarrt ist, verliebt sie sich zum Trotz in die noch melancholischere Annemarie Schwarzenbach, die auch als Gattin des französischen Botschafters in Teheran keine Ruhe gefunden hat. Den Sommer verbringt Schwarzenbach allerdings in einer Entziehungskur in Samedan. Und Margot von Opel mit Leni Riefenstahl am Strand von Sylt. Danach reisen Schwarzenbach und von Opel nach Amerika, um ihr Glück zu suchen. Nur so viel sei schon verraten: Sie finden es nicht.

*

Bertolt Brecht verbringt ein paar schöne Wochen mit seiner Freundin Ruth Berlau in Schweden. Sie schreibt ein Buch in diesem Sommer 1938, es wird *Jedes Tier kann es* heißen, es geht um die körperliche Liebe – und um das, was die Menschen verlernt haben, als sie im Bett ihren Kopf einschalteten. Mit viel Humor erzählt Berlau davon, warum Frauen im Lauf der Jahrhunderte die animalische Lust verloren haben: weil die Männer so oft versagen. Brecht notiert in sein Tagebuch, was Berlau recherchiert hat: »Siebzig Prozent aller Frauen sollen frigid sein. Der Orgasmus als Glücksfall.« Doch als Berlau darüber nachdenkt, ihr Buch auch in Amerika anzubieten, wird Brecht skeptisch: Das sei kein Buch für Männer, schreibt er ihr. »*Jedes Tier kann es* geht als Frauenbuch oder gar nicht, glaub mir.« Und natürlich glaubt sie ihm, die treue Jüngerin.

*

Am 26. September 1938 wird der deutschen Dichterin Else Lasker-Schüler die deutsche Staatsbürgerschaft entzogen. Die geheime Staatspolizei begründet dies in einem Brief an den Reichsführer SS wie folgt: »Sie war die typische Vertreterin der in der Nachkriegszeit in Erscheinung getretenen emanzipierten Frauen. Durch Vorträge und Schriften versuchte sie, den seelischen und moralischen Wert der deutschen

Frau verächtlich zu machen. Nach der Machtergreifung flüchtete sie nach Zürich und brachte dort ihre deutschfeindliche Einstellung durch die Verbreitung von Gräuelmärchen zum Ausdruck.« Damit erlischt auch ihre Aufenthaltsgenehmigung in der Schweiz. Sie sammelt bei ihren Schweizer Freunden Geld für ihre Emigration nach Palästina. Im nächsten Frühjahr flieht sie über Marseille nach Tel Aviv.

*

Im September 1938, erschüttert vom »Münchner Abkommen«, diesen »Schandtagen, Schmerzenstagen«, entscheidet sich Klaus Mann für die endgültige Emigration in die USA. Er bezieht ein Zimmer im Hotel *Bedford*, in der vierzigsten Straße, zwischen der Lexington und der Park Avenue. Er trifft dort viele alte Bekannte aus Berlin: Billy Wilder etwa, Vicki Baum oder Rudolph von Ripper. »After all, this is your home«, sagt der nette Mann an der Rezeption, als Klaus Mann nicht weiß, welche Heimatadresse er als frisch Emigrierter eintragen soll. Bald schon hält er in New York Vorträge und preist die Gesinnung seines neues Exillandes: »Die Menschen in den Staaten haben mehr Verständnis, mehr Mitgefühl und mehr Respekt für unser Leben – das Leben von Menschen, die aufgrund ihrer Überzeugung oder ihrer Rasse Heimat und Existenz verloren haben –

als die Leute in Europa.« Seine Eltern Thomas und Katia Mann siedeln im Herbst 1938 ebenfalls nach Amerika über. Auch sie haben ihr Vertrauen in die Sicherheit Europas verloren und leben zudem in dem Glauben, dass sie »Deutschland« immer verkörpern, egal wo. »Wo ich bin, ist Deutschland«, hat Thomas Mann gesagt. Doch Klaus, der Sohn, hadert mit diesem Selbstbild – und damit, dass die Amerikaner es seinem Vater so ohne weiteres abnehmen: »Er siegt, wo er hinkommt. Werde ich je aus seinem Schatten treten? Reichen meine Kräfte so lang?« Klaus Mann beginnt, wieder exzessiv und regelmäßig Drogen zu nehmen.

*

Victor Klemperer blickt zurück und liest alte Tagebücher. Er ist überrascht, dass er schon 1937 vermutet hat, den »Gipfel der Trostlosigkeit und des Unerträglichen« erreicht zu haben. Doch es wird immer schlimmer. Seine Frau Eva steht vor lauter Depressionen kaum noch auf, kommt oft erst nachmittags aus ihrem Zimmer. Er darf als Jude keine Bibliothek mehr benutzen, er darf kein Auto mehr besitzen und er darf nicht mehr ins Kino gehen. Sie haben kein Geld mehr. Verzweifelt versucht er, nach Amerika oder Palästina zu emigrieren, vergeblich. Bald wird er den Judenstern tragen müssen, wenn er auf die Dresdner Straße geht. Doch er notiert nüchtern in sein Tagebuch: »Ich will nicht voreilig behaupten, dass wir bereits im letzten Höllenkreis angelangt sind.«

*

1939 bekommt der französische Schriftsteller Céline einen Brief von Cillie Pam aus Wien, seiner ehemaligen jüdischen Geliebten. Sie schreibt ihm, dass ihr Mann im KZ Dachau ermordet worden sei. Daraufhin antwortet Céline am 21. Februar: Das seien durchaus traurige Nachrichten. Aber er werde umgekehrt gerade wegen seiner antisemitischen Haltungen in Frankreich kaltgestellt und müsse sich bald vor Gericht verantworten. »Sie sehen, auch die Juden verfolgen.« Cillie lässt vor Entsetzen den Brief aus den Händen fallen. Wenig später liest sie, dass das neue Werk Célines auf Deutsch erschienen ist, seine *Schule der Kadaver*. Darin heißt es: »Ich fühle mich Hitler sehr nah, allen Deutschen sehr nah. Ich sehe sie als Brüder an, sie haben jeden Grund, Rassisten zu sein.« Den italienischen Antisemitismus lehne er übrigens ab, der sei »blutleer und inadäquat, ich finde das gefährlich, zwischen guten und schlechten Juden zu unterscheiden, das macht keinen Sinn«. Die Juden sind, so fasst es Céline in *Bagatelles pour un massacre* zusammen, an allem schuld: Sie dominieren die Weltfinanzen wie Hollywood, die Presse und die Vereinten

Nationen, und sie wagen es auch noch, die »schönsten Arierinnen zu bespringen«.

*

Ruth Landshoff, der Personifizierung der Goldenen Zwanziger in Berlin, glückt nach sehr unerfreulichen, unergiebigen und leidvollen dreißiger Jahren in Paris, Berlin und Venedig die Emigration in die USA. Im Januar 1937 lässt sie sich scheiden von ihrem Mann, Friedrich Graf Yorck von Wartenburg, den sie wegen fehlender Kinder auch nach der Scheidung »Sohni« nennt. Und am 10. März 1937 schifft sie sich über Cherbourg ein in Richtung Amerika. Sie zieht in New York zu ihrem ebenfalls emigrierten Freund Francesco von Mendelssohn, dem einst exzentrischsten Pfau der Berliner Boheme, der auch ihr Trauzeuge gewesen ist und der Geliebte von Gustaf Gründgens. Francesco versinkt dort allmählich immer tiefer in die Sucht und die Depressionen, und Entzugskliniken werden sein amerikanisches Zuhause, allein sein Cello von Stradivari nimmt er überallhin mit, aber seine Arme sind längst zu schwach, um die größte Liebe seines Lebens noch halten zu können.

Bald zieht Ruth Landshoff von Francesco weiter nach Kalifornien, um nicht mit ihm zu versinken, und versucht in Hollywood, über die Runden zu kommen. Weil ihre Texte nicht veröffentlicht werden, bietet sie in einem Prospekt Vorträge an über die Jahre ihres Ruhms. Man kann bei ihr Speeches zu Charlie Chaplin buchen, zu den Goldenen Zwanzigern, zum *Blauen Engel* oder zu Berlin um 1930. Am interessantesten scheint dieser Vortrag gewesen zu sein: »Greta Garbo oder Emotion ohne Konsequenzen«. Genau um diesen faszinierenden Umstand ging es also, dass sich eine ganze Generation jene Kälte zur Maxime erhoben hat, deren Lehrmeisterinnen Greta Garbo und Marlene Dietrich gewesen sind, diese beiden großen Unbeweglichen. Doch da kaum jemand ihre Vorträge buchen will, hat Ruth Landshoff ein Attentat vor. Sie schreibt mit einem amerikanischen Freund das kurze Buch *The Man Who Killed Hitler*. Darin erschlägt ein Wiener Therapeut Hitler mit einer Hindenburg-Büste. Doch das bleibt leider ein Traum. (Als irgendwann, viel später, Hitler wirklich tot ist, zieht Landshoff von Los Angeles wieder nach New York, ist eng befreundet mit Truman Capote und Andy Warhol und stirbt dort im Jahre 1966 – aus den Goldenen Zwanzigern in Berlin ins Herz der New Yorker Pop-Art der sechziger Jahre, was für ein Leben.)

*

Manchmal kommen Rudi und Speedy Schlichter, das skurrile Paar aus den späten Berliner Bohemejahren, einander weiterhin heftigst in sadomasochistischer

Liebe zugetan, bei ihren alten Freunden Ernst und Gretha Jünger vorbei. Schon einmal hat Schlichter Jünger gemalt, damals in den zwanziger Jahren, wie eine Ikone seiner selbst. Doch nun gibt es ein neueres Porträt aus der Überlinger Zeit, ein Bruststück mit nacktem Oberkörper, sehr heroisch, das sich in Schlichters Atelier befindet. Als sich die politische Situation in Deutschland weiter verdüstert, und selbst Gottfried von Cramm wegen homosexueller Handlungen für Monate ins Gefängnis muss, bekommt es der heroische Ernst Jünger mit der blanken Angst zu tun. Er schreibt an Schlichter, ihm sei bewusst geworden, dass »in diesem Lande ein solches Porträt schlecht möglich ist«. Deshalb bittet Jünger höflich um Zensurmaßnahmen: »Ich würde es daher sehr begrüßen, wenn Sie mich mit einem Mäntelchen bekleiden würden.« Und zwar, so seine Idee, mit genau jenem Mäntelchen, das dem in seinem neuen Buch erwähnten entspricht, denn dann könne man das Bild auch *Auf den Marmorklippen* nennen, so wie das Buch, an dem er gerade arbeite. Selten kann man die nackte Angst Ernst Jüngers vor den Restriktionen des Nazi-Regimes so genau spüren wie in dieser verzweifelten Sehnsucht nach einem unanstößigen Mäntelchen.

*

Die Morphiumsucht von Leni Riefenstahl wird immer schlimmer. Julius Streicher, der Herausgeber der nationalsozialistischen Hetzzeitschrift *Der Stürmer*, der hoffnungslos in sie verliebt ist, schreibt ihr: »Du musst sofort mit der Droge aufhören und eine Entgiftungskur machen. Ich weiß, dass das schwer sein wird, meine liebe Leni, aber es ist die einzige Lösung, weil ich möchte, dass du lebst und gesund wirst.«

*

Am 23. März fährt Erich Maria Remarque zu Marlene Dietrich nach Amerika. Er muss ihr gestehen, dass er Jutta Zambona ein zweites Mal geheiratet hat, damit dieser als verheirateter Frau keine Verfolgung droht. Die Dietrich tobt, aber sie fühlt sich ohnehin gerade zur lesbischen Millionärsgattin und Speedboat-Weltmeisterin Joe Carstairs hingezogen, die zu Remarques größter Konkurrentin wird, aber auch Josef von Sternberg tritt wieder hinter den Kulissen hervor; der ganze Dietrich-Clan mit Ehemann Rudi Sieber und dessen Geliebter Tamara begleitet die beiden zurück nach Europa. Remarque hasst es, willenlos umhergetrieben zu werden. Er verachtet Rudi Sieber, der sich in seiner Lebensrolle als Gehörnter eingerichtet hat. Und er hasst es, Marlene Dietrich im *Grand Hôtel du Cap-Eden-Roc* in Antibes dabei zuzusehen, wie sie ihre Verzweiflung wegzutrinken versucht. Sie muss erkennen, dass in

Hollywood niemand mehr einen Film mit ihr drehen will, ihre Zeit scheint vorbei zu sein.

Das ganze Gefolge der Dietrich, das vier Suiten bewohnt und in weißen Kleidern am Strand und im Restaurant tapfer in die Kamera lächelt, spielt in den Sommern von 1938 und 1939 an der Côte d'Azur eine bittere Komödie, die von einer Tragödie kaum noch zu unterscheiden ist. Einmal erscheint ein überraschender Nebendarsteller – auf den Fotografien sieht man neben Remarque und Dietrich den jungen John F. Kennedy am Strand von Antibes im *Cap-Eden-Roc*, die Zähne so weiß wie sein Bademantel, ein kleines Aufblitzen der Zukunft in einem Szenario des Untergangs (ein paar Jahre später in Amerika wird er eine kurze Affäre mit der Dietrich haben, und vermutlich hat sie in diesem Sommer in Antibes eine mit seinem Vater, Joe Kennedy, den sie in ihren Memoiren »süß« nennt). Manchmal kommen auch Wallis Simpson und ihr Mann, der gerade abgedankte britische König Edward VIII., aus ihrem benachbarten Chateau zum Strand und dinieren danach im *Grand Hôtel*. Ein letzter Sommer des alten Europas.

Es ist gerade seine schmerzhafte Einsamkeit als Lebensabschnittsgefährte der Dietrich, die Remarque in seinen Tagebüchern zu Einträgen von größter Poesie inspiriert: »Wir haben alle so wenig Wärme für uns selbst in unseren Herzen – wir Kinder verwirrter Zeiten – so wenig Glauben an uns – viel zu viel Tapferkeit und viel zu wenig Hoffnung. Dumme kleine Soldaten des Lebens, Kinder verwirrter Zeiten mit einem Traum, manchmal nachts.«

Das Einzige, was ihn in diesen Tagen zwischen Himmel und Hölle beruhigt, sind die Anrufe seines Galeristen Walter Feilchenfeldt. Jeder neue Auftrag für ein Drehbuch oder Buch wird nur danach beurteilt, ob er sich davon ein neues Cézanne-Aquarell kaufen kann. Erich Maria Remarque hat verstanden, dass ein ungemeiner Vorteil der Kunst ist, dass die Bilder, wenn man sie einmal zu Hause hat, nicht mehr weglaufen können wie eine Dietrich. Und dass sie trösten können, auch das.

*

Am 27. März schreibt Klaus Mann, nachdem ihn seine große Liebe Thomas Quinn Curtiss wegen seiner Drogensucht verlassen hat, in sein Tagebuch: »Ich kann und will nicht sehr lange leben. Irgendwann werde ich den Tod doch wieder auf dem holden, schaurigen Umweg über Drogen suchen … Dies wird nicht Schwäche sein. Ich werde es wollen.«

*

Es gibt im Werk der großen Meister selten einen Moment, in welchem sie das Fenster zu ihrer Seele wirklich öffnen, zu groß ist die Angst, dass ein Windhauch von außen das innere Feuer löschen könnte. Bei Max Beckmann, der sein Hemd immer bis oben zuknöpft und den Mantel bis zum Kinn hochschlägt, sind diese Momente besonders rar. Aber einer davon ist das *Bildnis eines jungen Mädchens*, entstanden 1939 – es ist von einer merkwürdigen Unschuld, eine blonde Frau sitzt auf dem kleinen Balkon ihres Hotelzimmers an der Riviera, unter ihr sieht man die Wipfel der Palmen, sie hält die Hand versonnen am Kopf, die Beine hat sie hochgezogen auf ihren Sonnenstuhl. Es ist ziemlich klar, dass sie über die Liebe nachdenkt, eventuell sogar über das Leben.

Das heitere Bild entsteht in einer für Beckmann bedrückenden Zeit: Nachdem er aus Deutschland ins holländische Exil geflüchtet ist, versucht er offenbar, mit Quappi von dort nach Frankreich überzusiedeln. Die Reise an die französische Riviera, die seit den frühen dreißiger Jahren zu einer die Seele und die Leinwand wärmenden Bildquelle geworden ist, wird neben den Themen der griechischen Antike zu seinem zweiten Sehnsuchtstraum. Immer, wenn er in Amsterdam im Atelier sitzt, träumt er sich fort, zurück – oder nach vorn. Umso stärker leuchten darum in den dunklen, nassen holländischen Wintertagen die südlichen Gedanken in seiner Phantasie. Schon in den zwanziger Jahren in Frankfurt hat dieser harte Hund und unverbesserliche Romantiker sich abends ins Bahnhofsrestaurant unter eine Zimmerpalme gesetzt, um wehmütig die Züge zu verabschieden, die nach Nizza und Marseille gefahren sind.

Es ist also eine ganz alte Sehnsucht, die Beckmann da 1939 zum Bild werden lässt, das Mädchen am Sommerabend, die Palmenblätter, die durch das Balkongitter blitzen. Und natürlich ist es auch eine ganz junge Sehnsucht, denn die junge Frau ist ganz gewiss eine sehr konkrete Frau, doch Beckmann wird nie verraten, wer sie ist. In den dreißiger Jahren wacht Quappi, seine Frau, achtsam über ihn und ist der erotischen Eskapaden ihres Gatten langsam müde. Was also malt Beckmann hier? Warum hat das Mädchen einen Brief in der Hand? Träumt sich Beckmann eine Frau herbei, die von ihm träumt? Wir wissen es nicht.

*

Der jüdische Schriftsteller Ernst Toller, eine der zentralen Figuren der deutschen Emigration, der mit seiner jungen Frau Christiane Grautoff nach Amerika geflohen ist, erhängt sich am 22. Mai in seinem New Yorker Hotel. Sein Freund Joseph Roth bricht in Paris zusammen, als er von Tollers Selbstmord hört, und stirbt zwei Tage später. Er ist erst 45 Jahre alt, doch hat er nach Jahren des Trinkens kaum noch Zähne im Mund, seine Leber ist zerfressen und sein Gesicht aschfahl. »S ist Krieg, s ist leider Krieg. Die Kameraden fallen«, notiert Klaus Mann in sein Tagebuch, als er von diesen beiden Toten liest. Und Stefan Zweig, dessen Frau Friderike in Paris das Sterben von Roth begleitet hat, schreibt an Romain Rolland: »Wir werden nicht alt, wir Exilierten. Ich habe ihn wie einen Bruder geliebt.«

*

Am 13. Juli 1939 verbringt Henry Miller seine letzte Nacht in Frankreich, bevor er über Griechenland nach Amerika zurückkehrt. Er schläft in einem kleinen Hotel in Aix-en-Provence, und Anaïs Nin erweist ihm die Ehre und kommt ein letztes Mal zu ihm ins Bett. Es hat fast etwas Rührendes: Keiner von den beiden, die sich ansonsten jahrelang an Indiskretion zu übertreffen versuchten, hat über diese letzte Nacht ein Wort verloren. Als sie sich am Morgen trennen und er weiterfährt zum Schiffsableger nach Marseille, weiß Miller nicht, ob er lachen oder weinen soll. Deshalb liest er Nostradamus und erstellt Horoskope für sich und Hitler. Als er daraus schließt, dass Hitler ihn überleben wird, beendet er seine Beschäftigung mit der Astrologie. Und überlebt den nur zwei Jahre älteren Hitler um 35 Jahre.

*

Gala und Dalí haben sich ans Meer zurückgezogen im Sommer 1939, die Zeitungen melden im September den Einmarsch der Deutschen in Polen, die Angst vor dem Krieg ist mit Händen zu greifen. Dalís Nervenenden glühen. Er tigert durchs Haus, nur das Malen beruhigt ihn. Durch seinen Kopf jagen immer wieder die Bilder seiner Begegnung mit Sigmund Freud im letzten Jahr. Er hat seinen Helden, den Entdecker der Wahrheiten des Unterbewussten, endlich getroffen. Doch seitdem ist es mit den Schlachten, die sein Unterbewusstsein in ihm kämpft, leider noch schlimmer geworden. Denn Freud hat sich für Dalís Paranoia leider überhaupt nicht interessiert. Gala und er sind nicht am Mittelmeer diesmal, sondern am Atlantik, in dem kleinen Badeort Arcachon, am äußersten Rand des alten Europa. Sie wollen die Gewissheit haben, abends Richtung Amerika schauen und träumen zu können. Das Mekka, nach dem sie ihr Bett ausrichten, heißt New York.

Noch einmal treffen sie Marcel Duchamp in diesem Sommer und auch Coco Chanel. Aber eigentlich will Dalí nur malen, wie besessen füllt er Leinwand um Leinwand, Gala muss ihm währenddessen vorlesen, Bücher über Alchemie und Metaphysik, manchmal krault sie ihm auch die Füße, und er fängt an zu schnurren wie eine Katze. Nach dem Abendessen genießt es Dalí, wenn Gala ihm zärtlich die Zähne putzt, dann fühlt er sich rein. Vor dem Schlafengehen legt

Gala die Tarotkarten, Abend für Abend. Doch sie verzweifelt, wie sehr sie die Karten auch mischt, immer liegen dieselben oben: der gehörnte Teufel und der Tod als Knochenmann. Es ist der August des Jahres 1939.

*

Nach ihrer Heirat mit Gottfried von Cramms Tennispartner Gustav Jaenecke, die sie immer wieder hinausgezögert hat, schreibt Lisa Jaenecke, geschiedene von Cramm, an ihren aus der Gestapo-Haft entlassenen Ex-Mann, der dort wegen seiner Homosexualität gesessen hat: »Petit, denkst du manchmal noch an unsere Ehe? Mir erscheint sie in der Erinnerung ideal. Du bist für mich immer noch der einzige Mensch, dem ich alles sagen kann. Wir waren leider blöde, verzogene Kinder, die eben bestraft werden mussten.« Lange hält Gottfried von Cramm diesen Brief in seinen Händen, sehr lange, liest ihn immer wieder. Und geht dann versonnen hinaus zum Tennisplatz in Bodenburg, wo er zehn Jahre zuvor dieses wunderbar verzogene Kind, seine Lisa, beim ersten Matchball besiegt hat. Schräg fällt das abendliche Licht durch die hohen Buchen. Mit seinem weißen Tennisschuh malt er knirschend Kreise in den roten Ascheplatz – einer sieht ein klein wenig aus wie ein Herz.

*

Gottfried Benn verkriecht sich. Tagsüber in sein Aktenstudium als Militärarzt im Bendlerblock, in den Zimmerfluchten des Oberkommandos der Streitkräfte in Berlin. Danach in seine dunkle Erdgeschosswohnung in der Bozener Straße und in seine Ehe mit der jungen, müden Hertha von Wedemeyer, die um acht Uhr schlafen geht. Er dichtet: »Wer sich begrenzt, vollendet seine Spur.« Benn öffnet eine Flasche Pils und starrt stundenlang auf die Wäsche, die im Hinterhof der Wohnung trocknet. Es ist der 13. August. Er nimmt seinen Füller und schreibt an seinen Freund Oelze nach Bremen, im Zimmer steht die Hitze: »Ein Bewusstsein, sommers, in einer Stadt, fünfzigjährig, ohne Resultate, realisiert die Geranienkästen. Abfinden sich damit, mit diesem Abschluss ganz in sich allein, mit diesem einsamen späten Traum. Das ist das individuelle Bewusstsein. Nun wird es versinken. Das ist der Herbst, aber er bricht uns nicht das Herz, uns brach das Bewusstsein – und das ist mehr.«

*

Auch im glühend heißen Sommer des Jahres 1939 wohnt Marlene Dietrich in Antibes, auch in diesem Jahr verbringt sie dort mit ihrem Mann Rudolf, dessen Freundin Tamara, ihrer Tochter Maria, ihrer Mutter Josephine, ihrem früheren Liebhaber Josef von Sternberg und ihrem gegenwärtigen Liebhaber Erich Maria

Remarque träge Wochen des Sonnens, Trinkens und Leidens im *Grand Hôtel du Cap-Eden-Roc.*

Am 14. August verlässt Marlene Dietrich Antibes. Sie hat nach Jahren wieder ein kleines Filmangebot bekommen und will mit dem Schiff zurück nach Amerika. Am Bahnsteig sagt ihr Rudi noch, das nächste Mal möge sie ihn bitte respektvoller behandeln. Die Dietrich winkt nur, und im Fahrtwind flattert das weiße Tuch ihres Ärmels. Goodbye, Europa. In Hollywood dreht sie im Herbst den Western *Destry Rides Again* ab, sie spielt die Animierdame Frenchy in einem Saloon. Und die Lieder, die sie dort singt, rauchig, melancholisch, zukunftslos und gegenwartsvergessen, stammen zwar von Friedrich Hollaender, der als Exilant ebenfalls in Hollywood Unterschlupf gefunden hat. Aber in der Weise, wie sie hier spielt und singt, nämlich hemdsärmeliger und koketter als je zuvor, spürt man, dass sie ihre Lektion gelernt hat und nun weiß, sich als Sehnsuchtsfrau des Wilden Westens zu inszenieren. Wie zur Belohnung für diesen Auftritt bekommt Marlene Dietrich die amerikanische Staatsbürgerschaft verliehen.

Die dreißiger Jahre beendet Marlene Dietrich also ganz genau so, wie sie sie mit dem *Blauen Engel* eingeläutet hat: als laszive Frau von Welt, die die Männer um den Verstand bringt. Doch diesmal beginnt sie keine Liaison mit dem Regisseur, sondern mit Jimmy Stewart, dem Hauptdarsteller.

Erich Maria Remarque reist ihr nach, lässt Europa und seine Frau Jutta, die ihn mit Schuldvorwürfen überhäuft, hinter sich, um der Dietrich nahe zu sein. Als er in Hollywood ankommt und die Dietrich ihn am ausgestreckten Arm verhungern lässt, weil sie gerade keinen Bedarf hat an ihrem melancholischen Liebhaber aus der Alten Welt, schreit er sie eines Abends an: »Liebe mich!« Da wird sie ganz still. Und fängt zu singen an, den Song ihres Lebens, der ihr 1932 von Friedrich Hollaender auf den Leib und die Seele geschrieben worden ist: »Ich weiß nicht, zu wem ich gehöre, ich bin doch zu schade für einen allein.« Er schmeißt die Tür zu und geht.

*

Es passt, dass in diesem Sommer 1939 in Ungarn ein Buch geschrieben wird, das *Apropos Casanova* heißt. Miklós Szentkuthy hat eine einzigartige Mischung aus Liebestheorie und Biographie des großen venezianischen Causeurs verfasst, in der er schwer beeindruckt bekennt, dass wohl Casanova als Erster das wahre Wesen der Liebe erkannt habe. Ihre Grundlage sei: »das Weiterziehen«. Nur so könne sie immer neu entstehen. Ja, an Casanovas Streifzügen durch die verschiedenen Stände, verschiedenen Städte, verschiedenen Betten demonstriert er, dass »das verantwortungslose Jonglieren mit den Milieus das Wesen der

Liebe ist«. Und Casanova tauge genau deshalb als *role model*, weil er katholisch sei, einem Protestanten wäre das nie geglückt. Nur der Katholik kenne den Zauber der Beichte nach der Sünde. Und wir Nachgeborenen seien bei Casanova Profiteure dieser Beichten, die sich bei ihm Bücher nennen. Ja, seine Leistung liege darin, dass er das, »woran andere romantisch zugrunde gehen, in die größte Freude verwandelt«.

*

Klaus Mann ist in der Neuen Welt gelandet. Doch auch in Santa Monica und in Beverly Hills träumt er nur vom Alten Europa. Und er ist dabei nicht allein. Gemeinsam mit Aldous Huxley und Ludwig Marcuse erinnert er sich bei kühlen Cocktails an den heißen Sommer 1933 in Sanary-sur-Mer. Am Pool von Vicki Baum, auf dem Sofa von Ruth Landshoff oder nachmittags am Strand mit Christopher Isherwood und abends in der Bar mit Billy Wilder und Fritz Lang redet er stundenlang und glühend über die zwanziger Jahre in Berlin, die aus kalifornischer Perspektive langsam sehr golden zu werden beginnnen. Wenn Klaus Mann dann aber wieder allein ist in seinem Zimmer und das Neonlicht leuchtet und die Drogen locken, dann packt ihn die Tristesse: »Wieder dieses furchtbare Weinen, Tränen der Erschöpfung, der Hoffnungslosigkeit. Ach, sie trösten nicht.« Klaus

Mann leidet unter dem Nazi-Regime und seinem Exil, und er leidet unter dem Ende der Beziehung zu Thomas Quinn Curtiss, manchmal flackert auch bei diesem noch die alte Liebe auf, doch in diesem August zieht er endgültig weiter, um sich selbst zu retten. Klaus Mann tröstet sich mit naiven Lustknaben, die ihn aber sehr schnell langweilen, und er hat eine Heidenangst, ein ganzes langes Wochenende mit ihnen verbringen zu müssen. Er träumt sich stattdessen wieder zurück in die gute alte Zeit, liest in der Bibliothek von Rolf Nürnberg stundenlang in der *Fackel*, dem *Querschnitt*, der *Dame*, der *Weltbühne*. Er entdeckt einen alten Artikel von sich selbst: »Sexualpathologie und Nationalsozialismus« aus dem November 1932. Seine eigene Prophetie tröstet ein wenig, auch dass sein Vater, der »Zauberer«, ihm schreibt, dass er seinen neuen Roman, *Der Vulkan*, für gelungen hält. Aber schon ganz bald verbrennt die sengende Sonne Kaliforniens all seine guten Energien. Als er vom Selbstmord eines verzweifelten Freundes im Exil hört, kommen Klaus Mann all die Toten der letzten Jahre in den Sinn, Joseph Roth, Ernst Toller, Ödön von Horváth, Ricki Hallgarten, und er fragt sich, ob Annemarie Schwarzenbach wohl noch lebt. »Erinnerungen, unendlich«, schreibt er am 21. August 1939. Und dann, bodenlos: »Das schaurige Ende, das es mit ihnen allen nimmt. Ahnungen des eigenen Untergangs. Möge es Ereignis werden, ehe ich alle hingehen sehe, die ich gekannt – und geliebt habe.«

*

Durs Grünbein hat über den 23. August 1939 ein Gedicht geschrieben. Es endet so:

Denk an den Tag, einen Sommertag,
als in den Städten Europas die Menschen
zum letzten Mal unüberwacht, scheinbar arglos
in ihren Cafés saßen, lachten und diskutierten
mit den hektischen Gesten, den scheuen Blicken
der Leute im Zeitraffer von Archivfilmaufnahmen,
im blauen Dunst ihrer Zigaretten überm Trottoir.
Denk an das Picknick der Surrealisten,
die Erwachsenenspiele an den Ufern der Côte d'Azur,
diesen ultimativen Sommer der Avantgarden,
das große, das retardierende Moment
bevor der letzte der Humanisten
an der spanischen Grenze
in einem trockenen Flußbett elend verreckte.

*

Der letzte der Humanisten, also Walter Benjamin, wird wenige Tage später, nach dem Einmarsch der deutschen Truppen in Polen, wie alle anderen deutschen Emigranten aus Sanary-sur-Mer und Paris in ein französisches Internierungslager verlegt. Erst in die riesige Pariser Fußballarena *Stade de Colombes*, dann ins Château de Vernuche; alle, die ihn dort sehen oder sprechen, sind verstört über seine unheimliche Ruhe. Die Laken sind nachts kalt vor Angst. Aber Benjamin träumt sich zurück und schreibt zauberhafte Briefe an Hélène Léger, eine Pariser Prostituierte, die sein Herz erobert hat. Er schreibt ihr, wie intensiv er an die gemeinsamen Stunden denke: »Wodurch könnte man solche Erinnerungen ersetzen, die häufig das sind, was im Leben am meisten zählt?« Wenig später schreibt der letzte Humanist seinen Aufsatz *Über den Begriff der Geschichte*, den er Hannah Arendt und Heinrich Blücher anvertrauen wird. Darin Benjamins Nachdenken über ein Bild von Paul Klee, das ihm seit den zwanziger Jahren gehört: »Es gibt ein Bild von Klee, das *Angelus Novus* heißt. Ein Engel ist darauf dargestellt, der aussieht, als wäre er im Begriff, sich von etwas zu entfernen, worauf er starrt. Der Engel der Geschichte muss so aussehen. Er hat das Antlitz der Vergangenheit zugewendet. Wo eine Kette von Begebenheiten vor uns erscheint, da sieht er eine einzige Katastrophe, die unablässig Trümmer auf Trümmer häuft und sie ihm vor die Füße schleudert.«

Das ist die ganze Tragik der Geschichte der dreißiger Jahre. Die Walter Benjamins. Und aller jüdischen Emigranten.

Als Übersetzer von Marcel Prousts *Suche nach der verlorenen Zeit* hat Benjamin gelernt, dass das moderne Denken naiverweise nur nach vorn gerichtet ist, Erlösung jedoch eigentlich nur in der Vergangenheit zu finden ist. Erinnerung ist wichtiger als aktuelle Wahrnehmung oder Utopien, das ist Prousts großes Vermächtnis und seine tröstende Verheißung. Und Benjamin setzt sie um mit seinen hinreißenden Erinnerungen an eine *Berliner Kindheit um 1900*. Und mit seinem Lobpreis des Engels der Geschichte, der ihm im Jahre 1939 ein letztes Mal ein achtsamer Schutzengel zu sein versucht. Aber der Engel sieht, wie Benjamin weiß, bereits die Zukunft als Katastrophe vor sich.

*

Immer, wenn er spürt, dass ein Weltkrieg naht, will Heinrich Mann heiraten. Und immer wartet er zu lange. Denn dann gibt es Probleme mit der Bürokratie, und so werden es seltsam unfeierliche Nottrauungen nach Kriegsbeginn. Das war so mit Mimi, seiner ersten Frau, vor 25 Jahren. Und das ist jetzt genauso mit Nelly Kröger. Sie hat sich im Exil immer mehr den Drogen und dem Alkohol hingegeben – es war ihre Form, aus der Realität zu fliehen, weg von den intellektuellen Gesprächen der Exilanten, weg von der snobistischen Mann-Familie, die sie allesamt verachteten. Als Thea Sternheim das Paar in Nizza besuchte, nannte sie Nelly eine »gleichzeitig appetitlich und fett aussehende Thusnelda«. Allein Heinrich Mann bringt das Kunststück fertig, bei Nelly, wie er ihr in jedem seiner Briefe schreibt, nur an ihren »schönen Körper zu denken. Bei dem Gedanken bleibe ich niemals ruhig«. Als Nelly im Sommer zum wiederholten Mal aus der Entziehungsklinik *Villa Constance* zurückkehrt, hofft der 68-jährige Schriftsteller nun also, diese körperliche Unruhe zu institutionalisieren und seine Geliebte und Gefährtin zu heiraten. Am 9. September, acht Tage nach Kriegsbeginn und kurz bevor alle Deutschen in Frankreich in die Internierungslager gebracht werden, vollzieht ein Standesbeamter in Nizza die offizielle Trauung. Nelly Krögers französischer Nervenarzt, Dr. Barnathan, ist Trauzeuge. Da Heinrich Mann seit seiner Ausbürgerung aus Deutschland einen tschechischen Pass besitzt, wird nun auch seine norddeutsche Frau in Nizza zur Tschechin. Heinrich schenkt ihr zur Hochzeit eine französische Ausgabe seines Buches *Der Haß* mit der Widmung »als Zeugnis über zehn gemeinsame Jahre, reich an Leiden und an Glück«. Am nächsten Tag beginnt die neue Tschechin Nelly Mann warme Unterwäsche für die in Frankreich stationierten tschechischen Soldaten zu stricken. Und am übernächsten Tag beginnt sie, wieder maßlos französischen Wein zu trinken.

*

Otto Dix, der Maler des Krieges und der Maler der Großstadt, hat sich in den letzten Zipfel des Reiches verzogen. Erst nach Randegg, ins Schloss der Familie seiner Schwägerin, und nun nach Hemmenhofen am Bodensee; hier malt er Tag um Tag Landschaften in altmeisterlicher Manier. Statt Huren und Soldaten tauchen darauf höchstens einmal Maria und Josef auf. Otto Dix ist in die Landschaft emigriert und auch in die Religion und die Geschichte. Aus dem Rückgriff auf die Tradition erwachsen in ihm Bilder voll Prophetie – er malt *Lot und seine Töchter*, und im Hintergrund sieht man Dresden, das auf der Leinwand schon so brennt, wie es erst fünf Jahre später nach dem Bombenhagel brennen wird.

Auch nach seiner Entlassung aus der Akademie fährt er regelmäßig mit dem Zug den weiten Weg nach Dresden, um Käthe König zu sehen, seine Geliebte. Seiner Frau Martha bleibt nichts anderes übrig, als diese Fernbeziehung zu dulden, die gemeinsamen Kinder bekommen davon nichts mit. Im Sommer 1939 jedoch lässt sich das Doppelleben nicht mehr verheimlichen, denn Käthe König und Otto Dix sind Eltern geworden.

Auch davon abgesehen scheint sein Leben aus den Fugen zu geraten. Nach dem gescheiterten Attentat auf Hitler im Münchner *Bürgerbräukeller* kommt die Kriminalpolizei nach Hemmenhofen und klopft an die Tür. Dix wird für zwei Wochen inhaftiert. Er wird der Mitwisserschaft verdächtigt. Es ist dann ausgerechnet Käthe König, die in Dresden in einem Amt kompromittierende Akten über Dix verschwinden lässt, so dass die Gestapo ihn laufen lassen muss und er zu Gattin Martha zurückkehren kann.

*

Simone de Beauvoir erklärt ihrem Geliebten Bost, der der Verlobte von Sartres Sehnsuchtsobjekt Olga ist, ihr Liebesleben: »Ich habe nur ein sinnliches Leben, nämlich mit Ihnen.« Herrlich, dieses Siezen in den intimen Nachrichten … Aber der Brief geht weiter. Sie müsse, auch wenn es sie verlegen mache, noch etwas klarstellen, schreibt de Beauvoir: »Auch mit Sartre habe ich eine körperliche Beziehung, aber sie ist nicht sehr bedeutend. Es ist im wesentlichen Zärtlichkeit, und – ich weiß nicht recht, wie ich es sagen soll – ich fühle mich nicht involviert, weil er es auch nicht ist.« Nach diesem Bekenntnis verbringen dann Sartre, de Beauvoir und Bost ein paar entspannte Sommertage zusammen in Marseille. Doch als sie allein sind, bittet Bost seine Geliebte, seine Briefe an sie zu verbrennen.

Er werde das mit ihren genauso tun. Er wolle seine Verlobte Olga vielleicht doch heiraten. Simone de Beauvoir muss weinen. Sie sucht Trost bei ihrem Gatten, doch Sartre möchte ihr nur en detail erzählen, wie es ihm gelungen sei, Olgas Schwester Wanda zu verführen. Dann müssen Bost und Sartre packen. Sie werden beide eingezogen und müssen am 31. August ihren Militärdienst antreten. Als Simone de Beauvoir Sartre zum Bahnhof bringt, zerreißt es ihr fast das Herz. Sartre hingegen notiert in sein Notizbuch: »Jeder will, dass der andere ihn liebt, ohne sich darüber klarzuwerden, dass lieben geliebt werden wollen heißt – und dass er also, wenn er will, dass der andere ihn lieben soll, nur will, dass der andere will, dass er ihn liebt: daher die ständige Unsicherheit der Liebenden.« Und Simone de Beauvoir? Die ständig unsicher Liebende zieht, da ihre beiden Männer in den Krieg gezogen sind, mit den Schwestern Olga und Wanda zusammen ins *Hôtel du Danemark* in der Rue Vavin, also mit der Geliebten ihres Mannes und der Verlobten ihres Geliebten.

*

Am Abend des 31. August, als Jean-Paul Sartre eingezogen wird, steigt Harro Schulze-Boysen am Wannsee auf sein Segelboot *Haizuru*, auf dem er vor fünf Jahren seine Frau Libertas kennengelernt hat. Er hat seinen alten Freund und Nebenbuhler Günther Weisenborn zu einem vertraulichen Gespräch auf dem Wasser gebeten. Seit über einem Jahr hat Weisenborn eine leidenschaftliche Affäre mit Libertas. Harro überzeugt ihn in dieser Nacht und auf diesem Boot, auf dem ihre große Liebe begann, dass diese Liaison nun ein Ende haben müsse. Leider werde am nächsten Morgen etwas ganz anderes beginnen, sagt Harro da zu Günther: der Krieg, und »es wird der größte Krieg der Weltgeschichte werden«. Und Günther schreibt nachts in sein Tagebuch über Harro Schulze-Boysen: »Schlank, schön und sauber schnitt sein Profil in den Abendhimmel am Wannsee. Ein Deutscher, ein Mann wie eine Flamme, ein Freund am Abend vor dem Krieg.« Weisenborn verspricht, nicht mehr um Libertas zu kämpfen. Auch er hat gespürt, dass deren Liebe zu Harro, Erotik hin oder her, doch viel größer ist als die zu ihm. (Am 22. Dezember 1942 werden Libertas und Harro Schulze-Boysen in Plötzensee hingerichtet werden, weil ihre Widerstandsgruppe »Rote Kapelle« enttarnt wurde, sie schreibt ihm ein paar Minuten vor ihrem gemeinsamen Tod: »Wir brauchen uns nie mehr zu trennen, wie ist das groß und schön.«)

*

Claus Graf von Stauffenberg, der 1934 für ein Denkmal als Idealbild eines deutschen Soldaten posiert hat, überfällt in den ersten Septembertagen 1939 mit seiner 9935 Mann starken »1. Leichten Division« Polen. Vor dem Abmarsch in Wuppertal hat er sich bei seinem Buchhändler noch ein paar philosophische Klassiker für unterwegs gekauft. An der polnischen Front erreichen ihn zwei ängstliche Briefe seiner Frau Nina. Er schreibt ihr nach Bamberg zurück, sie müsse sich keine Sorgen machen, aber die Kämpfe seien tatsächlich »verlustreicher, als diese Sache erfordern müsse«. Seine Offizierskollegen seien leider sehr unerfahren und die Polen sehr tapfer. Das Land, das er mit seinen Panzern überrollt, behagt ihm gar nicht, es sei, so schreibt er eiskalt, voll »unendlicher Armut und Verschlamptheit«. Als er mit der deutschen Wehrmacht das getan hat, was er wohl unter Aufräumen verstand, was in wenigen Tagen unzählige Menschenleben kostete und Leid und Verwüstung über das ganze Land brachte, kehrt er siegestrunken in seine deutsche Kaserne zurück. Im September 1939 ist Claus Graf von Stauffenberg noch ein seinem Führer ergebener deutscher Soldat und ein intellektueller Snob. Es ärgere ihn nur, so schreibt er an seine Frau Nina, dass ihm beim Polenfeldzug sein schöner, stabiler Gummimantel abhandengekommen sei. Ach, und in manchem geplünderten Schloss, so schreibt er weiter, hätte es sehr hübsche Empiremöbel gegeben.

*

Als Hitler die Wehrmacht Polen angreifen lässt, ruft er Leni Riefenstahl an und fragt, ob sie nicht Lust hätte, ein paar schöne Filmaufnahmen von der Front zu machen. Sie sagt sofort zu. Geht zu einem Schneider am Kurfürstendamm, der ihr in Windeseile eine khakigrüne Phantasieuniform näht, mit Abzeichen und Schulterklappen. Dann packt sie ihren aktuellen Geliebten, den Tontechniker Hermann Storr, und zwei weitere Filmtechniker ein und fährt an die Front, vom Stettiner Bahnhof in Berlin aus in Richtung Nordost. Der »Sonderfilmtrupp Riefenstahl« steht unter dem besonderen Schutz des Führers, den Soldaten an der Front ist die filmende, exzentrische Frau ein Ärgernis. Als sie dann in ihre Phantasieuniform auch noch eine Pistole links in den Gürtel steckt und ein Messer in den Stiefelschaft, ist es für die Soldaten schwer, Haltung zu bewahren. Mitten im Krieg betritt eine Freizeitamazone die Front. Und das auch noch im Auftrag des Führers. Als sie jedoch in Końskie erleben muss, wie 22 Juden erschossen werden, »verlässt unsere Besucherin erschüttert das Feld«, wie General von Manstein vermeldet, der Befehlshaber der Heeresgruppe Süd. Es gibt Fotografien, die Leni Riefenstahl in Końskie nach der Bluttat zeigen, das Entsetzen steht in ihren Zügen. Sie weiß nun, wohin der *Sieg des Glaubens* über die Vernunft und der *Triumph des Willens* über die Moral führen. In den Tod.

Aber als sie zurück in Berlin ist, hat sie es bereits vergessen.

*

In Hollywood zerfleischen sich derweil Marlene Dietrich und Erich Maria Remarque. Er gibt ihr eine Ohrfeige, sie beißt ihm in die Hand. Dann geht er, bleich und verstört; auf dem kalten Marmor der Treppe in Marlene Dietrichs Haus erinnern am nächsten Morgen nur noch ein paar kleine Blutstropfen an seinen Besuch. Remarque schaut auf das Desaster dieser Beziehung und notiert in sein Tagebuch einen Befehl zum emotionalen Truppenabzug: »Vorgenommen, raus da!«

*

Auch Heinrich Blücher, Hannah Arendts Mann, wird, wie alle männlichen deutschen Emigranten in Frankreich, im Pariser Olympiastadion *Colombes* interniert, als der Krieg beginnt. Er stellt sich tapfer seiner Lage, liest Kant und Descartes und schreibt an Hannah Arendt eine eher philosophische Liebeserklärung: »Mein Liebling, ich bin glücklich, wenn ich daran denke, dass du die Meine bist. Und ich denke viel.« Aber dann überkommen auch ihn die Gefühle, und die rechte Gehirnhälfte übernimmt die Regie: »Meine

Schöne, mein Glücksgeschenk ist, ein Gefühl zu haben, von dem man so stark fühlt, dass es ein ganzes Leben lang hält und sich nicht ändern wird, es sei denn, dass es noch zunimmt.« Und Heinrich Blücher wird recht behalten. Seine Briefe an Hannah Arendt sind übrigens die einzigen Texte des Philosophen, die uns erhalten sind.

*

Anfang September ist die Wirklichkeit auch in Sanary-sur-Mer eingezogen, der kleinen deutschen Emigrantenstadt am Meer. Sowohl seine Frau Marta als auch seine Hauptgeliebte Eva Herrmann reden gemeinsam auf Lion Feuchtwanger ein, dass er als jüdischer Autor dringend Europa verlassen müsse. Doch er wartet zu lange. Am 16. September notiert er: »Furchtbar schlecht geschlafen. Auf Polizei gerufen. Zusammen mit den anderen Deutschen, die noch hier sind. Ich muss morgen ins Konzentrationslager. Inschrift in dem Polizeilokal: Bienvenue à tous.« Am 23. September wird Feuchtwanger in das Internierungslager Les Milles verlegt, südlich von Aix-en-Provence. Doch schon eine Woche später ist der berühmte Autor wieder frei. Marta schaut ganz ungläubig, als er plötzlich wieder vor ihr steht in der Villa *Valmer* und sie fragt, ob sie zusammen im Meer baden gehen wollen. Noch einmal gehen sie die Stufen hinab, noch einmal steigen sie hinein ins warme Wasser des Mittelmeeres, noch einmal lassen sie sich trösten von der roten Sonne, die im Meer versinkt. Und doch, die großen grauen Kriegsschiffe, die aus Toulon kommen, vom nahen Militärhafen, zeigen ihnen, dass dieses Exil unter Palmen an sein Ende gekommen ist. Beide werden ganz stumm, als die furchteinflößenden Schiffe am Horizont immer größer werden. Sie trocknen sich in aller Stille ab, fast geschockt und gehen hoch in ihre Villa. Sie spüren beide: Dies wird nicht mehr lange ihre Heimat sein.

*

Ernst Jünger, dessen Buch *Auf den Marmorklippen* gerade abgeschlossen ist, wird zum Hauptmann ernannt und in einer Kaserne in Celle stationiert. Als er am 17. September zum kurzen Abschiedsbesuch zu seiner Familie zurückkehrt, klagt er seiner Frau, er fühle sich durch die Tränen der Frauen, die ihre Männer an der Kaserne in den Krieg verabschiedeten, stark belastet. Das müsse doch nicht sein. Das habe ihn schon beim Ersten Weltkrieg sehr gestört. Gretha Jünger stimmt ihm aus vollem Herzen zu: »Die glühende Kraft der Zuneigung soll einen anderen Ausdruck als den der Schwäche finden; da die Männer in den Krieg ziehen, wie es seit Jahrhunderten üblich ist, dürfen wir nicht in ohnmächtiger Trauer zurückbleiben und sie durch wehmütige Briefe oder Klagen schwächen.«

*

Die achtzehnjährige Sophie Scholl liebt den 22-jährigen Offiziersanwärter Fritz Hartnagel, den sie vor zwei Jahren auf einem Tanzabend kennengelernt hat. Er trägt die kurzgeschorenen Haare des Soldaten, sie einen wilden Bubikopf mit zwei widerspenstigen Strähnen, die sie sich immer aus dem Gesicht pustet. Sie könnten unterschiedlicher nicht sein, aber sie sind beide gläubig. Einmal fragt sie ihn: »Glaubst du nicht, das Geschlecht könnte vom Geiste überwunden werden?« Aber sie taugen beide nicht fürs Kloster. Im Sommer 1939 verbringen sie ihren ersten gemeinsamen Urlaub in Norddeutschland – und schlafen miteinander, obwohl Sophie damit hadert, denn ihre christliche Sexualmoral erlaubt ihr das eigentlich erst in der Ehe. Sie hält Fritz auf Distanz und dann lockt sie ihn wieder, es ist ein ewiges Hin und Her. Doch schon bald kauft sie billige Ringe, und die beiden quartieren sich in den Hotels im Norden als Ehepaar ein – sie ist zu lebenshungrig für die Askese, die sie von sich verlangt. Sophie Scholl ist eine junge deutsche Frau, zerrissen zwischen ihren Ansprüchen und ihren Sehnsüchten, sie liebt den Wein und das Autofahren und ist doch voller Zorn. Sie ist BDM-Führerin und hasst die Nazis. Fritz Hartnagel spricht viel von Liebe und genauso viel vom Vaterland.

Sophie Scholl und Fritz Hartnagel machen also Urlaub in diesem letzten Friedenssommer, sie fahren erst nach Heiligenhafen an der Ostsee, dann durch die Moore rund um Worpswede und legen sich ins Gras, es ist heiß im Vaterland und schön, und sie träumen ein wenig von ihrer Zukunft. Doch dann wird Fritz einberufen. Sophie Scholl schreibt ihm unmittelbar nach dem Kriegsbeginn: »Ich kann es nicht begreifen, dass nun dauernd Menschen in Lebensgefahr gebracht werden von anderen Menschen. Ich kann es nie begreifen und finde es entsetzlich.« Hartnagel antwortet ihr: »Du bringst mich in einen großen Konflikt, wenn du mich nach dem Sinn des ganzen Blutvergießens fragst …« Sophie Scholl wird sich für den aktiven Widerstand entscheiden, sie wird Flugblätter verteilen, auf denen steht: »Zerreißt den Mantel der Gleichgültigkeit, den ihr um euer Herz gelegt!« Und der, dessen Herz sie geöffnet hat, also Fritz Hartnagel? Der wird dem NS-Regime als Offizier treu dienen. Ihrer beider Haltung könnte also unterschiedlicher nicht sein. Aber sie lieben sich. Er wird in Stalingrad schwer verwundet, sie geht in den Widerstand und wird dafür 1943 zum Tode verurteilt. Danach stellt sich auch Fritz Hartnagel als Offizier gegen das Regime, begibt sich freiwillig in amerikanische Gefangenschaft. Nach dem Krieg wird er Richter, kämpft gegen die Wiederbewaffnung und für die Friedensbewegung. Und er heiratet Sophies Schwester Elisabeth. So blieb er seiner großen Liebe Sophie Scholl auch nach ihrem Tode nah.

*

Bruno Balz wird auf Erlass von Joseph Goebbels für 24 Stunden aus dem Gestapo-Gefängnis in der Prinz-Albrecht-Straße 8 entlassen. Balz hat wegen seiner Homosexualität eingesessen, ist tagelang gefoltert worden, aber die UFA hat Goebbels signalisiert, dass der neue Film von Zarah Leander nicht ohne Lieder von Balz zu Ende gedreht werden könne. Der Film soll *Die große Liebe* heißen. Balz wird im Morgengrauen nach Babelsberg gefahren. Unter den Augen der Gestapo komponiert er dort in nur 24 Stunden zwei seiner größten Songs: *Ich weiß, es wird einmal ein Wunder geschehen* und *Davon geht die Welt nicht unter*. Beides erweist sich als unzutreffend.

BIBLIOGRAPHIE

Allgemeine Literatur zum Zeitraum 1929 – 1939

Ackroyd, Peter: *Charlie Chaplin*. London 2014.
Aspetsberger, Friedbert: *Arnolt Bronnen. Biographie*. Wien 1995.

Baum, Vicki: *Es war alles ganz anders*. Frankfurt 1963.
Barthes, Roland: *Fragmente einer Sprache der Liebe*. Frankfurt 1978.
Bauschinger, Sigrid: *Else Lasker-Schüler. Eine Biographie*. Göttingen 2004.
Bedford, Sybille: *Rückkehr nach Sanary. Roman einer Jugend*. München 2009.
Bedford, Sybille: *Treibsand. Erinnerungen einer Europäerin*. München 2006.
Bisky, Jens: *Berlin. Biographie einer großen Stadt*. Berlin 2019.
Blotkamp, Carel: *Artists' Late and Last Works*. London 2019.
Blubacher, Thomas: *Gustaf Gründgens. Biographie*. Leipzig 2013.
Bosworth, R. J. B.: *Claretta. Mussolini's Last Lover*. Yale 2017.

Brassaï: *Flaneur durch das nächtliche Paris*. München 2013.

Breslauer, Marianne. *Fotografien 1927–1936*. Ausstellungskatalog Berlinische Galerie, Berlin. Wädenswil 2010.

Breslauer, Marianne: *Bilder meines Lebens. Erinnerungen*. Wädenswil 2012.

Brogi, Susanna und Strittmatter, Ellen (Hrsg.): *Die Erfindung von Paris*. Marbach 2019.

Buñuel, Luis: *Mein letzter Seufzer. Erinnerungen*. Frankfurt 1985.

Bürger, Jan und Gehring, Petra (Hrsg.): »Feminismus zwischen den Kriegen«, Zeitschrift für Ideengeschichte, Nr. 4/2020.

Céline, Louis-Ferdinand: *Briefe an Freundinnen. 1932–1948*. Gifkendorf 2007.

Corino, Karl: *Robert Musil. Eine Biographie*. Reinbek 2003.

Coxon, Ann: *Anni Albers. Fabrics*. München 2018.

Cziffra, Geza von: *Kauf Dir einen bunten Luftballon. Erinnerungen an Götter und Halbgötter*. München 1975.

Cziffra, Geza von: *Hanussen. Hellseher des Teufels. Ein Bericht*. München 1978.

Darwent, Charles: *Josef Albers. Leben und Werk*. Bern 2020.

Dearborn, Mary v.: *Ich bereue nichts. Das außergewöhnliche Leben der Peggy Guggenheim*. Köln 2007.

Demandt, Alexander: *Untergänge des Abendlandes. Studien zu Oswald Spengler*. Köln, Weimar, Wien 2007.

Die dreißiger Jahre. Schauplatz Deutschland. Ausstellungskatalog Haus der Kunst München. München 1977.

Die schwarzen Jahre. Geschichte einer Sammlung 1933–1945. Neue Nationalgalerie, Berlin. Berlin 2015.

Döring, Jörg: *»ich stellte mich unter und machte mich klein«. Wolfgang Koeppen. 1933–1948*. Frankfurt 2001.

Domin, Hilde: *Die Liebe im Exil. Briefe an Erwin Walter Palm aus den Jahren 1931–1959*. Frankfurt 2009.

Eilenberger, Wolfram: *Feuer der Freiheit. Die Rettung der Philosophie in finsteren Zeiten 1933–1943*. Stuttgart 2020.

Etzold, Alfred: *Der Dorotheenstädtische Friedhof. Die Begräbnisstätten an der Berliner Chausseestraße*. Berlin 2002.

Felken, Detlef: *Oswald Spengler. Konservativer Denker zwischen Kaiserreich und Diktatur*. München 1988.

Feuchtwanger, Lion: *Ein möglichst intensives Leben. Die Tagebücher*. Berlin 2018.

Field, Andrew: *Djuna Barnes. Eine Biographie*. Frankfurt 1992.

Fischer, Jens Malte: *Karl Kraus. Der Widersprecher*. Wien 2020.

Flügge, Manfred: *Gesprungene Liebe. Die wahre Geschichte zu* »Jules und Jim«. Berlin 1993.

Flügge, Manfred: *Wider Willen im Paradies. Deutsche Schriftsteller im Exil in Sanary-sur-Mer*. Berlin 1996.

Flügge, Manfred: *Heinrich Mann. Eine Biographie*. Reinbek 2006.

Flügge, Manfred: *Die vier Leben der Marta Feuchtwanger. Biographie*. Berlin 2008.

Flügge, Manfred: *Das flüchtige Paradies. Künstler an der Côte d'Azur*. Berlin 2008.

Flügge, Manfred: *Muse des Exils. Das Leben der Malerin Eva Herrmann*. Frankfurt 2012.

Flügge, Manfred: *Traumland und Zuflucht. Heinrich Mann in Frankreich*. Frankfurt 2013.

Flügge, Manfred: *Das Jahrhundert der Manns*. Berlin 2015.

Franck, Dan: *Montparnasse und Montmartre. Künstler und Literaten in Paris zu Beginn des 20. Jahrhunderts*. Berlin 2011.

Friedrichs, Hauke: *Funkenflug. August 1939. Der Sommer, bevor der Krieg begann*. Berlin 2019.

Frisch, Max: *»Im übrigen bin ich immer völlig allein«. Briefwechsel mit der Mutter 1933*. Frankfurt 2000.

Fuld, Werner und Ostermaier, Albert: *Die Göttin und ihr Sozialist. Christiane Grautoff – ihr Leben mit Ernst Toller*. Bonn 1996.

Gide, André: *Tagebuch. 1889–1939*. Stuttgart 1954.

Gladitz, Nina: *Leni Riefenstahl. Karriere einer Täterin*. Zürich 2020.

Goebbels, Joseph: *Die Tagebücher 1924–1945*. 5 Bände. München 1992.

Görtemaker, Heike B.: *Eva Braun. Leben mit Hitler*. München 2019.

Grosz, George: *Ein kleines Ja und ein großes Nein. Sein Leben von ihm selbst erzählt*. Frankfurt 2009.

Grusenberg, Richard M. und Groß, Johannes: *Die dreißiger Jahre*. Frankfurt 1970.

Hachmeister, Lutz: *Hôtel Provençal. Eine Geschichte der Côte d'Azur*. München 2021.

Hausmann, Raoul: *Photographs 1927–1936*. Köln, Paris 2017.

Havemann, Florian: *Speedy – Skizzen*. Berlin 2020.

Hecht, Gusti: *»muss man sich gleich scheiden lassen?«*. Berlin 1932.

Herlin, Hans: *Die Geliebte. Die tragische Liebe der Clara Petacci zu Benito Mussolini*. München 1980.

Hermann, Lutz: *Literarisches Paris. 80 Dichter, Schriftsteller und Philosophen. Wohnorte*. Berlin 2003.

Hertling, Anke: *Eroberung der Männerdomäne Automobil. Die Selbstfahrerinnen Ruth Landshoff-Yorck, Erika Mann und Annemarie Schwarzenbach*. Bielefeld 2013.

Hessel, Franz: *Nur was uns anschaut, sehen wir. Literaturhaus Berlin*. Berlin 1998.

Hessel, Franz: *Heimliches Berlin. Roman*. Düsseldorf 2017.

Hildenbrandt, Fred: *»ich soll dich grüßen von Berlin«. 1922–1932. Berliner Erinnerungen, ganz und gar unpolitisch*. München 1966.
Hille, Karoline: *Gefährliche Musen. Frauen um Max Ernst*. Berlin 2007.
Hintermeier, Mara und Raddatz, Fritz J. (Hrsg.): *Rowohlt-Almanach 1908–1962*, 3 Bd. Reinbek 1962.
Hirte, Chris: *Erich Mühsam. Eine Biographie*. Freiburg 2009.
Hörner, Unda: *Im Dreieck. Liebesbeziehungen von* Friedrich Nietzsche *bis* Marguerite Duras. Frankfurt 1999.
Hörner, Unda: *Madame* Man Ray. *Fotografinnen der Avantgarde in Paris*. Berlin 2002.
Hörner, Unda: *Auf nach* Hiddensee! *Die Bohème macht Urlaub*. Berlin 2003.
Hörner, Unda: *Orte jüdischen Lebens in Berlin. Literarische Spaziergänge durch Mitte*. Berlin 2010.
Hörner, Unda: *Scharfsichtige Frauen. Fotografinnen der 20er und 30er Jahre in Paris*. Berlin 2010.
Hörner, Unda: *Frauen im Jahr Babylon*. Berlin 2020.
Hörner, Unda: *Nancy Cunard. Zwischen Black Pride und Avantgarde*. Berlin 2020.
Hoffmann, Peter: *Claus Schenk Graf von Stauffenberg und seine Brüder*. Stuttgart 1992.
Hollaender, Friedrich: *Von Kopf bis Fuß. Revue meines Lebens*. Bonn 1996.
Horncastle, Mona: *Josephine Baker: Weltstar. Freiheitskämpferin. Ikone. Die Biographie*. Wien 2020.

Illouz, Eva: *Warum Liebe weh tut. Eine soziologische Erklärung*. Berlin 2011.
Illouz, Eva: *Warum Liebe endet. Eine Soziologie negativer Beziehungen*. Berlin 2018.

Jackson, Felix: *Berlin, April 1933*. Bonn 2018.
James, Don: *Surfing San Onofre to Point Dume. 1936–1942. Photographs*. New York 1996.
Jelavich, Peter: *Berlin Alexanderplatz. Radio, Film and the Death of Weimar Culture*. New York 2005.
Jentzsch, Bernd (Hrsg.): *Ich sah das Dunkel schon von ferne kommen. Erniedrigung und Vertreibung in poetischen Selbstzeugnissen*. München 1979.

Karl, Michaela: *Ich blättere gerade in der Vogue, da sprach mich der Führer an. Unity Mitford, eine Biographie*. München 2018.
Karlauf, Thomas: *Stefan George. Die Entdeckung des Charisma*. München 2007.
Keilson, Hans: *Da steht mein Haus. Erinnerungen*. Frankfurt 2011.
Kemp, Wolfgang: *Foreign Affairs. Der Abenteuer einiger Engländer in Deutschland 1900–1947*. München 2010.
Kennedy, John F.: *Unter Deutschen. Reisetagebücher und Briefe 1937–1945*. Berlin 2013.
Kessler, Harry Graf: *Das Tagebuch 1880–1937*. Band 9: 1926–1937. Stuttgart 2010.
Klöckner-Draga: *Renate Müller. Ihr Leben, ein Draht-*

seilakt. Ein deutscher Filmstar, der keinen Juden lieben durfte. Bayreuth 2006.
Kohlert, Werner und Pfäfflin, Friedrich: *Das Werk der Photographin Charlotte Joel*. Göttingen 2019.
Kort, Pamela: *Paul Klee 1933*. Ausstellungskatalog München / Bern / Hamburg 2003. Köln 2003.
Krützen, Michaela: *Hans Albers. Eine deutsche Karriere*. Weinheim 1995.

Ladd, Brian: *The Ghosts of Berlin. Confronting German History in the Urban Landscape*. New York 1997.
Lahann, Birgit: *»Wir sind durchs Rote Meer gekommen, wir werden auch durch die braune Scheiße kommen«. Schriftsteller in Zeiten des Faschismus*. Bonn 2018.
Lahme, Tilmann (Hrsg.): *Die Briefe der Manns. Ein Familienportrait*. Frankfurt 2016.
Lartigue, Jacques-Henri: *Collection Renée Perle*, 2 Bd., Etude Tajan, Paris, 21. Dezember 2000 und 4. Mai 2001.
Lartigue, Jacques-Henri: *The Invention of an Artist*. Princeton 2004.
Lartigue, Jacques-Henri: *Un dandy à la plage*. Paris 2016.
Laserstein, Lotte: *Von Angesicht zu Angesicht*. Katalog Städel und Berlinische Galerie. München 2019.
Laserstein, Lotte: *Meine einzige Wirklichkeit. Anna-Carola Krausse*. Berlin 2018.
Lebrecht, Norman: *Genius & Anxiety. How Jews Changed the World 1847–1947*. London 2019.

Lebrun, Bernard / Lefebvre: *Robert Capa. The Paris Years 1933–1954*. New York 2011.
Lethen, Helmut: *Verhaltenslehren der Kälte. Lebensversuche zwischen den Kriegen*. Frankfurt 1994.
Lethen, Helmut: *Unheimliche Nachbarschaften. Essays zum Kälte-Kult und der Schlaflosigkeit der Philosophischen Anthropologie im 20. Jahrhundert*. Freiburg 2009.
Levenson, Thomas: *Einstein in Berlin*. New York 2003.
Lindinger, Michaela: *Hedy Lamarr. Filmgöttin, Antifaschistin, Erfinderin*. Wien 2019.
Longerich, Peter: *Goebbels. Eine Biographie*. München 2012.
Lubrich, Oliver: *Reisen ins Reich. 1933 bis 1945. Ausländische Autoren berichten aus Deutschland*. Frankfurt 2004.
Lunzer, Heinz: *Horváth. Einem Schriftsteller auf der Spur*. Salzburg 2001.

Malaparte, Curzio: *Zwischen Erdbeben*. München 1996.
Malaparte, Curzio: *Technik des Staatstreiches. Essay*. Berlin 1988.
Mänz, Peter u. a. (Hrsg.): *Die UFA. Geschichte einer Marke*. Berlin 2018.
Markus: *Mein Leben unter braunen Clowns. Eine Jugend in Deutschland*. Oldenburg 1995.
Marnham, Patrick: *Diego Rivera. Träumer mit offenen Augen*. Bergisch Gladbach 2001.

Marsh, Charles: *Dietrich Bonhoeffer. Der verklärte Fremde. Eine Biografie*. Gütersloh 2015.

Martynkewicz, Wolfgang: *1920. Am Nullpunkt des Sinns*. Berlin 2019.

Mehring, Reinhard: *Carl Schmitt. Aufstieg und Fall. Eine Biographie*. München 2009.

Mierau, Fritz: *Russen in Berlin 1918–1933*. Weinheim 1988.

Modern Couples. Art, Intimacy and the Avantgarde. Ausstellungskatalog Barbican Centre, London. London 2018.

Montefiore, Simon Sebag: *Stalin. Am Hof des roten Zaren*. Frankfurt 2006.

Moreck, Curt: *Ein Führer durch das lasterhafte Berlin. Das deutsche Babylon 1931*. Berlin 2019.

Mueller-Dohm, Stefan: *Adorno. Eine Biographie*. Frankfurt 2011.

Müller, Melissa: *Das Mädchen Anne Frank. Die Biographie*. Frankfurt 2013.

Müller, Ulrike: *Bauhaus-Frauen. Meisterinnen in Kunst, Handwerk und Design*. München 2009.

Muscheler, Ursula: *Mutter, Muse und Frau Bauhaus. Die Frauen um Walter Gropius*. Berlin 2018.

Nerdinger, Winfried: *Walter Gropius. Architekt der Moderne*. München 2019.

Nieradka-Steiner, Magali: *Exil unter Palmen. Deutsche Emigranten in Sanary-sur-Mer*. Darmstadt 2018.

Nottelmann, Nicole: *Die Karrieren der Vicki Baum. Eine Biographie*. Köln 2007.

Oppenheim, Meret: *Worte nicht in giftige Buchstaben einwickeln. Das autobiographische Album »Von Kindheit bis 1943« und unveröffentlichter Briefwechsel*. Zürich 2013.

Payne, Robert: *Greta Garbo. Die Göttliche*. München 1976.

Peters, Olaf: *Otto Dix. Der unerschrockene Blick. Eine Biographie*. Stuttgart 2013.

Peteuil, Marie-Francoise: *Helen Hessel. Die Frau, die Jules und Jim liebte. Eine Biographie*. Frankfurt 2013.

Preußen, Hermine Prinzessin von: *Der Kaiser und ich. Mein Leben mit Kaiser Wilhelm II. im Exil*. Göttingen 2008.

Rasch, Uwe und Wagner, Gerhard: *Aldous Huxley*. Darmstadt 2019.

Regnier, Anatol: *Jeder schreibt für sich allein. Schriftsteller im Nationalsozialismus*. München 2020.

Regnier, Anatol: *Du auf deinem höchsten Dach. Tilly Wedekind und ihre Töchter. Eine Familienbiographie*. München 2005.

Riefenstahl, Leni: *Memoiren*. München 1987.

Robinson, David: *Chaplin. Sein Leben. Seine Kunst*. Zürich 1989.

Rother, Rainer und Thomas, Vera: *Linientreu und Populär. Das UFA-Imperium 1933–1945*. Berlin 2017.
Rüther, Günther: *Wir Negativen. Kurt Tucholsky und die Weimarer Republik*. Wiesbaden 2018.

Schaefer, Hans Dietrich: *Das gespaltene Bewußtsein. Deutsche Kultur und Lebenswirklichkeit*. München 1981.
Scheffler, Karl. *Berlin. Ein Stadtschicksal*. Berlin 2015.
Schiedermair, Ulrike: *Margot von Opel. 1902–1993*. Frankfurt 2020.
Schirrmacher, Frank: *Die Stunde der Welt. Fünf Dichter. Ein Jahrhundert*. München 2017
Schlichter, Rudolf: *Gemälde. Aquarelle. Zeichnungen*. Herausgegeben von Götz Adriani. München 1997.
Schlichter, Rudolf: *Das widerspenstige Fleisch*. Berlin 1932.
Schmeling, Max: *Erinnerungen*. Berlin 1977.
Schneider, Wolfgang: *Alltag unter Hitler*. Berlin 2000.
Schütz, Erhard: *Glänzender Asphalt. Eine Stadtrundfahrt durch Groß-Berlin. 1920/1933*. Berlin 2020.
Schwarz, Hans-Peter: *Adenauer. Der Aufstieg 1876–1952*. Bd. 1. Stuttgart 1986.
Seidl, Claudius: *Billy Wilder. Seine Filme. Sein Leben*. München 1988.
Semler, Daniel: *Brigitte Helm. Der Vamp des deutschen Films*. München 2008.
Serke, Jürgen: *Die verbrannten Dichter*. Weinheim 1977.

Serke, Jürgen: *Himmel und Hölle zwischen 1918 und 1989. Die verbrannten Dichter*. Sammlung Jürgen Serke. Berlin 2008.

Sigmund, Anna Maria: *Die Frauen der Nazis*. Wien 1998.

Singer, Lea: *Die Poesie der Hörigkeit*. Hamburg 2017.

Sobanski, Antoni Graf: *Nachrichten aus Berlin. 1933–1936*. Berlin 2007.

Soden, Kristine von: *»Und draußen weht ein fremder Wind …« Über die Meere ins Exil*. Berlin 2020.

Sombart, Werner: *Jugend in Berlin. 1933–1943. Ein Bericht*. München 1984.

Später, Jörg: *Siegfried Kracauer. Eine Biographie*. Berlin 2016.

Spengler, Oswald: *Jahre der Entscheidung*. München 1961.

Steinthaler, Evelyn: *Mag's im Himmel sein, mag's beim Teufel sein. Stars und die Liebe unterm Hakenkreuz*. Wien 2018.

Stölzl, Gunta: *Bauhaus-Meisterin*. Ostfildern 2009.

Struss, Dieter: *Das war 1933. Fakten. Daten. Zahlen. Schicksale*. München 1980.

Szentkuthy, Miklos: *Apropos Casanova. Das Brevier des Heiligen Orpheus (1939)*. Berlin 2020.

Tergit, Gabriele: *Vom Frühling und von der Einsamkeit. Reportagen aus den Gerichten*. Frankfurt 2020.

Tomkins, Calvin: *Marcel Duchamp. Eine Biographie*. München 1999.

Vaill, Amanda: *Hotel Florida. Wahrheit, Liebe und Verrat im Spanischen Bürgerkrieg*. Stuttgart 2015.

Vickers, Hugo: *Loving Garbo. Die Affären der Göttlichen*. München 1995.

Villecco, Tony: *Pola Negri. The Hollywood Years*. New York 2017.

Walther, Peter: *Fieber. Universum Berlin 1930–1933*. Berlin 2020.

Weiß, Nobert und Wonneberger, Jens: *Literarisches Dresden*. Berlin 2001.

Werner, Paul: *Die Skandal Chronik des deutschen Films. Von 1900 bis 1945*. Frankfurt 1990.

Wichner, Ernst: *Industriegebiet der Intelligenz. Literatur im Neuen Berliner Westen der 20er und 30er Jahre*. Literaturhaus Berlin. Berlin 1990.

Windsors, Die: *Briefe einer großen Liebe. Die private Korrespondenz aus dem Nachlaß der Herzogin von Windsor*. München 1986.

Winklbauer, Andrea: *Moderne auf der Flucht. Österreichische Künstlerinnen in Frankreich 1938–1945*. Jüdisches Museum, Wien. Wien 2008.

Wunderlich, Heinke: *Sanary-sur-Mer. Deutsche Literatur im Exil*. Eggingen 2004.

Zehle, Sibylle: *Max Reinhardt. Ein Leben als Festspiel*. Wien 2020.

Zoske, Robert M.: *Sophie Scholl. Es reut mich nichts. Portrait einer Widerständigen.* Berlin 2020.

Literaturauswahl zu den Hauptfiguren des Buches

Arendt, Hannah und Blücher, Heinrich: *Briefe 1936–1968.* München 1996.
Arendt, Hannah: *Rahel Varnhagen. Lebensgeschichte einer deutschen Jüdin.* Kritische Gesamtausgabe, Band 2. Göttingen 2021.
Grunenberg, Antonia: *Hannah Arendt und Martin Heidegger. Geschichte einer Liebe.* München 2006.
Keller, Hildegard E.: *Was wir scheinen.* Köln 2021.
Young-Bruehl, Elisabeth: *Hannah Arendt. Leben, Werk und Zeit.* Frankfurt 1986.

Beauvoir, Simone de: *Memoiren einer Tochter aus gutem Hause.* Reinbek 1958.
Cohen-Solal, Annie: *Sartre 1905–1980.* Reinbek 1988.
Rowley, Hazel: *Tête-à-tête. Leben und Lieben von Simone de Beauvoir und Jean-Paul Sartre.* Berlin 2007.
Zehl Romero, Christiane: *Simone de Beauvoir.* Reinbek 2001.

Beckmann, Mathilde: *Mein Leben mit Max Beckmann.* München 1983.
Beckmann, Max: *Retrospektive. Haus der Kunst etc.* München 1984.

Beckmann, Max: *Weiblich – Männlich*. Hamburger Kunsthalle. Hamburg 2020.

Benjamin, Walter: *Das Adressbuch des Exils. 1933–1940. »Wie überall hin die Leute vestreut sind«*. Leipzig 2006.

Jäger, Lorenz: *Walter Benjamin. Das Leben eines Unvollendeten*. Berlin 2017.

Benjamin, Walter: *Begegnungen*. Herausgegeben von Erdmut Wizisla. Leipzig 2015.

Benjamin, Walter und Adorno, Gretel: *Briefwechsel 1930–1940*. Herausgegeben von Christoph Gödde und Henri Lonitz. Berlin 2019.

Valero, Vicente: *Der Erzähler. Walter Benjamin auf Ibiza 1932 und 1933*. Berlin 2008.

Benn, Gottfried und Oelze, Friedrich Wilhelm: *Briefwechsel 1932–1956*. 3 Bd. Göttingen 2016.

Benn, Gottfried: *»Absinth schlürft man mit Strohhalm, Lyrik mit Rotstift«. Ausgewählte Briefe 1904–1956*. Göttingen 2017.

Benn, Gottfried: *Den Traum alleine tragen. Neue Texte, Briefe, Dokumente*. Wiesbaden 1966.

Benn, Gottfried und Sternheim, Thea: *Briefwechsel und Aufzeichnungen*. Herausgegeben von Thomas Ehrsam. Göttingen 2004.

Hof, Holger: *Gottfried Benn. Der Mann ohne Gedächtnis. Eine Biographie*. Göttingen 2011.

Hof, Holger: *Benn. Sein Leben in Bildern und Texten.* Stuttgart 2007.
Dyck, Joachim: *Der Zeitzeuge. Gottfried Benn 1929–1949.* Göttingen 2006.
Lethen, Helmut: *Der Sound der Väter. Gottfried Benn und seine Zeit.* Berlin 2006.

Brecht, Bertolt und Weigel, Helene: *»ich lerne: gläser + tassen spülen«. Briefe 1923–1956.* Berlin 2012.
Brecht, Bertolt: *Reisen im Exil. 1933–1949.* Frankfurt 1996.
Brecht, Bertolt: *Briefe.* Frankfurt 1981.
Hauptmann, Elisabeth: »Tagebuchaufzeichnungen zu Brecht«. In: *Sinn und Form*, 2021/2, S. 155–164.
Hecht, Werner: *Brecht Chronik. 1898–1956.* Frankfurt 1997.
Häntzschel, Hiltrud: *Brechts Frauen.* Reinbek 2003.
Kebir, Sabine: *»Mein Herz liegt neben der Schreibmaschine.« Ruth Berlaus Leben vor, mit und nach Bertolt Brecht.* Algier 2006.
Parker, Stephen: *Brecht. Eine Biographie.* Berlin 2018.

Nordalm, Jens: *Der schöne Deutsche. Das Leben des **Gottfried von Cramm**.* Hamburg 2021.

***Döblin**. 1878–1978.* Eine Ausstellung des Deutschen Literaturarchivs. Marbach 1978.
Köhn, Eckhardt: *Yolla Niclas und Alfred Döblin.* Engelrod 2017.

Bona, Dominique: *Gala. Mein Leben mit Éluard und Dalí*. Frankfurt 1996.
Genzmer, Herbert: ***Dalí und Gala***. Berlin 1998.
McGirk, Tim: *Gala. Dalís skandalöse Muse*. München 1989.

Rai, Edgar: *Im Licht der Zeit*. München 2019.
Spoto, Donald: ***Marlene Dietrich**. Die große Biographie*. München 1992.
Wieland, Karin: *Dietrich & Riefenstahl. Die Geschichte zweier Jahrhundertfrauen*. München 2011.

Citati, Pietro: *Schön und verdammt. Ein biographischer Essay über **Zelda und F. Scott Fitzgerald***. Zürich 2009.
Karl, Michaela: *Wir brechen die 10 Gebote und uns den Hals. Zelda und F. Scott Fitzgerald. Eine Biographie*. Salzburg 2011.
Fitzgerald, F. Scott und Fitzgerald, Zelda: *Lover! Briefe*. Ausgewählt von Hanns Zischler. München 2005.
Turnbull, Andrew: *F. Scott Fitzgerald. Das Genie der wilden zwanziger Jahre*. München 1986.
Fitzgerald, F. Scott: *Zärtlich ist die Nacht*. München 2011.
Fitzgerald, Zelda: *Schenk mir den Walzer*. München 1984.

Hemingway, Ernest: *Paris, ein Fest fürs Leben*. Reinbek 2011.
Hemingway, Ernest und Fitzgerald, F. Scott: *Wir sind verdammt lausige Akrobaten. Eine Freundschaft in Brie-*

fen. Herausgegeben von Benjamin Lebert. Hamburg 2013.
Hemingway, Ernest: *49 Depeschen. Reportagen 1920–1956*. Reinbek 1972.
Lynn, Kenneth S.: *Hemingway. Eine Biographie*. Reinbek 1989.

Isherwood, Christopher: *Löwen und Schatten. Eine englische Jugend in den zwanziger Jahren*. Berlin 2010.
Isherwood, Christopher: *Christopher und die Seinen*. Berlin 1992.

Jünger, Ernst: *Gärten und Straßen. Aus den Tagebüchern 1939 und 1940*. Berlin 1942.
Villinger, Ingeborg: *Gretha Jünger. Die unsichtbare Frau*. Stuttgart 2020.
Kiesel, Hellmuth: *Ernst Jünger. Die Biographie*. München 2007.

Decker, Gunnar: *Hesse. Der Wanderer und sein Schatten. Biographie*. München 2012.
Michels, Volker: ***Hermann Hesse**. Leben und Werk im Bild*. Frankfurt 1981.
Michels, Volker: *»In den Niederungen des Aktuellen«. Hermann Hesse. Die Briefe 1933–1939*. Berlin 2018.
Reetz, Bärbel: *Hesses Frauen*. Berlin 2012.

Rosenkranz, Jutta: *Mascha Kaléko. Biografie*. München 2007.

Kaléko, Mascha: *Das lyrische Stenogrammheft*. Berlin 1933.

Hanuschek, Sven: »*Keiner blickt dir hinter das Gesicht*«. *Das Leben Erich Kästners*. München 1999.

Kästner, Erich: *Literarische Publizistik. 1923–1933*. 2 Bd. Zürich 1989.

Kästner, Erich: *Dieses Naja, wenn man das nicht hätte! Ausgewählte Briefe von 1909–1972*. Herausgegeben von Sven Hanuschek. Zürich 2003.

Kästner, Erich: *Kästner für Erwachsene*. Zürich 1966.

Kästner, Erich: *Der Gang vor die Hunde* (1931). Zürich 2013.

Kornfeld, Eberhard W.: ***Ernst Ludwig Kirchner**. Dresden. Berlin. Davos*. Bern 1979.

Kornfeld, Eberhard W.: »Zu Ernst Ludwig Kirchners Suizid am 15. Juni 1938«. In: *Schriften zu Ernst Ludwig Kirchner*. Bd. IV. Bern 2021.

Klemperer, Victor: *LTI. Notizbuch eines Philologen*. Berlin 1947.

Klemperer, Victor: *Licht und Schatten. Kinotagebuch 1929–1945*. Berlin 2020.

Nowojski, Walter und Klemperer, Hadwig (Hrsg.): »*Ich will Zeugnis ablegen bis zum letzten.*« *Tagebücher 1933–1945*. 8 Bd. Berlin 1995.

Blubacher, Thomas: *Die vielen Leben der Ruth Landshoff-Yorck.* Frankfurt 2015.
Bürger, Jan: *Im Schattenreich der wilden Zwanziger. Fotografien aus dem Nachlaß von Ruth Landshoff-Yorck.* Marbach 2017.
Landshoff, Ruth: *Die Vielen und der Eine.* Hamburg 2020.
Landshoff, Ruth: *Das Mädchen mit wenig PS. Feuilletons aus den zwanziger Jahren.* Herausgegeben von Walter Fänders. Berlin 2015.
Landshoff, Ruth: *Klatsch, Ruhm und kleine Feuer. Biographische Impressionen.* Frankfurt 1997.
Landshoff, Ruth: *Roman einer Tänzerin.* Herausgegeben und mit einem Nachwort versehen von Walter Fähnders. Berlin 2002.

Vollmoeller, Karl: *Aufsätze zu Leben und Werk.* Berlin / Vilnius 2007.
Dillmann, Klaus Konrad: *Karl Gustav Vollmoeller. Eine Zeitreise durch ein bewegtes Leben.* Freiberg 2000.

Claridge, Laura: ***Tamara de Lempicka**. Ein Leben für Dekor und Dekadenz.* Frankfurt 2002.
De Lempicka-Foxhall, Baroness Kizette: *Tamara de Lempicka. Malerin aus Leidenschaft. Femme Fatale der 20er Jahre.* München 1987.

Rosteck, Jens: *Zwei auf einer Insel.* ***Lotte Lenya und Kurt Weill**.* Berlin 1999.

Spoto, Donald: *Die Seeräuber-Jenny. Das bewegte Leben der Lotte Lenya*. München 1990.

Buchmayr, Friedrich: *Der Priester in Almas Salon. Johannes Hollnsteiners Weg von der Elite des Ständestaats zum NS-Bibliothekar*. Weitra 2003.

Hilmes, Oliver: *Witwe im Wahn. Das Leben der Alma Mahler-Werfel*. München 2004.

Man Ray: *Selbstportrait. Eine illustrierte Autobiographie*. München 1983.

Man Ray. Unbekümmert, aber nicht gleichgültig. Ausstellung Martin Gropius Bau. Berlin 2008.

L'Ecotais, Emmanuelle de: *Man Ray. Das photographische Werk*. München 1998.

Schwarz, Arturo: *Man Ray*. München 1980.

Mann, Erika: *Wenn die Lichter ausgehen. Geschichten aus dem Dritten Reich*. Reinbek 2005.

Mann, Erika und Mann, Klaus: *Das Buch von der Riviera*. Reinbek 2019.

Strohmeyer, Armin: *Dichterkinder. Liebe, Verrat und Drama – der Kreis um Klaus und Erika Mann*. München 2020.

Wendt, Gunna: *Erika und Therese. Erika Mann und Therese Giehse – eine Liebe zwischen Kunst und Krieg*. München 2018.

Berger, Renate: *Tanz auf dem Vulkan. Gustaf Gründgens und Klaus Mann*. Darmstadt 2016.
Mann, Klaus: *Der Vulkan. Roman unter Emigranten*. Reinbek 1999.
Mann, Klaus: *Speed. Erzählungen aus dem Exil*. Reinbek 1990.
Mann, Klaus: *Mephisto*. Mit einem Nachwort von Michael Töteberg. Reinbek 2019.
Mann, Klaus: *Briefe*. Berlin und Weimar 1988.
Mann, Klaus: *Briefe und Antworten. 1922–1947*. Herausgegeben von Martin Gregor-Dellin. Reinbek 1991.
Mann, Klaus: *Tagebücher. 1931–1949*. München 1987–1991.
Naumann, Uwe (Hrsg.): *»Ruhe gibt es nicht, bis zum Schluß«. Klaus Mann (1906–1949). Bilder und Dokumente*. Reinbek 1999.
Naumann, Uwe (Hrsg.): *Die Kinder der Manns. Ein Familienalbum*. Reinbek 2005.
Schaenzler, Nicole: *Klaus Mann. Eine Biographie*. Frankfurt 1999.

Mann, Thomas: *Die Tagebücher*. 1933–1934, 1935–1936, 1937–1939. Frankfurt ab 2010.
Marbacher Magazin, 89/2000: »›Alles ist wertlos.‹ Thomas Mann in Nidden.« Marbach 2000.

Flügge, Manfred: ***Heinrich Mann**. Eine Biographie*. Reinbek 2006.

Jüngling, Kirsten: *Nelly Mann. »Ich bin doch nicht nur schlecht.« Eine Biographie*. Berlin 2008.

Flügge, Manfred: *Traumland und Zuflucht – Heinrich Mann in Frankreich*. Frankfurt 2013.

Jaspers, Willi: *Die Jagd nach Liebe – Heinrich Mann und die Frauen*. Frankfurt 2007.

Dearborn, Mary: *Henry Miller. Eine Biographie*. München 1991.

Ferguson, Robert: *Henry Miller. Ein Leben ohne Tabus*. München 1991.

Miller, Henry: *Stille Tage im Clichy*. Reinbek 1998.

Burke, Carolyn: ***Lee Miller**. On Both Sides of the Camera*. London 2005.

Lee Miller. Ausstellungskatalog Albertina Wien. Wien 2015.

Penrose, Antony: *Surrealist Lee Miller*. London 2019.

Boyd, Brian: *Vladimir Nabokov. Die russischen Jahre 1899–1940*. Reinbek 1999.

Nabokov, Vladimir: *Briefe an Véra*. Reinbek 2017.

Maar, Michael: *Solar Rex. Die schöne böse Welt des Vladimir Nabokov*. Berlin 2007.

Urban, Thomas: *Vladimir Nabokov – Blaue Abende in Berlin*. Berlin 1999.

Zimmer, Dieter E.: *Nabokovs Berlin*. Berlin 2001.

Bair, Deirdre: *Anaïs Nin. Eine Biographie*. München 1998.
Nin, Anaïs: *Trunken vor Liebe. Intime Geständnisse*. Bern 1993.
Nin, Anaïs: *Die Tagebücher der Anaïs Nin*. 3 Bd. München 1987.
Nin, Anaïs: *Henry, June und ich. Intimes Tagebuch*. München 1991.

Katz, Gabriele: *Liebe Mich!* ***Erich Maria Remarque*** *und die Frauen*. Berlin 2018.
Sternburg, Wilhelm von: *Erich Maria Remarque. »Als wäre alles das letzte Mal«. Eine Biographie*. Köln 1998.

Bronsen, David: *Joseph Roth. Eine Biographie*. Köln 1974.
Kreis, Gabriele: *»Was man glaubt, gibt es«. Das Leben der Irmgard Keun*. Zürich 1991.
Roth, Joseph: *Ich zeichne das Gesicht der Zeit. Essays. Reportagen. Feuilletons*. Göttingen 2010.
Sternburg, Wilhelm von: *Joseph Roth. Eine Biographie*. Köln 2009.
Weidermann, Volker: *Ostende. 1936. Sommer der Freundschaft*. Köln 2014.

Caws, Mary Ann: *Picasso's Weeping Woman: The Life and Art of Dora Maar*. New York 2010.
Richardson, John: *A Life of Picasso. The Triumphant Years 1917–1932*. Volume III. New York 2007.
Pablo Picasso *und Marie-Thérèse Walter. Zwischen Klas-*

sizismus und Surrealismus. Graphikmuseum Picasso Münster. Bielefeld 2004.

Benz, Wolfgang: *Im Widerstand. Größe und Scheitern der Opposition gegen Hitler*. München 2018.

Hans Coppi: *Harro Schulze-Boysen – Wege in den Widerstand.* Koblenz 1995.

Kettelhake, Silke: *»Erzähl allen, allen von mir!« Das schöne kurze Leben der Libertas Schulze-Boysen*. München 2008.

Ohler, Norman: ***Harro & Libertas**. Eine Geschichte von Liebe und Widerstand*. Köln 2019.

Bemann, Helga: ***Kurt Tucholsky**. Eine Biographie*. Berlin 1984.

Hörner, Unda: *Ohne Frauen geht es nicht. Kurt Tucholsky und die Liebe*. Berlin 2017.

Lenze, Nele (Hrsg.): *Tucholsky in Berlin. Gesammelte Feuilletons 1912–1950*. Berlin 2007.

Matthias, Lisa: *Ich war Tucholskys Lottchen*. Hamburg 1962.

Tucholsky, Kurt: *Schloß Gripsholm*. Berlin 1931.

Tucholsky, Kurt: *Gesamtausgabe. Texte und Briefe*. Herausgegeben von Antje Bonitz, Dirk Grathoff, Michael Hepp, Gerhard Kraiker. 22 Bd. Reinbek ab 1996.

Wittgenstein, Ludwig: *Denkbewegungen. Tagebücher*. 1930–1932, 1936–1937. Innsbruck 1997.

Geier, Manfred: *Die Liebe der Philosophen. Von Sokrates bis Foucault*. Hamburg 2020.

Wolff, Charlotte: *Augenblicke verändern uns mehr als die Zeit. Autobiographie*. Kranichstein 2003.
Wolff, Charlotte: *Die Hand als Spiegel der Psyche*. Bern 1993.
Weidle, Barbara: *Kurt Wolff. Ein Literat und Gentleman*. Bonn 2007.
Wolff, Helen: *Hintergrund für Liebe*. Mit einem Nachwort von Marion Detjen. Bonn 2020.
Wolff, Kurt: *Autoren – Bücher – Abenteuer. Betrachtungen und Erinnerungen eines Verlegers*. Berlin 2004.

DANK

Dieses Buch fußt auf der Vorarbeit von zahlreichen großartigen Autorinnen und Autoren, die in ihren Büchern die Lebenswege der Protagonisten durch die zwanziger und dreißiger Jahre nachgezeichnet haben. Die Bibliographie nennt darum jene Werke, die mir beim Schreiben große Dienste geleistet haben. Darüber hinaus möchte ich all jenen danken, die mir persönlich in der Vorbereitung und beim Schreiben dieses Buches entscheidende Impulse gaben:

Mayen Beckmann, Jörg Bong, Jan Bürger, Marion Detjen, Marcus Gaertner, Durs Grünbein, Nikola Herweg, Holger Hof, Eberhard W. Kornfeld, Ursula März, Helmut Lethen, Catherine Livet, Christoph Müller, Jens Nordalm, Simon Pare, Maria Piwowarski, Adam Soboczynski, Christoph Stölzl, Benjamin von Stuckrad-Barre und Michael Töteberg.

Für die kritische und intensive Lektüre des Manuskripts danke ich besonders vier Personen: Erhard Schütz, der schon *1913* als professioneller Erstleser unterstützte, Michael Maar, Eva Menasse und Uwe Naumann.

Für die große Unterstützung und zahlreiche inhaltliche Bereicherungen danke ich der Verlegerin des S. Fischer Verlages Siv Bublitz und meiner Lektorin Yelenah Frahm. Und meinem Agenten Matthias Landwehr.

REGISTER

Florian Illies

1913 – Was ich unbedingt noch erzählen wollte

Die Fortsetzung des Bestsellers 1913

»Ich habe das neue 1913 in einer einzigen Nacht durchgelesen. Es ist phantastisch, so reich, ein großes Geschenk.«
Ferdinand von Schirach

»1913 – Band 2, wieder großartig, was für ein Jahr! Was für ein Buch!« *Elke Heidenreich*

»Florian Illies hat auch ein zweites Mal schöner über 1913 geschrieben, als es vermutlich wirklich war.«
Der Tagesspiegel

320 Seiten, gebunden

Weitere Informationen finden Sie auf
www.fischerverlage.de